THE NIV APPLICATION COMMENTARY

NIV 적용주석

더글라스 무

베드로후서 · 유다서

솔로몬

Originally Published in the U.S.A. under the title: *2 Peter · Jude*
Copyright ⓒ 1996 by Douglas Moo
Translation Copyright ⓒ 2015 by Douglas Moo
Translated by Daeyoung Kwon
Published by Permission of Zondervan. Grand Rapids, Michigan
through rMaeng2 Agency, Seoul, Korea
Korean Copyright ⓒ 2015 by Solomon Publishing Co.,

NIV 적용주석 시리즈 – 베드로후서·유다서

2015년 10월 21일 초판 1쇄 발행
2023년 10월 26일 초판 2쇄 발행

지은이 | 더글라스 무
옮긴이 | 권대영
펴낸이 | 박영호
펴낸곳 | 도서출판 솔로몬

주소 | 서울시 동작구 사당로 143
전화 | 599-1482
팩스 | 592-2104
직영서점 | 596-5225

등록일 | 1990년 7월 31일
등록번호 | 제 16-24호

ISBN 978-89-8255-538-1 94230
ISBN 978-89-8255-449-0(세트)

The NIV Application Commentary
Copyright ⓒ 1996 Douglas Moo

Korean Copyright ⓒ 2015
by Solomon Publishing Co., Seoul, Korea

THE NIV APPLICATION COMMENTARY

DOUGLAS MOO

NIV 2 PETER · JUDE

From biblical text... to contemporary life

이 시리즈는 성경의 영원한 메시지를 이 시대에 말하기를 추구하는 목사와 교사들을 위한 필수적인 도구가 될 것을 약속한다.

—빌리 그레이엄

NIV 적용주석 시리즈는 내가 바라는 사역의 열정과 동일한 목표—하나님의 말씀의 온전한 영향을 느낄 수 있도록, 메시지를 현대의 청중들에게 전하는 것—를 공유하고 있다.

—빌 하이벨스, 윌로우 크릭 교회

NIV 적용주석은 '하나님의 말씀을 행하는 자들'을 양육하는 데 헌신하고 있는 목사와 여타 사람들을 위한 탁월한 자료다.

—릭 워렌, 새들백 교회

이 주석 시리즈는 진부하지 않다. 그것은 새로운 시대의 신선함으로, 친구의 포옹처럼 직접적으로 들려지고 전달될 수 있도록, 오래된 강력한 하나님의 말씀을 현재로 가져오는 일을 제대로 해내고 있다.

—유진 피터슨, 리젠트 대학

해석의 실타래에서 제대로 된 적용을 얻기 원한다면, NIV 적용주석은 바로 당신을 위한 것이다! 이 시리즈는 원 의미와 현대적 의미에서 탁월하다. 나는 이 주석을 전적으로 추천한다.

—하워드 핸드릭슨, 달라스 신학교

NIV 적용주석 시리즈는 이전에 학자들이 다루지 않았던 것을 과감하게 다룬다—목사와 교사들이 매일 직면하는 성경적 적용의 실제적 세계로 나아간다. 이것이 바로 좋은 주석 시리즈가 가져야 하는 모든 것이다.

—레잇 앤더슨, 우드데일 교회 목사

이것은 21세기의 설교 주석이다.

—조지 브루사바르, 베델 대학의 신학교 총장

성경의 세계에서 도시 중심가로 적절히 순회하는 주석이 드디어 나왔다.

—켄트 휴 박사, 일리노이주 휘튼 대학교회 목사

NIV 적용주석은 성경이 무엇을 의미하고, 그것을 어떻게 적용해야 하는지, 또 어떻게 반응해야 하는지를 알기 원하는 독자들에게 크게 봉사한다.

—스튜어트 브리스코, 엘름브룩 교회 목사

NIV 적용주석 시리즈는 하나님의 말씀을 설교하고 가르치는 모든 이들에게 매우 탁월한 도움이 될 것을 약속한다.

—J. I. 패커, 리젠트 대학

NIV 적용주석은 NIV 성경에 기반한 철저하고 권위 있는 주석의 긴급한 필요를 충족시킨다. 이 시리즈를 모든 복음주의 공동체의 도서관과 서재에서 곧 발견하게 될 것이다.

—제임스 케네디 박사, 코랄 리지 장로교회 담임목사

차례

시리즈 서문

NIV 적용주석 시리즈는 독특하다. 대부분의 주석들은 우리들이 사는 이 세상에서 성경의 세계로 거슬러 올라가는 여행을 한다. 이 주석들은 우리를 성경의 세계와 분리시키는 시간, 문화, 언어 그리고 지형의 장벽을 넘어설 수 있게 한다. 하지만 그것들은 과거로의 편도 티켓만을 제공할 뿐이고, 돌아오는 여행은 우리들이 알아서 할 수 있다고 가정한다. 이런 주석들이 성경의 각 권이나 구절의 '원 의미'를 설명하지만 '현대적 의미'를 탐구하는 데는 우리에게 거의 아무런 도움을 주지 못한다. 이런 주석들이 제공하는 정보가 가치가 있기는 하지만, 단지 절반의 임무를 다하고 있을 뿐이다.

최근에 몇몇 주석들이 다소 현대적인 적용을 주석의 목표 중 하나로 포함시켰다. 하지만 그 적용이 자주 피상적이며 도덕적인 데서 그치고 있다. 또 다른 주석집들은 주석이라기보다는 인쇄된 설교처럼 들린다.

NIV 적용주석 시리즈의 주된 목표는 고대의 메시지를 현대의 정황으로 가져오는 어려우면서도 중요한 임무를 가지고서 여러분을 돕는 것이다. 이 시리즈가 완성된 하나의 책으로서 적용에 초점을 맞추지만 저자들은 성경 구절의 원 의미에서 현대적 의미로 나아가는 '과정'을 통해서 독자들이 스스로 생각할 수 있도록 돕는다. 본 시리즈는 주석서이지 대중적인 강해서는 아니다. 이것은 참고서적이지 경건 서적은 아니다.

본 주석은 '원 의미', '상황잇기' 그리고 '현대적 의미'라는 세 항목으로 시리즈의 목표를 이룰 수 있도록 구성되었다.

원 의미

이 항목은 원래의 배경에서 성경의 의미를 이해하도록 돕는다. 여기서는 간결한 형태로 전통적인 주해의 모든 요소들을 논한다. 성경 본문의 역사적, 문학적, 문화적 배경들이 여기에 포함된다. 주석 시리즈의 저자들은 문법과 구문론 그리고 성경 단어들의 의미와 관련한 문제들을 논한다. 시리즈 저자들은 성경구절들의 주요한 개념들을 탐구하고, 성경의 저자들이 이 개념을 어떻게 발전시키는가를 연구한다.

이 항목을 읽고 나면 '원 청중'이 갖고 있었던 문제와 의문, 그리고 관심을 이해하게 되고, 성경의 저자들이 어떻게 이런 이슈들에 대처했는지를 알게 될 것이다. 이런 이해가 오늘날 성경 본문의 합법적인 적용을 행할 수 있는 기초를 제공해준다.

상황잇기

이 항목은 성경의 세계와 오늘날의 세계를 잇는 다리를 놓는다. 즉 성경 본문의 시간적인 측면과 초시간적 측면에 초점을 맞춤으로써 원래의 배경과 현대의 배경을 서로 연결시켜 준다.

하나님의 말씀은 시간적이다. 성경의 저자들은 구체적인 상황과 문제 그리고 질문들에 대해 이야기하였다. 여호수아의 저자는 진노하시는 전사이신 하나님의 손에 난공불락의 도성으로 보였던 여리고의 함락을 이야기함으로써 원 독자들의 용기를 북돋아 주었다(수 6장). 바울은 할례의 결과에 대해서 그리고 율법으로 의롭다함을 얻으려는 위험성을 갈라디아인들에게 경고하였다(갈 5:2-5). 히브리서의 저자는 그리스도가 모세, 아론계열의 제사장들, 그리고 구약성경의 희생제사보다도 우월하시다는 것을 독자들에게 확증하려고 애썼다. 요한은 초기 영지주의의 형태를 가르쳤던 자들의 "영을 시험해 볼" 것을 독자들에게 촉구했다(요일 4:1-6). 이와 같은 경우에 성경의 시간적인 본질이 추상적이 아니라 '구체적'인 상황에서 우리로 하여금 하나님의 말씀을 들을 수 있게 해준다.

하지만 성경의 시간적인 본질은 몇 가지 문제를 낳을 수 있다. 지금 우리의 상황과 난제와 의문들이 성경의 사람들이 직면했던 것들과 항상 직접적으로 연관이 있을 수는 없다. 따라서 성경 시대의 사람들에게 주어진 하나님의 말씀이 항상 우리와 연관이 있어 보이지는 않는다. 예를 들어, 할례가 칭의의 필수적인 요소라고 주장하면서 지금 당신보고 할례를 받으라고 언제 누가 그렇게 주장하였던가? 그리스도가 아론계열의 제사장보다 우월하다는 것에 오늘날 얼마나 많은 사람들이 관심을 쏟고 있는가? 초기 영지주의를 드러내도록 의도된 "실험"이 현대 문화에서 얼마나 가치가 있겠는가?

다행히도 성경은 시간적일 뿐만 아니라 '초시간적'이다. 하나님이 원 청중들에게 말씀하셨던 것처럼 성경 말씀을 통해서 지금 우리에게도 여전히 말씀하신다.

우리는 성경의 사람들과 공통된 인간성을 공유하고 있기 때문에 성경 시대의 사람들이 직면했던 문제들과 하나님이 그들에게 주셨던 해결책 속에서 '보편적인 특징'을 발견한다. 성경의 초시간적인 본질이 모든 문화의 모든 시간에 능력으로 말씀한다.

성경이 시간적이면서도 초시간적인 측면을 갖고 있음을 인식하지 못하는 사람들은 여러 가지 문제에 직면할 수 있다. 예를 들어, 히브리서와 갈라디아서 또는 신명기와 같은 시간적인 성경책으로 인해 지루함을 느낀 사람들은 오늘날 그런 책들이 의미 없어 보이기 때문에 다시는 그것을 읽지 않으려고 할 수 있다. 한편으로 성경의 초시간적인 본질을 확신하고 있지만 시간적인 요소를 분별하지 못하는 사람들은 멜기세덱의 반차를 좇은 제사장에 대해서 "열변을 토하지만" 청중들은 잠을 자고 있고, 설상가상으로 구약성경의 거룩한 전쟁을 오늘날의 하나님의 대적자들에게 물리적인 방식으로 적용하려고 시도할 것이다.

따라서 이 항목의 목적은 성경의 시간적인 본문에서 무엇이 초시간적인지(또는 무엇이 초시간적이 아닌지)를 여러분들이 식별하도록 돕는데 있다. 예를 들어, 구약의 거룩한 전쟁(성전, 聖戰)은 신약의 영적인 전쟁과 어떻게 관련이 있는가? 바울의 주요한 관심이 (그가 갈 5:6에서 말하고 있는 것처럼) 할례가 아니라면, 그는 무엇에 관심이 있는가? 아론계의 제자장직이나 멜기세덱에 대한 논의가 오늘날 우리와 관련이 없어 보인다면, 오늘날 이 구절에 담겨진 가치는 무엇인가? 1세기의 특정 이단을 분별하기 위해 맞추어진 실험으로 오늘날의 "영을 검증"하려면, 어떤 성경적 검증이 더 적합할 것인가?

하지만 이 항목은 성경 본문에서 어떤 것이 초시간적인지를 밝힐 뿐 아니라 초시간적인 것을 발견하는 방법을 알 수 있도록 돕는다. 주석 시리즈의 저자들은 본문에 함축되어 있는 것들을 명시적으로 밝힌다. 그들은 통상적으로 직관적인 과정을 취하여 논리적이고 정리된 방식으로 그것을 설명한다. 할례가 바울의 주요한 관심사가 아님을 우리는 어떻게 알 수 있는가? 성경 원문이나 배경의 어떤 단서가 바울의 진정한 관심이 더 깊은 차원에 속한 것임을 깨닫게 하는가?

물론 우리들과 원 독자들간의 역사적인 거리가 상당히 있는 구절들은 더 많은 취급을 요할 것이다. 하지만 역사적인 거리가 그리 길지 않거나 겉으로 보기에 거의 존재하지 않는 구절들은 덜 주의를 기울여도 될 것이다.

마지막으로 덧붙여 말하고 싶은 것은 이 항목이 성경 본문의 '현대적 의미'를 논의하기 위한 방식을 준비하고 있기 때문에 이 항목과 뒤이어지는 '현대적 의미'

항목간에는 분명한 단절이나 예리한 구분은 주어지지 않는다. 하지만 두 항목들을 종합해서 읽을 때, 여러분들은 성경의 세계에서 오늘의 세계로 이동하는 강력한 감정을 체험하게 될 것이다.

현대적 의미

이 항목은 성경이 처음 작성되었을 때에 그러했던 것처럼 오늘날에도 성경의 메시지가 권능으로 역사하도록 만들어 준다. 당신이 예루살렘, 에베소, 또는 고린도에 대해 배운 것을 시카고, 로스앤젤레스, 또는 런던에서 오늘날 필요한 것들에 어떻게 적용할 수 있는가? 본래 헬라어, 히브리어, 아람어로 전해진 메시지를 우리 자신의 언어로 어떻게 명료하게 전달할 수 있는가? 본래 다른 시대와 문화에 전해진 영원한 진리를 취하여, 유사하지만 다른 필요를 갖고 있는 문화의 사람들에게 어떻게 적용할 수 있는가?

이런 목표를 이루기 위해서 이 항목은 몇 가지 핵심적인 영역에서 도움을 준다.

(1) 이 항목은 원 청중들이 직면했던 상황과 문제 또는 의문들에 상응하는 현대적인 문제들을 식별하도록 돕는다. 현대의 상황이 원 청중들이 직면했던 상황과 좀처럼 일치하지 않기 때문에, 당신의 적용이 연관성이 있으려면 유추적인 상황들을 찾아야 한다.

(2) 이 항목은 성경 본문을 오늘날 적용할 수 있는 다양한 배경들을 탐구한다. 개인적인 적용을 살피기도 하지만, 개인적인 관심을 넘어서서 대체로 사회와 문화에 대해 생각하도록 고무시킨다.

(3) 이 항목은 성경본문을 적용하는 데서 발생할 수 있는 문제나 난관들을 환기시킨다. 그리고 어떤 본문이 적용할 수 있는 다양한 합리적 방식들이 있다면 (즉, 기독교인들이 서로 일치하지 않는 영역이 있다면), 본 시리즈의 저자들은 독자들이 이런 다양한 견해들에 관심을 갖고, 스스로 이런 이슈들에 참여하도록 돕는다.

이런 목표를 추구하는 본 시리즈의 기고자들은 두 가지 극단을 피하였다. 하나는 이 주석이 얼마 지나지 않아 구식이 되지 않도록 너무 구체적인 적용을 피하는 것이고, 다른 하나는 현대인의 삶과 문화와 연관짓지 못하는 아주 일반적인 방식으로 성경 본문의 의미를 논하는 것을 삼가는 것이다.

무엇보다도 본 주석 시리즈의 기고자들은 이 주석이 도덕책이나 설교집이 되지 않도록 상당한 노력을 기울였다. NIV 적용 주석 시리즈는 바로 써먹을 수 있는 설교 자료집을 제공하려 했다기보다는 당신이 하나님의 말씀을 능력으로 전달할 수 있도록 돕는 도구, 개념, 그리고 통찰을 제공하려 했다. 당신으로 하여금 이 목표를 이룰 수만 있게 한다면, 우리는 이 시리즈의 목적을 이룬 셈이다.

편집자 서문

"베드로후서와 유다서는 죄를 가볍게 여기면서 벌을 받지 않고도 부도덕한 삶을 살아갈 수 있다고 여기는 모든 풍조에 경고를 보내고 있다." 더글라스 무(Douglas Moo)는 이 훌륭한 주석서를 통해 21세기의 그리스도인에게 이 짧은 두 서신의 상관성을 쓰고 있다.

이 중요한 메시지를 우리는 오늘 들어야 한다. 한편으로 슬픈 일은 악한 일을 행한다는 것이 우리에게 악한 일이 생길 것을 의미하는 경고라는 사실이다. 과거에는 부모가 자녀에게 이 교훈을 심어주는 것을 부모로서의 성스러운 의무로 여겼던 것 같다. 이제는 더 이상 그러지 않는다. 오히려 문화와 가족의 구조가 더 이상 이 중요한 진리를 강조하지 않기에, 적어도 이 두 서신이 과거처럼 우리를 확실하게 일깨우기 위해서 우리에게 남아있다는 사실이 다행스러운 일이다.

그럼에도 "죄가 심판을 불러온다"는 메시지가 오늘날 우리의 문화에서 왜 그리 조용한지 그 이유를 들여다보는 것이 적절할 것이다. 우리의 과부하된 재판체계는 자신의 "죄"의 결과를 피하려는 (그리고 자주 성공하는) 사람들로 가득하다. 우리의 전체 공교육 체계는 모든 가치가 일시적인 것이며, 가치라는 것은 오로지 역사적이고 문화적인 요인들에 의해 정해진다는 근거 없는 전제, 즉 죄를 나쁜 것이 아닌 잘못된 판단의 문제에 불과한 것으로 만드는 전제에 기초를 두고 있다. 교회마저 죄와 마주치면, 적당히 넘어가려고 한다. 이 주제를 다루는 훌륭한 설교를 들은 것이 언제였던가?

우리가 어떻게 이렇게 난처한 지경에 처하게 되었는가? 아마 좋은 설명이 있을 것 같다. 적어도 어느 정도는 현 세대가 권위에 대해 갖는 거부를 더듬어 볼 수 있을 것이다. 이 거부는 자기과시를 하려는 자동반사적인 시도도 아니며, 부모의 확대된 권위를 향한 미성숙한 청년기의 실험도 아니다. 이것은 오히려 한 세기 동안 전세계적으로 권력자들이 권한을 남용한 것에 대한 대응이다. 우리 세기의 "스타들"—히틀러, 스탈린, 아민, 폴 포트, 사담 후세인 등—은 진리와 권위 사이에 수세기동안 유지된 연관성을 깨뜨리고 권위만을 중요한 것으로 만들었다. “힘이 정의이다”는 그들의 모토였고, 그들은 그것을 무자비하게 실행에 옮겼다.

무언가가 잘못되었다고 보는 것, 우리의 정치지도자들과 국가가 권력에 취해 진리를 결핍하게 만든 것은 현명한 일이 아니었다. 진리와 권위 사이에 성경적인 균형을 회복하는 대신에, 60년대 세대는 한 가지 중요한 차이점을 제외하고 그들 사이의 구별을 유지할 것을 결정했다. 진리를 희생해서 권위를 강조하지는 않지만, 그들은 권위와 진리를 단절시켰다. 우리는 하나의 권위 있는 진리 대신에 각자 “내게는 진실”이지만, 너에게는 필연적인 진리가 아닌 우리 자신 만의 진리-가치 체계를 가지고 있다는 것이다. 이 “자기긍정-타인긍정”(I'm okay, you're okay)의 태도는 보편가치에 대해 말하는 것을 거의 불가능하게 만들었는데, 모든 이에게 적용되는 가치에 대해 이야기하는 순간, 당신은 다시 권위에 대해 말하는 것이기 때문이라는 것이다.

물론 역설적인 결론은 이 같은 권위의 공백을 최악의 지도자들이 채우려고 쇄도한다는 점이다. 우리 가운데 반(反)권위적인 이상으로 살려는 최선의 시도는 모종의 실용주의나 관용적인 인격주의를 채택하는 반면에, 최악의 시도는 동일한 옛 전체주의적 방식으로 전원 레버를 작동시킨다. 그들은 막후에서 이를 실행하면서, 공적으로는 “권위를 경멸하고” “그 알지 못하는 것을 비방”(벧후 2:10, 12)할 수 있다. 하지만 그들의 목표는 성경적 진리와 권위를 그들 자신의 것으로 대체하는 것이다.

성경은 진리와 권위가 동반한다는 것을 가르친다. 진리는 그 보편적이고 단일한 본성을 통해 자신만의 권위를 갖는다. 성경적 권위는 은혜로 충만한 사랑의 끈으로 직조되고, 그 결과 세상의 거짓 가르침을 강철처럼 견뎌내는 풍부하고 부드러운 직물을 내는 권위이다.

베드로후서와 유다서의 메시지는 참 가르침과 거짓 가르침이 존재한다는 것이다. 우리는 거짓 선생들이 사용하는 이기적이고 반(反)성경적인 방법론을 채택하지 않고, 온 힘을 다해 거짓 선생들에 맞서야 한다. 우리는 복음이 갖는 사랑의 메시지에 대립하는 거짓 교조주의에 안주할 수 없다. 우리는 진리와 권위의 두 기둥인 예수 그리스도의 복음의 메시지를 회복해야 한다.

약어표

AB	Anchor Bible
ASV	American Standard Version
BAGD	Bauer, Arndt, Gingrich, and Danker, *A Greek-English Lexicon of the New Testament and Other Early Christian Literature*
BBR	*Bulletin for Biblical Research*
CBC	Cambridge Bible Commentary
CBQ	*Catholic Biblical Quarterly*
EBC	*Expositor's Bible Commentary*
HNTC	Harper New Testament Commentary
HUT	Hermeneutisches Untersuchungen zur Theologie
ICC	International Critical Commentary
ISBE	*International Standard Bible Encyclopedia*
JB	Jerusalem Bible
KJV	King James Version
LBP	Living Bible Paraphrased
LCL	Loeb Classical Library
LXX	Septuagint(Greek translation of the Old Testament)
MeyerK	Meyer Kommentar
NASB	New American Standard Bible
NEB	New English Bible
NIBC	New International Bible Commentary
NICNT	New International Commentary on the New Testament
NIGTC	New International Greek Testament Commentary
NIV	New International Version
NJB	New Jerusalem Bible
NRSV	New Revised Standard Version
NTD	Das Neue Testament Deutsch

교적"이라고 주장하는 가르침의 쇄도를 겪고 있다. 우리 세대의 다원론적인 사고방식은 우리로 이 광범위한 가르침에 관용을 갖도록 자극한다. 이런 나태한 관용의 분위기 속에서 너무도 쉽게 상실하는 것은 '진리'에 대한 관심이다. 이것이 유다와 베드로에게 글을 쓸 동기가 되었고 그들은 이 글을 썼다. 그들은 어떤 것은 진실이고 다른 것은 거짓이라는 것을 알았다. 그들이 주님을 믿었을 때 주께서 "진리가 너희를 자유롭게 하리라"(요 8:32)고 선포하셨다. 그리고 그렇게 그들은 자신의 모든 에너지를 사용해서 독자로 하여금 진리에 충실하고 거짓을 거부하도록 간청했다. 독자들이 하려는 결정이 말 그대로 천국 아니면 지옥이라는 것을 알고서 말이다.

그때와 지금의 거짓 가르침

NIV 적용주석에서 이 책이 왜 베드로전서와 베드로후서가 아니라 베드로후서와 유다서를 다루는지 그 이유를 의아해 할 수 있다. 분명히 동일한 저자가 쓴 책들을 하나로 묶는 것이 자연스러워 보이기 때문이다. 그 이유는 단순하다. 베드로후서와 유다서는 서로 상당히 닮아있다. 두 책은 거짓 가르침에 대한 대응으로 쓰인 것이다. 그들이 반대하는 거짓 가르침은 거의 동일한 것으로 나타난다. 그리고 그들은 거짓 선생들을 유사한 용어로 고발한다. 다음의 표는 몇 가지 보다 인상적인 평행구들을 설명해 준다.

유다서		베드로후서
4	과거로부터의 거짓 선생들에 대한 "책망"	2:3
4	[그들은] "주재 [그리고] 주님"을 "부인"	2:1
6	심판을 위해 감금된 천사들—"어두운 구덩이"(베드로후서)와 "흑암"(유다서)은 동일한 헬라어를 번역한 것('조포스')	2:4
7	총체적인 악에 대한 심판의 예증으로서 소돔과 고모라	2:6
8	[그들은] "권위를 업신여기며[유다서]/주관하는 이를 멸시[베드로후서]" [그들은] "영광을 비방"	2:10
9	천사들은 "비방하는 고발"을 하지 않음(개역개정판 유다서는 "판결"—옮긴이)	2:11
12	[거짓 선생들은] "흠"(개역개정판 유다서는 "암초"—옮긴이)	2:13

12 유다: "바람에 불려가는 물 없는 구름이요" 2:17
베드로: "물 없는 샘이요 광풍에 밀려가는 안개니"
18 "조롱하는 자들"이 "자기의 악한[베드로서 개역개정판에는 3:3
없음 – 옮긴이]/경건하지 않은[유다] 정욕"을 따름

이들 평행구들은 길지는 않지만 인상적이다. 포함된 많은 용어들과 표현들이 성경의 다른 곳에서는 발견되지 않는 것들이고, 볼 수 있듯이 두 서신 모두에서 동일한 순서로 나타난다. 그리고 우리가 위에 포함시키지 않은 다른 수 없이 많은 사소한 일치들도 존재한다.

이 놀랄만한 유사성을 우리는 어떻게 설명해야 하는가? 소수의 해석자들의 생각은 이 서신들 사이의 평행구는 베드로와 유다가 글을 썼을 때 공통된 초기 기독교 구전 전승을 사용하였음을 보여주는 것에 불과하다는 것이다.[1] 하지만 대부분의 학자들이 확신하는 바는 평행구들이 보다 자연스럽게 모종의 '문학적인' 관계를 가리킨다는 점이다. 이 관계를 이해하는 한 가지 방식은 한 사람의 저자가 두 서신 모두를 쓰는 일에 관여했다고 생각하는 것이다. 한 가지 매력적인 가설은 예컨대 베드로가 그의 서신을 쓸 때 사용했던 필사자(혹은 서기)가 유다였다는 것이다. 유다는 그래서 베드로의 경고에 자신의 기록을 추가했다는 것이다.[2] 하지만 대부분의 학자들의 생각은 베드로와 유다가 자신들의 서신들을 썼을 때 자료들을 빌려왔다는 것이다. 이는 세 가지 상이한 방식으로 발생했을 수 있다. (1) 베드로가 유다서로부터 빌려왔을 수 있다. (2) 유다가 베드로후서를 사용했을 수 있다. (3) 베드로와 유다가 우리에겐 더 이상 존재하지 않는 또 하나의 문헌을 사용했을 수 있다.

대부분의 학자들은 첫 번째 가능성을 선호한다. 베드로후서가 이미 존재했다면 유다서의 필요성이 왜 있어야 하는지 상정하기가 어려울지라도, 그들의 논증은 베드로가 유다서를 확장하기를 원했을 것이라고 생각하는 것이 완벽히 잘 맞는다는 것이다. 하지만 이 논증은 납득하기가 어렵다. 확실한 것은 한명의 저자가 그 상황

1. 예를 들어 Carroll D. Osburn, "Discourse Analysis and Jewish Apocalyptic in the Epistle of Jude," 311을 보라(참고: 서지학 자료가 나와 있지 않은 모든 작품들은 참고문헌에 열거되어 있다).

2. J. A. T. Robinson, *Redating the New Testament* (London: SCM, 1976), 193-99; R. Riesner, "Der Zweite Petrus-Brief und die Eschatologie," in *Zukunftserwartung in Biblischer Sicht: Beitrage zur Eschatologie*, ed. Gerhard Maier (Giessen: Brunnen, 1984), 130-31.

에 특별히 관련성을 가졌던 또 하나의 서신으로부터 특정 요점들을 추출해내기를 원했을 어떤 상황을 상정할 수 있다. 유다서의 우선성을 선호하는 이들이 또 주장하는 것은 두 서신에 대해 상세하게 비교하면, 베드로가 유다로부터 빌려왔던 것임이 드러난다고 한다.[3] 하지만 이는 주관적인 평가다. 게다가 많은 학자들은 이미 차용의 방향에 확신을 가지고서, 한쪽 방향에 대한 증거만 들여다보면서 베드로가 어떻게 유다서를 "수정했는지"를 설명한다. 그들은 자주 반대방향에서 나오는 증거를 고려하지 못한다. 대체로 베드로후서의 유다서에 대한 의존성을 위해 세우는 다른 논증들은 더 이상 설득력이 없다.[4]

현대 학자들 중에 베드로후서의 우선성을 지지하려고 논증하는 경우는 거의 없다. 과거에 이 주장을 했던 이들은 자주 베드로의 사도적 지위를 핵심 요점으로 호소했다. 그들 생각에 베드로의 지위를 가진 사도가 사도 아닌 자로부터 차용할 가능성이 없어 보인다는 것이었다. 하지만 내 생각에 이 반론은 사도들에 대한 부적절한 시각에 의존하는 것이다. 중요하고 권위 있는 인물들이었지만, 사도들은 분명히 초기 기독교 가르침과 전통에 대해 자신들의 독자적인 견해를 발전시키지는 않았다. 베드로후서의 우선성을 선호하는 학자들은 또한 본문을 상세하게 비교할 것을 호소한다. 그들은 반대되는 관점을 주장했던 자들만큼이나 성공적이었다.

이 주제가 교착상태에 처한 것을 느끼고, 어느 방향을 지지하는 것이든 증거를 찾으면서, 소수의 학자들이 제시했던 바는 유다서와 베드로후서 모두 독자적으로 공통의 자료로부터 차용했다는 것이다.[5] 하지만 이를 지지할 수 있는 어떤 긍정적인 증거도 없었기에, 이 이론은 "오캄의 면도날"(복잡한 것보다는 단순한 이론을 선택해야 한다) 이론으로부터 치명타를 입는다.

내 결론은 세 가지 통상적 이론들 중 어느 것도 유용한 가설로 받아들이기에 충

---

3. Duane F. Watson, *Invention, Arrangement, and Style: Rhetorical Criticism of Jude and 2 Peter*, 163-87에서 상세한 비교를 보라.

4. 베드로후서가 유다서로부터 차용하고 있다고 생각하기 위한 다른 논증들은 (1) 베드로가 유다서에서 발견되는 비정경적인 책들에 대한 언급들을 포함시키지 못한 것이 시사하는 바는 이것이 후대에 쓰여졌다는 점인데, 그 시기에 와서야 교회가 강한 "정경 의식"을 가지게 되었다는 것이다. (2) 유다서의 촘촘한 구조는 다른 문헌에 기초한다기보다는 자유롭게 저술되었을 가능성을 보여준다는 것이다. (3) 베드로후서에서 다투고 있는 거짓 가르침은 아마도 유다서에서 다투고 있는 것 보다 후대의 것으로 보인다. 이들 논쟁들에 대해서는 특별히 Werner Georg Kümmel, *Introduction to the New Testament* (rev. ed.; London: SCM, 1975), 430-31; Bauckham, *Jude, 2 Peter*, 141-43을 보라.

5. 마이클 그린(Michael Green), *The Second Epistle General of Peter and the General Epistle of Jude*, 50-55은 이 가능성에 대한 확고한 변론을 제공한다.

분한 긍정적인 증거를 가지고 있지 못하다는 것이다. 그럼에도 불구하고 내가 궁지에 몰린다면 아마도 나는 유다가 베드로로부터 차용했다는 이론을 택할 것이다.[6] 내가 그렇게 하는 이유는 이 서신에서 두 본문 사이의 두드러진 유사성에 근거를 두고 있다.

> 먼저 이것을 알지니 말세에 조롱하는 자들이 와서 자기의 정욕을 따라 행하며 조롱하여(벧후 3:3).

> 사랑하는 자들아 너희는 우리 주 예수 그리스도의 사도들이 미리 한 말을 기억하라 그들이 너희에게 말하기를 마지막 때에 자기의 경건하지 않은 정욕대로 행하며 조롱하는 자들이 있으리라 하였나니(유 17-18절).

유다서 본문은 베드로후서 3:3의 인용과 매우 비슷하게 읽힌다. 이것이 사실이라면, 상황은 무언가 다음과 유사한 것이었을 수 있다. 베드로는 특정 공동체 내에서 거짓 선생들을 징계하는 서신을 쓰고서, 이 내용을 유다와 나누었다. 그때에 유다는 자유롭게 그의 공동체 내에서 그가 다루고 있었던 유사한 거짓 가르침과 관련이 있는 베드로후서의 부분들을 인용했다. 하지만 나는 검증이 결코 확실하지 않다는 것을 최초로 받아들이는 사람이다.[7] 그래서 각 이론들에 대한 나의 회의론을 다시금 확인하기를 원한다. 사실이 이렇기에 나는 본문을 설명하기 위한 기초로 어떤 문학적 시나리오도 사용하지 않을 것이다. 해석상 관련이 있고 유용한 곳에서 나는 유다서와 베드로후서 사이의 평행구에 주목할 것이다. 하지만 누가 누구를 "수정했는지"에 대해서는 어떤 가설도 만들지 않을 것이다.

우리가 어떻게 설명하든지 베드로후서와 유다서 사이의 유사성이 암시하는 바는 그들이 동일한 종류의 거짓 가르침과 싸우고 있다는 점이다. 두 저자 모두 거짓 가르침에 대해 묘사하기보다는 그들을 책망하는데 더 관심을 가지고 있기에, 우리

---

6. 이 견해를 위해 특별히 Theodor Zahn, *Introduction to the New Testament* (Grand Rapids: Kregel, 1953; reprint), 2.238-55; Bigg, *The Epistles of St. Peter and St. Jude*, 216-24를 보라. 또한 Donal Guthrie, *New Testament Introduction* (Downers Grove: InterVarsity, 1990), 924도 보라.

7. 검증에 있어 두 가지 문제점들이 있다. (1) 유다는 "사도들"(복수형)을 언급한다. 그리고 (2) 베드로후서의 조롱하는 자들은 그리스도의 재림을 문제시하고 있지만, 유다서에서는 이 주제를 분명하게 제시하지 않는다. 하지만 유다는 베드로의 본문을 사도적 가르침 일반에 대한 편리한 개괄로 사용하고 있을 수 있다. 그리고 유다는 또한 미래의 심판에 대한 관념을 비웃었던 사람들에 대해서도 언급하고 있을 수 있다.

는 그 가르침이 무엇인지에 대해서는 명쾌한 정보가 많지 않다. 양자 모두 분명히 하고 있는 것은 이 자들이 다른 사람들에게 자신들의 거짓된 시각을 확신시키려고 애쓰고 있다는 점이다(벧후 2:1-3; 유 19절을 보라). 하지만 교리적 오류에 대해 유일하게 분명한 언급은 베드로의 "조롱하는 자들"에 대한 경고에 나오는데, 그들은 주 예수께서 정말로 세상을 심판하기 위해 재림하실 것인지를 묻고 있다(벧후 3:3-4). 그래서 베드로와 유다가 집중하고 있는 것은 이 사람들이 '가르치는' 내용이 아니라 그들이 '살아가는' 방식이다. 베드로와 유다는 분명히 이 거짓 "행동주의자들"이 다른 그리스도인들을 죄악되고 멸망하는 삶의 방식으로 끌어들일 것이라는 점에 관심을 두고 있다.

이 삶의 양식은 무엇처럼 보이는가? 한마디로 이 거짓 선생들은 방탕한 자들이다. 그리스도 안에서 계시된 하나님의 은혜를 자신들이 원하는 것이라면 무엇을 행하든 정당화되는 "자유"라고 여긴다(벧후 2:19-20; 유 4절). 그들에게는 어떤 종류의 권위도 필요치 않다(특별히 천사들 같은 영적인 권위들; 참조. 벧후 2:10-11; 유 8-9절). 그래서 그들은 온갖 방식의 "육의 죄"에 관여한다: 아마 동성애도 포함하여 간음과 과도한 음주와 폭식과 돈에 대한 탐욕(벧후 2:13-16, 18-20; 유 16, 19절). 특별히 두드러지게 베드로와 유다 모두 분명히 하고 있는 것은 이 방탕한 자들이 스스로 그리스도인이라고 주장한다는 것이다(벧후 2:1, 21-22; 유 4절).[8] 그들은 사실상 적어도 "주님을 부정하고 있으며", 따라서 주님을 거역한 자들을 위해 예비된 책망의 운명에 처해 있다.

나는 두 서신에서 거짓 선생들에 대한 이 간략한 소개를 끌어냈다. 그리고 실제로 우리가 본 것처럼 유다와 베드로는 그들을 비슷한 용어로 묘사하고 있다. 하지만 한 가지 주요 차이점이 존재한다. 베드로만 그리스도의 재림에 대한 거짓 선생들의 회의론을 언급한다. 이것이 의미하는 바는 우리가 유다서와 베드로후서의 거짓 선생들을 일률적으로 취급하는 것은 잘못이라는 점이다.[9] 하지만 양자 사이의 유사성은 이 한 가지 분명한 차이점을 크게 압도한다. 게다가 유다가 "조롱하는 자들"(18절)에 대해 간략하게 언급한 것이 암시하는 바는 유다도 주님의 재림에 대한 거짓 선생들의 비웃음에 대해 알고 있었다는 점이다. 우리는 분명히 유다가 말

8. 이는 또한 유 5-6절의 함축하는 바이기도 한데, 여기서 유다가 논증하는 바는 거짓 선생들이 출애굽으로 구원받은 직후에 반역했던 구약의 하나님의 백성들과 "자기 지위를 지키지 아니한 천사들"(유 6절)의 운명을 공유할 것이라는 점이다.

9. 특별히 Bauckham, *Jude, 2 Peter*, 154-57을 보라.

한 것을 베드로에게로 혹은 그 반대로 읽는 실수를 해서는 안 될 것이다. 그리고 유다와 베드로는 거짓 가르침이 서로 다르게 돌발한 것에 대해 아주 잘 대처하고 있었을 것이다. 하지만 그들이 싸우는 거짓 가르침이 상당히 동일하다는 점은 분명하다.

이 거짓 가르침이 무엇인지를 우리가 보다 정확하게 규명할 수 있겠는가? 많은 시도들이 있어왔으나, 그다지 성공하지는 못했다. 가장 널리 퍼진 것은 유다와 베드로가 영지주의를 질책하고 있다고 보는 것이다. 영지주의는 영적인 세계와 물질적인 세계가 서로 상호작용한다는 것을 믿을 수 없었다. 그래서 그들은 예수께서 신성과 인성을 모두 가지실 수 있었음을 부인한다. 더 중요한 것은 그들이 "육의" 죄에 크게 관심을 두지 않았다는 점이다—한 사람이 육으로써 행했던 것은, 그(녀)의 영적인 실존과, 설사 관련이 있다 하더라도 거의 없었기 때문이다. 베드로와 유다가 거짓 선생들의 부도덕함에 대해 묘사한 것은 확실히 영지주의에 들어맞는다.[10] 하지만 이 묘사는 지나치게 막연해서, 부도덕한 삶의 양식과 미래의 심판에 대한 회의론을 결합시켰던 집단이라면 어느 집단에도 어울릴 정도다. 그리고 베드로나 유다 모두 영지주의의 가장 특징적인 교리에 대해서는 어떤 언급도 하지 않고 있다. 게다가 완전히 발달한 영지주의는 2세기에는 아직 출현하지 않았다. 이 시기는 베드로나 유다에게는 지나치게 늦은 시기이다(아래 저작과 연대를 보라).[11]

그렇다면 베드로와 유다가 다루고 있는 것은 복음의 대가 없는 용서에서 자신들의 이기적이고 죄된 욕망에 탐닉할 황금의 기회를 발견했던 거짓 가르침의 출현이다(벧후 2:19; 유 4절을 보라). 우리는 동일하거나 약간 앞선 시기의 고린도 교회에서(고린도전서), 그리고 약간 늦은 시기의 일부 소아시아의 교회에서 발견한다.[12]

이 서신들이 싸우고 있는 이교에 대해 우리가 아는 바가 거의 없기에, 우리는 이를 정확히 우리 시대의 어떤 것에 대응하는지 확인할 수 없다. 하지만 이는 확실히 베드로와 유다가 오늘날 우리에게 교훈하는 바가 없다는 것을 의미하지는 않는

10. 동일시하는 자들 중에는 큄멜(Kümmel, *Introduction to the New Testament*, 426, 432)과 에른스트 케제만(Ernst Käsemann, "An Apologia for Primitive Christian Eschatology," in *Essays on New Testament Themes* (London: SCM, 1964), 171-72)이 있다.

11. 이 이유 때문에 소수의 학자들은 베드로와 유다가 "초기 영지주의"와 싸우고 있었다고 생각한다(참고, Kelly, *The Epistles of Peter and of Jude*, 227-31). 가능성이 있다.

12. 에베소와 버가모의 교회에서 "니골라당"에 대한 언급(계 2:6, 15)과 버가모의 교회에서 발람의 교훈을 따르는 자들에 대한 언급(2:14-15)을 보라.

다. 당치도 않다! "해 아래에는 새것이 없나니"라는 말씀이 다른 모든 것에도 그렇듯이 거짓 가르침에도 적용되기 때문이다. 기독교 진리에 대한 왜곡이 몇 안 되는 확인 가능한 패턴으로 수렴되는 경향이 있다. 그리고 우리가 유다서와 베드로후서에서 식별할 수 있는 이 양식은 오늘날의 교회에서도 쉽게 인식된다.

일부 교회출석자들은 그리스도가 영광 가운데 재림하신다는 진리조차 이해할 수 없어서, 이 같은 개념이 무엇이든 "광신적인 과격파"의 것으로 돌린다. 우리 중 더 많은 이들은 주님께서 다시 오실 것을, 그리고 우리가 현생에서 우리의 행실에 대한 대답을 하기 위해 그분 앞에 설 것임을 고백한다. 하지만 우리는 얼마나 쉽게 미래에 있을 심판의 진리를 실제로 어떻게 살 것인지와 거의 무관한 이론의 영역 속으로 그토록 멀어지게 만드는가! 그리스도의 재림을 선포하는 범퍼스티커를 과시할 수도 있지만, 우리는 실제로 그 진리를 붙잡으려 하지 않으면서 날과 달과 해를 보내고 있다. 그리고 교회 내의 확실한 추세도 역시 도래할 심판의 때에 대한 우리의 관심을 회피한다. 오늘날의 경향은 특정 상담 접근법을 반영하여, 그리스도인들로 하여금 스스로에 대해 "만족감"을 느끼도록 돕는다. 하지만 그에 대한 결과는 기독교의 두 가지 핵심 진리에 대한 불균형일 수 있다. 하나님께서 은혜롭게 그의 아들을 통해서 우리의 죄를 용서하신다는 것과 하나님께서 그리스도인들을 부르셔서 그들의 행실에 대해 해명하게 하실 것이라는 두 가지 진리에 대해서 말이다. 유다가 책망하는 사람들처럼 우리도 결국에는 실제로 "하나님의 은혜를 도리어 방탕한 것으로 바꾸고"(유 4절) 말 수 있다. "하나님께서 용서하실 텐데, 그것이 하나님의 일이 아닌가?"는 이교도 볼테르(Voltaire)가 자기 죄를 변명하는 방식이었다.

베드로후서와 유다서는 죄를 가볍게 여기면서 벌을 받지 않고도 부도덕한 삶을 살아갈 수 있다고 여기는 모든 풍조에 경고를 보내고 있다. 아마도 우리는 우리 시대의 문제들이 유다와 베드로가 다루어야 했던 것처럼 심각하지 않다고 생각하는 것 같다. 하지만 목사가 자기 교회의 여성과 잠자리를 같이 한 것이나 신자가 납세신고서에 허위기재나 속임수를 쓰는 것을 너무도 자주 들으면서, 우리는 오늘날 사정이 훨씬 더 좋아진 것인지 의문을 가져야 한다. 베드로와 유다가 자기시대의 거짓 선생들에게 선포했던 책망은 우리에게 그런 자들의 길을 따르기 시작하는 것이 가진 위험성에 대해서도 역시 경고하는 것이다. 그리고 그들은 우리에게 이 멸망하는 길을 피할 방도를 가르쳐 준다. 그리스도와 그의 사도들의 메시지를 "기억함"(마음 속 깊이 새기는 것, 내면화하는 것)으로써 말이다.

지금은 베드로와 유다가 싸우고 있는 문제들에 대해 대체로 알고 있기 때문에, 우리는 이 서신들의 의미를 우리 시대에 전하기 위해 무엇이 가장 중요한지를 배운 것이다. 하지만 이 서신들과 그 상황에 대해 우리가 더 많이 알수록, 우리는 그들을 더욱 더 정확히 그리고 예리하게 적용할 수 있을 것이다. 따라서 우리는 지금 이 서신들 각각의 몇 가지 특징들을 더 살펴보기를 원한다.

베드로와 그의 서신

우리가 베드로후서라고 부르는 성경의 책으로 돌아올 때, 우리는 이 책에 대한 직접적인 주장을 접하게 된다. 즉 이것이 "예수 그리스도의 종이며 사도인 시몬 베드로"(1:1)에 의해 쓰였다는 것이다. 신약성경의 독자 중에 이 이름을 모르는 사람은 없을 것이다. 시몬은 예수께서 자신을 따르라고 부르셨던 첫 사도 중 한 사람이었다(막 1:16-18과 평행구들; 참조. 요 1:40-42). 야고보와 요한과 더불어 그는 사도 중 "핵심 측근" 구성원이었던 것으로 보인다(막 5:37과 9:2의 평행구를 보라). 시몬은 하나님에 의해 인도되어 예수께서 약속된 메시아요 하나님의 아들이심을 깨달았던 자였다. 결과적으로 예수께서는 친히 시몬을 "베드로"(반석을 의미)라고 부르셨다(마 16:13-18; 참조. 요 1:42).

시몬 베드로는 사도를 대표하면서 동시에 그들의 지도자로 드러나게 되었다. 그가 십자가와 부활에 앞서 예수를 부인한 것은 성령의 강림 이전에 예수를 따르는 자들의 피할 수 없는 연약함을 드러냈다. 그리고 베드로가 오순절 이후 예루살렘에서 그리스도에 대해 용기 있게 선포한 것은 그를 초기 기독교 지도자 중 최고의 위치에 서게 만들었다(행 2-5장을 보라). 박해는 급기야 베드로를 예루살렘으로부터 도망치게 만들었음에도 불구하고(12:17), 그는 수년 후에 사도 공의회를 위해 돌아왔다(15장). 신약성경에서 이후의 베드로에 대한 언급은 거의 없지만, 그는 고린도에서 어느 정도 시간을 보냈던 것으로 보인다(고전 1:12; 9:5을 보라).[13]

이후 A.D. 60년경에 베드로는 로마에 있었던 것으로 보인다. 여기에서 베드로는 북부 소아시아의 그리스도인들에게 서신을 쓴다—우리의 정경인 베드로전서.[14] 우리는 이 사도의 말년을 재구성함에 있어서 오직 참고할 만한 후대의 전설

13. 이 절들 속에서 "게바"는 "반석"을 뜻하는 아람어 단어를 음역한 것이고, 그래서 "베드로"(헬, 페트로스)와 동일한 의미이다.

14. 베드로는 "바벨론에 있는 교회"(벧전 5:13)로부터 인사를 전하는데, 아마도 로마 교회를 언급하는 것으

만을 가지고 있을 뿐이다. 하지만 베드로전서에 추가하여, 우리는 베드로가 잠시 로마에서 사역했다는 증거를 가지고 있다.[15] 그러나 그는 이레니우스가 (2세기 말엽에) 주장하듯이,[16] 바울과 더불어 로마 교회의 공동설립자였을 수는 없다. 바울은 로마의 그리스도인들에게 보낸 서신에서 자신이 그 교회를 설립하지 않았음을 분명히 하고 있기 때문이다. 그리고 그가 "남의 터 위에 건축하지 아니하려 함"(롬 15:20)이라고 주장한 것은 베드로가 그곳의 교회에 깊이 관여했을 가능성이 없음을 보여준다. 일반적으로 신뢰받고 있는 초기 전승은 베드로가 바울과 더불어 로마에서 네로 황제의 박해로 사망했다고 한다(A.D. 64-65년).[17] 하지만 베드로가 십자가에 거꾸로 달렸다는 전승은 후대의 것이고 신뢰할 수 없는 것이다.[18]

이 인물은 의심할 바 없이 우리가 베드로후서 1:1에서 발견하는 이름을 가진 바로 그 시몬 베드로이다. 이는 자신의 죽으심(1:13-14; 요 21:20-23을 보라)에 대한 주님의 예언과 변화사건(벧후 1:16-18)에 대해 저자가 개인적으로 회고하는 것으로부터 확증되는 추정이다. 그렇다면 최근의 주석서들을 빠르게 개괄해 볼 때, 그들 중 절반 이상이 사도 베드로가 이 서신을 썼다고 생각하지 않는 것을 볼 수 있는 이유는 무엇인가? 학자들은 여섯 가지 주요 근거를 언급한다. (1) 이 서신은 헬레니즘 세계에서 끌어낸 언어와 개념으로 가득 차있다. (2) 서신에서 싸우는 거짓 가르침은 2세기 영지주의이다. (3) 바울의 서신이 정경의 일부였다는 이 서신의 전제(참조. 3:15-16)는 사도의 생존시기에는 불가능한 것이었다. (4) 사도적 전승에 대한 언급은(참조. 3:2, 16)은 교회의 권위가 확고해진 후대의 시기를 드러낸다(일부 학자들이 "초기 가톨릭"이라고 명명했던). (5) 초대교회는 베드로후서를 정경으로 받아들여져야 하는지에 대해 상당히 많은 의구심을 표현했다. (6) 이 서신은 "유언"의 형식을 취하고 있는데, 그것은 영웅이 죽은 후에 어떤 사람이 그 믿음의 영웅의 이름으로 글을 쓰는 형식이다.[19]

로 보인다.

15. Eusebius, *The History of the Church* 2.25.8을 보라.

16. Irenaeus, *Against the Heretics* 3.1.1.

17. *1 Clement* 5-6를 보라. Tacitus, *Ann.* 15.44를 참고하라.

18. 이 전통은 외경인 『베드로행전』에서 발견된다. 베드로의 생애와 죽음에 대해서는 R. P. Martin, "Peter," in *The International Standard Bible Encyclopedia*, ed. G. W. Bromiley (4 vols.; Grand Rapids: Eerdmans, 1979-88), 3.802-7을 보라.

19. 이 점들에 대해서는 특별히 Kümmel, *Introduction*, 430-33; Mayor, *The Epistle of St. Jude and the Second Epistle of St. Peter*, cxv-cxlv; Bauckham, *Jude, 2 Peter*, 158-62; Käsemann, "Apologia," 169-77을 보라.

따라서 베드로가 이 서신을 쓸 수 없었다는 논증들에 의해 확신을 가지고 있는 학자들은 이것을 위서라고—문자적으로는, "허위 이름의" 책—결론 내린다. 이런 종류의 많은 책들은 그리스도의 직전과 직후의 세기에 유대인들에 의해 쓰였던 것들이다—아담이나 에녹이나 모세나 아브라함이 썼다고 주장하는 책들. 이 학자들 생각에는 초대교회의 어떤 인물이 이 전승을 이어받아 사도의 죽음 이후에 사도 베드로의 이름으로 서신을 썼다는 것이다. 이 저자는 어느 누구도 속이려 했던 것은 아니었을 것이다. 그는 사람들이 그것이 무엇인지를 금방 알아차릴 만한 널리 알려진 문학적 장치를 채택한다고 여겼을 것이다. 목사가 설교를 위해 중동 의상을 입고 엘리야가 우리에게 말하는 것처럼 가장할 때, 무슨 일이 일어나고 있는 것인지 우리가 정확히 이해하는데 아무런 문제도 느끼지 못하는 것처럼 말이다.[20]

이에 비추어 볼 때 베드로가 베드로후서를 쓰지 않았다는 것과 성경이 오류가 없다는 두 가지 사실을 동시에 믿는 것은 가능하다. 그래서 우리는 최근 수년 간 소수의 복음주의 학자들이 베드로후서가 다른 일부 신약성경 서신들처럼 위서일 수 있다는 생각에 대해 개방성을 표하기 시작하는 것을 보게 되었다.

하지만 우리 생각에 이는 불행한 움직임이다. 베드로후서를 위서이면서도 동시에 오류가 없는 것으로 받아들이는 것은 우리에게 베드로후서 1:1의 주장이 그 시대에는 저작성에 대한 주장으로 이해되지 않았을 것이라는 점을 믿도록 요구한다. 이는 있을 수 없는 일이다. 우리는 누군가 다른 사람의 이름으로 저술한 특정 종류의 책에 대한 수많은 예증을 가지고 있다—특별히 묵시록들. 그리고 우리는 초대교회에서도 어떤 이가 다른 사람의 이름으로 '서신'을 썼다는 증거도 가지고 있다(참조. 살후 2:2). 하지만 우리가 또 발견하는 것은 이 같은 책과 서신이 언제나 의혹의 눈초리를 받았다는 것이다. 도넬슨(L. R. Donelson)은 통렬한 연구 끝에 "어느 누구도 위조된 것으로 알려졌던 문헌을 종교적으로나 철학적인 규범으로 수용하는 것으로 보이는 경우는 없다. 나는 그런 예를 단 하나도 알지 못한다"고 결론 내렸다.[21]

---

20. 최근 한 단행본에서 데이비드 미드(David Meade)는 이 주제에 대해 상이한 견해를 제시했다. 그의 주장은 많은 책들의 도입부에서 베드로 같은 사람을 언급하는 것은 저작성을 주장하려는 의도는 아니고, 단지 그 책이 그 이름과 연결된 전통을 유지하고 있음을 주장하는 것일 뿐이라는 것이다(David G. Meade, *Pseudonymity and Canon: An Investigation Into the Relationship of Authorship and Authority in Jewish and Earliest Christian Tradition*, WUNT 39 [Tübingen: Mohr, 1986]). 하지만 분명하게 사실인 것은 적어도 서신들에 관해서는 (성경적이든 비성경적이든) 문안에 나오는 이름은 저작성에 대한 주장으로 의도된 것이었다는 점이다.

따라서 베드로후서가 정경으로 수용되었다는 사실을 통해, 이 결정을 했던 초기 그리스도인들이 베드로가 이것을 썼다는 것에 대해 긍정적이었음을 추정할 수 있다.[22] 이 서신을 베드로가 쓰지 않았다고 생각했던 자들은 바로 그 이유 때문에 이것이 정경이 되는 것을 막으려 했다. 다른 말로 하자면, 우리는 (1) 베드로후서를 저자가 실제로 쓰지 않았음에도 저작성을 주장하기 위해 의도된 명의위조로 보는—그래서 정경에서 제거해야 한다는—관점과 (2) 베드로후서를 사도 베드로의 권위 있는 서신으로 보는 관점 사이에서 선택해야 한다. 위서이면서도 정경이라는 "두 마리 토끼를 다 잡으려는" 이론은 대안이 될 수 없을 것이다.

그럼에도 사실 우리는 사도 베드로가 이 서신을 쓸 수 없었다고 생각하기 위해 학자들이 제시하는 이유들이 확신을 준다고 생각하지 않는다. 우리가 앞서 열거한 반론들을 각각 간략히 다루어 보자.

(1) 베드로후서의 헬라어 원문은 더할 나위 없이 문학적이고 심지어 철학적이기도 한 풍미를 가지고 있는데, 이는 베드로전서의 헬라어 원문과 상당히 다르다. 하지만 ⓐ 베드로가 헬라 세계에서 상당히 긴 시간 동안 사역한 이후 이 서신을 쓸 수 없었을 만한 이유는 존재하지 않는다. ⓑ 베드로는 자기 독자들에게 필요하기에 이런 양식으로 쓸 것을 의도적으로 선택했을 수 있다. ⓒ 베드로전서의 보다 진부한 헬라어는 서기(실루아노?—벧전 5:12을 보라)가 도운 결과일 수 있다.

(2) 거짓 선생들이 퍼뜨리고 있었던 것은 1세기 교회에 알려지지 않은 것이 없다.

(3) 다른 신약성경에서 시사하는 바는 주님의 말씀과 일부 신약 책들이 초기부터 성경으로 간주되고 있었다는 점이다.

(4) 일부 그리스도인들이 베드로후서에 대해 의혹을 표했지만, 다른 많은 이들은 이 책을 처음부터 수용했다. 아마도 사람들은 이 책이 널리 사용되지 않았거나, 베드로에 대한 명의 위조가 아주 많았기에 의혹을 가졌을 것이다.

(5) 베드로후서에서는 어떤 종류의 교회 조직이나 위계질서도 제시되는 바가 없다. 그리고 "초기 가톨릭" 자체가 모호한 개념이다.

---

21. L. R. Donelson, *Pseudepigraphy and Ethical Argument in the Pastoral Epistles*, HUT 22(Tübingen: Mohr-Siebeck, 1986), 11. 초기 그리스도인들도 위서였던 책은 어떤 종류라도 폐기했다고 생각할 훌륭한 이유가 있다. 그린(Green)은 『베드로복음』과 『바울과 데글라 행전』에 대한 강한 반응에 대해 주목한다(*The Second Epistle General of Peter and the General Epistle of Jude*, 32를 보라).

22. 저작성과 정경성 사이의 연관성은 스탠리 포터(Stanley E. Porter)의 논문(Stanley E. Porter, "Pauline Authorship and the Pastoral Epistles: Implications for Canon," *BBR* 5[1995]: 105-23)의 숙제였다.

(6) 베드로후서와 "유언" 양식 사이의 유사성은 부정할 수 없다. 하지만 서신의 형태로 이 양식을 사용했기에 다른 "유언"과 비교한다는 것에 의구심을 갖게 된다.[23] 우리는 서신 도입부의 언어가 갖는 분명한 의미를 받아들이고, 이를 사도 베드로의 권위 있는 서신으로 받아들여야 한다.

사도 베드로가 베드로후서를 썼다면 이 서신은 A.D. 65년 무렵 이전에 쓰였어야 한다. 당시에 대해서는 믿을 만한 초기 전승이 로마에서 네로 황제가 그리스도인들을 박해하던 시기에 베드로가 순교했음을 기록하고 있다. 그리고 아마도 이 서신은 그의 죽음 직전에 쓰였을 것이다. 베드로도 직접 이를 시사하는데, 요한복음 21:18-19에서 자신의 죽음에 대해 주께서 예언하신 것을 언급하면서, 현생에서 그가 떠나는 날이 가까웠음에 대해 말한다(벧후 1:13-14). 베드로는 아마 자기 서신에서 고대 유대의 "유언"을 차용한 것으로 보이는데, 유언을 통해 영적인 지도자는 자기 죽음이 임박한 것을 이용하여 자기의 경고와 훈계에 특별한 설득력을 실었던 것이다.[24] 그래서 우리는 베드로가 아마도 로마에서 쓰고 있으며,[25] 이미 네로의 박해가 진행 중인 것으로 상정해야 할 것이다. 이 사도는 자기 순교에 대한 주님의 예언이 성취될 때가 이르렀음을 느끼고, 죽기 전에 충고와 주의로 이루어진 마지막 글을 쓰는 것이다.

우리는 이 서신의 상황에 대해 이것 외에는 많은 것을 알고 있지는 못하다. 베드로는 이를 "우리 하나님과 구주 예수 그리스도의 의를 힘입어 동일하게 보배로운 믿음을 우리와 함께 받은 자들에게"(벧후 1:1) 말하고 있다. 이 막연한 정체성으로 인해 과거에 그리스도인들은 베드로후서를 "가톨릭"(그 원래의 의미인 "보편") 혹은 "일반" 서신으로 규정했다—즉, 전체 기독교 교회에 쓰여진 서신. 하지만 베드로후서는 특정 그리스도인 집단에 쓰였다는 것을 곳곳에서 암시하고 있는데, 그들은 특정 거짓 선생들에 의해 괴롭힘을 당하고 있는 자들이며, 적어도 바울의 서신 중 하나를 받았던 자들이다(3:15). 만일에 베드로가 이 서신을 "이 둘째 편지"라고 언급했던 3:1이 이 두 번째 서신이 베드로전서와 동일한 사람들에게 쓰

23. 이 논증들에 대해 세밀한 내용을 다시 보려면, Guthrie, *Introduction*, 805-42; Bigg, *The Epistles of St. Peter and St. Jude*, 199-247을 보라.

24. 이러한 "유언"에 대한 최고의 성경적인 예증은 창 49:1-28에서 야곱이 그의 아들들에게 말한 것이다. 중간시대의 몇 가지 유대의 책들이 동일한 형식을 사용했는데, 가장 주목할 만한 것은 『열두 족장의 유언집』이다.

25. 베드로는 그의 첫 번째 서신을 이 바로 직전에 로마(=벧전 5:12의 "바벨론")에서 썼으며, 우리는 그가 로마에서 순교당했음을 알고 있다.

였다는 것을 의미한다면, 우리는 이 그리스도인들이 어디에 살았는지를 다소 명확하게 알 수 있을 것이다. 베드로전서가 특별히 북부 소아시아(현대의 터키)의 몇몇 지방에 살고 있던 그리스도인들에게 보내진 것이기 때문이다.[26] 하지만 우리는 이를 확신할 수 없다. 베드로가 우리에겐 더 이상 존재하지 않는 서신을 언급한 것일 수도 있다.[27]

그러므로 우리가 말할 수 있는 것은 베드로가 서신을 보낸 그리스도인들은 아마도 소아시아나 마게도니아나 그리스에 살았을 것이라는 점이다. 바울이 사역했던 곳이며 또 서신을 보낸 적이 있던 지역이기 때문이다. 같은 이유로 우리가 또 짐작할 수 있는 것은 적어도 베드로가 이 서신에서 말하고 있는 그리스도인 대부분이 이방인이었다는 점이다. 서신을 시작하는 부분에서도 이방 청중을 가리키는 것일 수 있다. 베드로는 이 그리스도인들이 "동일하게 보배로운 믿음을 우리와 함께 받았다"(벧후 1:1)고 말하는데, 여기서 "우리"는 아마도 유대계 그리스도인을 가리킬 것이다. 그리고 "정욕 때문에 세상에서 썩어질 것"(1:4)을 피하라는 베드로의 경고는 유대계 그리스도인보다는 이방 배경 출신의 그리스도인에게 어울린다. 확실히 해두자면 일부 학자들은 2장에서 구약성경과 유대 전승에 대해 여러 번 암시한 것으로 미루어 그 청중을 유대인으로 논증해왔다.[28] 하지만 우리가 아는 바는 이방인으로서 초기부터 기독교로 개종한 자들도 구약성경에 정통해 있다는 점이다. 그리고 베드로가 만든 암시들은 각각 이런 종류의 지식을 가졌던 자들에게 뜻이 잘 통했을 것이다.

이 서신의 언어도 동일한 방향을 가리킨다. 많은 학자들은 베드로가 갈릴리 어부였기에 우리가 베드로후서에서 발견하는 철학적이고 종교적인 용어들을 베드로가 사용할 수 있었다고 믿기는 어렵다고 한다. 하지만 우리는 이를 베드로가 자기 메시지를 청중에게 적응시킨 증거로 보아야 한다. 자기 독자들에게 친숙한 "종교적" 언어를 사용함으로써, 그는 복음을 그들의 필요에 맞게 "상황화"했던 것이다.

---

26. 예를 들어 Bigg, *The Epistles of St. Peter and St. Jude*, 288-89를 보라. 베드로후서를 위서로 생각하는 학자들도 대개 이 언급이 베드로전서를 지시하는 것이고, 이로써 익명의 저자가 자신의 작품의 저작성에 있어 한층 더 확고히 이름을 빌리고 있다고 생각한다.
27. 예를 들어 Green, *The Second Epistle General of Peter and the General Epistle of Jude*, 123-24를 보라.
28. 예를 들어 Zahn, *Introduction*, 2.194-209.

베드로후서·유다서의 개요

베드로후서의 개요

I. 서신 도입부(1:1-15)
- A. 인사와 문안(1:1-2)
- B. 그리스도를 아는 일에 성장하기 위한 "분투"(1:3-11)
- C. 죽음에 임박한 자로서 베드로의 말이 갖는 무게(1:12-15)

II. 서신 본문(1:16-3:13)
- A. 약속된 대로, 그리스도께서 확실히 재림하실 것이다(1:16-21)
  1. 베드로가 직접 그리스도의 마지막 영광을 보았다(1:16-18)
  2. 예언은 완전히 신뢰할 수 있다(1:19-21)
- B. 그리스도 안에서의 성장은 우리가 거짓 그리스도인들을 알고 그에 대항할 것을 요구한다(2:1-22)
  1. 베드로가 거짓 그리스도인들의 도래에 대해 경고하다(2:1-3)
  2. 베드로가 그의 독자들에게 거짓 신자들은 책망을 당할 것이지만 참 신자들은 구원을 받을 것임을 일깨우다(2:4-10a)
  3. 베드로가 거짓 그리스도인들의 범죄를 상세히 설명하다(2:10b-16)
  4. 베드로가 그의 독자들에게 거짓 그리스도인들이 진리로부터 돌아선 것 때문에 어떻게 고통을 겪을 것인지를 보여줌으로써 경고하다(2:17-22)
- C. 우리는 그리스도의 재림의 약속을 굳게 붙들어야 한다(3:1-13)
  1. 거짓 그리스도인들은 그리스도의 재림을 부인한다(3:1-7)
  2. 그리스도께서는 확실히 재림하시고 이 세상에 종말을 가져오실 것이다 (3:8-10)
  3. 베드로는 세상의 종말의 빛 안에서 경건한 삶을 격려한다(3:11-13)

III. 서신 종결: 그리스도의 지식 안에서 성장하기 위한 분투(3:14-18)

유다는 누구에게 쓴 것인가? 증거는 "이방 사회에 있는 유대계 그리스도인 공동체"를 가리킨다.[4] 유다서가 정경 외의 유대 책들을 인용한 것이 암시하는 바는 그의 청중이 배경에 있어 유대적이었다는 점이다. 하지만 거짓 선생들의 방탕한 삶의 양식은 유대인들보다는 이방인들과의 연관성이 더 크다. 따라서 아마도 이 거짓 선생들은 이방인이거나 이방인에 의해 영향을 받았을 것이다. 이 유대계 그리스도인 공동체는 어디에 위치했던 것인가? 간단히 알 수 없다. 바울이 고린도전서 9:5에서 "주의 형제들"이라고 언급한 것이 암시하는 것은 유다가 지중해 동부를 광범위하게 여행했을 것이라는 점이다. 그리고 서신의 배경에 부합되는 장소는 많다.

유다서의 개요

I. 서론(1-2절)
II. 이유와 주제: 믿음을 위한 싸움(3-4절)
III. 거짓 선생들에 대한 묘사와 책망(5-16절)
  A. 거짓 선생들은 책망의 운명에 처해있다(세 가지 성경적 예증들, 5-10절)
  B. 거짓 선생들은 경건하지 않은 삶을 산다(세 가지 성경적 예증들, 11-13절)
  C. 거짓 선생들은 책망의 운명에 처해있다(전통으로부터의 묘사, 14-16절)
IV. 마무리 요청: 믿음을 굳게 붙들기(17-23절)
V. 마무리 영광송(24-25절)

4. Bauckham, *Jude, 2 Peter*, 16.

참고 문헌

전문 주석서

Balz, Horst, and Wolfgang Schrage. *Die "katholischen" Briefe: Die Briefe des Jakobus, Petrus, Johannes, und Judas. NTD. 12th ed.* Göttingen: Vandenhoeck & Ruprecht, 1973. 베드로후서를 위서로 추정하는 간결하고 전문적인 논의.

Bauckham, Richard. *Jude, 2 Peter.* WBC. Waco, Tex.: Word, 1983. 지난 수십 년간 이 서신들에 대한 가장 중요한 보수적인 주석서. 현재 이용가능한 아마도 최고의 전문 주석서일 것이다. 성경외적 자료에 대한 언급이 풍부하며 베드로후서를 위서로 추정하는 것이 유일한 단점이다.

Bigg, Charles. *A Critical and Exegetical Commentary on the Epistles of St. Peter and St. Jude.* ICC. New York: Scribners, 1903. 고전적인 서술, 역사적 문법적 주제를 지향.

Huther, J. E. *Critical and Exegetical Handbook to the General Epistles of James, Peter, John, and Jude.* New York: Funk and Wagnalls, 1887. 헬라어 원문에 초점을 두고 있다.

Mayor, Joseph B. *The Epistle of St. Jude and the Second Epistle of St. Peter: Greek Text with Introduction, Notes and Comments.* Grand Rapids: Baker, 1979(-1907). 상세한 서술, 특별히 역사적 언어학적 문제들에 초점을 두고 있다.

Neyrey, Jerome H. *2 Peter, Jude: A New Translation with Introduction and Commentary.* AB. New York: Doubleday, 1993. 가장 최근에 나온 영어로 된 전문 주석서. 사회비평적이고 문학적인 접근법을 통합한다.

Paulsen, Henning. *Der zweite Petrusbrief und der Judasbrief.* Meyer Kommentar. Göttingen: Vandenhoeck & Ruprecht, 1992. 정직한 해석.

기타 주석서와 주해서

Blum, Edwin A. "2 Peter." In *The Expositor's Bible Commentary, vol. 12*, ed. by Frank E. Gaebelein. Grand Rapids: Zondervan, 1981. 충실한 주해.

Calvin, John. *The Epistle of Paul the Apostle to the Hebrews and the First and Second Epistles of St. Peter*. Grand Rapids: Eerdmans, 1963. 종교개혁 주석가 중 대가가 보여주는 훌륭한 문학적 신학적 통찰력이 담겨 있다.

Green, Michael. *The Second Epistle General of Peter and the General Epistle of Jude*. TNTC. Grand Rapids: Eerdmans, 1968. 신랄하게 쓴 명쾌하고 실천적인 주해. 베드로후서의 베드로 저작성에 대한 뛰어난 변론을 담고 있다.

Hillyer, Norman. *1 and 2 Peter, Jude*. NIBC. Peabody, Mass.: Hendrickson, 1992. 실용적인 중견 주해서다.

Kelly, J. N. D. *A Commentary on the Epistles of Peter and of Jude*. HNTC. San Francisco: Harper & Row, 1969. 본문을 신중하게 다룬다.

Lloyd-Jones, D. M. *Expository Sermons on 2 Peter*. London: Banner of Truth, 1983. 본문이나 본문의 주안점들에 대한 신학적이고 실천적인 적용이 들어 있다.

중요 단행본과 논문

Bauckham, Richard J. *Jude and the Relatives of Jesus in the Early Church*. Edinburgh: T. & T. Clark, 1990. 교회사에서의 유다서의 배경과 위치에 대한 현재 이용가능한 가장 철저한 탐구.

Charles, Daryl. *Literary Strategy in the Epistle of Jude*. London: Associated University Presses, 1993. 유다서를 다룬 몇 안 되는 단행본으로서 그 구조에 초점을 두고 있지만 다른 많은 주제도 다루고 있다.

Green, E. M. B. *2 Peter Reconsidered*. London: Tyndale, 1961. 베드로후서의 베드로 저작성에 대한 걸출한 변론.

Osburn, Carroll D. "Discourse Analysis and Jewish Apocalyptic in the Epistle of Jude," in *Linguistics and New Testament Interpretation: Essays on Discourse Analysis*, ed. David Alan Black(Nashville: Broadman, 1992), 287-319.

Watson, Duane F. *Invention, Arrangement, and Style: Rhetorical Criticism of Jude and 2 Peter*. SBLDS 104. Atlanta: Sholars, 1988. 그리스 로마 배경을 반박하는 논증을 흥미롭게 통찰하고 있다.

베드로후서 1:1-2

1 예수 그리스도의 종이며 사도인 시몬 베드로는 우리 하나님과 구주 예수 그리스도의 의를 힘입어 동일하게 보배로운 믿음을 우리와 함께 받은 자들에게 편지하노니

2 하나님과 우리 주 예수를 앎으로 은혜와 평강이 너희에게 더욱 많을지어다

원 의미

베드로후서는 우리가 서신의 시작부분에서 예상할 수 있는, 사실상 신약성경 서신의 도입부에 전형적인 요소들로 시작한다. 그것은 (1) 서신의 필자의 정체성, (2) 서신의 수신자의 정체성, 그리고 (3) 첫 문안이다.

우리가 먼저 배우는 것은 서신의 저자가 "예수 그리스도의 종이며 사도인 시몬 베드로"라는 것이다. "시몬 베드로" 같은 이중 명칭은 고대 근동에서는 일반적이었다. 많은 사람들이 모국어로 받은 명칭과 헬라식 명칭 두 가지를 모두 사용한 것은 헬라어가 널리 사용되었기 때문이다. "시몬"은 당대에 가장 흔하던 유대식 이름들 중 하나로 히브리어에서 유래된 것이었던 반면에, "베드로"는 헬라어에서 유래된 것이다. 이 이중 명칭은 신약성경에서도 빈번하게 사용된다. 하지만 "시몬"은 이곳과 사도행전 15:14에서만 여기에 나타난 철자('쉬메온'[Symeon], 나머지 대부분 시몬[Simon]으로 사용; RSV, NRSV, REB, NJB에서 "시므온"[Simeon]으로 옮긴 것에 주목하라)로 사용되고 있다. 이 이름은 히브리어를 꽤 정확하게 음역한 것인데, 흔하게 사용되는 것이 아니기에 누군가가 베드로의 이름으로 쓰기 위해 사용한 것으로 예측해서는 안 될 것이다. 베드로가 직접 이런 식으로 이름의 철자를 썼다는 것을 충분히 납득할 수 있게 하는 것은, 이것이 그에게는 출생 때부터 자연스러운 형식이었기 때문일 것이다.[1]

1. 예를 들어 Bigg, *The Epistles of St. Peter and St. Jude*, 248-49를 보라.

스스로를 "예수 그리스도의 종…"으로 부르면서 물론 베드로는 주님과의 관계 속에서 겸손의 감정을 담아내고 있다. "종"으로 번역된 용어는 헬라어 '디아코노스'("가정 노예")가 아니라, '둘로스'인데, 이는 "노예"로도 번역될 수 있는 말이다. 베드로는 어떤 특별한 권한을 가진 사람이 아니고, 그의 권한은 전적으로 그 섬기는 주인에게서 비롯된 것이다. 하지만 "종"이라는 칭호는 명예의 감정도 담고 있다. 이스라엘의 과거에 위대한 인물들도 하나님의 "종"으로 불려왔다. 특히 모세(예. 수 14:7; 왕하 18:12)와 다윗(예. 시 18:1; 겔 34:23)이 그랬다. 그래서 스스로를 "종"으로 부르는 것은 청중에게 베드로가 이스라엘의 종교 역사에서 이 같이 중요한 인물들의 계보에 서 있음을 주장하는 것이다.

그리스도인들에게 권위를 가지고 말할 베드로의 권한은 두 번째 칭호인 "사도"에서 보다 분명하게 강조된다. 이 용어(헬. '아포스톨로스')는 단순히 "사자(使者)"를 의미하기도 하며, 신약성경에서도 간혹 이 의미로 사용되고 있다(예. 고후 8:23; 빌 2:25). 하지만 이 용어는 보다 자주 구체적인 의미로 사용되어, 주님에 의해 특별히 공식적인 대리인으로 선택된 자들을 가리킨다. 바울에 의하면 그들은 선지자들과 더불어 교회의 "기초"를 형성한다(엡 2:20). 그들은 선한 소식을 선포할 뿐만 아니라, 복음 메시지의 진리를 발전시키고 확증하라는 임무를 부여받았다. 베드로도 물론 사도들 중에 가장 유명한 인물들 중 하나였다. 그는 야고보와 요한과 더불어 열두제자 가운데 일종의 "핵심 측근"을 형성했다(막 5:37; 9:2; 14:33을 보라). 베드로는 교회의 초기 시절에 기독교 메시지의 탁월한 대변자였는데, 누가가 사도행전 2-12장에서 이 사실을 분명히 하고 있다. 사도가 된 베드로는 이 그리스도인들에게—그리고 우리에게도!—무엇을 믿어야 하고, 어떻게 살아야 하는지에 대해 말할 권한을 부여받았다.

스스로에 대한 베드로의 묘사가 그들에게 말할 자신의 권한을 확립함으로써 서신을 시작하고, 독자들에 대한 묘사에서도 서신을 통해 주장하려는 주안점들을 예고한다. 첫째로 이 그리스도인들은 이방인들로서 "동일하게 보배로운 믿음을 우리와 함께 받은 자들"이었다. 베드로는 이 그리스도인들의 믿음을 자신과 다른 사도들의 것과 비교하는 것일 수 있다.[2] 확실히 1:16-18에서 베드로는 변화사건을 묘사하면서 사도들("우리")과 이들 다른 그리스도인들("너희")을 구별한다. 하지만 여기서의 강조는 계시에 있지 않고(16-21절에서처럼), 믿음에 있다. 이는 베드

2. Ibid. 249.

로가 이 이방 그리스도인들에게 그들이 신자의 새로운 언약 공동체 안에서 베드로나 다른 유대 그리스도인들과 완전히 동일한 지위를 가진다는 점을 확증하기를 원했을 가능성을 더 높인다.[3] 모든 인종적 장벽을 헤쳐 나가면서 복음의 메시지는 "약속의 언약들에 대하여는 외인"(엡 2:12)이었던 이방인들을 예수 그리스도를 믿고 이로써 자신들의 죄악으로부터 구원을 받는 일을 가능하게 했던 것이다. 이방 그리스도인들이라고 해도 하늘나라에서 이류-계층 시민은 아니다.

그러한 확증은 이들 이방 그리스도인에게 중요했을 것이다. 그들은 이 사실을 들음으로써 하나님의 자녀라는 자신들의 완전한 지위에 대한 신념을 가질 수 있었으며, 거짓 선생들이 그들의 마음 가운데 이에 대해 의심의 씨를 뿌리는 일을 허용하지 않을 수 있었다. 그렇다면 우리가 제안하는바 "믿음"이라는 용어는 여기서 통상적인 능동적 의미를 가져서 행위로서의 믿음을 의미한다.[4] 확실히 하자면, 믿음은 무언가 "받은" 것이라는 의미로 말하는 것은 예외적인 것이다. 많은 주석가들은 베드로가 믿음을 수동적인 의미에서 언급하고 있다고 생각한다. 즉 그리스도인들이 믿는 대상, 곧 기독교 진리나 교리를 말하고 있다는 것이다.[5] 그러나 "받은"으로 번역된 용어('랑카노')는 제비뽑기로 임명되거나 분배된 것이라는 개념을 암시한다. 믿음 자체는 하나님께서 주시는 선물이고, 유대인이나 이방인에게도 동일하게 분배되는 것이다.

베드로는 나아가 그가 글을 쓰고 있는 대상인 그리스도인들을 "우리 하나님과 구주 예수 그리스도의 의를 힘입어" 믿음을 얻은 자들로 묘사한다. "의"('디카이오쉬네')는 성경에서 그 의미의 폭이 넓다. 그 의미 중 하나는 "정의" 혹은 "공평"이며, 일부 주석가들은 이 의미가 여기에 가장 잘 어울린다고 생각한다. 즉 하나님의 "공평하심"을 통해서 이방 그리스도인들도 그리스도의 사역의 유익을 유대인들과 동등하게 나눌 수 있다는 것이다.[6] 하지만 "의"는 보통 하나님께서 죄인을 하나님과의 올바른 관계 안에 두시는 행위를 가리킨다. 여기에서도 이 의미일 가

3. 예를 들어 Mayor, *The Epistle of St. Jude and the Second Epistle of St. Peter*, 81을 보라. 베드로후서를 위서(僞書)라고 생각하는 이들은 자주 저자가 원래의 제1세대 그리스도인들의 신앙과 후세대의 신앙을 비교하는 것이라고 주장한다(Kelly, *The Epistles of Peter and of Jude*, 296-97을 보라).

4. 예를 들어 Green, *The Second Epistle General of Peter and the General Epistle of Jude*, 60; Bauckham, *Jude, 2 Peter*, 168도 같은 견해.

5. Kelly, *The Epistles of Peter and of Jude*, 296를 보라.

6. Green, *The Second Epistle General of Peter and the General Epistle of Jude*, 60; Kelly, *The Epistles of Peter and of Jude*, 297; Bauckham, *Jude, 2 Peter*, 168.

능성이 더 큰 것으로 보인다.[7] 그럼에도 이 구절이 평범하지 않은 것은 신약성경에서 유일하게 여기에서만 우리가 "예수 그리스도의…의"를 보게 된다는 점이다. 다른 모든 곳에서 의는 하나님께로 돌려지고 있다. 하지만 그리스도에 대해 이렇게 언급하는 것은 서신의 전체적인 취지에 어울리는데, 서신은 일관되게 그리스도를 하나님과 동급으로 두고 있기 때문이다.

이 구절의 마지막 표현들은 이를 훨씬 더 분명하게 하고 있다. NIV는 "우리 하나님과 구주 예수 그리스도"(our God and Savior Jesus Christ)로 번역함으로써 "하나님"과 "구주"라는 칭호 모두가 예수 그리스도에 적용된다는 것을 분명히 하고 있다. (이와 대조적으로 KJV은 "하나님과 우리 구주 예수 그리스도"[of God and our Savior Jesus Christ]로, NRSV은 난외주에 "우리 하나님과 구주 예수 그리스도"[of our God and the Savior Jesus Christ]로 번역한다.) NIV의 번역은 거의 확실히 옳다.[8] 그러므로 여기서 우리는 예수께서 명시적으로 "하나님"으로 불리는 몇 안 되는 구절들 중 하나를 만나게 된 것이다. 이는 물론 베드로에게 예수 그리스도는 베드로가 어린 시절부터 섬겨왔던 구약성경의 하나님의 자리를 취하셨던 것을 의미하지는 않는다. 이것이 의미하는 바는 오히려 예수께서 성부와 함께 하나님이시라는 점을 그가 이제 이해하게 되었다는 것이다. 이 표현을 통해 베드로가 유일신앙을 포기하고 예수를 성부 곁에 나란히 계시는 또 하나의 신으로 여겼을 가능성은 없다. 이 시점에서 사도가 하나님의 삼위일체에 대해 충분히 완전하게 이해하고 있다고 여기는 것은 총체적인 시대착오일 것이지만, 그가 여기서 말하는 것은 신약성경의 다른 유사한 구절들처럼 이 중심적인 기독교 교리에 대해 후대가 고민(苦悶)해야 할 기초요소를 제공한 것이다.

2절은 일반적으로 신약성경에 전형적인 "문안" 형식을 따르면서, 계속해서 베드로후서 전체를 통해 들려지게 될 어조를 들려준다. "은혜"와 "평강"은 신약성경의 인사말에 자주 나타난다. 하지만 신약성경 서신의 도입부 중에서 여기에서만 "앎"이 "너희에게 더욱 많을" 것이라는 기도를 보게 된다. "앎"은 이 서신의 핵심 개념이다. 의미심장하게도 베드로는 서신의 시작과 끝에서 하나님과 그리스도에

---

7. Calvin, *Hebrews and 1 and 2 Peter*, 327-28; Mayor, *The Epistle of St. Jude and the Second Epistle of St. Peter*, 81를 보라.

8. 특별히 Murray J. Harris, *Jesus as God: The New Testament Use of Theos in Reference to Jesus* (Grand Rapids: Baker, 1992)를 보라. 이 책은 신약 저자들이 예수님을 "하나님"으로 불렀다는 점에 대해 설득력 있는 주해상의 증거를 제공한다.

대한 앎을 언급한다(3:18도 보라). 그는 1:3과 8절에서도 다시 이 앎을 그의 독자들의 그리스도인으로서의 체험의 기초라고 언급한다. 그는 비슷한 맥락에서 주장하기를 거짓 선생들의 운명은 거짓 선생들이 그리스도를 알게 되고 나서 그 지식을 저버리게 되었기 때문에(2:20-21) 한층 더 위험할 것이라고 한다. "앎"은 그것이 가진 성경적 맥락 안에서 관계성을 함축한다("현대적 의미" 단원을 보라). 그리고 바로 이 그리스도와의 관계가 베드로후서의 궁극적인 주제이다. 이 서신에서 베드로의 중심적인 목적은 그리스도인들로 이 "하나님에 대한 그리고 우리 주 예수에 대한 앎"을 생산적이고 풍요롭게 만들도록 촉진하려는 것이다(1:8을 보라).

상황잇기

우리는 성경 메시지를 이해하지 않고서는 그것을 적용할 수 없다. 하지만 우리는 그 메시지의 원래의 배경을 고려하지 않고서는 그것을 이해할 수가 없다. 이 단원에서 우리는 두 가지 문제를 제기할 것인데, 이는 우리가 정확히 베드로후서 1:1-2의 메시지를 우리 자신의 시대와 세대에 맞게 해석하는 일에 도움이 될 것이다.

첫 번째 문제는 문학 양식이나 장르와 관련된다. 하나님께서 복음의 메시지를 세상에 전하기로 선택하셨을 때, 도구로 사람들을 택하셨다. 그리고 그 사람들은 자신들의 시대에 이용 가능한 의사소통 수단들을 사용했다. 하나님께서 그의 아들을 우리의 현 시대로 보내셨다면, 선한 소식을 맡은 자들은 라디오 발표와 TV "정보광고"와 인터넷 상의 "선한 소식 홈 페이지"를 통해 그것을 충분하게 전했을지도 모른다. 1세기의 세계에서 복음의 사절들은 회당 설교, 장터의 논쟁집단, 그리고 서신 같은 표준적인 저술 형식을 이용했다.

서신은 고대 세계에서 일반적인 의사소통 수단이었으며, 자녀가 부모에게 보내는 간단한 "송금" 어음에서부터, 발표할 목적으로 정성들여 다듬은 논문에 이르기까지 사용범위가 넓었다. 신약성경의 서신들은 이 스펙트럼의 중간 어딘가에 위치한다. 빌레몬서를 가능한 예외로 둘 때, 서신들은 사적인 문서 그 이상의 것이었는데, 공적인 인물들(사도들과 다른 공인된 사자[使者])들에 의해 저술되어, (대개는) 사적인 모임이나 교회로 보내졌기 때문이다. 하지만 서신들은 문학적인 세련미나 대부분의 고대 논문-형식 서신이 가졌던 일반적인 능숙함은 결여되어 있다.

베드로후서는 고대 서신의 절충적인 유형에 적절히 들어맞는다. 그리고 신약성경의 다른 서신들처럼 이 서신도 고대 서신의 통상적인 형식들을 많이 기용한다.

우리가 흔히 받는 서신은 서신의 머리부분에서 발신자의 이름과 주소로 시작하여, 이어 수신자의 이름과 주소가 나오고, 다음에 간략한 인사말이 "친애하는 더그 [Doug]" 같은 형태로 나온다. 고대의 서신들은 우편번호가 생기기 전에 쓰인 것으로 대개는 더 단순하게 시작했다. "X가 Y에게, 문안하면서." 이것은 정확히 사도공의회(使徒公議會)가 수리아와 남부 소아시아의 교회들에 보냈던 서신의 시작부에서 발견되는 형식이다. "사도와 장로 된 형제들은 안디옥과 수리아와 길리기아에 있는 이방인 형제들에게 문안하노라"(행 15:23).

하지만 신약성경의 서신서 저자들은 관례적인 형식을 사용하면서도 이를 자신들의 필요에 맞추어 고쳐 쓴다. 그들은 발신자와 수신자를 밝히지만, "문안"(헬. '카이레인')이라는 용어 대신에 복음의 메시지에 보다 잘 어울리는 관련 용어인 "은혜"(헬. '카리스')를 사용한다. 그리고 그들은 이 개별 항목들을 상세히 다루어, 서신의 도입부를 시작하면서도 그들이 납득시키고자 하는 메시지를 전한다. 핵심은 이렇다. 이 절들을 마치 형식적인 것에 불과한 것으로 보아 간단히 건너뛰는 것은 큰 실수를 범하는 것이다. 이 절들은 저자와 독자들이 공유하고 있는 어떤 기초적인 경험을 언급함으로써 이어지는 부분의 기조를 정한다. "은혜" 곧 그리스도 안에서 계시된 은혜는 그들을 하나로 묶어 그 안에서 서신의 모든 것들을 이해하게 만드는 맥락이 된다.

이 절들의 진정한 설득력을 더 잘 이해하기 위해 여기서 논의할 두 번째 문제는 1세기의 유대인과 이방인 간의 관계이다. 하나님께서는 물론 오래전에 이스라엘을 하나님의 특별한 백성으로 삼으셨고, 이는 유대인들이 애써서 지키려했던 독특한 특권이었다. 중간시대 동안 유대인들은 스스로를 이방인들로부터 격리시키기 위해 할례, 안식일 준수, 그리고 금기식 같은 것을 수행하는 일에 대한 강요를 점차로 강화했다. 예수 시대에 대부분의 유대인들은 유대인들이 지배자의 지위를 갖고 이방인들은 추방되거나 기껏해야 가장 비천한 지위를 받을 뿐인 메시아 왕국을 기대했다. 하지만 우리가 아는 바와 같이 하나님께서는 그의 아들을 세상 속으로 보내셔서 "모든 종족과 언어와 나라"로부터 그에게 주로 영광을 돌릴 하나의 백성이 만들어지게 하셨다. 누가는 사도행전 6-15장에서 우리에게 어떻게 초기 그리스도인들이 점차 하나님 나라라는 개념을 수용하게 되었는지에 대해 말하고 있다.

그러나 이방인들이 하나님의 새 언약의 백성 안에서 완전한 구성원이 되는 것—그리고 그들을 받아들일 수 있는 조건들—은 초기 그리스도인들이 직면했던 가장 큰 신학적인 문제였다(예컨대 갈라디아서를 보라). 그래서 베드로가 간략하게 이방인 독자들에게 이방인들이 유대 그리스도인들과 마찬가지로 “보배로운 믿음”을 누린다는 것을 깨닫게 할 때, 그와 그의 독자들에게 당면한 압도적으로 중요했을 것으로 우리 대부분이 추정하는 문제를 언급하고 있는 것이다. 그리고 우리가 잊지 말아야 하는 것은 하나님께서 이방인들에 대한 이 완전한 포용을 이루기 위해 사용하셨던 것이 바로 베드로였다는 점이다. 하나님께서는 이방인들이 배척될 수 없을 것임을 이해하도록 베드로에게 환상을 보내셨다. 그리고 하나님께서는 베드로를 사용하셔서 최초의 이방인 회심자를 믿음으로 이끄셨다(행 10장). 그리고 자신의 흠 없는 유대인으로서의 자격을 가지고, 믿음만을 기초로 해서 이방인들을 새로운 언약으로 입회하도록 허용할 것을 지지하면서 과단성 있게 발언했던 사람도 베드로였다(15:7-11). 우리가 이 배경 속에서 이 고투(苦鬪)의 울림을 듣는다면, 우리는 “동일하게 보배로운 믿음을 우리와 함께 받은 자들에게”라는 구절이 갖는 진가를 더 잘 이해할 수 있다.

현대적 의미

이 절들에서 베드로가 말하는바 오늘날 우리가 가장 많이 주의해야 할 것은 그가 말하는 “하나님과 우리 주 예수 그리스도를 앎”이 우리로 “은혜와 평강을 더욱 많이” 누릴 수 있게 한다는 점이다. 베드로가 그의 서신의 끝에서(3:17-18) “앎”이라는 이 동일한 개념으로 되돌아오는 것은 우연이 아니다.

> 그러므로 사랑하는 자들아 너희가 이것을 미리 ‘알았은즉’ 무법한 자들의 미혹에 이끌려 너희가 굳센 데서 떨어질까 삼가라 오직 우리 주 곧 구주 예수 그리스도의 은혜와 그를 ‘아는 지식’에서 자라 가라 영광이 이제와 영원한 날까지 그에게 있을지어다. 아멘.

성경 저자들은 아주 특별한 개념이나 용어를 가지고 자신들의 논증의 “틀을 형성”함으로써(전문 용어로 수미쌍관[inclusio]이다) 그것에 주의를 끌어들인다. 다른 말로 하자면 베드로에게는 “지식에서 자라 가는 것”이 이 서신의 핵심 개념이다. 성경에서 “앎”은 매우 개인적인 행위이다. 구약성경 저자들은 이 용어를 한 개인과 다른 한 개인 사이의 친밀한 관계를 묘사하는데 사용하는데, 여기에는 성적인 관계도 포함된다. 신약성경도 이 용어를 같은 방식으로 사용하는데, 마찬가지로 바울도 “예수께서는 죄를 알지도 못하신다”(고후 5:21)고 단언했다.[9] 그러므로 베드로가 "하나님과 우리 주 예수를 앎으로"라고 언급함으로써 그의 서신을 시작할 때, 그가 말하고 있는 것은 이 서신의 독자들이 하나님과 예수와의 관계 속에서 성장할 때에 오직 "은혜와 평강이 더욱 많아지는 것"을 누린다는 점이다.

하지만 우리는 "앎"이라는 성경적 개념에서 모든 인식(認識)적인 가치를 비우지 않도록 주의해야 한다. "하나님을 앎"은 우리의 창조주와 따뜻하고 긴밀한 관계를 가짐을 의미하지만, 또한 그 모든 함의와 더불어 그가 누구인지를 이해함도 의미한다. 우리가 기억하는 바로는 베드로는 그의 독자들에게 일부 이단적인 선생들에 대해 경고하고 있다. 그들의 잘못을 피하기 위해 이 그리스도인들은 하나님을 향해 "편안한" 느낌을 가져야 할 뿐만 아니라, 또한 그들은 하나님에 대해 어떤 특별한 것들을 알 필요도 있다. 즉 하나님께서 무엇을 행하셨는지 그리고 우리에게 무엇을 요구하시는지가 그것이다. 그들이 알아야 할 것들 중 하나는 베드로가 암시하는 바, 예수께서 하나님이시라는 점이다(1절; 위의 해설을 보라).

우리 시대에 우리는 결실하지 못하는 신앙이 갖는, 즉 결코 마음을 건드리지 않는 "머리로 아는" 지식이 갖는 위험성에 대한 타당한 경고를 듣고 있다. 하지만 우리는 결코 머리를 건드리지 않는 "마음으로 아는" 지식에 대해서도 동등하게 주의할 필요가 있다! 너무도 많은 그리스도인들이 자신들의 믿음에 대해 너무도 '아는' 바가 없다. 그래서 우리는 자주 우리의 "하나님"께서 몰몬교나 여호와 증인의 "하나님"과 어떻게 다른지 설명할 준비가 되어 있지 않다. 몇 번이고 되풀이해서 신약성경은 우리의 구원이라는 것이 하나님에 대한 그리고 그의 아들 안에서 그의 계시에 대한 진리를 고백함에 의존할 수 있다는 점을 분명히 한다. 성경 저자들은 머리와 마음을 연합시키는 "하나님에 대한 앎"을 요구한다. 우리는 마음을 위해 머리를 희생시키지 않도록 조심해야 한다.

9. NIV는 "죄가 없으셨다"(had no sin)고 번역하지만, 헬라어 동사는 기노스코, 즉 "알다"이다.

베드로후서 1:3-11

3 그의 신기한 능력으로 생명과 경건에 속한 모든 것을 우리에게 주셨으니 이는 자기의 영광과 덕으로써 우리를 부르신 이를 앎으로 말미암음이라
4 이로써 그 보배롭고 지극히 큰 약속을 우리에게 주사 이 약속으로 말미암아 너희가 정욕 때문에 세상에서 썩어질 것을 피하여 신성한 성품에 참여하는 자가 되게 하려 하셨느니라
5 그러므로 너희가 더욱 힘써 너희 믿음에 덕을, 덕에 지식을,
6 지식에 절제를, 절제에 인내를, 인내에 경건을,
7 경건에 형제 우애를, 형제 우애에 사랑을 더하라
8 이런 것이 너희에게 있어 흡족한즉 너희로 우리 주 예수 그리스도를 알기에 게으르지 않고 열매 없는 자가 되지 않게 하려니와
9 이런 것이 없는 자는 맹인이라 멀리 보지 못하고 그의 옛 죄가 깨끗하게 된 것을 잊었느니라
10 그러므로 형제들아 더욱 힘써 너희 부르심과 택하심을 굳게 하라 너희가 이것을 행한즉 언제든지 실족하지 아니하리라
11 이같이 하면 우리 주 곧 구주 예수 그리스도의 영원한 나라에 들어감을 넉넉히 너희에게 주시리라

원 의미

대부분의 신약성경 서신들은 세속적 모범을 따라 도입부 직후에 감사의 표시를 특징으로 한다. 베드로는 여기서 다른 방침을 세운다. 그는 서두 부분에 시간을 낭비할 겨를이 없어서, 곧바로 그의 독자들에게 전하고자 하는 핵심에 이른다. 우리는 1:2에서 베드로가 어떻게 "앎"의 개념을 강조하는지를 보았다. 같은 개념이 1:3-11에서 중심을 이루는데, 이 부분은 사실상 "작은-설교"를 형성한다.[1]

1. 3절의 헬라어 본문은 접속사 호스("as")로 시작하는데, 이는 새로운 단락을 시작하는데 일반적인 것은 아니다. 일부 주석가들은 그래서 3-4절이 1-2절로 붙고, 5절이 새로운 단락을 시작해야 할 것이라고 생각한다(Mayor, *The Epistle of St. Jude and the Second Epistle of St. Peter*, 83).

그 주제는 그리스도인들이 예수 그리스도에 대한 앎에서 성장해야 할 필요가 있다는 것이다(3절과 8절을 보라). 많은 훌륭한 설교들처럼 이것도 세 가지 요점을 가지고 있다.

(1) 하나님께서 그리스도인들에게 영적으로 성숙해지기 위해 요구되는 모든 것들을 주셨다(3-4절).

(2) 그리스도인들은 능동적으로 영적인 성숙을 추구해야 한다(5-9절).

(3) 그리스도인들이 하나님의 영원한 나라에서 환영받기를 기대한다면 영적인 성숙을 추구해야 한다(10-11절).

하나님의 공급(3-4절)

영적인 성숙은 하나님의 공급으로 시작한다(3-4절). "그의 신기한 능력"이 우리 그리스도인들에게 새로운 영적인 삶을 위해서 뿐만 아니라, "경건"(godliness)을 위해서도 요구되는 모든 것을 주셨던 것이다. 보통 우리는 "그의 신기한 능력"에서 "그의"가 성부 하나님을 지칭한다고 생각하게 마련이다.[2] 하지만 베드로는 이미 1절에서 예수를 하나님으로 호칭했다. 그리고 베드로는 "능력"('뒤나미스')이라는 용어를 같은 장의 뒷부분에서 그리스도의 변화사건에서 그의 모습을 묘사하는데 사용하고 있다. 결정내리기가 쉽지 않지만—그리고 아마도 궁극적으로 중요한 것은 아니지만—나는 베드로가 그리스도의 신기한 능력을 가리키고 있는 것이라고 생각하고 싶다.[3] 이 능력은 신성(神性) 때문에 가지는 그리스도의 본질적인 능력만큼 큰 것은 아니다. 보다 가능성이 높아 보이는 것은 이것이 잃어버린 죄인들을 회개시키시는 그의 능력을 지시하는 것이라고 보는 것인데, 이 잃어버린 자들은 그의 죽으심과 부활을 통해서 풀려나게 된다. 이 개념에 대해 특별히 로마서 1:4을 1:16과 비교하여 보라.

> [그리스도께서] 성결의 영으로는 죽은 자들 가운데서 부활하사 "'능력' 있으신-하나님의-아들"로 선포되셨으니(1:4).[4]

---

2. Kelly, *The Epistles of Peter and of Jude*, 300.

3. 예를 들어 Green, *The Second Epistle General of Peter and the General Epistle of Jude*, 62-63; Bauckham, *Jude, 2 Peter*, 177을 보라.

4. 내가 사역(私譯)한 것으로, 내 생각에는, NIV의 해석에서 제시된 것 보다 이 절을 더 정확하게 설명한 것

내가 복음을 부끄러워하지 아니하노니 이 복음은 모든 믿는 자에게 구원을 주시는 하나님의 '능력'이 됨이라(1:16).

"경건"은 베드로후서의 도입 설교에서 중요하다. 이것은 문자적으로는 "선한 예배"('유세베이아')를 의미하는 헬라어 용어를 번역한 것이다. 이것은 신약성경에서는 상대적으로 희귀한 용어인데, 사도행전에서 한 번(3:12; 흥미롭게도 베드로의 설교에서 나온다), 목회서신에서 열 번(딤전 2:2; 3:16; 4:7, 8; 6:3, 5, 6, 11; 딤후 3:5; 딛 1:1), 그밖에 베드로후서에서 세 번(1:6, 7, 11) 등장한다. 이 용어는 헬레니즘의 풍취가 느껴지며, 자주 "신심"으로 번역되고 있다. 이것은 일반적인 용어로서 성경의 저자들은 하나님을 알게 되었던 그리스도인들에게서 기대되는 행실을 개괄하는데 사용했다. 그래서 베드로가 우리를 일깨우는바 하나님을 기쁘시게 하는 삶을 살아가는데 우리에게 필요한 모든 것을 하나님께서 이용가능하게 만드셨다고 한다.[5]

그러나 하나님께서는 이 능력을 특수한 방식으로, 즉 "우리를 부르신 이를 앎으로 말미암아" 이용 가능하게 만드셨다. 2절에서처럼 "앎"은 복음을 향한 회심의 산물이 되는 친밀하고 지식 있는 관계를 지시한다. 성경의 다른 곳의 교훈에 기초해서 우리는 "우리를 부르신 이를"이 하나님을 지시하는 것으로 기대하기 마련인데, 이는 대개 성부 하나님께서 그분과의 관계성 속으로 사람들을 "부르시는" 분으로 그려지기 때문이다(참조. 롬 8:28-29; 9:12; 엡 1:18). 하지만 우리는 이미(벧후 1:1-2) 베드로가 이 서신에서 예수 그리스도의 역할에 얼마나 많은 강조를 두는지를 보았다. 그리고 서신의 다른 곳에서도 그는 대체로 성부 하나님 보다는 그리스도를 지식의 대상으로 만들고 있다(1:8; 2:20; 3:18을 보라; 1:2에서는 "하나님"과 "우리 주 예수" 모두를). 그렇다면 아마도 "우리를 부르신 이"는 예수일 것이다.

소수의 주석가들은 그리스도께서 부르셨던 사들을 사도들(즉, "우리")로 생각한다.[6] 하지만 이 맥락에는 그렇게 지시대상을 한정할 아무런 근거가 없다. 신약성경에서 일반적인 것은 아니지만, 베드로는 여기서 그리스도인들을 구원으로 부

을 반영한 것이다. NIV는 "능력으로"를 동사 "선포되셨으니"에 연결시킨다.

5. 많은 주석가들(예를 들어 Bauckham, *Jude, 2 Peter*, 177)은 "신기한 능력"이 성부 하나님 보다는 예수님의 것이라고 생각한다.

6. 예를 들어 Kelly, *The Epistles of Peter and of Jude*, 300-301.

르심에 있어 그리스도를 아버지와 연결시킨다.[7] 이 부르심을 어떤 이들은 그렇게 보고 싶어 하겠지만 일반적 초대—마치 그리스도께서 복음을 받아들이고 구원받으라고 사람들을 초대하신다고 베드로가 말하는 것에 불과한 것처럼—는 아니다. 이 부르심은 오히려 사실상의 소환, 즉 이를 통해 하나님께서(혹은 그리스도께서) 사람들을 자신과의 관계 속으로 데려오시는 행위이다. 베드로가 그의 첫 번째 서신에서 어떻게 그리스도인을 묘사하는 것에 단순히 부르심이라는 언어를 사용하는지를 주목하라(벧전 1:15; 2:9, 21; 3:9; 5:10; 또한 롬 1:7; 8:28; 고전 7:17-24도 보라). 부르심은 실제로 하나님의 택하심을 말하는 방법이기도 한데, 관련되는 헬라어 용어들이 밀접하게 연결되기 때문이다('칼레오'[본문의 "부르다"-옮긴이]와 '에클로게'["택하심", 혹은 "택하심을 입은 자"를 의미-옮긴이]는 같은 어근에서 파생된 것들이다).

베드로는 덧붙여 그리스도께서 우리를 "자기의 영광과 덕으로써" 부르신다고 한다. 그의 첫 번째 서신에서 베드로가 주목한 것은 하나님께서 "[그리스도에게] 영광을 주셨다"(gave [Christ] glory)는 것이다(NIV는 "그를 영광되게 하셨다" [glorified him], 벧전 1:21). 그리고 다시 베드로후서 1:17에서 변화사건을 언급하면서 베드로는 그리스도께서 "하나님 아버지께 존귀와 영광을 받으셨"다고 말한다. "영광"을 의미하는 헬라어 용어('독사')는 원래 "명성"이나 "명예"를 의미했다. 하지만 신약성경에서 이 용어의 용법은 확고하게 칠십인경(구약성경의 헬라어 역본)의 영향을 받은 것으로, 이 칠십인경은 히브리어 '카봇'을 번역하면서 이 헬라어 용어를 사용했다. 이 용어는 하나님의 존귀한 임재하심을 가리킨다. 바로 이 하나님의 영광이 이사야가 성전에서 본, 그를 두려움과 경배로 무릎 꿇도록 강제한 것이다(사 6장). 그리스도께서는 스스로 하나님으로서 이 동일한 영광에 참여하신다(예. 고후 4:4; 엡 1:12; 빌 3:21; 히 1:3; 2:7; 벧전 1:21).

그리스도의 영광은 자주 그의 부활에 관련되는데(벧전 1:21을 보라), 베드로가 여기서도 마찬가지로 그 관련성을 함축하는 것일 수 있다. 하지만 그리스도께서 우리를 부르시는 것이 단지 신기한 능력의 힘을 통해서만은 아니다. 죄인들이 거룩하신 하나님과의 올바른 관계로 들어서기 위해서는 구속의 행위가 요구되는데, 이 행위는 자신이 도덕적으로 완벽하셨던 분에 의해서만 성취될 수 있는 것이다.

---

7. 예를 들어 Mayor, *The Epistle of St. Jude and the Second Epistle of St. Peter*, 85; Bigg, *The Epistles of St. Peter and St. Jude*, 253-54; Bauckham, *Jude, 2 Peter*, 178을 보라.

따라서 베드로는 주목하기를 그리스도께서 "자기의…덕으로써"도 우리를 부르셨다고 한다. 일부 학자들은 여기서 사용된 헬라어('아레테')가 "능력"을 의미한다고 생각하지만, 이 맥락에서 이 용어를 사용한 베드로의 다른 용례(5절)는 "덕", 즉 "탁월한 성품"의 의미를 가리킨다. 그리스도께서는 죄 없는 삶을 사시고 아버지에 대한 순종으로 십자가로 가셨다. 그분께서 스스로 우리를 대신할 제물로 바쳐질 자격을 얻으셨던 것은 이 "능동적"이고 "수동적"인 순종(신학자들이 지적하는 것처럼)을 통한 것이었다.

3절과 4절 사이의 연결은 한눈에 명백하지 않다. NIV는 "이로써"(through these)로 번역함으로써 헬라어의 애매함을 유지시킨다. 하지만 "이"의 선행사는 무엇인가? "하나님과 우리 주 예수"(2절)인가? 아니면 "생명과 경건에 속한 모든 것"인가? 아니면 "자기의 영광과 덕"인가? 아마도 마지막 것이 가장 거리가 가깝고 의미에도 맞아 보인다.[8] 그리스도께서 가지신 신성한 존귀와 도덕적인 덕의 속성은 신자들에게 경건한 삶을 위해 필요한 것(3절) 뿐만 아니라 우리에게도 "신성한 성품" 자체에 참여할 수 있게 하는 "보배롭고 지극히 큰 약속"을 주시는 수단이었던 것이다.

베드로의 언어는 여기서 생략적이다. 즉 "이로써 그 보배롭고 지극히 큰 약속을 우리에게 주사"를 말하면서, 그가 실제로 의미하는 바는 이 성품들을 통해서, 그리스도께서 이 약속들의 '성취'를 주셨다는 것이다. 필립스(Phillips)가 의역하듯이 "하나님의 가장 크고 가장 보배로운 약속을 우리도 이용할 수 있게 되었다." 베드로가 염두에 둔 약속은 여기서 다른 방식으로는 설명되지 않는다. 그는 아마도 하나님께서 그의 메시아를 통해서 실현시키실 새로운 구원과 축복의 시대에 대한 구약성경의 저 많은 약속들에 대해 생각하고 있었을 것이다. 그리스도인들은 이제 그 약속의 성취를 체험하고, 그래서 이 우주의 하나님과의 친교를 누릴 놀라운 특권을 가진다. 혹은 베드로가 지적하듯이 "너희들로 신성한 성품에 참여하는 자가 되게 하려" 하시는 것이다.

이 구절에서 베드로의 언어는 견실하면서도 논쟁을 불러일으킨다. "신성한 성품"은 베드로의 시대나 우리 시대에도 신비주의적이거나 범신론적인 울림을 가지

8. 그래서 같은 견해로 Mayor, *The Epistle of St. Jude and the Second Epistle of St. Peter*, 87; Bigg, *The Epistles of St. Peter and St. Jude*, 255; Green, *The Second Epistle General of Peter and the General Epistle of Jude*, 64.

고 있다. 그가 의미하는 것으로 보이는 것은 신자들이 하나님께 특유한 어떤 본질적인 속성을 공유하기에 이른다는 것이다. 그 속성들이 무엇인지에 대해서 베드로는 여기서 말하지 않는다. 그리고 신자들이 무엇이 될 수 있는지(그리고 중요한 만큼 그들이 될 수 '없는' 것도!)를 결정하기 위해 신약성경을 주의 깊게 탐구하는 것이 필수적이다. 그럼에도 이 시점에서 우리가 쉽게 말할 수 있는 것은 베드로가 신자들로 "정욕 때문에 세상에서 썩어질 것을 피하는 것"을 가능하게 하는 그 신성한 속성들을 염두에 두었음에 틀림없다는 것이다.

성경은 우리가 궁극적으로 "썩어질 것"('프토라')과 구별되는 것은 육체의 부활로써만 가능하다는 것을 분명히 하고 있다. 베드로는 이 용어를 베드로후서 2:10에서 종말론적 의미로 사용한다. 그리고 이는 그가 "세상에서 썩어질 것을 피하여"라는 구절을 통해 말하려 하는 것일 수 있다.[9] 그러나 그 절의 끝에서 "정욕"을 언급한 것은 이 구절에서 베드로가 경건에 초점을 둔 것과 더불어 썩어질 것을 피한다는 것은 현생에서의 죄를 단념함도 요구한다는 점이다.[10] 베드로가 '프토라'를 이 같은 도덕적 의미로도 사용한다는 점을 주목하라(2:20). 따라서 내 생각에 베드로는 신성한 성품에 대한 우리의 참여를, 그리스도와의 연합과 성령의 임재를 통한 죄에 저항하는 새로운 능력 안에 있는 것으로 보고 있는 것이다.[11]

신자의 책임(5-9절)

3-4절에서 베드로는 하나님께서 그리스도인들에게 경건한 삶을 살 능력을 제공하셨다는 점을 그의 독자들에게 일깨움으로써 그의 설교의 주안점을 위한 토대를 놓았다. 5-9절에서 그는 우리에게 핵심요점을 제시한다. 즉 '그리스도인들은 경건한 삶을 살 필요가 있다'는 것이다. 그리고 우리가 이 두 단락들 사이의 연결을 놓칠 경우에 대비하여, 베드로는 우리를 위해 이를 상세히 설명한다. "바로 이 이유 때문에"(개역개정판은 "그러므로"-옮긴이)—즉, 우리에게 필요한 모든 것을 하나님께서 공급하시기에—우리가 영적인 성숙을 구해야 하는 것이다.

베드로는 우리가 얼마나 열렬하게 이 목표를 추구할 필요가 있는지를 강조하기

---

9. 예를 들어 Bauckham, *Jude, 2 Peter*, 183을 보라.

10. Mayor, *The Epistle of St. Jude and the Second Epistle of St. Peter*, 88을 보라.

11. 신성한 성품에 대한 참여의 관념에 대한 보다 상세한 논의에 대해서는 "상황잇기"와 "현대적 의미" 단원을 보라.

위해 격한 언어를 사용한다. 그는 "너희가 더욱 힘써"라고 말한다. "힘쓰다"라는 용어는 "진지함", "서두름", "열심"으로도 번역될 수 있다. 베드로는 이 용어를 좋아해서, 이를 1:10, 15; 3:14에서도 다시 사용하고 있다. 마지막 절이 특히 흥미로운데, 거기서는 우리가 여기서 보는 기초적 권면을 반복하고, 그래서 서신을 "마무리" 하는데 기여한다. "그러므로 사랑하는 자들아 너희가 이것을 바라보나니 주 앞에서 점도 없고 흠도 없이 평강 가운데서 나타나기를 '힘쓰라.'" 베드로의 요점은 분명하다. 즉 영적인 성장은 그리스도인들이 가벼이 다룰 문제가 아니다. 오히려 그것은 우리가 우리 자신의 영과 육, 우리 삶의 모든 순간을 바칠 필요가 있는 목표이다.

이 목표를 한 마디 말로 요약하기 보다는, 베드로는 그것을 일련의 단계적 상승으로 묘사하기를 택한다. 5b-7절이 묘사하는 것은, 계단처럼 여덟 가지의 그리스도인의 미덕으로서, 우리가 영적인 성숙을 향한 우리의 추구 가운데 위로 상승하면서 하나씩 차례로 추가 되어야 하는 것들이다. 일부 주석가들과 특히 대중적인 작가와 연설가들은 여기서 일련의 단계들에 대해 많은 것을 말했다. 마치 우리가 정확히 베드로가 설명한 그 순서대로 이 미덕들을 추가할 것을 확실히 해야 하는 것처럼 말이다. 하지만 이 구절을 이렇게 읽는 것은 일면 설득력 있어 보일지라도, 베드로가 사용하고 있는 문학적 형식을 고려하지 못하는 것이다("상황잇기" 단원을 보라). 베드로가 당대에 일반적으로 사용되는 장치를 사용하고 있음을 보았다면, 우리는 또한 그가 이 미덕들을 배열한 순서가 다소 우연일 수 있다는 것도 깨닫게 될 것이다. 그것들은 모두 중요하다. 하지만 우리가 의구심을 갖는 것은 베드로가 말하려는 의도가 우리가 이것들을 정확히 그가 만든 바로 그 순서대로 추구해야 한다는 것인지 여부이다.

그럼에도 중요한 것은 베드로는 그가 시작한 곳에서 시작하고("믿음"으로), 그가 끝내는 곳에서 끝낸다는("사랑"으로) 것이다.[12] 믿음은 물론 그리스도인의 기초적인 미덕이다(혹은 은사가 더 바람직하다; 1절을 보라). 믿음을 통해 우리는 하나님의 부르심에 응답하고, 그분과 그 아들이신 주 예수를 앎에 이른다(3절). 하지만 진정한 그리스도인의 믿음은 야고보가 특별히 우리를 일깨우듯이(약 2:14-26) 언제나 더 나아간다. 결과적으로 베드로는 우리에게 하나님의 역사에 대한 우리의 기본적인 응답에 "덕"을 더하도록 요구한다. "덕"('아레테')은 베드로가 하

12. Bauckham, *Jude, 2 Peter*, 185도 보라.

나님의 도덕적인 우월성을 묘사하면서 3절의 마지막에서 사용했던 것과 같은 용어이다. 베드로는 여기서 다시금 보다 광범위한 헬라 세계로부터 차용하는바, 그 세계에서 이 용어는 폭넓게 "미덕"을 의미했다(이 용어는 신약성경의 다른 곳에서는 빌 4:8과 벧전 2:9에서만 나타난다).

베드로의 목록에서 세 번째 용어도 마찬가지로 일반적인 것이다. "지식"은 삶의 거의 모든 국면에 적용가능하다. 여기서는 분명히 종교적인 적용이 이루어진다. 이것이 이 목록의 처음이 아니라 중간에 나오기에, 아마도 이것은 그리스도 안에서 우리가 누구인지를 정의하는 근본적이고 내밀한 하나님의 지식을 의미하지는 않는 것 같다(2절과 3절 참조). 여기서는 특별히 하나님의 뜻을 구별하고, 자기의 삶을 그 뜻에 합당하게 방향을 세울 능력을 지시한다고 보는 것이 최선일 것이다.[13]

베드로가 말한 그리스도인의 미덕의 목록 중에서 다음의 것은 "절제"이다(6절). 헬라 철학자들은 절제를 중요하게 평가하면서, 이를 인간이 타인이나, 경쟁하는 철학, 혹은 그 자신의 감정의 변덕과 강요에 지배됨이 없이 전적으로 자신의 자유의지에 따라 행동할 능력으로 보았다.[14] 베드로와 이 용어를 사용한 다른 신약성경 저자들(행 24:25; 갈 5:23도 보라)은 물론 이 용어를 이런 철학적 의미로 사용하지는 않는다. 그들에게 절제는 성령의 열매의 측면에서(갈 5:23) 신자들로—특별히 성적으로—유혹의 포로로 타락하는 것을 피할 능력을 주는데, 이는 우리가 사는 세계에서는 그렇게 쉽지 않은 것이다.

죄악된 쾌락의 유혹 만큼이나 지속적인 것은 온갖 종류의 고뇌가 가져오는 슬픔이다. 그리고 만일에 "절제"가 신자들로 죄악된 쾌락과 싸우는 것을 돕는다면, 베드로의 목록 중에 다음 미덕인 "인내"는 우리로 하여금 슬픔을 다루는 일을 돕는다. 인내는 "아래에서 견뎌낼" 능력이다(헬라어 용어는, '휘포모네'로서, "아래"와 "유지하다"라는 두 개의 헬라어 용어에서 유래한 것이다). 신약성경은 이 용어를 시험의 때에 그리스도인들이 자신의 믿음을 견고하게 유지할 능력을 묘사하는

13. "앎"에 대한 헬라어 단어가 여기서 그노시스라는 점은 별 가치가 없는 반면에, 베드로는 2절과 3절에서 복합 형태인 에피그노시스를 사용했다. 신약의 모든 곳에서 분명히 맞는 것은 아니지만, 베드로는 아마도 그들 사이의 차이를 보았던 것 같다(Bauckham, *Jude, 2 Peter*, 186을 보라).

14. 특히 아리스토텔레스가 그의 『니코마코스 윤리학』 7.1-11에서 절제(엔크라테이아)를 묘사한 것을 보라. 유대계 헬라 철학자인 필로도 절제를 크게 다루었다. 일반론에 대해서는 W. Grundmann, "ἐγκράτεια, κτλ.," *TDNT*, 2.339-42를 보라.

가운데 자주 사용한다(롬 5:3-4; 고후 1:6; 6:4; 살후 1:4; 약 1:3-4; 5:11; 벧전 1:6을 보라). 그렇다면 13:10에서처럼 이 용어를 요한계시록에서 발견하더라도 우리는 놀라지 않는다. "성도들의 인내와 믿음이 여기 있느니라"(또한 계 1:9; 2:2, 3, 19; 3:10; 14:12도 참조하라). 시험은 병, 친구의 배신, 재정적 압박, 죽음 같이 여러 형태로 오며, 기회가 있을 때마다 신자들을 만난다. 신약성경 저자들은 빈번하게 현생에서 이러한 곤경들이 그리스도인들에게 부과하는 지속적인 압박을 지적한다. 그래서 그들은 동일하게 인내를 계발할 필요에 대해 집요한 것이다.

"경건"은 3절에서 베드로에 의해 선택되어, "생명"과 더불어 하나님에 대한 신자들의 삶이 인도해야 하는 목표로 그려지고 있다. 그렇다면 우리는 이 용어가 그리스도인들이 모범이 되도록 분투해야 하는 이 미덕 중 여섯 번째 것으로서 6절의 마지막에 다시 나오는 것을 발견함에 놀라서는 안 될 것이다. 하나님께서 우리에게 경건해질 능력을 주시는 반면에, 이 능력을 사용하는 것은 우리의 책임이다. 이 능력은 하나님께서 우리로 이용가능하게 만드셨던 것이고, 실제로 삶의 모든 국면에서 하나님을 기쁘시게 할 백성이 되는 일에 작동된다.

신약성경이 "사랑"에 대해 사용한 상이한 헬라어 용어들에 대해 많은 글들이 쓰였다. 이 저작들 중 다수가 범한 실수는 상이한 헬라어 용어들이 의미에 있어 불변하고, 언제나 서로 구별된다고 생각한 것이다.[15] 자주 듣는 말로 예컨대 '에로스'는 성적인 사랑, '필리아'는 가족애, '아가페'는 독특하게 그리스도인의 사랑이라는 것이다. 그 중에서도 특히 그러한 해설을 초래한 본문은 요한복음 21:15-17인데, 여기서 주님께서는 베드로에게 세 번 그를 향한 베드로의 "사랑"을 확인하도록 요구하신다. 불행히도 문제는 이보다 더 복잡하다. 사랑에 대한 헬라어 용어들은 불변의 의미를 가진 것도 아니고, 실제로 상당히 중첩된다. '아가페'라는 용어는 오로지 기독교적인 용어는 아니다. 실제로 요한복음 21장에서 핵심 용어들 사이에 지속적으로 구별을 유지하는 것도 거의 불가능하다. 이 용어들은 아마도 거의 동일한 의미로 사용되는 것으로 보인다.[16] 신약성경 전체를 통해서도 동일하다는 것이 사실이다.

그럼에도 우리는 용어들을 식별하는 것이 여전히 가능하다는 것에 주목해야 할

15. 예를 들어 Richard C. Trench, *Synonyms of the New Testament*(reprint; Grand Rapids: Eerdmans, 1953), 41-44를 보라.

16. 예를 들어 D. A. Carson, *The Gospel According to John*(Grand Rapids: Eerdmans, 1991), 676-77을 보라.

것이다—'문맥이 그것을 분명하게 만든다면 말이다.' 그리고 7절의 문맥은 베드로가 바로 그러한 구별을 했음을 보여준다. 그가 사용한 첫 번째 용어는 '필라델피아'로서, "형제애"(love of the brother)이거나, NIV가 번역하듯이 "형제 같은 호의"(brotherly kindness)이다. 친숙한 '아가페'라는 두 번째 용어와 구별함에 있어 '필라델피아'는 아마도 동료 그리스도인들 사이에 표현되는 사랑을 지시하는 것으로 보인다.[17] '아가페'는 그렇다면 완전히 다른 사랑이 아니라, 그 최대한의 한계 내에 그리스도인의 사랑의 한 측면으로서 "형제애"를 포괄한다. 성령께서-주시는 의지에 따른 행위로서, 이로써 우리는 다른 사람들을 능동적인 자비심으로 대하게 된다. 확실히 사랑은 그리스도인의 미덕의 면류관으로서(고전 13장을 보라), 그리스도인의 속성을 말하는 베드로의 단계에서 절정을 이룬다. 골로새서 3:14의 평행구에 주목하라: "이 모든 것 위에 사랑을 더하라 이는 온전하게 매는 띠니라." 사랑은 최후, 최고의 그리스도인의 미덕이기만 한 것이 아니다. 그것은 또한 나머지 모든 것들을 하나로 묶는 "접착제"이기도 해서, 이것 없이는 다른 모든 것들이 기껏해야 그 본래의 모습에 이르지도 못하게 될 뿐인 그런 특성이다.

베드로가 이 미덕 목록을 시작하는 방식이 보여줄 수 있는 것은 이 시점에서 독자들이 가진 것은 믿음뿐이며, 이에 다른 모든 것들을 더해야 한다고 베드로가 생각하고 있음을 암시할 수도 있다. 하지만 베드로는 계속해서 그렇지 않다는 것을 보여준다. 8절에서 그가 암시하는 바는 그들이 이미 이 미덕들을 "소유했다"는 것이다. 실제로 우리가 보았듯이 많은 것들이 성령의 은사로서 어느 정도는 모든 그리스도인들에게 현존한다. 문제는 그것들을 가졌느냐 가지지 못했느냐가 아니다. 오히려 문제는 그리스도인들이 그것들을 드러내는 정도에 있어서의 성장에 관한 것이다. 베드로가 제시하는 바에 의하면 우리는 "선함"이나 "앎"이나 "절제"나 "경건"이나 "형제애"나 "사랑"에서 B⁻ 성적을 받은 것으로 만족해서는 안 된다. 우리는 각각 A⁺를 받을 때까지 만족해서는 안 될 것이다.

이것은 하나의 목표로서, 내 생각에 우리 중 어느 누구도 이것을 현생에서는 성취할 수 없을 목표이다. 하지만 베드로의 요지는 우리가 지속적으로 이 목표를 향한 길 위에서, 언제나 그것에 더 가까워져야 할 필요가 있다는 것이다. 이 길을 따라 움직일 때에만 우리는 그리스도인으로서의 도정(道程)에서 "게으르고 열매 없는" 것을 피할 수 있을 것이다. "게으른"은 신약성경의 다른 곳에서 세 번만 사용

17. Mayor, *The Epistle of St. Jude and the Second Epistle of St. Peter*, 93을 보라.

된 용어를 번역한 것이다. 이들 중 두 번은 포도원 품꾼에 대한 예수의 비유에서 나오는데, 거기서는 "게으른" 품꾼을 지시한다(마 20:3, 6). 그래서 여러 영역본들은 부정을 여기서 긍정으로 바꾸어, 그리스도인들로 "능동적"일 것을 간구한다(TEV; REB). "열매 없는"(unproductive)은 말 그대로 "열매 없는"(without fruit)이다. 우리는 여기서 예수께서 무화과나무(이스라엘을 대표함)를 열매 없음으로 인해 저주하신 것(막 12:12-14, 20-26 그리고 평행구들)을 생각하게 된다. 너무 많은 그리스도인들이 그저 그리스도인이 된 것에 만족해서, 단순히 자신들이 지옥에 가지 않을 것을 알고서 행복해한다. 그러나 진정한 그리스도인들은 그리스도인으로서 그러한 최소한(설사 중요하더라도!)의 체험의 단계에 만족하여 안심하지 않는다. 진정으로 "우리 주 예수 그리스도를 알기"(8절 끝부분)는 언제나 그를 더 잘 알려는, 그리고 그 앎을 타인을 위해 봉사하는데 사용하려는 누를 수 없는 열정을 불러일으켜야 한다. 실제로 베드로가 이 서신에서 제시하게 될 바와 같이 우리는 새로워진 삶의 양식 안에서 그리스도와의 관계가 갖는 효과를 보여주지 않고서는 진정한 그리스도인이 될 수 없다.

9절에서 베드로는 처음으로 독자가 처한 상황 속에서 그리스도를 아는 일에서의 성장이 그토록 중요한 이유에 대해 다룬다. 그것은 의사(疑似) 그리스도인들, 즉 거짓 선생들이 활동하고 있었기 때문이다. 확실히 베드로는 이 사람들—그는 그들을 2장에서 상세하게 다룰 것이다—을 염두에 두면서 "이런 것[즉, 5-7절의 미덕들]이 없는" 그런 종류의 사람들에 대해 경고한다. 베드로는 계속해서 이 사람들을 "맹인이라 멀리 보지 못하고"라고 묘사한다. 이 용어의 배합은 다소 낯설어 보인다. 어떤 사람이 "맹인"이면, 그(녀)는 어떻게 "멀리 보지 못할"까? 헬라어 원문에서 앞의 용어는 분사로서('뮈오파존'), "눈을 감았기 때문에"(REB의 "자발적 맹인"[willfully blind]을 참조하라)로 번역될 수 있다.[18] 이 번역은 의사 그리스도인의 이런 사례에 대한 최종적인 묘사에 매우 잘 어울린다. 의사 그리스도인은 "그의 옛 죄가 깨끗하게 된 것을 잊었느니라."

많은 사람들은 "죄가 깨끗하게 된 것"이 특별히 세례를 의미한다고 생각한다.[19] 이것이 가능성이 있는 것은, 신약성경에서 세례는 죄에 대한 용서와 관련되고 그리스도에게로 나아옴에 있어 보편적인 한 부분으로 표현되기 때문이다. 하지만 성

18. Green, *The Second Epistle General of Peter and the General Epistle of Jude*, 72-73을 보라. 이 동사는 헬라어 성경에서 여기에서만 나타난다.

19. 예를 들어 Mayor, *The Epistle of St. Jude and the Second Epistle of St. Peter*, 87.

경은 죄에 대한 용서를 묘사하는 방편으로 "씻기"나 "깨끗하게 하기"의 은유를 사용하는 경향이 있다. 이것이 아마 여기서 우리가 가질 수 있는 최선일 것이다. 성경에서 흔히 그렇듯이 "잊어버림"의 개념은 정신적인 과정이 아니라 어떤 일의 진정한 의미와 중요성을 고려하는 일에 대한 실제적인 실패이다. 베드로가 2:20-22에서 훨씬 더 분명하게 하듯이, 이 가짜 그리스도인들은 적어도 그들의 죄가 그리스도에 의해 용서받았다고 주장하지만, 이제는 그것이 그들에게 어떤 차이를 만들어낸 것처럼 살고 있지는 않는 사람들이다. 이 같은 것이 그리스도인의 미덕에서 성장하지 못한 독자들을 기다리고 있는 위험성인데, 그리스도인의 삶에서 가만히 정지해 있는 것은 존재하지 않기 때문이다—누구든 앞으로 전진하든지, 아니면 뒤떨어질 뿐이다.

경건의 중요성(10-11절)

베드로는 작은-설교의 마지막 부분에서 선한 설교가가 항상 해야 할 것을 하고 있다. 그것은 메시지를 통해 나누는 진리에 기초해서 행동하도록 청중을 유도하는 것이다. 따라서 베드로는 그가 9절에서 은연중에 표현했던 경고에 의지하지만, 이제는 긍정적인 방침을 취한다. "그러므로"는 영적인 눈멀음의 위험(9절)과 관련될 수 있지만,[20] 보다 가능성이 높아 보이는 것은 그것이 돌이켜 3-9절 전체를 지시한다는 것이다.[21] "더욱 힘써"(be all the more eager)는 5절에서의 기초적인 권면("갖은 노력을 다해"[make ever effort]; 개역개정판은 5절에서도 동일하게 "더욱 힘써"로 번역-옮긴이)을 이끌어낸다.[22] 이 애씀은 그들의 "부르심과 택하심을 굳게" 만드는 것으로 방향을 잡아야 한다.

"부르심"과 "택하심"은 헬라어에서 긴밀한 관계를 갖는 용어들(각각, '클레시스'와 '에클로게')로 아마도 베드로가 마음에 둔 단일의 개념을 강조하기 위해 함께 사용된 것으로 보인다. 이것은 하나님께서 혹은 그리스도께서 구원을 위해 죄인을 자신에게로 효과적으로 끌어당기신다는 의미이다(3절). 그리스도인은 하나님의 이 부르심을 "확인"하기 위해 그리스도인의 미덕에서 성장하기를 진심으로

20. Ibid., 87.

21. Green, *The Second Epistle General of Peter and the General Epistle of Jude*, 73도 보라.

22. 관계는 헬라어에서 특별히 분명한데, 두 곳 모두 각각 스푸데라는 단어의 다른 형태를 사용하기 때문이다.

구해야 한다. 일부 신학자들은 그리스도인들이 그들의 택하심을 확인하고 그들이 실족하지 않을 것임을 확증하기 위해 일해야 한다는 개념에 어려움을 가지고 있다. 그리고 우리는 이것이 의미하는 바가 바로 무엇인지 그 뉘앙스를 꼼꼼히 따져야 할 것이다. 그리고 더 중요한 것은 그것이 의미하지 않는 것이 무엇인지이다("현대적 의미" 단원을 보라). 하지만 우리는 베드로의 언어가 가진 그 진지함과 설득력을 증발시켜서는 안 될 것이다. 즉 영적인 성숙을 위한 분투는 그리스도인의 삶에서 선택의 문제가 아니라는 말이다.

베드로는 그리스도인이 "그들의 부르심과 택하심을 굳게 하는" 것이 왜 중요한지에 대한 두 가지 이유를 언급하는데, 하나는 부정적이며 하나는 긍정적이다. 부정적으로 그리스도인은 이러한 응답으로써 자신이 "실족하지 않도록" 해야 한다. 야고보는 여기서 "실족"으로 번역된 용어를 사용하여 "죄"를 의미하게 만든다(약 2:10; 3:2; NIV는 "실족"으로 번역한다). 하지만 베드로가 제시하고 있는 바가 신자가 절대로 죄를 범하지 않는 지위를 차지할 수 있다는 것은 아닌 것으로 보인다. 야고보가 직접 주장하는 바는 "우리가 다 실수(본문의 "실족"과 동일한 헬라어 용어-옮긴이)가 많다"는 것이다(3:2). 베드로가 의미했을 수 있는 것은 열매 맺는 그리스도인은 "불행한 슬픔의 도래를 면할 것"이라는 점이다.[23] 즉 영광을 향한 길에 어떤 심각한 중단도 발생하지 않을 것이라는 말이다. 이 용어가 이런 의미를 갖는 것이 확실히 가능성이 있는데, 바울이 로마서 11:11에서 "실족"을 "넘어지기"와 대조시키기 때문이다. 하지만 대부분의 주석가들은 여기서 "실족"이 하늘에 이르는 것을 막는 타락이라는 최종적 본성을 가리킨다고 생각한다. 아마 그들의 생각이 옳을 것이다. 여기서 "실족"은 "우리 주와 구주 예수 그리스도의 영원한 나라에 들어감을 넉넉하게 주시는 것"과 반대되는 것이고(11절), 유다가 마지막 날에 주님 앞에서 흠이 없이 서게 되는 것과 대조시키고 있는 "타락"과 동격인 것으로 보인다(유 24절).

이제 이것은 우리를 그리스도인이 "[자신을] 부르심과 택하심을 굳게" 해야 할 긍정적인 이유로 이끈다. 그것은 "우리 주와 구주 예수 그리스도의 영원한 나라에 넉넉하게 들어감"을 가져오는 것이다. 예수께서는 그 나라의 존재를 선포하셨는데, 그 나라는 신약성경이 분명하게 하는 바 그리스도의 죽으심과 부활을 통해서 존재하게 되었던 것이다. 그리스도인은 이제 그 나라, 곧 하나님의 나라를 체험하

23. Green, *The Second Epistle General of Peter and the General Epistle of Jude*, 74.

거나 다스린다(골 1:13; 살후 1:5을 보라). 하지만 신약성경이 또 분명히 하는 것은 이 나라가 그 미래적 측면도 가지고 있다는 점이다. 우리는 "나라가 임하옵시며"라고 기도하는데, 이는 우리가 현실에 만족하지 않고, 우리의 죄와 시험이 더 이상 있지 않게 될 날을 갈망하기 때문이다(고전 6:9-10; 갈 5:21도 보라). 우리를 그리스도인의 삶 속으로 더 전진하도록 유도해야 하는 것은 바로 이 영원한 나라의 성대한 환영이다.

상황잇기

1:3-11에서의 베드로의 "작은-설교"는 물론 1세기 그리스도인들을 향한 것이다. 그리고 베드로는 자연스럽게 그 시대와 지역에 걸 맞는 의사소통의 수단을 사용한다. 이들 대부분은 오늘날 우리가 사용하는 것들과 유사하다. 하지만 베드로가 여기서 사용한 전략들 중 두 가지는 그렇지 않을 것이다.

첫째로 5-7절에서 베드로는 특정한 "문학 양식" 혹은 수사기술(修辭技術)을 사용한다. 우리가 어떤 메시지를 이해해야 한다면, 그 저자가 사용한 특정 양식을 파악하는 것이 긴요하다. 우리는 모두 독서할 때 "양식"을 깨닫는 것의 중요성에 대해 익히 잘 알고 있지만, 우리가 접하는 대부분의 양식들이 우리 시대에는 잘 알려진 것이어서, 우리는 그것들을 거의 무의식적으로 파악한다. 몇 년 전에 내 아이들은 내게 성탄 선물로 책 한권을 선물했는데, 그 책은 미국사에 관한 것이었다. 나는 이 책의 72페이지에서 다음과 같은 것을 읽었다.

> 링컨의 가족은 가난했다. 그는 통나무 오두막집에서 태어났다. 우리가 "통나무 오두막집"이라고 말할 때, 전체가 '하나의 통나무'로 만들어진 오두막에 대해 말하고 있는 것이다. 이것은 링컨의 가족이 얼마나 가난했는지를 보여주는 것이다. 비가 올 때면, 모두 통나무 아래에 누워야 했고, 그 결과로 링컨은 매우 길고 가늘게 자랐는데, 이것은 울타리 가로막대에 이상적인 체형으로 밝혀졌다.

나는 이 구절을 읽기 훨씬 전부터, 내가 읽었던 그런 종류의 책에 대해 이미 알고 있었다. 유명한 유머 작가인 데이브 베리(Dave Barry)가 쓴 그 책은 일종의 "희문(戱文)"으로서, 저자는 아주 약간의 사실(팩트)에 엄청난 양의 희극적 허구(픽션)를 더한다.[24] 하지만 요지는 내게 이 책을 이해하거나 즐기려는 어떤 바램이라도 있었다면, 나는 이 책의 양식을 알 필요가 있었을 것이라는 점이다. 누군가 다른 문화 출신의 사람이라면, 아니면 지금으로부터 2천년 후에 이 책의 먼지를 떨어내고 읽으려 한다면, 이 양식을 분간할 수 없을 것이고, 그래서 이 책을 진지한 역사서로 다룰지도 모른다.

신약성경 저자들도 비슷하게 자신들의 문화로부터 다양한 장르와 양식에 적응하여 그들의 시대와 세대 속에서 예수 그리스도의 선한 소식을 전하려 했다. 그들이 사용하는 양식 중 하나는 '소리테스'라고 불리는 것이다. 이 양식은 미덕이나 악덕을 한꺼번에 연속하여 연결시킨다. 로마서 5:3-4에 좋은 예가 있다. "다만 이뿐 아니라 우리가 환난 중에도 즐거워하나니 이는 환난은 인내를, 인내는 연단을, 연단은 소망을 이루는 줄 앎이로다."[25] 우리가 '소리테스'를 이해하는데 중요한 것은 고대 작가가 미덕이나 악덕을 배열한 순서가 언제나 그것이 항상 나타나는 실제 순서를 따르도록 의도하지는 않는다는 점이다. 위에 인용된 로마서 본문에서는 그 논리적 순서를 두고 판단컨대, 바울은 신자들이 이 미덕을 각 단계에 따라 증명할 것을 기대하고 있었을 가능성이 있다. 하지만 베드로후서 1:5-7에서는 그러한 논리적 순서가 전혀 명쾌하지 않다. 예컨대 어째서 "경건"이 "형제 우애"로 이어져야 하는가? 우회할 수는 없는가? 분명히 베드로는 우리가 절제를 발전시키지 않고서는 형제 우애를 보일 수 없다고 암시할 의도는 없었던 것이다.

그래서 5-7절의 이 "양식"을 식별해보면, 우리는 베드로의 목록에 나타난 미덕의 순서대로 우리가 그것들을 성취해야 한다고 주장하는 일에는 주저할 것이다. 베드로가 알았던 것은 그것들 모두 중요하다는 것과 하나님 나라로 들어가는 것은 우리로 이 특성들을 "흡족하게" 드러내는 것을 필요로 한다는 것이다.

우리가 이 절들에서 발견하는 두 번째 수사적 전략은 베드로가 선택한 용어와 관계가 있지, 그가 이 용어를 담아낸 양식과 관계있는 것은 아니다. 베드로의 세계에 현저했던 것은 B.C. 5세기와 4세기의 고전 그리스 문화의 전성기에 기원을 둔 문화와 일련의 관념들이었다. 알렉산더 대제는 B.C. 333-323년에 고대 근동의 대부분을 정복했을 때 이 문화와 이 관념들을 자기 것으로 취했다. 그 결과로 그리스식 사고방식과 그리스의 문화제도가 이 지역에 우세하게 되었다. 우리는 이 세계관을 묘사하는데 '헬레니즘'("그리스의"[헬렌]를 뜻하는 헬라어에서 파생된 말)이

---

24. 책의 완전한 제목은 Dave Barry, *Slept Here: A Sort of History of the United States*(New York: Ballantine, 1989)이다. 내 아이들이 그런 천박한 책을 내게 주었던 이유는 별론으로 한다!

25. 성경 외적인 예들은 중간기의 책인 지혜서 6:17-20; 초기기독교 책인 *Shepherd of Hermes, Mandates* 5.2.4, *Visions* 3.8.7; 그리고 랍비 미쉬나 논문인 *Sotah* 9:5에 나온다.

라는 용어를 사용한다. 헬레니즘의 영향력으로 인해 그리스도 직전의 한 세기 동안 로마가 이 영역의 대부분을 정복했을 때에도, 로마인들이 이 문화를 대체하지는 못했다. 로마는 군사적인 의미에서 그리스를 정복했을지 모르나, 그리스는 문화적인 의미에서 로마를 정복했다. 역사가들은 그래서 대략 B.C. 300년부터 A.D. 300년을 "헬레니즘 시대"라고 부른다.

베드로후서에서 베드로는 헬라의 종교와 철학에 대중적이었던 많은 용어들을 사용한다. 그들 중 다수는 오늘날의 "신성(deity)"이나 "신 세대(new age)" 같은 용어들처럼 반(半)전문적인 울림을 가진다. 여기서 우리가 이 주제를 제시하는 것은 1:3-4에 이 헬라 종교의 용어들 중에 가장 인상적인 것들이 일부 담겨있기 때문이다. "우리를 부르신 이를 앎"(3절)이라는 구절에 있듯이, "지식"이라는 용어를 취해보자. 하나님을 '앎'이라는 언어는 분명히 해두자면 성경적이고 유대교적으로 깊은 뿌리를 가지고 있다. 하지만 지식처럼 헬라 세계에 널리 퍼진 용어나 개념은 거의 없다. 기독교의 두 번째 세기에, 최초의 주요 이단은 이 용어를 모토로 채택했고, 그래서 우리에게 "영지주의"(Gnosticism, 즉 헬라어 '그노시스', "앎"에서 유래됨)로 알려지고 있다.

하지만 아마도 가장 충격적인 헬라적 표현으로 우리가 베드로후서의 어딘가에서 발견하는 것은 4절에 나오는데, 여기서 베드로는 그리스도인들이 "신성한 성품"에 참여하는 것에 대해 말한다. "신성한"으로 번역되는 헬라어('테이오스')는 헬라세계에 일반적이었으나, 성경에서는 상대적으로 희귀한 것이다. 사실 이 용어는 이 구절 외에는 신약성경에서 단 한 번만 나타난다. 의미심장하게도, 바울이 교양 있는 헬라의 아덴 사람들에게 연설하는 가운데 나온다(행 17:29). 이 헬라어 용어는 우리가 사용하는 "신성한"이라는 용어만큼이나 폭넓은 의미를 가지고 있다. 이것은 실제로 고대인들이 상상했던 온갖 종류의 "신"에게 적용될 수 있었다.

하지만 훨씬 더 충격적인 것은 그리스도인들이 "신성한 성품에 '참여'"하고, 그래서 "세상에서 썩어질 것"을 피하는 것과 관련한 베드로의 언어사용이다. 이는 이 관념들이 헬라 세계의 특정 신비주의 전통에 특유한 것이었기 때문인데, 그 전통들의 가르침은 인간이 물질계의 부패를 피하기 위해 "신성"해질 필요가 있다는 것이다(오늘날 일부 동방 종교들의 가르침과의 유사성에 주목하라). 이 언어의 철학적인 묘미는 다음의 유대계 철학자 필로의 글을 인용한 것에서 볼 수 있다.

영혼이 어떻게 하나님을 상상할 수 있을까? 그분께서 그 안에 숨결을 불어넣고, 강하

> 게 붙들지 않으셨던가? 사람의 마음이 하나님의 본성을 붙잡기 위해 그토록 높이 오르기를 감행하지 않을 것이기 때문에, 하나님께서 친히 자기 곁으로 그것을 들어 올리지 않으셨던가? 그만큼 사람의 마음이 들어 올려져서, 그 오성의 한계 내에 있는 능력의 각인으로 인치심을 받는 것이 가능해지기까지 말이다.[26]

이러한 언어로 우리는 무엇을 판단해야 하는가? 우리가 서론에서 주목했던 바와 같이, 일부 학자들이 확신했던 것은 베드로후서에 있는 이 언어의 존재가 보여주는 것은 베드로가 갈릴리 출신 어부로서 이 서신을 쓸 수 없었을 것이라는 점이었다. 다른 이들의 생각에 이 언어가 제시하는 바는 베드로가 어떤 전혀-기독교적이지-않은 개념들을 표현한 죄책을 가지고 있다는 것이다. 하지만 우리는 이렇게 극단적인 결론에 이를 필요는 없다. 좋은 의사전달자는 그 청중을 이해하고 청중에 맞는 방식으로 메시지를 전달한다. 이것이 정확히 베드로가 하고 있는 바이다. 우리가 짐작할 수 있는 것은 그의 독자들이 그러한 용어들을 사용하는 습관이 있었다거나, 아니면 거짓 선생들이 자신들의 주장을 역설하기 위해 이 언어를 사용하고 있었을 것이라는 점이다. 따라서 베드로는 스스로를 그의 청중에게 적응시켜서, 그들의 말하는 방식을 채택하여 그들에게 더욱 효과적으로 전할 수 있었던 것이다.

예를 들어 우리에게 좋은 증거가 있는데, 결국에는 영지주의 체계로 발전했던 어떤 관념들이 이미 베드로의 시대에 존재했다는 점이다. 그리고 우리가 의심하는 바는, 베드로후서에서 "지식"이라는 용어의 빈도가 베드로가 이 용어를 그의 독자들이 많이 사용하고 있었음을 알았다는 사실을 시사한다는 점이다. 그래서 그는 그들의 용어를 취했던 것이고, 그럼에도 그는 그것을 기독교의 내용으로 채웠다. 비슷하게, "신성한 성품에 참여함"은 누군가의 인격을 신성(神性)의 위격 속으로 동화시킴을 의미하지는 않을 것이다. 이를 기독교적인 맥락과 세계관 안에 둔다면, 이는 신자들에게 자신들의 마음 가운데 성령께서 임재하신다는 것과 이로써 하나님의 특성이 되는 속성들(거룩함, 사랑, 긍휼, 경건)을 증거하기 시작할 수 있게 된다는 것을 일깨우는 선명한 방식이다.

그래서 우리가 이러한 언어를 해석할 때, 이 언어가 최초로 발생했던 맥락 속에

---

26. *Allegorical Interpretation* 1.38(vol. 1 of *Philo* from the Loeb Classical Library, trans. F. H. Colson and G. H. Whitaker[Cambridge, Mass.: Harvard University Press, 1949]).

서 가졌던 전문적인 의미를 그대로 가지고 있을 것이라고 추정하는 것은 심각한 오류를 낳을 수 있다. 많은 용어들과 표현들이 실제로 특정 환경 속에서는 전문적인 용어들이면서도, 그 일상의 회화에서 사용될 때에는 보다 일반적인 의미를 갖게 된다. 베드로가 사용하는 표현들이 이 범주에 속한다. 만일에 이 언어가 일부 다른 자료들에서 가지는 의미를 베드로에게서도 가져야 한다고 주장해야 한다면, 우리는 베드로의 메시지를 심각하게 오해하게 되는 셈이다. 내가 가르치는 경우를 예로 들자면 나는 의도적으로 "뉴에이지"라는 구절을 제시해서 내 청중들 가운데 이 모호한 운동(뉴에이지 운동)의 일부 측면에만 몰두하고 있을 자들과의 접촉점을 만들려 할 것이다. 하지만 나는 이 구절을 그것이 갖는 성경적인 의미로 채울 것이다(그리스도의 도래와 더불어 동트게 될 성취의 시간으로 말이다).

선교사들은 물론 언제든지 이런 "상황화"에 관여하고 있다. 돈 리차드슨(Don Richardson)이 뉴 기니아의 파푸아에서 사위(Sawi) 종족에 복음을 전하기 위해 사용했던 유명한 "화해의 아이" 비유를 생각해 보라.[27] 리차드슨은 그가 접촉하려고 노력했던 문화 속에서 복음의 본질적 요지를 전달하기 위해 효과적으로 사용할 수 있었던 특정 전통을 발견했다. 하지만 그의 청중들이 그들의 문화에서 그 "화해의 아이" 전통의 모든 요소가 또한 기독교 복음 메시지의 진리였다는 것을 받아들여야 했다면, 잘못된 길로 빠졌을 것이다. 그래서 우리가 베드로후서를 읽을 때, 우리에게 중요한 것은 베드로가 그의 세계로부터 차용했을 수 있는 언어가 그 자신의 서신과 일반적 기독교 세계관에서 어떻게 기능하는지에 대해 질문하는 것이다. 우리는 그가 그의 시대를 위해 복음을 어디에서 "상황화"하는지를 깨닫고, 우리가 그것을 우리 시대를 위해 "재상황화" 할 때 적절히 고려해야 한다.

이 본문이 불러일으키는 또 하나의 해석의 문제도 논의의 가치가 있다. 우리가 7절을 주해하면서 논증한 바와 같이 많은 주석가들, 교사들, 그리고 설교가들은 신약성경에서의 상이한 "사랑"이라는 헬라어 용어들을 "과잉-해석"했다. 그들이 했던 실수는 각각의 헬라어 용어들이 개략적으로는 동일한 의미를 갖지만, 서로 언제나 구별되는 불변의 의미를 갖는다고 생각한 것이다. 사실 어휘 의미론 분야의 전문가들이 거듭해서 우리에게 말해왔던 바와 같이, 어떤 언어에서도 이런 종류의 해석이 제시하는 것처럼, 의미에 있어 그토록 구체적이고 불변하는 용어들은 거의 존재하지 않는다. 한편으로 용어들은 그것들이 원래 가졌던 어떤 전문적 의미라도

27. 그의 책 *Peace Child* (Glendale, Calif.: Gospel Light, 1974)를 보라.

신속하게 상실한다. 우리가 자주 망각하는 것은, 우리가 고대의 본문을 해석할 때, 아리스토텔레스와 사도 베드로 사이의 시간적 격차는 셰익스피어와 T. S. 엘리엇 사이의 시간적 간격만큼이나 벌어져 있다는 점이다. 누가 아직도 『햄릿』에서 특별한 의미를 가진 용어가 계속해서 『황무지』에서도 같은 의미를 가질 것이라고 대담하게 생각할 것인가?

또 하나의 중요한 고려사항은 문체이다. 저자들은 자주 자신들이 사용하는 용어에 변화를 주는데, 이는 그들이 의미상의 미묘한 변화를 암시하고자 하기 때문이 아니라, 그들이 그 용어를 사용하는 구문의 종류 때문이거나 다양성을 기하기 때문이다. 예컨대 나는 이 주석을 쓰면서도 때때로 "학자들"이라고 말하기도 하고, 다른 경우에는 "해석자들"이라고 하거나, 또 다른 경우에는 "주석가들"이라고 말하기도 한다. 대부분의 예들에서, 내가 하나의 용어나 다른 용어를 사용하는 이유는 순수하게 문체상의 이유 때문이다. 나는 내 독자들이 하나의 특정 용어 때문에 점점 지루해지는 것을 원치 않는다. 하지만 이것이 내가 이 용어들을 쓰는 것이 결코 의도적인 것이 아님을 의미하는 것은 아니다. 예컨대 내가 "학자"라는 용어를 쓸 수도 있지만 그때 문제되는 저작의 품질의 빈약함 때문에 이는 저자에 대한 적절한 묘사가 아님이 드러난다는 것을 기억하게 된다. 그러면 나는 "해석자"로 바꾼다. 하지만 여기서의 요지는 주어진 어떤 맥락 속에서도 유사한 의미를 가진 두 개의 용어들이 언제나 그들의 성경 저자에 의해 상이한 의미를 갖는 것으로 의도될 것이라고 쉽사리 여길 수 없다는 점이다. 우리는 과제를 수행함에 있어, 용어들이 다른 곳에서는 어떻게 사용되고 있는지를 주의 깊게 들여다보고, 그들이 사용되고 있는 문맥에 면밀하게 주의를 기울여야 한다. 모든 것이 말해지고 행해지고 나면, 그토록 많은 다른 문제들의 경우와 마찬가지로 여기에서도 성경에 대한 좋은 해석은 결국 상식의 차원으로 내려오게 된다. 다시 말하자면, 이는 우리 앞에 놓인 본문을 마치 우리가 아침에 신문 기사나, 남성잡지의 칼럼을 대하듯이 해석하는 것이다.

현대적 의미

신성한 성품에의 참여. 앞선 단원에서, 우리는 1:3-11에 있는 베드로의 언어를 일부 살피고서, 그것이 '베드로에 대해' 갖는 문맥적 의미를 올바르게 규명하고, 그것을 올바르게 "재상황화"하는 것이 갖는 중요성에 주목했다. 우리가 그리스도인들이 "신성한 성품에 참여한다"는 베드로의 단언을 면밀히 살핀다면,

이 과정이 갖는 현대적 의미는 분명해질 것이다.

약 10여 년 전에 나는 그 구성원들 중 한 사람이 퍼뜨린 그리스도인의 삶에 대한 특정 관점을 두고 분열되어 있었던 교회에서 강연 초대를 받았다. 이 사람은 그리스도인들이 "신성한 성품"을 가졌다는 베드로의 주장을 상당히 강조했다. 그의 주장에 의하면 이것의 의미는 그리스도인이 전혀 새로운 성품을 받았기에 근본적으로 죄를 지을 능력이 없다는 것이다. 결국 그가 논증했던 것은 하나님의 "성품"이 분명히 죄가 없으신 성품이라는 것이다. 그리고 만일에 우리가 그분의 성품을 갖는다면, 이것은 우리도 죄를 지을 수 없다는 것을 추론하게 된다는 것이다! 그가 한 그리스도인 여성과의 상담에서 그녀에게 비-그리스도인 남편의 요구(남편과 동시에 다른 한명의 남성과 함께 성관계를 하자는 것)에 "복종"하라고 했을 때, 그 문제가 이 교회에서 전반적으로 "혼란을 일으켰다"—결국 그녀는 그러한 죄로 더럽혀질 수 없는 "신성한 성품"을 가졌던 것이다.

우리 대부분이 깨닫게 될 것처럼, 이 특별한 선생은 베드로후서 1:4을 해석하면서 두 가지 실수를 저질렀다. 첫째로 그는 문맥에 대해 충분히 깊이 주목하지 않았다. 베드로는 우리가 신성한 성품을 '가졌다'고 말하지 않았다. 그가 말한 것은 우리가 신성한 성품에 '참여한다'는 것이었다.[28] 다른 말로 하자면 어떤 감각이 존재하는데 이를 통해 그리스도인들이 하나님께서 가지신 한 가지 속성이나 여러 속성들을 체험하게 된다는 것이다—하지만 하나님의 속성 중에는 우리가 공유하지 않는 속성들이 확실히 많이 있다! 이 공유되는 속성들이 무엇일지는 문맥상으로는 분명하지 않다. 일부 주석가들은 베드로가 하나님의 불멸성을 염두에 두었을 것으로 생각하고서, 주장하기를 베드로가 계속해서 그리스도인들이 "세상에서 썩어질 것을 피한다"고 말할 때 의미한 것이 바로 이것이라고 한다. 그리스도인들은 그리스도와의 연합으로 인해, 그들의 육신이 들려 올려질 것과 그들이 이 썩어지지 않을 육신 속에서 영원히 살게 될 것을 확증 받는다는 것이다.[29] 다른 주석가들의 생각은 신성한 성품에 참여하는 것이 의미하는 것은 그리스도인들이 하나님의 거룩하신 성품을 공유한다는 것이라고 본다. 그렇다면 "세상에서 썩어질 것을 피하는 것"은 그리스도인들로 우리의 타락한 세계에 그토록 많은 부분을 차지하고

28. 여기서 헬라어는, 실제로, 동사가 아니라 명사를 사용하고 있다. 우리는 신성한 성품의 "참여자들," "공유자들"(코이노노이)이다.

29. "원 의미" 단원을 보라.

있는 도덕적 부패로부터 스스로를 구별할 필요성을 지시한다는 것이다. 문맥상으로는 이 두 번째 의미가 맞다. 베드로는 여기서 종말론적 구원보다는 거룩함 가운데에서의 성장에 대해 말하고 있는 것이다. 하지만 베드로가 어떤 의미를 의도했는지를 불문하고, 분명한 것은 우리가 "신성한 성품"을 완전하게 소유하고 있고 그래서 죄가 없다고 말한 것은 아니라는 점이다.

이 현-시대의 거짓 선생에 의해 저질러진 두 번째 잘못은 우리가 "상황잇기" 단원에서 다루었던 요지에 대해 고려하지 못한 것에 있다. 우리가 설명한 바에 의하면 베드로는 하나님에 관한 진실을 그의 1세기 독자들이 이해할 만한 용어로 전달하기 위해 자신이 속한 세상으로부터 한 구절을 골라내고 있는 것이다. 우리가 지적했던 바와 같이, 우리는 베드로가 그 언어에 원래의 맥락에서 그것이 가졌던 것과 정확히 동일한 의미를 부여하고 있다고 생각하지 않도록 해야 한다. 베드로의 시대에 어떤 철학자들과 종교 교사들이 의심 없이 가졌던 생각은 "신성한 성품을 가짐"이 진정한 신(神)이 되는 것을 의미한다는 것이었다. 하지만 이것이 베드로가 이 구절을 통해서 의미한 것이라고 생각할 아무런 근거도 없으며, 이것이 그가 의미했던 바가 아니라는 점을 보여줄 근거는 많다.

따라서 "신성한 성품에 참여함"은 굉장하고 값진 특권이다. 그리스도와의 연합과 성령의 임재를 통해서, 우리는 하나님의 어떤 거룩하신 성품을 나누면서, 주변의 부패한 세계와 구별되는 것이다. 그리고 이것은 우리가 거룩함과 경건에서의 발전을 호소했던 정확히 "그 이유 때문"(5절)인 것이다. 하지만 베드로가 계속해서 우리로 그러한 발전을 이루라고 고무한다는 바로 그 사실이 보여주는 것은 신성한 성품에 참여함이 우리를 죄 없음의 상태나, 우리가 느긋하게 그저 우리의 새로운 지위를 즐길 만한 상황으로 데려가지는 않는다는 점이다.

그리스도인의 삶을 다루는 지나치게 많은 대중적인 묘사들은 성경이 인간을 우리가 "존재론적" 용어라고 부를 수 있는 것들을 통해서 본다고 여긴다. 즉 그들이 생각하는 바에 의하면 육신, 성신, 영혼, 육 등의 용어들은 인간의 실제적인 "부분"을 가리킨다. 그래서 성경이 그리스도인들을 그리스도 안에서의 "새 창조"(고후 5:17)라거나 혹은 "신성한 성품"에 참여한다고 말할 때, 그들은 즉각적으로 상정하기를 그리스도인들은 실제로 완전한 의미에서 새로운 창조가 되었다거나 그들이 옛날의 죄된 성품 대신에 신성한 성품을 가지게 되었다고 한다. 또한 그들은 그리스도인들은 더 이상 죄를 범할 수 없다거나, 혹은 모든 그리스도인들이 죄에 대적하여 싸우는 전투 속에서 해야 할 일은 "하고 싶은 대로" 행동하는 것이라고 여긴다. 사실 성경은 이 용어들 대부분을 존재론적 의미가 아니라, 관계성의 의미에서 사용한다. 새로운 창조가 되는 것은 그리스도와의 새롭고, 활발하며, 결정적인 관계를 갖는 것이지, 옛 것을 대체한 새로운 존재를 소유함은 아니다. 베드로를 포함한 성경 저자들은 그리스도인들이 여전히 죄를 짓고 있음을 알고 있고, 이것이 바로 그들이 죄에 맞선 전투를 싸우라는 수많은 명령을 주제로 삼는 이유이다. 우리는 신약성경이 변환된 언어를 사용하고 있다는 것의 의의를 제거해버리는 실수를 범해서는 안 된다.

이 구절에 대한 한 가지 특별한 적용에 주목한 후에, 이제 전체적으로 본문으로 되돌아 오려한다. 우리가 "원 의미" 단원에서 설명했듯이, 베드로는 그의 서신의 도입 부분(3-11절)을 사용하여 그의 관심의 핵심에 이르렀다. 효과적인 설교 전략을 사용하여, 그는 (1) 독자들에게 그들이 이용할 수 있는 놀라운 영적인 능력에 대해 일깨우고(3-4절), (2) 그들에게 경건에 있어 성장하기 위해 자신들의 자산을 사용할 것을 권면하고(5-9절), (3) 경건에 대한 추구는 그들로 하나님의 영원한 나라로 인도할 것임을 약속한다(10-11절). 그는 독자들을 경건으로 부르는데, 이는 거짓 선생들이 독자들에게 미칠 영향을 우려하기 때문이며, 거짓 선생들은 경건하지 않은 삶의 양식으로 특징되는 자들이다(2장을 보라).

이 기초적인 관심사에 대한 현대적 적용은 분명하고 솔직하다. 베드로의 시대에 그랬던 것처럼, 교회 안에서 많은 사람들은 다양한 방식으로 하나님께서 우리에게 원하시는 그런 종류의 경건한 행실을 보여주지 못한다. 경건에 대한 그러한 나태한 태도는 가장 헌신적인 신자에게도 영향을 미칠 수 있다. 우리는 단순히 "구원받음"에 만족함으로써 하나님의 은혜에 편승하는 것이 너무 쉽다는 것을 발견한다. 많은 그리스도인들은 프랑스 회의론자인 볼테르(Voltaire)가 표현한 태도에 빠져들기 시작한다. "하나님께서 용서하실 텐데, 그것이 하나님의 일이 아닌가" 베드로는 이런 영적인 태만에 대해 분명하게 경고하기를 원한다.

경건의 추구에서의 균형. 하지만 베드로의 권면의 가장 큰 힘은 우리 마음속에 두 가지 관련된 신학적·실천적 질문을 불러일으킨다. 첫째로 경건해지기 위해 우리 스스로 노력해야 함을 베드로가 강조한 것(5절)이 성령께서 우리를 거룩하게 하신다는 것을 신약성경이 강조한 것에 어떻게 부합하겠는가? 경건이라는 속성은 우리 안에서 역사하시는 성령께서 만드신 것이라고 바울이 주장하지 않는가?(참조. 갈 5:22-23) 신학적으로 보면, 우리의 성화는 하나님께서 우리 안에서 그의 성령을 통해 역사하시는 어떤 것이 아닌가? 그렇다면 베드로는 어떻게 우리 자신의 노력을 결정적인 것처럼 보이게 만들 수 있는가?

이 질문에 대한 답은 거룩해지는 과정에 있어서 하나님의 기여와 우리 자신의 몫 사이의 올바른 성경적 균형을 발견함에서 나온다. 신약성경은 우리가 경건한 기독교 안에서 조금이라도 진보를 이루려고 한다면 두 가지 모두 필요하다는 것을 명명백백하게 밝혔다. 그래서 한편으로 하나님께서 그의 백성과 맺으신 새로운 언약은 무엇보다도 성령의 새롭고 능력을 주시는 임재로써 표징된다. 하나님의 영은 오순절에 첫 신자들 위에 부어짐으로써 예수를 주와 구세주라고 깨닫는 모든 이의 마음속에 거하기 위해 오신다. 각 신자들은 새 언약에 대한 예레미야의 예언의 성취를 체험하게 되는데, 거기서 하나님의 율법은 "그들의 마음에 기록된다"(렘 31:31-34; 히 8:8-12을 보라). 이것이 의미하는 바는 하나님을 향한 순종은, 옛 언약의 아래 있는 상황과 대조되는 바, 마음의 문제이며 우리들 안에서부터 순종을 생산해내시는 하나님의 문제이다. 경건에서의 우리의 성장에 대한 하나님의 역할은 근본적이고 본질적이며, 신약성경은 반복해서 이를 강조한다.

> "육신을 따르지 않고 그 영을 따라 행하는 우리에게 율법의 요구가 이루어지게 하려 하심이니라"(롬 8:4).

> "너희 안에서 행하시는 이는 하나님이시니 자기의 기쁘신 뜻을 위하여 너희에게 소원을 두고 행하게 하시나니"(빌 2:13).

> "거룩하게 하시는 이[예수]와 거룩하게 함을 입은 자들이 다 한 근원에서 난지라"(히 2:11a).

어떤 그리스도인 교사들은 이 구절들과 유사한 구절들에 크게 강조를 둔다. 그들의 결론은 거룩해지는 것은 실제로 하나님의 일이라는 것과 이 과정 속에서 우리는 근본적으로 수동적이라는 점이다. 우리의 일은 그저 "그대로 하나님께 맡기는 것"이다.

하지만 이 문제에는 또 하나의 측면이 있다. 베드로는 우리가 보았던 바와 같이 거룩해 짐에 있어서 우리 자신의 노력의 필요에 초점을 두고 있으며, 그는 같은 것을 다른 곳에서도 마찬가지로 이야기한다.

"너희가 순종하는 자식처럼 전에 알지 못할 때에 따르던 너희 사욕을 본받지 말고 오직 너희를 부르신 거룩한 이처럼 너희도 모든 행실에 거룩한 자가 되라 기록되었으되 내가 거룩하니 너희도 거룩할지어다 하셨느니라"(벧전 1:14-16). 베드로 혼자서만 성화의 인간적 측면을 소개한 것이 아니다. 위에서 인용한 본문을 썼던 바로 그 동일한 바울도 이렇게 말한다.

> "그러므로 형제들아 우리가 빚진 자로되 육신에게 져서 육신대로 살 것이 아니니라 너희가 육신대로 살면 반드시 죽을 것이로되 영으로써 몸의 행실을 죽이면 살리니"(롬 8:12-13).

> "너희는… 옛 사람을 벗어버리고… 새 사람을 입으라"(엡 4:22-24).

다른 그리스도인 선생들은 이 본문에 집착해서 그리스도인의 삶을 일종의 신병 훈련소처럼 보여주려는 경향이 있다. 우리의 일은 나가서 스스로를 훈련하고, 열심히 일하며, 명령을 받는 것이고, 우리는 급속히 거룩해질 것이라고 말이다.

우리 모두에게 분명히 해두어야 하는 것은, 성경의 '모든 것'에 공정을 기하기 위해 우리는 성화에 대한 이해에 있어서 신적인 측면과 인간적 측면 모두에 대한 여지를 두어야 한다는 점이다. 우리는 두 가지 모두를 주장해야 하는데, 하나님께서는 그의 성령으로 우리를 거룩하게 만드신다는 것이고, '그리고' 우리에게는 스스로 거룩해져야할 직무가 있다는 점이다. 베드로는 자연스럽게 인간의 책임을 강조하는데, 이는 사람들이 거룩함에 관하여 나태해지는 위험에 처한 상황에 직면하고 있기 때문이다. 하지만 베드로는 확실히 이 구절에서 말한 것을 진리의 전부로 받아들이기를 원하지는 않을 것이다. 베드로는 만일에 하나님께서 성령을 통해 경건을 이루기 위해 우리 안에서 이미 역사하고 계신 것이 아니라면, 경건해지려는 우리 스스로의 "노력"도 실패의 운명에 처해 있다는 것을 먼저 주장하려했던 것이다.

그렇다면 우리는 실천적인 차원에서 경건에서의 성장을 위해 이어질 베드로의 명령에 대한 몇 가지 제안으로 결론을 내릴 수 있다. (1) 우리는 먼저 그리스도인이라는 점을 분명히 해야 하고, 우리가 원했기에 성령을 소유하여 우리의 성장이 가능케 되었다는 것을 기억해야 한다. 어떤 사람들은 바로 이 점에 대해 스스로를 속이고서 생각하기를, 자신이 그리스도인인 것은 기독교 가정에서 성장하거나, 복음성회에서 결혼을 했기 때문이라고 한다. 그들이 하나님께서 자신들에게 원하시는 대로 살기위해 노력할 때에 언제나 스스로 좌절하는 것을 발견하는 것은 놀라운 일이 아니다! 우리는 하나님의 성령과 떨어진 상태로 거룩해지려고 애쓰느니 차라리 전원이 연결되지 않은 컴퓨터를 사용하려 애쓰는 편이 나을 것이다.

(2) 우리는 삶에서 성령의 능력을 개발하기 위해 원하는 갖은 수단을 동원해야 한다: 성경공부, 기도, 기독교 예배와 친교 등등. 사람들이 자연적인 신체 능력을 가지고 태어날 수 있지만, 상당히 오랜 시간 동안 그 능력을 개발하지 않는다면, 올림픽 마라톤을 달리는 일에서 별로 성공할 수 없을 것이다. 리차드 포스터(Richard Foster)가 지적한 바와 같다.

> 우리는 오늘날 성장의 신학이 결여되어 있다. 그래서 우리는 "오직 우리 주 곧 구주 예수 그리스도의 은혜와 그를 아는 지식에서 자라갈"(벧후 3:18) 방법을 배울 필요가 있다. 특별히 우리는 인간의 성품에 있어서 변화를 위해 하나님께서 정하신 "은혜의 수단"과의 협력을 배울 필요가 있다. 이 하나님께서-정하신 "수단"에 대한 우리의 참여는 우리가 점차로 그리스도의 성품과 삶의 방식을 스스로 내면화하는 것을 가능케 할 것이다.[30]

(3) 우리는 우리의 삶을 성경에서 제시된 경건한 이미지에 가능한 최선으로 순응하는 삶이 되도록 만들 책임을 져야 한다. 우리는 자신의 능력으로 그 일을 하는 것이 아니라는 것을 알고 있지만, 우리는 여전히 그것을 해야 한다. 그리스도인의 미덕을 이룸에 있어 우리가 날마다 수행할 수 있는 실천적인 일들이 많이 존재한다.

우리를 부르심과 택하심을 확신함. 베드로의 도입 설교에 의해 제기된 두 번째 신학적·실천적 문제는 특히 마지막 두 절들(10-11절)에서 표면으로 드러난다. 여기서 베드로는 우리의 바로 그 택하심이 우리 자신의 노력에 의존하고 있다는 것, 그리고 만일에 우리가 충분히 근면하지 않는다면, 하나님께서 우리를 그의 궁극적 구원으로 맞아들이지 않으실 것임을 말하는 것으로 보인다.

아마도 많은 그리스도인들이 내가 단조롭게 표현한 것에 의해 곤란을 겪을지는 모르겠지만, 그래도 베드로가 말하고 있는 것으로 보이는 것 때문에 과도하게 괴

30. Richard J. Foster, "Becoming Like Christ: What Is Supposed to Happen in the Christian Life," *Christianity Today* (Feb. 5, 1996), 28.

로움을 겪지는 않을 것이다. 하지만 다른 이들은 그럴지도 모른다. 내가 여기서 염두에 둔 것은 칼빈주의자들인데, 그들은 종교개혁자 존 칼빈을 구원에 있어 하나님의 주권을 아마 다른 어떤 신학자보다 더 분명하게 표현한 것으로 보고 있다. 칼빈주의자들은 하나님께서 인간들을 구원으로 택하신 것은 하나님 자신의 영원하신 결정에 근거한 것이라고 주장하며, 자신들의 관점을 지지하기 위해 성경본문을 인용한다. 예컨대 로마서 11:5-6에서 바울이 단언하기를, "그런즉 이와 같이 지금도 은혜로 택하심을 따라 남은 자가 있느니라 만일 은혜로 된 것이면 행위로 말미암지 않음이니 그렇지 않으면 은혜가 은혜 되지 못하느니라." 만일에 실제로 바울이 여기서 말하는 것이 한 사람의 택하심이 전적으로 하나님과 그의 은혜에 의존한 것이라면, 베드로가 어떻게 우리에게 "너희 부르심과 택하심을 굳게 하라"고 권면할 수 있는가? 칼빈주의자들도 성경은 어떤 이들이 "영원한 안전"이라고 부르는 것을 가르친다고 생각한다. 이 영원한 안전은 순수하게 구원받은 사람은 안전하게 '머물' 것이라는, 그리고 그들은 그들의 구원을 상실할 수 없다는 것을 말한다. 하지만 다시 베드로는 만일에 우리가 5-9절에 열거된 것들을 하지 않는다면, 우리는 "실족"하여 "우리 주 곧 구주 예수 그리스도의 영원한 나라에 들어감을 넉넉하게 받을" 수 없을 것임을 제시하지 않는가?

나는 여기서 칼빈주의자들과 아르미니우스주의자 사이의 차이점을 해결하기 시작하는 것까지는 바랄 수 없다. 하지만 이 문제들에 대해서 조금은 말해야 한다. 본문이 이 문제들을 제기해서가 아니라, 내가 간략하게나마 내 자신이 가르치게 된 칼빈주의를 방어하기를 원해서다! 칼빈은 자기 신학을 위해서 베드로후서 1:10에 나타나는 어떤 문제도 피하려고 노력하면서, 논증하기를 누군가의 택하심을 "굳게 하는 것"은 단순히 그 택하심을 자신의 마음 가운데에서 확실하게 만드는 것을 의미하는 것으로 보았다. 칼빈에 따르면 베드로는 한 사람의 객관적인 '지위'에 대해 생각한 것이 아니라, 그 지위에 대한 그 사람의 주관적인 '인식'에 대해 생각한 것이다. 물론 이 설명이 갖는 문제는 베드로의 언어가 어떤 그런 주관적인 관점을 시사하는 것으로 보이지 않는다는 점이다. 나는 문제를 바라보는 다른 관점을 제시해 보고자 한다. 이는 다시금 우리가 첫 번째 문제에 대해 말하면서 소개했던 성경적 균형에 대한 관심을 끄집어낸다.

내가 지적했던 바와 같이 성경은 대체로 구원에 대한 "칼빈주의적" 관점이라고 불리는 것을 가르친다. 즉 하나님께서 그의 자유롭고 영원한 결정으로 특정한 사람들을 구원으로 부르시고, 그의 은혜로 저 사람들을 그의 구원으로 데려오시기 위해 손을 뻗으신다는 것이다. 그리고 그는 그가 구원하셨던 자들이 마지막에 하늘에 도달할 것임을 확증하신다는 것이다. 하지만 내 생각에 칼빈주의자들은 자주 이 주안점에 대해 이토록 강조함으로써 이를 통해 인간의 응답에 대해서도 성경이 분명히 강조하고 있다는 점에 대한 통찰을 상실했다는 죄책을 져왔다. 하나님께서는 택하신다. 하지만 내가 믿어야 한다. 하나님께서는 마지막까지 우리를 보호하신다. 하지만 나는 내가 영원한 생명을 발견하기를 소망한다면, "몸의 행실을 죽여야 한다"(롬 8:13, 위에서 인용함). 두 가지 모두 성경이 가르치고 있으며, 성경적으로 되려면 이 두 가지 모두를 단언해야 한다.

그렇다면 내 생각에는 베드로후서 1:9-10에서 베드로는 단순히 구원에 있어 이 인간적 측면을 일깨운 것이다. 우리가 하나님께서 진정으로 우리를 그의 백성으로 택하셨음을 확증하고자 한다면, 그리고 하늘나라에서 왕이신 하나님의 환대를 받고자 한다면, 우리의 삶에서 하나님의 은혜에 대해 반응함에 있어 우리의 노력이 본질적이다. 칼빈주의자로서 나는 하나님께서 진정으로 택하셨던 사람들에게는 하나님이 그의 영을 주시기 때문에, 언제나 하나님께 그렇게 응답하고, 그래서 그들의 택하심을 확증하며 하늘로 가게 된다는 것을 덧붙이고 싶다. 성경에 충실한다면 우리는 여기서 어떤 이들이 "자기모순"이라고 부르는 것에 직면한다. 즉 진리가 모순적인 것은 아니지만, 우리는 그것을 서로 깔끔하게 조화시킬 수는 없다. 하나님께서는 우리를 택하시고, 우리가 하늘에 이를 것임을 확증하신다. 우리는 하나님을 택하여 경건한 삶을 살 필요가 있으며 그로써 하늘에 도달할 수 있다.

물론 베드로의 상황은 그로 하여금 이 상황 가운데 있는 인간적 측면을 강조하게 한다. 그리고 이 본문을 떠나기에 앞서 우리는 여기서 그가 강조하는 것으로 돌아와야 한다. 우리가 결국 성경의 자료를 한데 묶어 칼빈주의 체계를 만들든지 아르미니우스주의 체계를 만들든지, 우리는 여기서 베드로의 강조를 보아야 한다. 그 강조는 우리가 하나님의 환영을 받기를 기대한다면 경건을 추구해야 한다는 것이다. 우리가 그의 은혜에 반응하지 않기를 바란다!

베드로후서 1:12-15

12 그러므로 너희가 이것을 알고 이미 있는 진
리에 서 있으나 내가 항상 너희에게 생각나
게 하려 하노라
13 내가 이 장막에 있을 동안에 너희를 일깨워
생각나게 함이 옳은 줄로 여기노니
14 이는 우리 주 예수 그리스도께서 내게 지시
하신 것 같이 나도 나의 장막을 벗어날 것이
임박한 줄을 앎이라
15 내가 힘써 너희로 하여금 내가 떠난 후에라도
어느 때나 이런 것을 생각나게 하려 하노라

원 의미

이 단락은 전환을 이루고 있다. 베드로는 서신(1:1-2)과 그 중심 목적(3-11절)을 소개했다. 16-21절에서 그는 자신으로 하여금 이 서신을 쓰도록 이끌었던 특별한 주제를 탐구하기 시작할 것이다. 그 주제는 이른바 특정 그리스도인들이 갖는 잘못된 관념과 실천이다. 하지만 베드로는 이 세목들에 착수하기 전에 두 가지를 수행한다. (1) 그는 독자들의 영적인 성숙을 칭찬하고(12절), (2) 그들에게 자신의 죽음이 가까운 가운데 글을 쓰고 있음을 알린다(13-15절). 두 가지 모두 그의 간청의 설득력을 강화시킨다. 첫 번째는 독자들이 베드로의 경고에 의해 기분이 상할 가능성을 없애주는 반면에, 두 번째는 자신의 말에 "임종"의 진지함을 부여함으로써 자신이 말하는 것의 중요성을 보강한다.

12절의 초입부에 있는 "그러므로"는 3-11절과 12-15절 사이의 연결을 이룬다. 베드로가 암시하는 것으로 보이는 것은 자신이 계속해서 그들에게 "이것들"을 "생각나게" 할 것인데, 이는 신자들에 대한 궁극적인 보상(11절)이 경건을 향한 진지한 분투에 달려있기 때문이라는 것이다(5-9절).[1] 일깨움의 주제가 이 구절의 틀을 형성하면서, 결론부에 다시 나타난다. "…너희로 하여금…어느 때나 이런 것을 생각나게 하려 하노라"(15b). 베드로가 깨달은 것은 자신이 그리스도인들에게 말하

1. Bauckham, *Jude, 2 Peter*, 195를 보라.

고 있는 것이 새로운 것은 아니라는 점이다. 독자들에게 최초로 복음을 전했던 전도자들은 독자들이 삶 속에서 그리스도의 주되심의 함의를 드러내며 살게 된다는 것을 주장하려 했을 것이다. 그리고 베드로 자신도 그 최초의 전도자들 가운데 한 명이었든 아니든 간에, 역시 그들에게 동일한 것을 말했던 것이다—아마도 직접, 그리고 또한 아마도 그가 그들에게 썼던 앞선 서신에서도(3:1을 보라). 다소 놀라운 것은 그가 이 일깨움을 미래에 일어날 일로 말하고 있다는 점이다("내가 떠난 후에라도…생각나게 하려 하노라").[2] 하지만 다시금 단락의 끝에서 그러듯이, 베드로는 아마도 이 서신에서 자신의 말이 가지도록 소망하는 영구적인 효과를 언급하는 것으로 보인다.

베드로의 독자들은 이미 경건에 대한 추구가 갖는 중요성에 대해 들었을 뿐만 아니라, 또한 그 권면에 순종적이기도 했다. 베드로가 지적하듯이 그들은 "이미 있는 진리에 서 있었다." 베드로는 여전히 신자들이 경건에 대한 열의의 예리한 날카로움을 얼마나 상실하기 쉬운지를 잘 알고 있는데, 이는 세상이 계속해서 "그 틀 안으로 우리를 무리하게 끼워 맞추려" 하고(롬 12:2 LBP를 참조하라), 거짓 그리스도인들이 열정 없이 자신들의 신앙의 낙인을 퍼뜨리기 위해 일어나고 있기 때문이다. 그래서 베드로는 그의 독자들에게 "내가 이 장막에 있을 동안에" 계속해서 그들을 권면할 것이라고 말한다(13절). 마지막 구절인 "이 육신의 장막"(tent of this body)의 헬라어 원문은 단일한 용어인 '스케노마'("장막")로 되어 있는 것을 NIV가 바꿔 읽은 것이다(개역개정판은 "이 장막"–옮긴이). NIV의 의심할 바 없는 의도는 "육신"이라는 용어가 "장막"을 지칭한다는 것이다. 그리고 이 장막은 곧 나의 이 육신을 말한다. 헬라어는 특별히 저자가 (물리적) 신체를 한 개인의 정신, 혹은 영혼과 구별하고자 할 때 이런 은유적 의미를 갖는다.[3] 예컨대 바울은 유사한 문맥에서 관련 용어를 사용한다. "만일 땅에 있는 우리의 장막 집['스케노스']이 무너지면 하나님께서 지으신 집 곧 손으로 지은 것이 아니요 하늘에 있는 영원한 집이 우리에게 있는 줄 아느니라…참으로 이 장막에 있는 우리가…탄식하는…"(고후 5:1, 4a). 그래서 베드로는 이 문맥에서 적절한 용어를 사용한 것인데(그는

2. 헬라어 구문은 부정사 휘포밈네스케인과 더불어 멜로를 미래시제로 사용한다—축어적으로는, "생각나게 하려 하노라"이다. 소수의 주석가들은 구문이 예비를 지시할 것이라고 생각하지만(ASV: "나는…준비가 될 것이다"를 참고하라), 이는 가능성이 없어 보인다(ibid., 195를 보라).

3. 헬라어 단어가 신약의 다른 곳에서 나타나는 것은 행 7:56 뿐인데, 여기서 이는 문자적인 의미로써 이스라엘사람들의 사막의 "장막"을 지시한다.

14절에서도 이를 사용하지만, NIV는 장막을 단순히 "그것"으로 번역했다), 그가 그의 (지상의) 육신을 "벗어날" 때인 그의 죽음을 생각하고 있기 때문이다.

하지만 베드로가 특별이 이 구절에서 강조하고 싶은 것은 자신의 권면 사역을 계속할 수 있는 시간이 제한적이라는 점이다. 그는 자신이 조만간에 지상의 육신을 벗어날 것임을 알고 있다.[4] 그가 이를 어떻게 알았을까? "우리 주 예수 그리스도께서 내게 지시하셨기" 때문이다. 주석가들은 그리스도께서 언제 어떻게 이것을 베드로에게 언급하셨는지에 대해 고심한다. 일부는 그분께서 이제는 우리가 더 이상 확인할 수 없는 예언이나 환상을 통해 베드로에게 전하셨을 것이라고 생각한다. 소수의 견해는 베드로가 외경인 『베드로 행전』에서 발견되는 이른바 "꾸오 바디스" 전설을 지시하는 것으로 본다. 이 이야기에 따르면, 베드로는 체포를 피해서 로마를 떠나면서 예수를 만난다. 베드로는 주께 물었다. "어디로 가시나이까?"(라틴어, 꾸오 바디스) 이에 대해 주께서 답하시는 것은 그가 십자가에 달리기 위해 로마로 가신다는 것이다. 그러자 베드로는 십자가에 달리기 위해 로마로 돌아온다. 하지만 이 이야기는 처음에 A.D. 180년경으로 입증되고 있고, 이 기사를 베드로후서 1:14의 배경으로 보려면 사실상 베드로가 이 서신의 저자가 되지 않아야 한다.

그래서 생각할 수 있는 가장 간단한 것은 베드로가 언급하는 것이 우리가 요한복음의 말미에서 발견하는 그의 죽음에 대한 예언이라는 점이다. 예수께서는 베드로에게 세 번 그분을 향한 그의 사랑을 확증하도록 하신 후에 그에게 말씀하신다. "내가 진실로 진실로 네게 이르노니 네가 젊어서는 스스로 띠 띠고 원하는 곳으로 다녔거니와 늙어서는 네 팔을 벌리리니 남이 네게 띠 띠우고 원하지 아니하는 곳으로 데려가리라 이 말씀을 하심은 베드로가 어떠한 죽음으로 하나님께 영광을 돌릴 것을 가리키심이러라"(요 21:18-19a). 예수의 말씀은 순교자로서 베드로가 십자가에서 죽을 것을 가리킨다.[5] 일부 주석가들은 베드로가 이 예언을 마음에 둘 수 있었다고 생각하지 않는데, 이것이 지시하는 것은 단지 막연하게 베드로가 노

4. 소수의 주석가들(예를 들어 Green, *The Second Epistle General of Peter and the General Epistle of Jude*, 79)의 생각은(NIV가 번역한 것처럼) 헬라어 단어 타키네가 "곧" 보다는 "돌연히"를 의미할 것이라는 점이다. 하지만, 가능성이 없어 보인다.

5. "네 팔을 벌리리니"는 아마도 사형수가 강제로 십자가의 가로부분을 처형장소까지 지고 가야했던 관습을 지시하는 것으로 보인다(D. A. Carson, *The Gospel According to John* [Grand Rapids: Eerdmans, 1991], 679를 보라).

환으로 죽을 것임을 지시하기 때문이라는 것이다. 그리고 이 진술에서 지금 죽음이 임박했다는 것을 그가 어떻게 알 수 있는가?[6] 하지만 우리가 짐작할 수 있는 것은 베드로가 자신이 박해가 일어났던 상황 속에 있음을 발견했다는 것과 그가 죽음에 대한 주님의 예언이 조만간 실현될 것이라는 결론을 내렸다는 것이다. 게다가 자신의 임박한 죽음에 대한 베드로의 단언과 그리스도에 대한 지시를 연결하는 헬라어 용어('카토스')는 일반적으로 원인("때문에")보다는 유사("처럼")를 지시하는 것이다.[7] 그래서 베드로는 단순히 죽음에 대한 그의 예측이 그의 마지막에 대한 예수의 예언과 조화를 이루고 있음을 지적하는 것일 수 있다.

그래서 임박한 죽음에 직면하여 베드로는 그의 독자들에게 마지막 간청을 한다. 하지만 그가 신뢰하는 것은 이 간청의 힘이 계속해서 "[그의] 떠난 후에"(15절)도 계속 유지되리라는 점이다.[8] 이것이 일어날 것을 그는 어떻게 예상하는가? 마가복음을 지적하는 것일 수도 있는데, 믿을 만한 전승에 의하면 마가가 베드로의 설교를 기록했다고 한다. 아니면 베드로는 자신이 친히 나타나서든 또 하나의 서신을 통해서든, 그들에게 주기를 소망하고 있는 추가적인 가르침에 대해 생각하고 있을 수도 있다. 그러나 최선은 그가 베드로후서 자체를 염두에 둔 것이라고 생각하는 것이다. 그의 권면과 경고를 문서의 형식으로 기록함으로써, 베드로는 자신이 말했던 것이 이 그리스도인들의 삶에서 영속적인 사역을 감당하기를 소망하는 것이다.

상황잇기

이 구절은 다시금 베드로후서의 문학적 양식의 주제를 불러일으킨다. 우리가 서론에서 언급했듯이, 많은 학자들은 이것을 "유언"으로 분류하거나, 적어도 수많은 유언의 특성을 가지고 있다고 생각한다. 이 용어는 그 문학적인 의미를 법률영역에서 차용하고 있다. "유언"(라틴어 '테스타멘툼'에서 유래됨)은 죽음에 이르러 한 사람이 자신의 재산에 대한 처분을 위해 세우는 계획을 지시한다. 이 용

6. 메이어(Mayor, *The Epistle of St. Jude and Second Epistle of St. Peter*, 101-2)는 그래서 베드로가 알려지지 않은 경구(警句)를 지시하는 것이라고 생각한다.

7. 이에 대해서는 Bauckham *Jude, 2 Peter*, 199를 보라.

8. "떠남"은 헬라어 단어 엑소도스를 번역한 것으로, 누가는 이를 그의 변화사건 내러티브에서 예수님의 죽으심을 묘사하는데 사용한다(눅 9:31). 베드로가 이 문맥 속에서 계속해서 변화사건을 묘사하고 있기에, 일부는 그가 이 본문을 암시한다고 생각한다. 하지만 시기의 문제는 별론으로 하고, 이 단어는 그 암시의 개연성을 인정하기에는 너무 흔하게 사용되는 것이다(Bauckham, *Jude, 2 Peter*, 202).

어는 그래서 현대 학자들에 의해 한 개인이 자신의 임종에 이르러 최후의 진술을 하는 책이나 그 일부에 대해 적용되어왔다. 가장 유명한 성경의 실례는 창세기 48:8-49:27에서 야곱이 그의 아들들에게 각각 축복하고 예언한 연설이다. 하지만 유대인들이 이 양식을 풍부하게 사용하기 시작한 것은 특별히 중간 시대였다. 그래서 우리는 위서로 불리는 유대인들의 책들 가운데, "욥의 유언", "모세의 유언", "솔로몬의 유언", "아담의 유언", 그리고 가장 잘 알려지고 가장 영향력 있는 "열두 족장의 유언"을 발견하게 된다. 이 유언들의 전형적인 특징들은 다음과 같다.

(1) 화자는 자신이 곧 죽을 것을 알고 있다(때때로 예언으로).
(2) 화자는 주위에 자신의 자녀나 유사한 지위의 청취자를 불러 모은다.
(3) 화자는 자주 청취자에게 자기 말을 듣는 이들이 자기 가르침과 예증을 기억할 필요가 있음을 명심하게 한다.
(4) 화자는 미래에 대해 예언한다.
(5) 화자는 도덕적 권면을 한다.

이 각각의 특징들은 베드로후서에도 나타난다. 베드로는 죽음에 가까이 있음을 고지한다(1:12-15). 그는 가까이 있는 청중에게 말한다. 그는 그의 말을 듣는 이들에게 그의 예증과 가르침을 기억할 것을 청한다(1:12-15; 참조. 3:1-2). 그는 미래를 예언한다(참조. 2:1-4; 3:3). 그는 도덕적 권면을 준다(서신 전체를 통해서). 그러므로 우리는 학자들이 베드로후서를 유언으로 규정하는 것이 놀랄 일은 아닌 것이다.

그러나 베드로후서와 이 유대 유언서들 사이에 한 가지 중요한 차이점이 존재한다. 이 유언서들의 제목이 지적하듯이, 그들은 이스라엘 역사에서 잘 알려진 인물들의 고별강화(講話)임을 단언한다. 게다가 모두가 인정하는 바와 같이 그것들은 B.C. 200년과 A.D. 300년경 사이에 기록되었다. 다른 말로 하자면 유언서들은 단연코 위서(僞書)로서, 익명의 작가에 의해 이스라엘의 과거 영적인 영웅의 이름으로 기록되었던 것이다. 정확히 베드로후서가 이 유언서들을 닮았기에 많은 학자들이 결론 내렸던 것은 베드로후서도 위서일 것이라는 점이다. 하지만 이 유대 유언서들과 달리, 베드로의 생존시기와 서신의 합리적인 연대 사이의 시간의 간격은 매우 짧은 시기일 수밖에 없다. 게다가 베드로후서는 그 서론과 결론이 분명히 하고 있듯이 그 기본적인 문학적 양식에 있어 서신으로서 특정의 상황에 처한 특정의 청중을 향해 기록된 것이다. 이 요소들은 우리가 서론에서 열거했던 다른 것들과 더불어 베드로후서가 위서일 가능성을 약화시킨다.

하지만 이 서신이 유대 유언서의 특수한 성질을 공유하지 않는다는 사실로 인해 엄연히 존재하고 있는 여러 유사성을 축소시키지는 않는다. 우리가 추정할 수 있는 바는, 베드로가 의도적으로 그의 (임박한 죽음에 직면한) 상황과 (그의 독자들에게 경고하고 권면하려는) 목적에 가장 적합하기에 이 문학양식으로 기록하기를 선택했다는 점이다. 우리가 가진 것은 실제로 성경 저자가 그 자신의 문화에 통용되던 양식을 각색하여 그것을 복음의 직무에 맞도록 "세례시켰다"는 점이다.

현대적 의미

글을 씀에 있어 베드로 자신의 상황과 목적에 거의 전적으로 초점을 두고 있는 이 같은 구절은 직접적으로 적용하기가 어렵다. 하지만 베드로가 다룬 두 가지 주안점이 우리 시대의 교회를 위해 간접적인 의의를 전해준다.

(1) 첫째는 베드로의 "기억"에 대한 강조이다. 『풍경과 기억』(*Landscape and Memory*)이라는 제목으로 최근의 폭넓은 주제를 담고 있는 책에서, 역사가 사이먼 샤마(Simon Schama)는 논증하기를 우리의 풍경과 자연에 대한 감흥은 원래 그 장면이 그랬던 것처럼 우리가 그 장면을 가져오는 수많은 기억의 산물이라는 것이다. 그는 헨리 데이비드 소로우(Henry David Thoreau)의 글을 인용한다.

> 헛된 것은 우리와 거리가 먼 야생을 꿈꾸는 것이다. 그러한 것은 존재하지 않는다. 그 꿈을 불러일으키는 것은 우리의 뇌와 내장에 있는 늪, 즉 우리 안에 있는 태고의 자연의 활력이다. 나는 콩코드의 오지보다, 즉 내 기억 속에 담아 넣은 것보다 더 큰 야생을 래브라도의 미개척지에서는 발견할 수 없을 것이다.[9]

우리 모두 이 같은 기억의 힘을 체험한 바 있다. 예컨대 신혼여행을 마치고 집으로 돌아오는 비행기 편에서, 아내 제니와 나는 라흐마니노프의 피아노협주곡 제1번을 들었다. 22년이 흐른 후에, 나는 아직도 그 음악을 들을 때면 마음의 눈을 통해 발아래 내려다보이는 로키 산맥, 곁에 앉은 아내, 우리가 함께 할 삶에 대한

9. Thoreau, *Journal*, August 30, 1856에서 인용. 샤마의 책은 1995년에 알프레드 크놉(Alfred A. Knopf, New York)에 의해 출간되었다(래브라도는 캐나다의 대표적인 미개척지이며, 콩코드는 소로우가 태어나고 죽은 곳이다–옮긴이).

느낌이 떠오른다.

이 구절이 제시하고, 성경의 다른 곳에서 확언하듯이, 기억은 영적인 영역에서도 마찬가지로 중요한 역할을 수행한다. 하나님께서는 이스라엘 백성을 부르셔서 그들을 위하여 이루셨던 자신의 구속 행위을 "기억"하게 하시고, 그들을 구한 사건에 대한 생생한 연례적 기념으로 유월절을 세우셨다(출 13:3, 9; 신 7:18을 보라). 이스라엘이 해야 했던 것은 그저, 지적인 의미에서 과거에 무슨 일이 있었는지를 회상하는 것만은 아니었다. 이스라엘은 자신들의 전 존재, 즉 지력, 의지, 감정, 행실에 가득 스며들게 해서 "그것을 상기해야" 했다. 자신들을 위한 하나님의 역사를 기억하는 것은 이스라엘에게 그 일들이 실현되게 만든다. 그렇게 유대의 가정은 유월절을 기념하면서 스스로를 광야 세대와 동일시함으로써 구원을 나누고 출애굽사건과 그 필연적인 귀결을 자신들의 일부로 만들어야 했다.

유사한 방식으로, 예수께서 베푸신 마지막 만찬에서 제자들에게 부탁하신 것은 예수를 "기념하여" 그것을 행하라는 것이었다(눅 22:19). 바울은 독자들에게 빈번하게 그의 본보기나 그들이 받았던 가르침을 "기억하라"고 요청한다(예. 고전 4:17; 15:1; 고후 10:7; 딤후 2:14). 아마도 바울의 본문 중에 우리의 본문과 가장 근접한 것이 로마인들에게 보낸 그의 서신의 결론에 나오는 것으로 보인다(롬 15:14-15a).

> 내 형제들아 너희가 스스로 선함이 가득하고 모든 지식이 차서 능히 서로 권하는 자임을 나도 확신하노라 그러나 내가 너희로 다시 생각나게 하려고…더욱 담대히 대략 너희에게 썼노니.

이 서신과 유다서 사이의 긴밀한 관련성을 드러내는 수많은 본문들 중에서, 유다서 5절은 베드로후서 1:12-15과 상당히 동일한 목적을 드러내고 있다. "너희가 본래 모든 사실을 알고 있으나 내가 너희로 다시 생각나게 하고자 하노라…"

그래서 우리가 이들 여러 본문에서 발견하는 것은 독자들이 이미 전해지고 있는 진리를 알고 있음에 대한 시인과 하나의 "기념"으로서 그 진리를 반복하는 것이다. 성경 저자들이 분명히 관심을 두는 것은 그리스도인이 복음의 가장 기본적인 진리조차도 "망각"할 수 있다는 점이다. 지적인 의미에서가 아니라, 의지적이고 실천적인 의미에서의 망각을 말이다. 나는 그리스도께서 내 죄를 위해 죽으셨다는 것을 지적으로 기억할 수 있다. 하지만 나는 그 진리를 내 인격과 행실의 핵심 부분으로 만드는 대신에 오히려 죄와 근심으로 소진시켜버릴 수 있다. 나는 지적으로 하나님께서 나를 부르셔서 거룩한 삶을 영위하도록 하시고, 내가 그러지 않을 경우의 결과를 내게 경고하심을 기억할 수 있지만, 나는 여전히 거룩한 삶을 영위하는 것에 대해 관심을 두는 일에 실패할 수도 있다.

예수께서 깨달으셨던 것처럼 궁극적으로 복음의 진리를 "생각나게 하시는" 성령의 역사가 있어야 한다(요 14:26). 하나님의 말씀은 기록되고 선포된 것으로 기념의 근원이 된다. 그리고 베드로가 여기서 간접적으로 제시하는 것은, 복음의 진리를 반복한다는 것은, 주의 만찬처럼 "기념"의 행위와 언어 두 가지 모두를 통해서 그리스도인의 체험의 핵심이 되는 필수적인 구성요소가 된다는 점이다. 우리는 주일마다 동일한 기본적 요점을 반복하는 경향이 있는 설교가에 대해 알고 있다. 그리고 이는 확실히 어리석어 보인다(그리고 아마도 그 설교가의 편에서는 성장이 결핍되었다는 표시가 되기도 한다). 하지만 우리는 또 지속적으로 새롭고, 신기하고, 특이한 것을 구하는 설교가도 발견하는데, 그런 사람은 청중에게 자신이 얼마나 "첨단적인지"를 각인시키려고 모색하는 가운데 기본적인 복음의 진리를 포기하는 경향이 있다. 그러한 설교 사역은 지적인 자극은 줄 수 있지만, 우리를 위한 하나님의 구속 역사에 대한 기본적인 성경적 진리를 지속적으로 반복함이 없이, 그리스도인들에게 어떠한 기초나 미래를 향한 어떠한 소망도 만들어 낼 수 없을 것이다.

(2) 이 구절로부터 간접적으로 나타나는 현대적 관련성에 대한 또 하나의 주안점은 죽음에 이른 신자의 운명에 대한 성경적 시각이다. 첫째로 약간의 배경지식이 필요하다. 베드로 시대의 헬라 세계에서는 내세에 대한 다양한 믿음들이 존재했다. 오르페우스 종교에 귀의한 자들은 죽음을 한 개인의 신적인 영혼이 불멸의 실존을 누리기 위해 육신의 감옥으로부터 해방되는 순간이라고 보았다. 플라톤과 아리스토텔레스도 인간 존재의 어떤 부분(그것이 "영혼"이든 "이성"이든 간에)은 불멸하며, 죽음 이후에도 육신 없이 생존한다고 여겼다. 하지만 "저잣거리의 헬라인들" 가운데 가장 대중적이었던 관점은 아마도 호메로스에게서 발견될 것이다. 그에 의하면 대부분의 사람들(악명 높은 죄인들이나 위대한 영웅과는 달리)은 죽음 이후에도 하데스에서 육신이 없는 그림자로서, 어떤 의식이나 실질적인 인격적 존재 없이 살아남을 것이라고 한다.[10]

10. Murray J. Harris, *From Grave to Glory: Resurrection in the New Testament* (Grand Rapids: Zondervan,

거의 모든 유대인들은 전형적인 헬라의 관점에 반하여 모종의 의식있는 불멸성을 주장했다. 일부는 플라톤의 것과 유사한 관점을 가져서 영혼의 불멸을 가르쳤다(예컨대 솔로몬의 지혜서를 보라). 하지만 대부분의 유대인들은 구약성경에서 분명하게 예언된 관점을 유지했는데, 경건한 사람의 육신은 죽음 이후에 부활하여 주님과 더불어 낙원의 "육화된" 상태를 누릴 것이라고 보았다. 예수와 신약성경 저자들은 이 관점을 채택하여 확장했다. 이미 죽었던 신자들의 육신의 부활은 복음의 기초로서, 바울이 지적하는바에 의하면 그리스도의 부활에 대한 암시였다(고전 15장). 이 부활이 언제 일어날지는 그리 분명하지 않다. 어떤 본문은 육신이 죽음 직후에 부활하여, 그 신자는 그(녀)의 지상의 육신을 하늘의 것으로 "바꿔 입는다"고 암시하는 것일 수도 있다.[11] 하지만 데살로니가전서 4:13-18은 오히려 신자의 육신이 그리스도께서 영광가운데 오실 때에 부활할 것이라고 가르치는 것으로 보인다.

그렇다면, 죽음과 그리스도의 재림 사이에 신자의 영혼은 어떤 상태일 것인가? 이것은 단순히 "무의식적인" 것이어서, 일종의 생기(生氣)의 중단상태일 수 있다(즉 "영혼 수면"). 하지만 다시 바울은 그가 죽으면 즉시 "주님과 함께 있을 것"(빌 1:21-23)으로 생각하는 것 같다. 그래서 대부분의 기독교 신학자들은 결론내리기를 신자들의 영혼은 죽음에 이르러 즉시 주님의 현존 속으로 들어가고, 육신은 그리스도의 영광의 재림의 때에 영혼과 다시 합쳐질 것이라고 한다.

베드로가 이 구절에서 자신의 죽음에 대해 말한 것은 일견 영혼의 불멸에 대한 헬라의 관념에 순응하는 것으로 보일 수 있다. 그가 자신의 죽음을 "그의 육신의 장막"을 "벗어남"('아포테이스')을 유발하는 것으로 말하기 때문이다(14절). 신약성경 어디에서도 이 용어가 죽음을 묘사하는데 사용된 경우는 없다. 이 용어는 옷을 "벗는 것"을 함의한다. 그리고 신약성경은 이것과 어원이 같은 동사를 사용하여 신자가 죄된 행실을 "제거함"을 말하기도 한다(예컨대 벧전 2:1; 3:21을 보라). 그렇다면 여기서 볼 수 있는 것은 베드로가 신약성경의 다른 부분에서는 전형적이지 않은 언어를 사용한 것으로서 "헬라의 정서"라고 말할 수 있는 것을 보여주는 또 하나의 경우인 것이다. 하지만 1:3-11에서도 그랬듯이 베드로가 여기서도 용어가 가진 헬라식 개념을 채택한 것이라고 생각할 근거는 없다. 즉 그가 지상의

1990), 36-40에 있는 간략한 개괄을 보라.
11. 이 관점을 가르치는 것으로 보통 생각되는 본문은 고후 5:1-10이다.

육신을 "벗어나면", 하늘의 것을 입게 될 것이라는 공통적인 초기 기독교의 확신을 저버린 것이라고 생각해서는 안 된다는 것이다.

서구세계 전역에서 동방 종교의 인기가 점차 성장해감에 따라 자주 이 종교들의 일부였던 내세에 대한 유사-신비주의적 관념이 두드러졌다. 오늘날 많은 사람들은 자신의 죽음을 영혼이 신이나 "어머니 자연" 혹은 '게이아'("땅"을 의미하는 헬라어 용어로, 일부 뉴에이지 종교에서는 신비로운 "여신"의 개념으로 사용된다)로 융합되는 순간으로 바라본다. 그리고 그리스도인들은 은연중에 그러한 관념에 영향을 받고 있다. 나는 신자들이 사도 바울보다는 훨씬 더 셜리 맥클레인(Shirley MacLane; 동양사상에 심취한 미국의 여배우—옮긴이)의 것처럼 들리는 언어를 통해 내세를 향한 자신의 소망을 묘사하는 것을 들어왔다.

이러한 영향에 직면하여 우리는 육신이 내세의 중심이 된다는 것을 확신할 필요가 있다. 우리 중 주님의 재림 전에 죽는 이에게, 죽음은 우리가 제시했던 바와 같이 무엇보다도 먼저 육신 없이 주님의 현존의 체험으로 이끌 것이다. 하지만 성경 저자들이 분명히 하고 있는 바는 이것이 단지 "중간 상태"에 불과하다는 것이다. 우리는 계속해서 성령 안에서의 삶에 적합한 육신을 소유하게 될 때를 향한 소망을 둘 필요가 있다(참조. 고전 15:44). 그러한 소망은 현재의 시간을 위해서도 관련성을 갖는다. 사후의 삶에서 육신의 거처를 경시하는 것이 우리에게 그것이 현재를 위해 갖는 중요성을 경시하도록 이끌 수 있기 때문이다. 고린도인들은 육신의 중요성을 저버리고, 연루된 죄가 "오로지" 육신의 죄였기 때문에 온갖 종류의 방탕한 행실을 정당화했다. 이러한 관점에 반하여 바울이 우리를 일깨우는 것은 육신은 우리의 영속적인 일부로서 "성령의 전"이라는 것과 우리는 "[그] 몸으로 하나님께 영광을 돌려야" 한다는 것이다(고전 6:19-20).

베드로후서 1:16-21

16 우리 주 예수 그리스도의 능력과 강림하심을
너희에게 알게 한 것이 교묘히 만든 이야기
를 따른 것이 아니요 우리는 그의 크신 위엄
을 친히 본 자라
17 지극히 큰 영광 중에서 이러한 소리가 그에
게 나기를 이는 내 사랑하는 아들이요 내 기
뻐하는 자라 하실 때에 그가 하나님 아버지
께 존귀와 영광을 받으셨느니라
18 이 소리는 우리가 그와 함께 거룩한 산에 있
을 때에 하늘로부터 난 것을 들은 것이라
19 또 우리에게는 더 확실한 예언이 있어 어두
운 데를 비추는 등불과 같으니 날이 새어 샛
별이 너희 마음에 떠오르기까지 너희가 이것
을 주의하는 것이 옳으니라
20 먼저 알 것은 성경의 모든 예언은 사사로이
풀 것이 아니니
21 예언은 언제든지 사람의 뜻으로 낸 것이 아
니요 오직 성령의 감동하심을 받은 사람들이
하나님께 받아 말한 것임이라

원 의미

1:12-15에서 베드로는 이 서신을 일종의 유언으로 특징지음으로써 우리가 말해야 했던 것의 중요성을 역설했다. 베드로는 독자들에게 자신이 가르쳤던 것에 대한 마지막—그리고 영원한—"기념"을 남기기를 원한다. 그래서 그가 16-21절에서 교리 문제로 돌아선 것은 적절한데, 그의 생각에 이것은 독자들이 현 상황에서 가장 기억할 필요가 있는 것이다. 즉 역사의 종말에서 그리스도의 영광 중에 재림과 심판이 그것이다. 베드로는 이 문제를 강조하여 서신의 본론의 마지막에서도 다시 이것으로 돌아오는데(3:1-13) 이로써 서신의 중심부를 둘러싼 틀을 형성한다.

그리스도의 대속의 죽으심과, 부활의 승리, 그리고 성령의 역사에 대해서는 지나치거나 거의 말하지 않으면서도, 베드로는 왜 그렇게 이 한 가지 교리적인 주안점에 그토록 주의 깊은 초점을 두는가? 이는 분명히 거짓 선생들이 바로 정확히 이 점에서 기독교의 진리를 공격하고 있었기 때문이다. 베드로는 이를 3:3-4에서 분명히 하는데, 여기서 독자들에게 "주께서 강림하신다는 약속이 어디 있느냐?"고 말하는 "조롱하는 자들"에 대해 경고한다. 현재의 단락에서는 그러한 직접적인 암시는 없다. 하지만 베드로는 그리스도의 재림에 대한 사도들의 가르침이 "교묘히 만든 이야기"(1:16)에서 온 것임을 부인함으로써 여기서도 거짓 선생들과 그들의 주장을 염두에 두고 있음을 암시하고 있다. 3:3-4에 비추어 우리가 추정할 수 있는 것은 거짓 선생들이 사도의 가르침을 우화(寓話)나 신화로 여김으로써 그리스도의 재림의 진리를 거부하고 있었다는 점이다.

우리는 정확히 왜 혹은 무슨 근거로 거짓 선생들이 그리스도의 재림의 진리를 부정하고 있었는지는 알지 못한다. 3:4-13에서 베드로는 그리스도의 재림에 수반될 피조계에서의 급진적인 변화에 대해 강조를 두고 있다. 그렇다면 아마도 거짓 선생들은 지금 있는 대로 세계가 계속될 것이라고 생각하고, 선한 자들은 보상을 받고 악한 자들은 벌을 받게 되는 모종의 종말론적 절정이 있을 것이라는 점은 부정하고 있는 것이다. 이것이 사실이었다는 것은 심판의 확실성에 대한 베드로의 강조에 의해 확인되는 것으로 보인다(예컨대 2:3b을 보라). 그리고 거짓 선생들의 종말론적 회의론은 의심할 바 없이 그들의 방탕한 생활양식에 결속되어 있었다. 미래의 심판에 대한 아무런 전망도 없다면, 사람들은 의로운 삶을 사는 일에 많이 염려할 필요가 없을 것이다.

우리는 이 거짓 선생들이 미래의 종말론을 부정한 근원에 대해서는 추측만 할 수 있을 뿐이다. 확실히 베드로의 시대의 많은 헬라 사변가들은 역사에 대한 신적인 섭리와 사후의 삶에 대한 관념은 어떤 것이든 경멸했다.[1] 그리고 이 과실범(過失犯)들은 바울도 다룬바 있는 그런 유형의 "영화(靈化)된" 종말론에 의해 영향을 받았을 수도 있다. 이 종말론은 하나님 나라의 최종형태가 이미 도래했고(참조. 고전 4:8), 부활이 이미 발생했다고(딤후 2:18을 보라) 생각했던 그리스도인들을 말한다.

베드로는 이 종말론적 회의론을 공격하면서 "그리스도의 능력과 강림하심"을 재차 단언하고서, 그리스도인들이 이 강림이 일어날 것을 확신할 수 있는 두 가지 이유를 인용한다. (1) 그분을 본 목격자로서의 증언과 예수의 변화를 보았던 다른 사도들(16-18절). (2) 성경 예언의 확실성(19-21절).

1. 제롬 네이리(Jerome Neyrey)가 제시했던 것은 최소한 간접적으로라도 에피쿠로스 철학이 베드로후서에 나타난 종말론적 회의론 이면에 위치할 것이라는 점이다(*2 Peter, Jude*, 122-28을 보라).

재림에 대한 베드로의 목격자로서의 증거 (16-18절)

문법적으로 16절에 있는 주요 단언은 "우리 주 예수 그리스도의 능력과 강림하심을 너희에게 알게 한 것"이다. 중요한 것은 베드로가 12-15절에서 사용했던 1인칭 단수("'내가' 항상 너희에게 생각나게 하려 하노라…'내가'…옳은 줄로 여기니…'내가' 힘써…")를 16-18절에서는 1인칭 복수("'우리가'…너희에게 알게 한 것이…'우리는'…친히 본 자라…이 소리는 '우리가'…그와 함께…들은 것이라…")로 바꾼다는 점이다. 이 "우리"는 베드로와 다른 사도들을 가리키는 것이어야 하는데, 변화사건을 목격한 자들이 그들뿐이었기 때문이다. 베드로의 주안점은 그리스도의 변화사건에 관한 사실과 그가 다시 오실 것에 관한 믿음도 몇몇 사도적 목격자들의 증거에 의존한다는 점이다.

베드로가 그리스도의 재림에 대해 독자들에게 말하면서 자신과 이 일부 다른 사도들을 연결 지을 때, 다른 사도들이 이 진리에 대해 그들에게 직접 말했다는 것을 필연적으로 의미하는 것은 아니다. 그것이 확실히 가능할지라도 말이다. 아마도 베드로가 단순히 의미하는 바는 그리스도의 영광 가운데 다시 오심은 사도들에 의해 설교되었던 기본적인 복음 메시지의 일부였다는 것, 그리고 이 서신의 독자들은 그 메시지를 받았다는 것으로 보인다. 베드로가 직접 교회가 생겼던 초기에 전한 복음전도의 요청이 확증하는 바는 그리스도의 재림이 초기 기독교 선포의 주요소였다는 것이다. 사도행전 3장에서 성전에서 유대인의 무리에게 연설하는 가운데, 베드로는 청중에게 회개를 요청하면서 말한다. "이같이 하면 새롭게 되는 날이 주 앞으로부터 이를 것이요 또 주께서 너희를 위하여 예정하신 그리스도 곧 예수를 보내시리니 하나님이 영원 전부터 거룩한 선지자들의 입을 통하여 말씀하신 바 만물을 회복하실 때까지는 하늘이 마땅히 그를 받아 두리라"(행 3:19-21). 다시 고넬료와 그의 가계 앞에서 말하면서 베드로는 예수께서 "하나님이 살아 있는 자와 죽은 자의 재판장으로 정하신 자"(10:42)였음을 증거했다.

"능력과 강림하심"은 물론 두 가지 별개의 것을 지시한다. 곧 그리스도의 고유의 능력과 그의 영광중에 다시 오심을 말한다. 하지만 두 용어는 아마도 이사일의(二詞一意, 중언법)를 형성하는 것으로 보인다. 즉 그들은 한꺼번에 하나의 실체를 지시하는 것인데, 즉 그리스도의 "능력 안에서의 강림"을 말한다(참조. TEV의 "강력한 강림"). 베드로는 여기서 그리스도의 첫 번째 "강림"을 지시할 수도 있다.

즉 그의 성육신과 강력한 구원의 역사를 말이다.[2] 하지만 "강림"이라는 용어는 신약성경 전체를 통해 거의 전문적인 용어로 그리스도의 영광중에 재림에 대해서 사용되고 있다. 이 용어가 이렇게 사용된 경우가 그토록 많아서 그 근저에 있는 헬라어 용어, '파루시아'는 신학 어휘에도 포함되었다. 이 용어는 단순히 "있음"(신약성경에서 적어도 세 번 나타난 것처럼, 즉 고후 10:10; 빌 2:12; 살후 2:9)를 의미할 수 있지만, 대개는 "도착"이나 "도래"를 의미한다. 헬라인들은 이 용어를 신의 특별한 "임재"나 "도래"로도 사용했다. 일부 유대 작가들도 이 용어를 이런 방식으로 사용했다. 예컨대 요세푸스는 이를 시내산에서 모세에게 나타나신 하나님의 두려운 임재를 묘사하는데 사용했다.[3] 신약성경에서 이 용어를 사용한 것에서 특별히 중요한 것은 아마도 헬라인들 사이에서 '파루시아'가 통치자의 공식적인 방문에 적용되었다는 점일 것이다.[4] 그래서 여기 16절에서처럼 이 용어는 신약성경에서 그리스도의 영광의 재림을 지시하는데 17회 나타난다.

베드로가 그리스도의 재림에 대한 사도적 선포를 일깨운 것은 문법적으로는 이 절의 중심일 수 있지만, 그가 이해시키려고 하는 핵심 요지는 이 단언에 대한 평가상의 대조에서 나온다. 즉 사도들이 그리스도의 재림을 알렸던 것은 이어질 "교묘히 만든 이야기"를 통해서가 아니라 "그의 크신 위엄을 친히 본" 증거를 통해서였던 것이다. "이야기들"은 헬라어 '뮈토스'(여기에서 "신화"라는 말이 파생된다)를 번역한 것이다. 이 헬라어 용어는 의미의 폭이 넓지만, 우리의 절에 가장 어울리는 의미는 "허구적 기사, 우화"라는 의미이다. 유대 작가들은 이 용어를 이런 의미로 사용하여 세계의 창조와 신들의 행위에 대한 이교의 허구를 서술했다.[5]

여기서 이 의미를 강화하는 것은 베드로가 "교묘히 고안된", "거짓으로 날조된"을 뜻하는 수식어 '세소피스메노이스'를 추가한 것이다. 이 구절에 가장 유사한 성경의 예는 목회서신에서 바울이 "신화와 끝없는 족보"(딤전 1:4)와 "망령되고 허탄한 신화"(딤전 4:7; 또한 딤후 4:4; 딛 1:14을 참조하라)에 대해 언급하는 곳에서 나온다. 베드로는 사도들의 가르침을 이교도의 가르침과 구별하기 위해, 그리스도의 재림을 선포함에 있어 사도들이 그러한 교묘한 우화들을 따랐음을 부정하

---

2. 예를 들어 Calvin, *The Epistle of Paul the Apostle to the Hebrews and the Second Epistle of St. Peter*, 338을 보라.

3. Josephus, *Antiquities* 3.80.

4. A. Oepke, "παρουσία," *TDNT*, 5.858-71에서 용례를 개괄한 것을 보라.

5. Philo, *On the Account of the World's Creation Given by Moses* 1; Josephus, *Antiquities* 1.22를 보라.

도록 이끌렸을 수도 있다. 하지만 보다 가능성이 높아 보이는 것은 그가 이렇게 부정한 것은 거짓 선생들이 사도들에게 파루시아와 그것이 가져올 심판이라는 총체적인 개념을 날조했다는 혐의를 두었기 때문일 것이다. 아마도 거짓 선생들 생각에는 사도들이 거짓 선생 자신들에 대한 도덕적 비난을 뒷받침하려고 그 개념을 끌어들인 것이라고 여겼을 것이다. "경건한 길 안에서 행하라, 그러지 아니하면 심판을 받으리니."

하지만 베드로는 단순히 그리스도의 재림에 대한 사도들의 가르침이 신화 위에 기초하고 있었다는 것을 부정함에 만족하지 않는다. 그는 긍정적으로 단언하기를 그 가르침은 목격한 증거의 직접적인 산물이라고 한다. "목격자"는 베드로가 선호하는 또 다른 헬라의 종교적 어휘들 중의 하나인데, 이것이 당대에는 어떤 신비 종교에 입회하는 것을 묘사하는데 사용되었기 때문이다. 하지만 이 용어도 역시 상당히 흔하게 사용되는 것이기에 우리는 이 특별한 뉘앙스를 확신할 수 없다.[6] 베드로는 자신도 다른 이들과 더불어 "그의 [즉, 주 예수 그리스도의] 크신 위엄을 친히 본 자"라고 주장한다. "위엄"은 신을 연상시키는 용어('메갈레이오테스')를 번역한 것이고, 이어지는 두 절이 보여주는 바와 같이 여기서는 그 지시하는 바가 특별히 변화사건에 있던 그리스도의 영광스러운 현현이다.

베드로가 지적하듯이 그때에 그리스도께서 "하나님 아버지께 존귀와 영광을 받으셨다." "존귀"('티메')와 "영광"('독사')은 단순히 그리스도의 현현의 위엄을 지시하기 위한 이사일의(二詞一意)를 형성할 수 있다. 하지만 이 용어들은 특별히 별개의 의미를 가질 수도 있는데, "존귀"는 고귀한 지위를 "영광"은 그리스도의 위대한 현현을 가리킬 수도 있다.[7] 복음서 저자는 그 경우에 대해 우리에게 말하기를 그리스도의 "용모가 변화되고"(눅 9:29), "해 같이"(마 17:2) 빛나셨으며, 그의 "옷이 광채가 나며 세상에서 빨래하는 자가 그렇게 희게 할 수 없을 만큼 매우 희어졌다"(막 9:3; 참조. 마 17:2; 눅 9:29)고 한다. 밝거나, 빛나거나, 흰 옷은 자주 순수와 승리를 상징하며, 유대 종말론에서는 메시아의 도래와 연결된다. 그리고 예수의 빛나는 얼굴은 우리로 하여금 필연적으로 시내산에서 주님과 함께 있은 후에 모세의 얼굴에 있었던 광채를 떠올리게 한다(출 34:29-30). 그럼에도 모세의 얼굴은 하나님의 영광을 반영하기만 한 것이었으나, 그와 달리 그리스도의 얼굴은

6. Bauckham, *Jude, 2 Peter*, 215-16에서의 논의를 보라.
7. Kelly, *The Epistles of Peter and of Jude*, 319를 보라.

메시아이면서 동시에 하나님으로서 그에게 내재했던 영광으로 빛을 내셨던 것이다.

그리스도의 고귀한 지위는 변화 사건에서 특히 그에 수반하는 표징과 하늘로부터의 음성으로 표시되고 있다. 내러티브에는 몇 가지 요소들이—"높은 산", 구름이 와서 "그들을 덮었던 것"(막 9:7)—신현(神顯; 하나님의 현시)으로서의 사건을 지시한다. 하지만 가장 결정적인 것은 물론 하늘로부터의 음성이 예수를 하나님의 사랑하시는 아들이라고 선포한 것이다. 그리고 이 음성은 베드로가 그의 기술에서 강조하는 것이다. "지극히 큰 영광 중에서 이러한 소리가 그에게 나기를 이는 내 사랑하는 아들이요 내 기뻐하는 자라." "지극히 큰 영광"은 하나님의 이름을 대체한 것으로, 하나님의 이름을 그토록 높이 여기고서 그것을 거의 발음하지 않았던 것은 유대인들 가운데 흔한 관습이었다.

변화의 때에 하늘로부터 나왔던 음성에 대한 베드로 서술은 우리가 복음서에서 발견하는 어떤 형태와도 (헬라어로) 정확히 부합되지 않지만, 그럼에도 가장 근접한 것은 마태의 표현이다. "이는 내 사랑하는 아들이요 내 기뻐하는 자니 너희는 그의 말을 들으라"(17:5).[8] 학자들은 이에 따라 베드로가 사용한 어법의 출처에 대해 논쟁해왔다. 하지만 우리가 베드로가 산 위에 있었고 그 음성을 들었다는 것을 기억한다면(다음 절에서 그가 바로 이 사실을 강조하는 것을 참조하라), 베드로가 기억에 의해 그 용어들을 인용했다고 생각하는 것이 확실히 가장 간단하다.

확실히 가장 중요한 것은 용어의 취지이다. 용어는 두 가지 핵심적인 구약성경 본문을 언급함으로써 그 영향력을 얻는다. "이는 내 아들이다"는 시편 2:7의 언어를 암시하는데, 여기서는 하나님께서 메시아 왕을 언급하신다. 그리고 "내 기뻐하는 자"는 이사야서(42:1)에서 첫 번째 "고난의 종"의 노래로부터 끌어온 언어이다. 그러므로 하늘로부터의 음성은 예수를 메시아뿐만 아니라 고난의 종으로도 규정한다. 아마도 베드로의 목적을 위해 더 중요한 것은 예수의 하나님의 아들로서의 함의일 것이다. 이 개념이 신약성경에서 발전하면서 분명해진 것은 "공식적" 지위보다 훨씬 더 이상의 것이 이 칭호를 통해 의도되었다는 것이다. 예수께서는 어떤 면에서는 보다 본질적인 혹은 심지어 존재론적인 방식으로 성부 하나님과 동일시되신다(특히 요 10:30; 14:5-11을 보라).[9]

8. NIV에서는 마태복음과 베드로후서에서 공통되는 부분이 동일하다(개역개정판도 마찬가지로 동일하다—옮긴이). 하지만 헬라어에서는 몇 가지 사소한 차이점들이 존재한다.

16절에서 베드로는 자신이 이 사건의 "목격자"임을 강조했다. 이제 18절에서 그는 독자들에게 자신이 "귀로-들은-증인"임도 일깨운다. "이 소리는 우리가…들은 것이라." 복음서 기사들이 분명히 하는 바와 같이 여기의 "우리"에는 베드로와 야고보와 요한이 포함된다(막 9:2과 평행본문을 보라). 예수께서는 사도 무리 가운데 이 세 사람을 택하셔서 "그와 함께 거룩한 산에" 있게 하셨다. 많은 학자들은 "거룩한 산"이라는 구절이 예수께서 계셨던 삶의 현장이 전승을 통해 신성시되기 시작한 기독교의 제2 혹은 제3세대의 시기를 반영하는 것이라고 본다. 하지만 그런 가정을 둘 필요는 없다. "성스러운"(sacred; NIV)은 '하기오스'를 번역한 것으로, "거룩한"(holy)으로도 번역될 수 있다. 어떤 이들은 베드로가 그 산을 "거룩한" 것으로 표현한 것은 변화사건이 그곳을 "구별된" 장소로 만들었기 때문이라고 생각한다.[10] 다른 이들의 생각은 베드로가 모세의 시내산 체험에 대한 암시를 강조하는 것일 수 있는데, 이는 복음서 기사에서는 상당히 두드러진 현상이다. 하지만 보컴(Bauckham)이 주목하는 것은 시내산은 결코 "거룩한 산"으로 불리지 않으며, 반면에 시편 2:6은 이 구절을 정확히 하늘의 음성이 암시하는 용어들에 바로 앞서 사용하고 있다는 점이다.

> 내가 나의 왕을
> 　내 '거룩한' 산 시온에 세웠다
> 　내가 여호와의 명령을 전하노라
> 여호와께서 내게 이르시되 너는 내 아들이라…

베드로는 그래서 변화사건의 체험에서 계시된 예수의 왕되심의 개념에 강조를 둔 것이다.[11]

이 단락을 마무리하기에 앞서 우리는 또 하나의 주제를 다룰 필요가 있는데, 이는 기능상 서신의 중심을 이루는 것이다. 즉 베드로가 예수의 영광중에 재림하신다는 진리를 확언하기 위해 변화사건을 암시하는 이유는 무엇인가? 예컨대 왜 예

---

9. 신약에서 "하나님의 아들"이라는 칭호에 대해서는 특별히 I. Howard Marshall, *The Origins of New Testament Christology* (Downers Grove, Ill.: InterVarsity, 1976), 111-25; 그리고 Martin Hengel, *The Son of God* (Philadelphia: Fortress, 1976)을 보라.
10. Green, *The Second Epistle General of Peter and the General Epistle of Jude*, 85.
11. Bauckham, *Jude, 2 Peter*, 221.

수의 부활이나 승천에 대해서 언급하지 않는가? 그때에 천사가 예수께서 다시 오실 것이라고 약속하지 않았는가?(행 1:9-11을 보라) 이 질문에 대해 몇 가지 설득력 없는 답변들이 제시되었는데 가장 최선으로 알려진 것은 변화사건이 실제로는 예수의 부활-이후의 현현인데 이를 초대교회가 예수의 생애 속에 포함시켜 이해했다는 것이다. 하지만 이 해석에는 수많은 난제들이 있을 뿐만 아니라, 성경이 그 사건의 체험에 대해 말하는 것과 분명하게 상충(相衝)된다. 가장 가능성이 높아 보이는 해석은 변화사건의 체험이 처음부터 예수의 재림과 밀접한 관련성을 가졌다는 점이다.

우리는 이 취지에서 여러 시사점들을 발견한다. (1) 공관복음서는 사도 중 일부가 하나님 나라의 영광을 보기 전에 죽지는 않을 것이라는 예수의 예언을 통해 변화 내러티브를 시작한다(마 17:1; 막 9:1; 눅 9:27). 가장 자연스러운 해석은 이 예언이 변화사건에서 성취되었고, 그때 소수의 사도(베드로, 야고보, 요한)만이 예수의 고유의 영광을 보았다는 점이다. (2) 공관복음서 저자들은 대개 "영광"이라는 용어를 파루시아와 연관지어 사용한다. (3) 후에 기독교 전승은 예수의 변화사건을 재림에 연결시켰다.[12] (4) 그 이름이 제시하듯이 변화사건은 예수의 외모에서의 변형을 수반하지만 그 변형은 그분의 진정한 본성을 드러내는 것이다. 이 영광되고 위엄 있는 본성, 말하자면 그의 지상의 삶에서는 숨겨졌던 것이 그의 재림의 때에는 온 세상에 드러날 것이다. 단순히 보자면 변화사건은 예수를 영광의 왕으로 드러내는 것이고, 베드로는 거기에 있었고 그것을 보았던 것이다. 그래서 그는 예수께서 영광의 왕으로 재림하셔서 그의 나라를 최종적이고 궁극적인 형태로 세우실 것임을 확신 있게 말했던 것이다.

파루시아에 대한 선지자들의 증거(19-21절)

계시의 신빙성은 16-18절과 19-21절을 연결시키는 개념이다. 베드로와 야고보와 요한은 변화사건에 있었던 그리스도의 영광의 계시에 대해 증거할 수 있다. 하지만 역사의 종말에 있을 그리스도의 영광스러운 임재에 대해서는 선지자들도 증거하고 있다.

12. Jerome Neyrey, "The Apologetic Use of the Transfiguration in 2 Peter 1:16-21," *CBQ* 42 (1980): 509-14를 보라.

"또 우리에게는 더 확실한 예언이 있어"(19a절)는 다소 불분명하다. (1) "우리"에는 누가 포함되는가? 16-18절에서처럼 베드로와 다른 사도들인가?[13] 아니면 베드로와 그의 독자들인가? 아마도 후자일 것인데, 베드로가 이 절에서 계속해서 그의 독자들에게 직접적으로 말을 하기 때문이다("너희 마음에 떠오르기까지 너희가 이것을 주의하는 것이 옳으니라"). 이것이 제시하는 바는 베드로의 초점이 사도들로부터 그의 독자들에게로 옮겨졌다는 점이다.

(2) "예언"은 무엇인가? 이것은 하나의 사건인 변화사건 자체일 수도 있는데 이는 우리가 방금 보았던 바와 같이 그리스도가 영광 가운데 다시 오심을 예언하는 것이다.[14] 그러나 베드로가 사용하는 언어는 하나의 사건을 묘사하는 것으로는 상당히 생소한 방식인 듯한데, 그럼에도 미래에 대한 언급을 많이 담아낼 수 있다. 그렇다면 아마도 "예언"은 구전이나 문서화된 예언들의 모음일 것이다. 어떤 이들은 베드로가 구약성경 전체나 아니면 심지어 신약성경의 예언까지도 염두에 둔 것일 수 있다고 본다. 하지만 문맥이 제시하는 바는 오히려 특히 메시아에 의해 역사의 종말에 세워질 하나님 나라에 대한 구약성경의 예언을 가리킨다는 점이다. 이것은 우리가 앞서 본 바와 같이 베드로후서에서 논의되는 주제이다.

(3) 베드로가 "'더' 확실한"이라는 비교급을 가지고 의미하는 것은 무엇인가? "확실한"은 헬라어 용어('베바이오스')를 번역한 것으로 이는 약속과 합의의 확실성과 신뢰성을 가리킨다(예컨대 롬 4:16; 히 6:16, 19을 보라). 그러므로 베드로가 말하는 것은 구약성경 예언들이 변화사건의 목격자보다 파루시아에 대한 믿음에 훨씬 더 확실한 기초가 된다는 것일 수 있다.[15] 하지만 이 헬라어는 아마도 이 의미를 가질 수는 없을 것이다. 우리 생각에는 오히려 베드로가 시사하는 바 변화사건에 대한 그의 증거가 전보다 훨씬 더 큰 확실성을 예언에 부여하는 것으로 보인다. 선지자들은 메시아가 우주적이고 영광스러운 통치를 세울 것이라고 예언했다. 초대교회에 어떤 이들은 이 예언들을 그토록 영적인 것으로 만들어서 미래에 대한 어떤 관련성도 제거해 버렸다. 변화사건 즉, 그리스도의 궁극적인 왕국의 영광에 대한 기대가 보여주는 것은 선지자들의 언어가 적어도 이 시점에서는 완전히 문자 그대로의 설득력을 가지고 받아들여져야 한다는 것이다. 그래서 그리스도인들은 그 성취에 대해 훨씬 더 확신을 가질 수 있다.

---

13. Bauckham, *Jude, 2 Peter*, 224-25.
14. Neyrey, *2 Peter, Jude*, 179.
15. Bigg, *The Epistles of St. Peter and St. Jude*, 268.

예언의 신뢰성에 대한 신념은 그 가르침에 대한 확고한 지지로 이어져야 할 것이다. 결과적으로 베드로는 그의 독자들에게 "어두운 데를 비추는 등불과 같으니…이것을 주의하는 것이 옳으니라"고 간청한다. 하나님의 말씀을 빛과 비교하는 것은 성경에서 흔히 볼 수 있는데, 더 잘 알려진 예가 시편 119:105이다. "주의 말씀은 내 발에 등이요 내 길에 빛이니이다." 이 현 세계의 어두움 속에서 하나님의 말씀은 그의 목표와 계획에 빛을 던지고 그래서 신자들로 "낮에"(롬 13:11-12을 보라) 있는 자들처럼 사는 것을 가능케 한다. 이 로마서 본문에서 바울은 구약성경 예언서로부터 "주의 날"의 개념을 끄집어낸다. 그날에 하나님께서는 그의 백성을 구원하시고 그의 대적들을 심판하시기 위해 역사 가운데 결정적으로 개입하실 것이다. 로마서 본문이 증명하듯이 신약성경 저자들이 선포한 것은 그리스도의 죽으심과 부활로써 하나님께서 그날에 대한 약속을 성취하셨다는 것이다. 그러나 신약의 저자들이 마찬가지로 고집하는 것은 이 과거의 구속 사건들이 하나님께서 그의 백성을 구원하시고 그의 대적들을 심판하심에 있어 의도하셨던 모든 일들의 전부는 아니라는 것이다. "주의 날"은 여전히 그 절정을 기대하고 있다.

그날이 갖는 아직 성취되지 않은 이 측면을 베드로가 여기서 끄집어 낸 것이다. 그는 그의 독자들이 "날이 새어 샛별이 너희 마음에 떠오르기까지" 예언의 말씀에 주의하기를 원한다. 그 "날"은 우리가 본 바와 같이 종말론적 절정에 대한 구약성경의 은유이다. "샛별"은 문자적으로 "빛-전달자"('포스포로스')를 의미하는 용어를 번역한 것이다. 고대세계의 사람들은 대개 이 용어를 금성을 지시하는 것으로 사용했는데, 이 별은 자주 새벽 미명에 나타난다. 일부 주석가들의 생각은 이 용어가 여기서는 이 의미를 가질 수 없다는 것인데, 베드로는 이것을 날이 샌 '후에' 언급하기 때문이라는 것이다. 하지만 아마도 베드로는 이 구절에서 시간 순서대로 의도하지는 않은 것으로 보인다. 날이 새는 것은 일반적으로 종말론적 절정을 가리키지만, 마음속에 샛별이 떠오르는 것은 신자의 삶에서 절정이 갖는 효과를 가리킨다. "샛별"은 그리스도 자신을 가리킬 수 있는데, 성경의 다른 곳에서 "별"을 메시아를 가리키는 것으로 사용하기 때문이다(민 24:17; 계 22:16). 그렇다면 이 구절은 "그의 강림에 있어 그리스도께서 [신자들의] 마음을 당장은 흐리게 하는 의심과 불확실성을 흩으시고, 그들을 놀라운 조명으로 채우시는 방식을 회화적으로 묘사한 것이다."[16]

---

16. Kelly, *The Epistles of Peter and of Jude*, 323.

그러나 신자들이 알아야 하는 것은 무엇인가? 두 가지 주요한 가능성이 있는데, 한편으로 NIV번역이 잘 표현하고 있고, 다른 한편으로는 REB가 해석하고 있다.

NIV: "성경의 어떤 예언도 선지자 자신의 해석에 의해 생기지 않았다."

REB: "어떤 예언 문서도 사사로운 해석의 문제가 아니다."

이 상당히 상이한 해석들은 헬라어 원문에 존재하는 세 가지 모호함에 기인한다.

(1) 이 문장의 동사('기네타이')는 의미가 모호하다. NIV 번역의 "생겼다"와 REB 번역의 "문제이다"는 모두 적절한 해석이다.[17]

(2) 해석에서 차이를 보이는데 결정적인 것은 헬라어 용어 '이디아스'이다. 이것은 "그 자신의"(개역개정판은 "사사로이"-옮긴이)를 의미한다. NIV는 이를 선지자를 가리키는 것으로 보았다. 그래서 제시되는 바는 20절의 문제는 예언의 '근원'이라는 점이다. 예언이 선지자가 보았던 환상이나 들었던 말씀에 대한 선지자 자신의 오류가능한 그리고 어느 정도 개연성 있는 잘못된 개념을 통해 생긴 것은 아니다. 오히려 21절이 단언하듯이 그것은 성령 안에서 하나님의 주권적인 역사하심을 통해 생겼던 것이다.[18] 한편 REB는 "그 자신의"를 일반적으로 누가 되든지 특별한 개인에 적용한다. 그래서 20절을 예언의 '해석'에 대한 진술로 보는 것이다. 어느 특별한 개인(따로 속셈이 있을 수도 있다)이 무슨 의미든지 그것에 부여하기를 원한다고 해서 그렇게 되어서는 안될 것이다. 그래서 베드로가 암시하는 것으로 보이는 것은 예언에 대해서는 오직 한 가지 해석만이 존재한다는 것이거나[19] 아니면 제멋대로인 개인보다는 교회 일반이 그 해석에 대해 책임을 져야 한다는 것이다.[20]

(3) 19절과 20절을 연결하는 헬라어 구문(분사)은 두 절 사이의 긴밀한 관계를

---

17. 널리 인정되고 있듯이 NIV의 해석에서 과거시제("생겼다", came about)는 약간 의문스럽다. 헬라어 동사는 현재시제이다. 그리고 헬라어 동사 시제가 언제나 행위의 시기를 지시하는 것은 아니어서 헬라어 현재 직설법을 영어에서 과거시제로 번역하는 것은 다소 이례적이다. 하지만 여기서 본문의 선택이 의미에 결정적인 영향을 미치는 것은 아니다.

18. 이 해석에 대한 훌륭하고 상세한 변론은 Green, *The Second Epistle General of Peter and the General Epistle of Jude*, 81-91; Bauckham, *Jude, 2 Peter*, 230-31에서 볼 수 있다.

19. Mayor, *The Epistle of St. Jude and the Second Epistle of St. Peter*, 112-14, 196-98.

20. Bigg, *The Epistles of St. Peter and St. Jude*, 269-70.

지시하거나 혹은 간접적인 관계를 지시할 수 있다. 대부분의 영역본 성경들은 19절 끝에 마침표를 찍고, 20절을 새로운 문장으로 시작한다. 이는 20절에 대한 위의 두 가지 해석 중 어느 하나에 부합할 수 있다. 하지만 NIV의 해석이 채택된다면, 이 절들을 더 긴밀하게 연결시킬 유혹을 받아서 분사를 인과적인 의미로 두게 될 것이다. 신자들은 예언의 말씀에 주의를 기울여야 하는바(이것은 19절의 주요 요점이다), 이는 무엇보다도 그것이 그 근원을 인간이 아닌(20절) 하나님께 두고 있다는(21절) 것을 그들이 알기 '때문인 것이다.'

20절에 대한 이 두 가지 해석들 가운데 하나를 결정하는 것은 어렵다. 각기 문맥에도 잘 어울린다. 예언의 근원에 대한 강조는 베드로가 19절에서 그의 독자들로 예언에 보다 더 깊은 주의를 쏟게 하려했던 관심에 잘 맞는다. 하지만 예언이 사사로운 해석의 대상은 아니라는 것을 일깨우는 것이 거짓 선생들에 대한 적절한 대응일 수 있는데, 그들은 아마도 성경을 자신들의 목적에 맞도록 왜곡하고 있었을 것이다. 그럼에도 마지막 분석에서 우리는 NIV에 반영된 해석을 수용해야 할 것으로 생각한다. 이것은 즉각적인 문맥에 가장 잘 맞아서, 19절의 명령에 대한 자연스러운 기초를 허락한다. 더구나 "풀다"라는 용어도 이 취지에 맞다. 이 헬라어 용어의 의미는 문자적으로는 "풀다" 혹은 "해결하다"의 의미를 갖는 것으로, 신비로운 사건, 환상, 경구들에 대한 설명을 지시하는 것으로 폭넓게 사용되었다. 예를 들어 구약성경의 헬라어 역본 중 하나는 창세기 40장과 41장에서 이 용어를 요셉이 술 맡은 자와 떡 굽는 자의 꿈을 해몽하는 것을 묘사하는데 사용했다.[21] 그래서 이 용어는 베드로의 시대에 선지자의 말씀에 대한 신자들의 해석을 특징짓는 것보다는 선지자가 자기가 받은 환상이나 계시에 대해 직접 해석한 것을 묘사하는 것이 더 적절하다.

만일에 20절이 예언에 대한 해석을 바로잡으려는 것이었다면, 베드로는 아마도 간접적인 근거로 21절을 의도했을 것이다. 사람들은 예언을 자기만의 기분이나 공상(空想)에 따라 해석해서는 안 된다. 선지자들은 성령께서 그들에게 말하도록 의도하셨던 것을 말했기 때문이다.[22] 그러나 이 연결 자체의 암시적인 본질은 우리가 위에서 논증했던 20절에 대한 해석을 한층 더 지지한다. 그렇다면 이 시각에서

21. 이 헬라어 역본은 아퀼라역이다. 이 증거에 대한 개요를 보려면, J. T. Curran, "The Teaching of 2 Peter I.20," *TS* 4 (1943): 351-52를 보라.

22. 예를 들어 Bigg, *The Epistles of St. Peter and St. Jude*, 270; Kelly, *The Epistles of Peter and of Jude*, 325를 보라.

베드로는 20절에서 예언의 근원에 대해 말했던 것을 21절을 통해 보강하는 것이다. 선지자들의 예언은 그들이 받은 환상의 의미에 대한 그들 자신의 사적인 개념에서 생겨나지 않았다. "왜냐하면" 이제 그가 더 상세히 설명하듯이 선지자들이 말했던 것은 "사람의 뜻으로 낸 것이 아니요 오직 성령의 감동하심을 받은 사람들이 하나님께 받아 말한 것"이기 때문이다.

선지자들이 하나님을 위해 말했다는 믿음은 물론 성경의 기초를 이룬다. 주님께서 예레미야에게 말씀하셨을 때, 예레미야는 자신이 유다의 백성들에게 무엇을 말할지 알지 못한다고 저항했다. "내가 내 말을 네 입에 두었노라"(렘 1:9). 반면에 거짓 선지자들은 "자기 심령을 따라"(겔 13:3) 말하는 자들이며, "그들이 말하는 묵시는 자기 마음으로 말미암은 것이요 여호와의 입에서 나온 것이 아니"(렘 23:16)었다.

베드로가 이 표준적인 성경의 가르침을 거듭 언명하는 것은 거짓 선생들에 의해 촉발되었을 수 있다. 후대에 급진적인 유대계 그리스도인들인 에비온파의 주장에 의하면 선지자들은 "그들 자신의 지성으로 말했고 진리를 말하지 않았다"[23]는 것이다. 베드로가 다투었던 거짓 선생들도 유사한 관점을 가졌을 것이다. 어찌됐든 베드로의 주장은 선지자들이 하나님의 대변인으로서 성령에 의해 "감동하심을 받았다"는 것이다. 많은 주석가들은 이 언어 속에서 항해의 은유를 발견한다. 그린(Green)이 지적하듯이, "선지자들은 그들의 돛을 올렸다…그리고 성령께서 그들을 채우셨고, 그들을 그분께서 원하셨던 방향으로 감동하셨다."[24] 베드로는 아마 당연히 이 암시를 의도했을 것인데, 그가 여기서 사용하는 동사가 배가 바람에 의해 "움직이는 것"을 지시할 수 있기 때문이다(행 27:15, 17을 보라). 하지만 이 동사는 흔하게 사용되는 것이지만, 일반적인 의미는 분명히 항해는 아니다. 그렇다면 보다 관련성이 깊은 것은 베드로가 이 동일한 동사를 17절과 18절에서 하늘로부터 "나오는" 신적인 음성을 묘사하는데 사용했다는 사실이다. 베드로와 다른 사도들이 변화사건에서 하늘로부터 들었던 말씀과 선지자가 말했던 말씀은 같은 근원, 즉 하나님으로부터 나온 것이었다.

그렇다면 선지자들은 하나님의 말씀을 말하는 것이다. 하지만 그들이 자신의 말은 하지 않았을까? 일부 신학자들은 예언적인 (그리고 성경적인) 영감에 있어서

23. 이 말은 4세기 후반 신학자인 에피파니우스(Epiphanius, *Panarion* 30.1.5)를 인용한 것이다.
24. Green, *The Second Epistle General of Peter and the General Epistle of Jude*, 91.

하나님의 역할을 그토록 강조해서 그들은 선지자들을 수동적인 대변자로 보았다. 그러나 여기서 베드로가 말한 것에 주목하라. "'사람들이' 하나님께 받아 말한 것임이라." 그는 예언이 순수하게 선지자들의 말이었다는 것을 부인하지는 않으며, 선지자들은 사람으로서 자신만의 어휘와 문체와 정황에 부합하도록 자신의 언어를 의식적으로 선택했던 것이다. 그럼에도 베드로가 확언하는 것은 그들이 사용하려고 골랐던 말도 '역시' 하나님께서 자신이 의도하신 메시지를 그들에게 전달하는데 사용하기를 원하셨던 말이기도 했다는 것이다.

상황잇기

이 단원에 대한 적절하고 타당한 적용을 위해서는 세 가지 문제에 대한 보다 폭넓은 성경적 맥락에 특별히 민감해야 한다. 변화사건(16-18절)과 "그날"의 이미지(19절)와 성경의 영감(20-21절)이 그것이다.

예수의 변화사건 스토리는 각 공관복음의 결정적인 연결점에서 나타난다(마 17:1-8; 막 9:2-8; 눅 9:28-36). 마태와 마가와 누가는 일치하여 이것을 예수의 승귀하신 지위에 대한 베드로의 고백과 그것에 이어 예루살렘에 가셔서 고난당하시고 십자가에 달리실 것이라는 예수의 선포 바로 뒤에 위치시키고 있다(마 16:13-28; 막 8:31-9:1; 눅 9:18-27). 실제로 복음서 저자들은 변화사건이 이 사건들 직후에 발생했음을 분명히 하려고 애쓰면서, 평소와는 달리 특정 시기에 대해 지적하고 있다. "엿새 후에"(마 17:1; 막 9:2; 누가는 "팔 일쯤 되어"라고 한다 [9:28])가 그것이다. 그러므로 으뜸가는 제자들의 차원에서 이 체험은 그들의 예수에 대한 신념을 강화하는데 기여했다. 그의 다가올 죽음에 대한 예수의 엄숙한 경고는 그들을 당혹하게 했을 것이다. 만일에 예수께서 진정으로 하나님의 아들이시고 메시아셨다면 그는 십자가가 아니라 왕관을 쓰기 위해 예루살렘으로 가셔야 하는 것이 아니었을까? 그래서 예수의 영광에 대한 계시는 신적인 음성 가운데 하늘로부터 이루어졌던 보증과 더불어 베드로와 다른 이들을 확신시키는데 기여했던 것이다.

하지만 베드로가 이 스토리를 사용한 것이 특별히 중요한 것은 내러티브가 갖는 총체적인 종말론적 묘미이다. 우리가 앞서 주목한 바와 같이 각 복음서 저자들은 변화사건에 바로 앞서 그의 제자 중 일부가 "하나님의 나라"(눅 9:27)/ "인자가 그 왕권을 가지고 오는 것"(마16:28)/ "하나님의 나라가 권능으로 임하는 것"(막 9:1)을 보게 될 것이라는 예수의 예언을 기록하고 있다. 그 성취가 변화사건 속에서 이루어지는 것이다. 이 스토리의 다른 요소들도 동일한 종말론적 방향을 가리키고 있다. 엘리야의 현존은 우리로 하나님께서 "여호와의 크고 두려운 날이 이르기 전에 선지자 엘리야를 너희에게 보내리니"(말 4:5)라는 말라기의 예언을 일깨운다(신약성경에서는 세례 요한에 적용됨). 그리고 모세도 가장 유명한 이스라엘의 율법제정자로서 특별히 하나님께서 "너를 위하여 나[모세]와 같은 선지자 하나를 일으키시리니"(신 18:15)라는 약속에 기초하여 종말론적인 의의를 갖는다. 모세의 이 역할을 고려하는 것은 하늘의 음성에 의해 암시되는 바, 이 음성은 "그의 말을 들으라"는 명령을 통해 백성들로 하여금 나타나게 될 그와 같은 선지자를 들으라는 모세의 요구를 반향하고 있다. 동일한 방향을 지시하는 것으로 구름에 대한 언급도 있는데, 이는 자주 종말론적인 연상을 갖는다(예컨대 시 97:2; 사 4:5; 겔 30:3; 단 7:13을 보라). 또한 베드로의 "초막들"을 세우려는 열의는 아마도 초막절이나 "장막절"을 암시할 텐데 이 절기는 역사 가운데서 하나님의 궁극적인 간섭에 대한 암시로 가득하다.[25]

이 수많은 암시는 베드로가 파루시아의 증거로 변화 사건을 사용한 것이 얼마나 타당한지를 보여준다. 분명히 베드로와 다른 사도들은 그 때가 언제 성취될지는 알지 못했다. 그의 부활 직후에 예수께서도 그들에게 이스라엘 나라가 회복될 "때와 시기"를 그들이 알지 못할 것임을 경고하셔야 했다(행 1:6-7). 그러나 사도들이 확신할 수 있었던 것은 재림이 발생하리라는 것이었고 그들은 사실상 그것을 이미 본 것이다.

이 구절에 있는 두 번째 암시인 베드로가 "그날"의 새는 것을 언급한 것은 우리가 그것을 보다 큰 성경의 맥락 안에 둘 때 잘 음미할 수 있다. 앞서 주목한 바와 같이 여기서 베드로는 의심할 바 없이 널리 퍼진 개념인 "주의 날"을 암시하고 있다. 우리는 이 개념을 좀 더 탐구해야 한다. 이 개념의 뿌리는 하나님께서 심판이나 구원을 위해 그의 백성을 방문하시려 할 때인 특정의 "날"에 대해 말하는 오경의 구절들로 거슬러 올라간다(예컨대 신 30:17-18을 보라). 선지자들 중 몇몇은 이 구절을 이런 의미를 지시함으로 사용하여, 백성들에게 잘-알려진 개념처럼 다룬다. 이는 특별히 요엘에게서 명백하게 드러나는데 그는 "그날"에 대한 기대를 가

25. 변화의 중요성에 대해서는 특별히 Walter L. Liefeld, "Theological Motifs in the Transfiguration Narrative," in *New Dimensions in New Testament Study*, ed. Richard N. Longenecker and Merrill C. Tenny (Grand Rapids: Zondervan, 1974), 162-79를 보라.

지고 기다리고 있었던 백성들에게 자신들의 죄가 그들로 기쁨이 아닌 슬픔과 고통의 때를 만들 것이라고 경고한다(욜 1:15; 2:1-11). 머지않아 남은 자들인 "여호와의 이름을 부르는" 자들을 위해 그날은 구원을 가져올 것이다(2:28-32; 3:14-16도 보라. 여기서 그 "날"은 민족들에는 심판을 가져오지만, 이스라엘을 위해서는 구원을 가져온다).[26] 대부분의 해석자들이 동의하는 바는 구약성경의 "그날"은 이스라엘 역사(예컨대 출애굽)에서 심판과 구원의 때, 그리고 역사의 종말에서 절정을 이루는 하나님의 방문도 지시한다는 점이다.[27]

예수에 대한 초대 교회의 이해를 인정한다 하더라도, 우리는 신약성경이 "주님의 날"이나 "하나님의 날"에 대해서 뿐만 아니라 "주 예수의 날"이나 어떤 이 같은 이형(異形)에 대해서도 말하고 있는 것이 놀랄 일이 아님을 발견할 것이다.[28] 그러나 구약성경에서처럼 이 "날"은 심판의 때로서("진노의 날" [롬 2:5; 또한 참조. 2:16; 엡 6:13; 살전 5:4]) 뿐만 아니라 성도들을 위한 칭의와 구원의 때로서도(예. 엡 4:30; 빌 1:10; 2:16; 살후 1:10) 그려지고 있다. 하지만 구약성경과 달리 신약성경 저자들은 이 구절을 지속적으로 역사의 종말, 예수 그리스도께서 영광과 능력 안에서 재림하실 때를 지시하는데 사용한다.

하지만 우리가 은유의 두 번째 층을 깨닫지 않는 한, 우리는 베드로가 "그날"을 언급한 것을 충분히 음미할 수 없을 것이다. 이 층은 분명히 로마서 13:12-13a에서 나오는 것으로 여기서 바울은 "그날"을 신학적인 언급으로서 뿐만 아니라 경건한 도덕적 행실을 위한 은유로서도 사용하고 있다. "밤이 깊고 낮이 가까웠으니 그러므로 우리가 어둠의 일을 벗고 빛의 갑옷을 입자 낮에와 같이 단정히 행하고…." 고대 세계에서 어두움은 사악한 약탈자들이 밖으로 나오기에 두려워해야 할 때였고, 뿐만 아니라 육의 죄악이 특별히 만연한 때였다(방금 인용한 로마서 본문에서 바울은 계속해 "방탕하거나 술 취함…호색…다투거나 시기…"에 대해 경고한다). 그래서 어두움과 밤 시간은 사악함에 대한 은유로 널리 퍼지게 되었던 반면에, 그에 대조되는 빛과 낮 시간은 순수와 정직한 행실에 적용되었다. 신약성경에서 요한은 특별히 "빛/어두움" 이미지를 선호했다(예를 들어, 요 3:19-21를 참

---

26. 비슷한 언급이 사 11:11; 13:6, 9; 22:5; 34:8; 렘 46:10; 겔 7:10; 13:5; 30:3; 암 5:18-20; 옵 15장; 습 1:7, 8, 14-18; 슥 14:1에서도 발견된다.
27. 구약에서 "주님의 날"에 대해서는 Walter C. Kaiser, Jr., *Toward an Old Testament Theology* (Grand Rapids: Zondervan, 1978), 186-91을 보라.
28. 실제로 신약은 이 기본 표현에 대해 열여덟 가지의 이형(異形)를 사용하고 있다.

조하라).

마침내 하나님의 말씀이나 그리스도 자신("세상의 빛")이 현재의 사악한 세대의 어두움을 밝히시듯이 "빛"과 "날"도 계시를 지시할 수 있게 되었다.

여기서 베드로의 주로 지시하는 것은 분명히 이 연상들의 첫 번째에 대한 것인데, 그가 "그날"의 '도래'에 대해 말하기 때문이다. 하지만 우리는 여기서 그가 문맥 속에 두 가지 은유적인 언어의 연상을 가져오는 사고의 맥락을 간파할 수 있다. 물론 계시적인 암시는 그가 "선지자들의 말씀"을 "어두운 데를 비추는 등불"로 언급하는 것에서도 볼 수 있다. 그리고 좀 덜 명확하지만 샛별이 신자들의 마음에 떠오르는 것은 그의 백성의 삶에서 도덕적으로 변화를 이루시는 하나님의 역사의 완성을 암시할 수 있다.

이 구절의 중심이 되는 것은 그리스도의 영광중에 재림 즉 파루시아에 대한 논쟁이다. 논쟁은 파루시아가 언제 일어날 것인가 혹은 그때 어떤 순서로 무슨 일이 발생할 것인가에 대한 것이 아니라, 그것이 도대체 일어날 것인가 하는 것이다. 한편에는 파루시아의 개념이 "교묘히 만든 이야기"(참조. 1:16)에 기초한 것이라고 주장하는 사람들이 있다. 베드로가 이 혐의를 받는 피의자(被疑者)의 이름을 부르지 않고 있지만, 그들은 분명히 그가 2장에서 묘사하고 있는 거짓 선생들일 것이다. 논쟁의 다른 편에는 베드로와 그의 동료 사도들이 있는데 그들은 그리스도께서 영광가운데 재림하실 것임을 확신하는 바, 이는 그들이 자기 눈으로 직접 그리스도의 종말론적인 영광을 보았고(16-18절), 하나님의 권위 있는 말씀 가운데 파루시아가 예언된 것을 발견했기 때문이다.

그러므로 이 구절이 불러일으키는바 근저에 놓인 문제는 권위의 문제이다. 우리가—그리스도의 영광중에 재림 같은—어떤 것이 사실이라고 믿을 만한 근거는 무엇인가? 이 단원에서 우리가 제안하는 바는, 이 구절에 대한 우리의 적용을 강화하기 위해 베드로가 이 절들 속에서 말한 것을 권위에 대한 성경적 가르침의 탐구를 위한 출발점으로 사용하자는 것이다.

우리는 이 문제의 부정적 측면인 신화로부터 시작한다. 16절에서 우리가 추론할 수 있는 것은 거짓 선생들이 파루시아에 대한 가르침이 "교묘히 만든 이야기[신화]"에 기초했다는 혐의로 베드로와 다른 사도들을 고발했었다는 점이다.[29] 이

29. 가능성이 낮기는 하지만, 거짓 선생들이 자기들의 일탈된 관념을 신화에 기초했기 때문에 베드로가 그들을 고발한 것일 수도 있다.

고발이 진정으로 무엇을 의미하는지는 우리가 이 미끈거리는 '신화'라는 용어의 의미를 해결하지 않는 한 이해할 수 없다. 오늘날 우리는 이 용어를 진실이 아닌 사실 주장이나 이야기를 지시하는데 자주 사용한다. 그래서 예컨대 우리는 스포츠 캐스터가 "저 코치가 은퇴할 계획이라는 이야기는 신화입니다"라고 말하는 것을 들을 수 있다. 하지만 우리는 이 용어가 신과 여신들에 대한 고대의 이야기들을 묘사하는 것으로 쓰이는 것에도 친숙하다. 그래서 우리는 "그리스 신화"에 대해 말하는 것이다. 이렇게 사용될 때 '신화'는 여전히 이야기가 사실이 아니라는 전제를 두고 있는 것이지만, 추가적인 개념이 있다. 즉 이야기들은 그리스인들의 종교적이고, 문화적이며, 지적인 신앙에 관련하여 중요한 정보를 담고 있다는 것이다. 말을 바꾸자면 역사적인 의미에서는 "진리"가 아니지만 이 신화들은 우리에게 그리스인들의 세계관에 대해 많은 것을 말해준다. 예컨대 아리스토텔레스는 주장하기를 "신화 양식은 대중이 종교적이고 윤리적인 교훈을 이해할 수 있도록 선택된 것이다."[30] 19세기와 20세기에 일부 성경 비평가들은 신약성경의 내러티브 대부분을 비역사적인 것으로 무시하면서도 광범위하게 이 '신화'라는 개념을 효과적인 방편으로 이용하여 신약성경에 종교적인 의의를 유지시키려했다.[31]

우리는 이에 대한 신약성경의 반응을 음미하기 위해 헬라의 철학과 종교에서 '신화'라는 용어의 널리 퍼진 용도를 고려해야 한다. 당대의 다른 거의 모든 종교들과 대조적으로 기독교는 확고하게 역사적인 기초를 가졌다. 사도들이 주장했던 것은 자신들이 예수에 대해 설교했던 진리는 역사적인 영역을 훨씬 넘어 확대되면서도 실제 시공간의 사건에 의존한다는 것이었다. 예수의 부활이 갖는 신학적인 의의는 역사적인 자료가 아니다. 하지만 실제 "시공간" 안에서의 부활 없이 신학적인 의의도 전혀 있을 수 없다. 부활이 없으면 우리는 "여전히 [우리의] 죄 가운데"(고전 15:17) 있을 것이다.

그래서 헬라어 용어 '뮈토스'가 신약성경에서 계속해서 부정적인 뉘앙스를 가지는 것을 발견해도 우리는 놀라지 않는다. 이것은 다른 곳에서는 네 번밖에 나타나지 않는데 모두 목회서신들이다. 바울은 아마도 거기서 우리가 미드라쉬에서 "유대인의 허탄한 이야기"(딛 1:14; "족보에 끝없이"라고 언급한 딤전 1:4도 참조하라; 4:7; 딤후 4:4도 참조하라)라는 이름으로 발견하는 것들 같은 구약성경의

30. Aristotle, *Metaph.* 11.8.

31. 여기서 다비드 프리드리히 슈트라우스(David Fredrich Strauss)가 중심인물이다. 그의 *The Life of Jesus Critically Examined* (London: SCM, 1973)을 보라. 독일어로 된 원본은 1835-36년에 출간되었다.

사건과 인물에 대한 사변적인 이야기를 가리켰을 것으로 보인다. 그러나 우리의 목적을 위해 중요한 점은 바울이 이 신화들을 "진리"(딤후 4:4)에 대조시키고 있다는 점이다. 최소한 이 서신들에서는 신화는 어떠한 긍정적인 영적 의의도 담아내지 못하고 있다.

위에서 시사한 바와 같이 베드로도 '뮈토스'를 유사한 방식으로 사용한 것으로 보인다. 거짓 선생들은 신화에 근거를 둔 가르침을 전한다는 이유로 베드로와 다른 사도들을 고발함으로써 그리스도의 영광중에 있을 재림의 진실을 부정하고 있다. 물론 논쟁이 될 수 있는 것은 거짓 선생들이 파루시아의 이야기 속에 진리의 핵심이 존재함을 암시하고 있었다는 점이다. 다시 말해 우리가 앞서 언급했던 종교적 신화들처럼 비록 진실이 아닐지라도 어떤 종교적 유익을 가진 것으로 여겼다는 점이다. 하지만 베드로는 이를 지적하면서 아무것도 말하지 않는다. 그리고 그들을 "교묘히 만든" 신화라고 부르면서 그는 더욱 지속적으로 부정적인 의미를 드러낸다.

신화와 대조를 이루며 파루시아에 대한 베드로의 예언을 지지하는 권위로 제시되는 것이 목격자의 증거와 "선지자들의 말씀"이다. 물론 "거기에 있었던" 사람들의 증거는 직접적으로 파루시아를 위한 역사적 기초에 관련된다. 베드로와 야고보와 요한은—환상이나 꿈이 아니라 역사 가운데 특정 시공간 속에서—예수의 파루시아의 영광을 '보았다.' 그리고 베드로는 우리에게 그리스도께서 영광중에 다시 오실 것을 믿기를 원하는데, 자신이 이를 보았기 때문이다. 베드로 혼자서만 목격자의 증거가 갖는 권위를 주장한 것은 아니다. 바울은 그 유명한 부활의 장(위에서 인용함)에서 주장하기를 고린도인들이 부활의 진리를 받아들였는데, 베드로, "열두 제자", "오백여 형제", 야고보, "모든 사도들", 그리고 마침내 바울 자신도 부활하신 그리스도를 보았기 때문이라고 한다(고전 15:3-8). 그리고 요한도 자신이 "우리가 들은 바요 눈으로 본 바요 자세히 보고 우리의 손으로 만진 바"(요일 1:1)를 신포한다고 주장한다.

베드로가 파루시아에 대한 가르침을 위해 주장하는 두 번째 권위는 "선지자들의 말씀"(19절)이다. 그의 독자들이 이 권위의 설득력을 확실히 인정하도록 베드로는 그들에게 이 말씀이나 메시지가 선지자들만의 것은 아니라는 점을 일깨운다. 그것은 하나님의 것이기도 하다. 20-21절에서 베드로는 이를 발전시켜서 우리에게 성경의 영감에 대한 보다 중요한 성경적 증거 중 하나를 제시한다.

"영감"은 "숨을 불어넣다"를 의미한다. 기독교 신학자들은 성경이 하나님께서 하나님의 말씀을 그 안에 "불어 넣으신" 결과라는 의미에서 이 용어를 성경의 우수성을 묘사하는데 사용한다. 아마도 고전적인 본문은 디모데후서 3:16일 것이다. "모든 성경은 하나님께서 불어 넣으신 것으로(개역개정판은 "하나님의 감동으로 된 것으로"-옮긴이) 교훈과 책망과 바르게 함과 의로 교육하기에 유익하니." 물론 여기서 "성경"은 구약성경이다. 하지만 어떤 본문은 그것이 무엇이든 "성경"으로 여김이 것이 타당한 것이라면, "하나님께서 불어 넣으신"것이라는 특성을 갖는다고 규정한다.[32] 예수께서도 동일한 관념을 입증하셨는데, 사탄의 유혹에 대한 응답에서 신명기 8:3을 인용하신다. "사람이 떡으로만 살 것이 아니요 하나님의 입으로부터 나오는 모든 말씀으로 살 것이라"(마 4:4). 비슷하게 히브리서의 저자는 서신을 시작하면서 "옛적에 선지자들을 통하여 여러 부분과 여러 모양으로 우리 조상들에게 말씀하신 하나님이"라는 점에 주목하고서 거듭하여 구약성경의 말씀들을 하나님(예. 4:7; 8:8)과 성령님(예. 3:7; 10:15)의 것으로 돌리고 있다.

사실 신구약성경 모두 선지자들의 말과 성경이 하나님으로부터 나온 말씀이라는 개념으로 충만해있다. 그래서 베드로의 주장은 "선지자들의 말"은 선지자들의 무오한 상상력의 산물이 아니라(20절) 하나님의 것이라는 점과 선지자들이 말했을 때 그들이 성령에 의해 "감동하심을 받았다는" 점(21절)은 새로울 것이 없다는 말이다.

하지만 이 절들에서 두 가지 문제가 보다 면밀한 관찰을 요한다. (1) 베드로는 "선지자들의 말씀" 속에 무엇을 포함시키는가? 일부 신학자들의 생각은 이 언급은 구약성경 전체를 향한다고 본다. 그들이 주목하는 것은 유대인들이 간혹 성경을 전체적으로 묘사하기 위해 "예언"이라는 범주를 사용했을 것이라는 점이다.[33] 하지만 적어도 신약성경에서 "예언"은 대체로 그렇게 넓은 의미를 가지지는 않는다. 베드로가 특별히 구약성경의 예언서 부분을 언급한 것일 가능성이 아마 가장 높을 것이다. 그래서 어떤 이들은 베드로가 하나님의 영향을 구약성경의 예언서

---

32. 여기서 헬라어 단어는 테오프뉴스토스인데 때때로 능동적인 의미로 사용되어 성경은 하나님 자신의 말씀을 "불어" 내신 것이라고 표현된다. 하지만 수동적인 의미가 선호되어야 하는바 성경은 하나님께서 그 안으로 불어넣으신 산물이라고 표현되어야 한다. 비슷하게 일부는 이 단어를 한정 형용사로 보려고 한다. "모든 하나님께서 불어 넣으신 성경은…" 그러나 NIV 번역에 반영된 형용사의 서술적 용법이 더 바람직하다. 이 문제에 대해서는 예를 들어 George W. Knight III, *The Pastoral Epistles: A Commentary on the Greek Text*, NIGTC (Grand Rapids: Eerdmans, 1992), 446-47을 보라.

33. 예를 들어 Millard J. Erickson, *Christian Theology* (3 vols.; Grand Rapids: Baker, 1983), 2.210; Wayne Grudem, *Systematic Theology: An Introduction to Biblical Doctrine*(Grand Rapids: Zondervan, 1994), 75.

부분에만 두었다는 결론을 내리고 싶어 할 것이다. 하지만 이것은 본문의 증거를 지나치게 넘어서는 것이다. 우리 생각에 보다 가능성이 높아 보이는 것은 특별히 선지자에 대해 말하고 있기는 하지만(이것이 맥락상 베드로에게 필요한 것이었기 때문에), 베드로는 구약성경 전체를 지시하려 했을 것이라는 점이다.

(2) 두 번째로 논쟁이 되는 문제는 하나님께서 선지자들을 "통해서" 말씀하셨던 방식이다. 베드로 시대의 헬라 세계에는 사람이 신에 의해 "영감을 받아" 그의 언어를 말한다는 개념이 널리 퍼져있었다. 그리고 자주 그 과정에 개입되는 인간은 거의 전적으로 수동적인 것으로 여겨졌다. 즉 신이 그 사람을 취해서 그(녀)를 신적인 메시지를 전하는 기관으로 사용했다는 것이다. 일부 기독교 신학자들은 자신들의 성경적 영감에 대한 해석에 이 모델을 적용할 뻔했다. 예를 들어 그레고리 대제는 성경의 저자들을 "성령의 펜"[34]에 비교했다. 우리는 교회사 전체를 통해 유사한 은유를 발견할 수 있다. 영감에 대한 이런 시각은 자주 "구술" 이론으로 불린다. 하지만 대부분의 신학자들은 성경의 저작에 있어 인간적 저자와 신적인 저자 사이의 보다 바람직한 균형이 필요하다는 것을 깨달았다. 우리가 앞서 주목한 바와 같이 "'사람이' 하나님께 받아 말한 것이다." 성경 말씀은 전체적으로 인간 저자의 흔적을 담고 있다. 문체와 배경 이미지와 장르 등에서 말이다. 성경은 동시에 인간과 하나님 모두의 산물이다.

이 인간-신의 상호작용은 "협력"으로 불린다. 우리가 믿는 바 이 과정 속에서 하나님께서는 특별한 인간들을 출생과 환경 등을 통해 준비하셔서 그의 말씀을 전하게 하셨다. 이 인간들은 순수하게 자신의 언어를 말했다. 하지만 그들이 사용했던 언어는 또한 하나님께서 그들로 사용하기를 원하셨던 바로 그 언어이기도 했다. 여기서의 불균형은 치명적이다. 성경에서 인간적 요소를 부정하는 것은 개인적 성품과 문체, 상황 등의 실체를 무시하는 것인데, 이 요소들은 하나님의 말씀에 많은 풍요로움을 자아내는 것이다. 그러나 신적인 요소를 부정하거나 그것을 경감시켜서 단순히 막연한 영향만을 인정하는 것은 성경의 말씀에서 그 진실성을 빼앗는 것이고, 궁극적으로는 그 권위를 빼앗는 것이다.

34. Migne, *Patrologia Latine* 75.517을 보라.

현대적 의미

존 스토트(John Stott)는 그리스도인에게 스스로를 "BBC"에 헌신하도록 요청했다. BBC는 기본적이고(basic) 균형잡힌(balanced) 기독교성(Christianity)을 말한다. 확실히 하자면 균형은 때때로 문제에 대해 충분히 열심히 생각하지 않는 것에 대한 변명거리가 될 수도 있다. 중간을 취하는 이유는 진리가 어디에 있는지 발견하기 위해 실제로 대안들을 통해서 작업하는 것보다 더 쉽기 때문이다. 하지만 균형은 그것이 신중한 사고의 산물이며 피상적인 것이 아닌 한, 기독교 신앙에서 가치 있는 상품이 된다. 이단들은 대개 불균형으로 시작한다. 베드로후서 1:16-21을 적용함에 있어 나는 그렇게 균형을 요구하는 두 가지 문제를 살피고 싶다.

성경의 영감에 대하여. 영감을 내용으로 한 앞 단원에서 우리가 다룬 것의 말미에 언급했듯이, 성경 자체가 주장하는 바는 우리가 특정의 인간이 모든 개인적인 특성을 가진 채로 성경의 말씀을 기록했다는 것과 하나님께서 원하신 대로 언어가 기록되게 하셨다는 것도 알아야 한다는 점이다. 우리가 주목했던 것은 교회사에서 일부 신학자들이 첫 번째를 희생한 대가로 두 번째 요점을 강조해오면서 영감에 대한 "기계적 구술" 이론에 이르렀다는 점이다. 이 관점에 의하면 인간 저자는 하나님의 말씀을 다른 이들에게 수동적으로 전달하는 딕터폰(dictaphone, 속기용 녹음기의 상표–옮긴이)에 지나지 않는 존재가 된다. 이런 종류의 오류가 아직도 교회 내에 존재한다는 것을 발견할 수 있다. 예컨대 성경의 권위에 대해 올바른 관심을 가진 그리스도인들은 성경에 있는 계명들이 제한된 청중만을 위해 의도된 것일 수 있다는 개념에 저항할 것이다.

이에 대한 한 가지 예는 여성이 머리 위에 "권세 아래에 있는 표"를 두어야 한다는 고린도전서 11장의 요구이다(이것이 면사포를 말하는지 아니면 머리 모양을 말하는지에 대한 문제는 별론으로 한다). 일부 그리스도인들은 이 구절이 여성들에게 공예배에서는 언제나 면사포를 쓰기를 요구한다고 믿는다. 하지만 대부분의 그리스도인들이 믿는 것처럼, 바울이 당대의 특정 형태의 의복에 대한 가르침을 주는 것이며, 바울의 가르침을 우리 시대에 적용하려면 그와는 다른 형태로 나타날 것이라고 보는 편이 옳아 보인다.

훨씬 더 좋은 예로서 성경에서 발견하는 용어의 의미상의 차이점을 들 수 있을 것이다. 예컨대 잘 알려진 바와 같이 요한은 지속적으로 예수의 이적을 자신의 복음서에서 "표적"이라고 명명하고 있는데, 이에 대한 유명한 개괄을 회상해 보자.

"예수께서 제자들 앞에서 이 책에 기록되지 아니한 다른 표적[헬. '세메이아']도 많이 행하셨으나 오직 이것을 기록함은 너희로 예수께서 하나님의 아들 그리스도 이심을 믿게 하려 함이요 또 너희로 믿고 그 이름을 힘입어 생명을 얻게 하려 함이니라"(요 20:30-31). 다른 한편 첫 세 복음서의 기록자들은 "표적"을 부정적인 의미로 사용한다. 바리새인들이 예수께 "표적"을 구할 때 예수께서는 대답하신다. "악하고 음란한 세대가 표적['세메이온', 요한복음과 동일한 헬라어 용어]을 구하나 요나의 표적 밖에는 보여 줄 표적이 없느니라."(마 16:4)

내가 가끔 수업에서 헬라어 용어 '세메이온'의 이러한 뉘앙스 상의 차이점을 지적하면, 학생들은 이 차이점에 난처해하면서 생각하기를 그러한 대조는 성경의 진리성에 손상을 입힐 것이라고 한다. 하지만 나는 단순히 이를 성경의 인간적 요소의 측면으로 본다. 하나님께서는 복음서 저자들이 각자 하나님께서 원하신 대로 썼다는 것을 확증하시면서도, 복음서 저자들에게 스스로 어휘를 선택할 자유도 주셨다. 그들이 용어를 사용한 문맥이 그것을 충분히 명확하게 보여주는데, 요한은 '세메이온'에 공관복음서 저자들과는 다른 의미를 부여했던 것이다. 요한에게 '세메이온'은 예수의 진정한 의의를 지시하는 기적이었던 반면에, 공관복음서 저자들에게 이는 일종의 "어전공연"(御前公演)으로서 사람들이 예수에게 그가 누구인지를 확증하기를 기대했던 서커스 묘기였던 것이다. 하지만 요지는 영감에 대한 우리의 교리는 이런 종류의 현상을 수용함에 아무런 어려움이 없을 것이라는 점이다.

그럼에도 분명한 것은 우리 시대에 보다 큰 문제가 반대의 불균형 가운데 놓여 있다는 점이다. 즉, 성경의 인간적 요소에 그토록 많은 주의를 부여해서 신적인 요소가 제거되거나 억제되는 것이다. 많은 이들에게 성경은 가장 넉넉한 의미에서 "영감 받은" 것이다. 예컨대 어떤 이들은 워즈워스(Wordsworth)가 『서곡』(*The Prelude*)을 썼을 때에도 "영감 받았다"고 생각할 수 있는 것처럼 말이다. 하지만 우리는 그리스도인들 가운데 하나님께서 스스로를 인간 성경 작가에 "저응"시키셨을 것이라고 주장하는 자들도 심심치 않게 만나게 된다. 결과적으로 그들이 암시하는 바는 여전히 성경에 오류가 있다는 것이다. 폴 주잇(Paul Jewett) 같은 작가가 시사하는 바, 예컨대 바울이 디모데후서 2:11-15에서 여인들의 사역에 대해 말하는 것에 권위를 부여할 필요가 없다고 하는데, 이는 바울이 당대의 남성 편견을 반영하기 때문이라는 것이다.[35] 여기서 내가 논증하려는 것은 우리에게는 성경의 저자이신 하나님께 지나치게 작은 역할을 부여하는 불균형이 있다는 것이다.

하나님께서는 속성상 거짓말을 하지 않으신다. 그는 기만을 표하실 수 없다. 그렇다면 만일에 성경의 언어들이 순수하게 하나님의 말씀이라면(우리가 앞선 단원에서 성경적 증거에 대해 개괄한 것을 참조하라) 성경의 말씀은 오류가 없어야 할 것이다.

그리고 이 논쟁이 학구적인 트집 잡기가 전혀 아닌 이유는 우리의 믿음과 행위를 요구하는 성경의 권위는 직접적으로 그 완전한 진실성에 의존하고 있기 때문이다. 성경에 실수가 있다고 생각해 보라(심지어 역사와 시기, 지리 등에 관한 문제에서조차). 그리고 우리에게는 이들 실수를 제한할 방법도 없다. 우리에게는 '정말로' 진실인 단락을 강조해서 표시해 놓은 "빨간 글자"로 된 성경은 없다. 만일 그런 것이 있었다면 사람들은 의심할 바 없이 자신들만의 문화와 개인적 성향의 렌즈를 통해 성경의 진실성과 권위를 살폈을 것이다. 자신들의 삶의 방식에 대한 성경의 책망을 피하려고 하는 동성애자들은 성경 저자들이 단순히 유대 문화의 동성애 혐오를 반영했을 것이라고 말할 것이고, 그러한 책망이 발견되는 본문을 지워버릴 것이다. 미국의 그리스도인들은 자신들의 사치스럽고 낭비하는 삶의 양식을 유지하기를 원해서 부에 대해 말하는 성경구절이 하층계급의 편견을 반영하는 것이었다고 말할 것이다. 이런 것들은 수 없이 나열할 수 있다.

우리가 부정하지 않는 것은 성경에서 상상할 수 있는 가장 강력한 교리마저도 우리에게 해석상 많은 문제를 남겨준다는 점이다. 그러나 우리는 성경을 하나님의 책으로 보는 올바른 깨달음을 고집한다. 이 깨달음은 필연적으로 하나님의 말씀이 남긴 흔적들을 통해 진리를 담아내고 있으며, 성경의 일부 "불편한 진실"에 대해 대충 둘러대고 빠지려는 시도들에 대해서는 중요한 변론으로 작용할 것이다.

변증 방법. 이 구절이 내포하는 균형을 요구하는 두 번째 문제는 변증 방법이다. 우리는 어떻게 기독교의 주장이 갖는 진실성을 확증하고, 사람들을 확신시켜 올바르게 반응하도록 해야 하는가? 우리는 스펙트럼의 양 극단에 있는 기독교 변증가들을 발견할 수 있다. 한쪽 끝에는 "증거주의자들"로 불리는 자들이 있는데, 그들의 생각에 좋은 변증론은 역사적인 증거에 기초한 논증을 통해 회심을 불러일으킨다는 것이다. 이 접근 방법의 예들은(필연적으로 극단적인 예들은 아니지만) 노만 앤더슨의 『부활의 증거』와 프랭크 모리슨의 『누가 돌을 옮겼는가』이다.[36] 이와 반

35. Paul K. Jewett, *Man as Male and Female* (Grand Rapids: Eerdmans, 1975), 112-47.
36. Frank Morrison, *Who Moved the Stone?* (London: Faber, 1930); J. N. D. Anderson, *The Evidence for*

대되는 주장은 그리스도인이 아닌 자들은 하나님 나라를 받아들일 수 없고, 사탄으로 인해 기독교의 진리에 마음의 눈이 닫혀버린 완고한 죄인들에게는 증거로는 거의 확신을 주지 못할 것이라고 한다. 코넬리우스 반 틸(Cornelius van Til)과 그의 제자들은 이 변증 접근론에서 가장 유명한 대표적 인물들인데 이 접근론은 성령의 계시와 역사에 초점을 두고 있다.[37]

우리는 여기서 각 방법론이나 그 많은 파생이론들 혹은 그들이 각기 가진 장점들을 충분히 서술할 수 없다. 하지만 우리가 주목해야 할 것은 이 구절에서 베드로가 목격자의 증거에 호소한 것은 증거에 대한 호소의 타당성을 드러낸다는 점이다. 그는 물론 그리스도인들에게 쓰고 있다. 그리고 그 사람들은 이미 회심한 자들이다. 그러나 그는 확실히 한 쪽 눈을 거짓 선생들에게도 향하고 있어서 그가 목격했다는 증거에 호소하는 것은 그래서 변증론적으로 유의미하다.

내가 확실히 생각하는 것은 반 틸 같은 사람들이 중요한 요지를 가지고 있다는 점인데, 정신을 새롭게 하고 마음을 부드럽게 만드는 성령의 역사 없이는 세상에 있는 모든 증거는 사람들을 그리스도께로 데려오는데 무익하다는 점이다. 우리는 바울의 경고에 완전한 신뢰를 부여해야 한다. "육에 속한 사람은 하나님의 성령의 일들을 받지 아니하나니 이는 그것들이 그에게는 어리석게 보임이요, 또 그는 그것들을 알 수도 없나니 그러한 일은 영적으로 분별되기 때문이라"(고전 2:14). 하지만 우리가 무시할 수 없는 많은 구절이 있는데, 베드로후서 1장 같은 경우는 역사에서 일어난 사건의 증거들을 불신자들에게는 변증을 위한 그리고 신자들에게는 계발을 위한 기초로서 호소하고 있다. 베드로는 첫 번째 오순절에 유대인의 무리에게 설교하면서 선포하기를 "이 예수를 하나님이 살리신지라 우리가 다 이 일에 증인이로다 하나님이 오른손으로 예수를 높이시매 그가 약속하신 성령을 아버지께 받아서 너희가 보고 듣는 이것을 부어 주셨느니라"(행 2:32-33). 기도와 말씀을 통해서 구해야 하는 성령의 역사하심 없는 증거는 아무런 쓸모가 없을 것이다. 하지만 증거에 대한 호소를 거부하는 것은 계시의 역사적 본성뿐만 아니라 초기 기독교 자체의 증거도 모두 무시하는 것이다.

---

the Resurrection (London: InterVarsity, 1950).

37. 예를 들어 John Frame, *The Doctrine of the Knowledge of God* (Phillipsburg, N.J.: Presbyterian & Reformed, 1987)를 보라.

거짓 선생들에 대한 서론(1a)

1절에서 "또한"은 1장의 선행절들과의 긴밀한 연결을 제시한다. 이 연결은 "선지자들"의 주제에서 드러나게 되어있다. 하나님께서 친히 신뢰할 수 있도록 그의 선지자들을 통해 말씀하시기에 우리는 그들의 말씀에 깊은 관심을 두어야 한다(1:19-21). "그러나" 베드로가 우리에게 일깨우는 것은 "백성 가운데 또한 거짓 선지자들이 일어났었"다는 사실이다. 사실 구약성경에 있는 하나님의 백성의 역사는, 하나님을 위해 말한다고 주장했으나 실제로는 자신만의 개념이나 계획을 개진(開陳)했던 사람들의 예로 점철(點綴)되어 있다. 리차드 보컴(Richard Bauckham)이 주목했던 것처럼, 구약성경의 거짓 선지자들은 일정하게 세 가지 특성을 공유했다. (1) 그들은 하나님의 권위를 가지고 말하지 않았다. (2) 그들의 메시지는 일종의 "선한 소식"으로서, 진정한 선지자들이 전한 심판의 경고와는 대조적으로 평강과 안녕을 약속했다. (3) 그들은 책망 받을 만하게 보였다.[1] 베드로는 이 세 가지 특성을 전부 그가 비난하는 "거짓 선생들"에 적용한다. 그리고 우리가 특별히 주목할 점은 이 거짓 선생들이 구약성경의 거짓 선지자들처럼 도래할 심판의 관념을 경멸했다는 점이다(3:2-10을 보라).

이 거짓 선생들에 대한 베드로의 첫 언급에 대해 두 가지 사항을 주목해야 한다. (1) 베드로는 그들을 "거짓 선지자들"이 아닌 "거짓 선생들"로 언급하고 있다. 거짓 선지자라는 묘사가 더 맞을 것 같은 것은 베드로가 이처럼 이 표현을 구약성경에서 대응되는 인물들을 묘사하는데 사용했기 때문이기도 하지만, 이것이 유대와 신약성경과 초대교회의 미래에 대한 예언에서 폭넓게 사용되었기 때문이기도 하다(참조. 마 7:15; 24:11, 24; 막 13:22; 눅 6:36; 행 13:6). 반면에 "거짓 선생들"은 신약성경의 다른 곳에서는 결코 뚜렷하게 언급된 적이 없기는 하지만, 그럼에도 바울은 유사한 구절에서 "선생들"을 "귀가 가려워서 자기의 사욕을 따를"(딤후 4:3; 딤전 4:1도 참조하라) 자들로 언급하고 있다. 이 표현이 단순히 "거짓 선지자들"에 대한 문체상의 이형(異形)이 아니라면 "거짓 선생들"은 베드로가 의도적으로 택했던 것일 수 있는데, 그것은 이 사람들이 선지자의 권위를 주장하지 않았음을 베드로가 알았기 때문일 것이다.[2]

---

1. Bauckham, *Jude, 2 Peter*, 238.
2. Ibid.

(2) 베드로는 미래시제를 사용한다. "너희 중에도 거짓 선생들이 '있으리라.'" 그리고 이것이 우연한 것이거나 오기가 아닌 이유는 베드로가 1-3절에서 계속해서 그들을 미래시제로 서술하기 때문이다. "그들은 멸망하게 할 이단을 가만히 끌어 '들일 것이다.'" "여럿이 그들의 호색하는 것을 '따르리니' 이로 말미암아 진리의 도가 비방을 받 '을 것이요.'" "그들이…너희로 이득을 삼 '을 것이니.'" 이 언급들은 3:3과 비교되어야 한다. "말세에 조롱하는 자들이 '올 것이며'…"(헬라어 원문은 모두 미래시제이다-옮긴이). 여기서 왜 미래시제를 쓰는 것인가? 세 가지 설명이 제시되어왔다.

ⓐ 베드로후서의 익명의 저자는 베드로의 사후에 이를 썼다. 그는 마지막 날에 이단의 발흥에 대해 사도 베드로가 했던 예언을 인용하는데, 이 예언은 저자 자신이 말을 하고 있는 상황에 적용되는 것이다. 물론 이 설명은 베드로후서를 위서로 보는 관점으로서 우리가 거절해야 할 이유가 충분하다(서론을 보라).

ⓑ 베드로는 그의 독자들에게 거짓 가르침에 대해 경고하고 싶어 하는데, 그 가르침이 아직 그의 독자들에게 영향을 미친 것은 아니지만 그가 알기로 어딘가에 존재하고 있으며 조만간에 그들을 괴롭힐 것이었다. 하지만 이 설명은 10-22절과 3:4-13에 있는 거짓 선생들에 대한 현실적인 묘사에 대해서는 만족스러운 설명을 주지 못하는데, 거기서 베드로는 그들을 묘사하면서 현재시제(예. 2:11, 17, 18)와 부정과거시제(3:15)를 사용한다.

ⓒ 그래서 내가 선호하는 생각은 베드로가 거짓 가르침의 발흥에 대한 초기 기독교의 예언들을 직접 "인용"하는 것으로 보인다는 점이다(특히 마 24:11, 24; 막 13:22을 보라). 예수께서 하셨던 이 예언들이 감람산 설교 단락에서 나오기에 일부 해석가들의 생각은 그들이 역사의 종말 직전의 시기에만 관련을 가진다고 한다. 그러나 사실 이 예언들이 유래하는 감람산 설교 단락은 예수의 초림과 재림 사이의 전 기간을 묘사하는 것으로 보는 것이 더 바람직하다. 예수께서는 그의 제자들에게 복음의 진정한 가르침에 내적하여 신속하게 경쟁하기 시작할 일탈된 가르침에 놀라지 말라고 경고하신다. 바울은 교회지도자들에게 말하는 가운데 유사한 경고를 말했다(예. 행 20:29-31; 딤후 3:1-6). 그래서 베드로는 그의 독자들에게 그들의 공동체에 영향을 미치는 거짓 가르침이 놀랄 일이 아님을 교훈하는 수단으로 이 예언들을 언급하는 것이다.[3]

3. Green, *The Second Epistle General of Peter and the General Epistle of Jude*, 93.

거짓 선생들에 대한 분석(1b-3절)

이 도입구절의 나머지 부분에서 베드로는 이 거짓 선생들에 대한 간략한 분석을 보여 주고 있다. 그는 이 지점에서 상술(詳述)을 피하면서 독자들에게 그들이 공동체에 가하는 위협의 심각성을 각인시키기 위해 큰 필체로 그려나간다. 그는 여덟 가지 요점을 차례로 급하게 서술한다.

(1) 그들은 그 방식에 있어 '우회적이다.' 사도의 가르침에 대한 공개적인 저항은 무용할 것임을 깨닫는 가운데 그들은 자신들의 거짓 개념들을 "비밀스럽게" 소개한다. 바울도 이 동일한 용어의 한 가지 형태를 사용하여, 유대화를 주장하는 거짓 선생들을 특징짓는데, 그들은 일부 믿음의 공동체의 각 계층 속으로 "가만히 들어왔다"(갈 2:4).[4] 베드로가 이 장의 뒤에서 거만한 거짓선생들을 고발하는 것으로 보아 아마도 그들이 자신들이 가르치고 있는 것을 숨기고 있었음을 의미하지는 않는 것으로 보인다. 오히려 그가 암시하는 바는 그들이 자신들의 가르침이 사도들의 공인된 가르침과 어느 정도 달랐는지에 대해서는 감추고 있었다는 점이다.

(2) 그들은 '심각한 오류'를 범하고 있다. "자기들을 사신 주를 부인하고." "주"는 '데스포테스'를 번역한 것인데(여기서 영어 용어 "despot"[전제군주]라는 말이 유래되었다) 이 용어가 하나님이나 그리스도에 적용된 것은 신약성경의 다른 곳에서는 네 번 뿐이었다(눅 2:29; 행 4:24; 유 4절; 계 6:10). 이것은 지배 권력의 의미를 강하게 가지고 있으며, 아마도 베드로는 여기서 이 칭호를 사용하여 거짓 선생들의 부인이 갖는 심각성을 역설하려 한 것으로 보인다. 다소 유사한 본문인 유다서 4절에서처럼 "주"는 여기서 아마도 그리스도일 것이다. "자기들을 사신"이라는 한정사에 의해서도 그 정체성이 인정된다. 신약성경이 다른 곳에서도 증거하듯이 예수께서는 십자가에서 그의 생명의 값을 치르셔서 인간들을 그들의 죄에 매인 노예생활로부터 사시거나 "구속"하셨던 것이다(동일한 동사인 '아고라조'가 고전 6:20; 7:23; 계 5:9; 14:3-4에서 이 거래를 묘사하고 있다).

그러나 이 거짓 선생들이 어떻게 주님을 "부인"하고 있었던 것인가? 그것은 신학적 부인으로서 그리스도의 영광중에 재림에 대한 그들의 회의론과 관련 있는 것인가? 아니면 실천적인 부인으로서 그로 인해 그들의 방탕한 삶의 양태가 본질적

---

4. 베드로후서의 헬라어 단어는 파레이사고인 반면에 바울은 형용사(파레이사크토스)를 사용한다. 이 단어들이 언제나 은밀한 "끌어들임"을 의미하는 것은 아니지만, 아마 이들 두 개의 문맥에서는 이 의미로 사용된 것으로 보인다(BAGD를 보라).

으로 주님을 부인하기에 이른 것인가? 유다서 4절의 유사성과 2절에서 그들의 "호색하는 것"에 대해 언급한 것은 후자가 사태의 일부였음을 시사한다. 하지만 베드로는 또 이 문맥 속에서 그들의 가르침을 강조하기도 한다. 그렇다면 아마도 그 부인은 예수를 주님으로 시인하는 것과 상충되었던 가르침과 실천 모두에 관계된 것으로 보인다.[5]

(3) 그들의 가르침의 '소산'은 멸망이다(여기서 헬라어를 타당하게 의역하여 NIV에서는 "멸망하게 하는 [이단들]"으로 해석한다). 여기서 (그리고 3절에서) 이 용어는 종말론적 책망을 지시한다. 이 용어는 심판에 대한 은유로서 문자적 의미인 "소멸하다"나 "존재하기를 그치다"를 담아내지 않고, 그 대립개념인 "구원"과 더불어(고후 2:15) 하나님과의 교제의 영원한 상실을 지시한다(요 12:25; 롬 14:15; 고전 1:18; 8:11; 고후 4:3; 살후 2:10도 보라).

NIV는 이를 "이단들"로 호칭하여 거짓 선생들의 교리가 갖는 심각성을 강조한다. 하지만 이 번역은 지나친 것일 수 있다. 신약성경 시대에 베드로가 사용하는 헬라어 용어('하이레시스'; 영어 용어 "heresy"[이단]가 여기서 유래한 것이다)는 보통 "당, 파"(행 5:17; 15:5; 24:5, 14; 26:5; 28:22)나 "파당"(고전 11:19; 갈 5:20)을 의미하는 것이다. A.D. 1세기 후반에 와서야 이 용어는 "이단"이라는 전문적인 의미를 갖게 되었는데, 정통적인 가르침에서의 일탈을 의미한다. 그래서 NIV가 확실히 기본 요점을 잡아내기는 했지만, "멸망하게 하는 의견들"(NRSV) 같은 번역이 보다 정확할 수도 있다. 어느 경우이든 베드로의 요점은 충분히 명백하다. 거짓 선생들의 신학을 따르는 자들은 마지막 구원이 아니라 책망에 이를 것이라는 점이다.

(4) 이 거짓 선생들의 '운명'은 그들을 따르는 자들처럼 "멸망"이다. 멸망이 "임박"할 것이라고 말하면서 베드로는 종말론적 심판이 곧 발생할 것임을 의미하는 것일 수 있다. 그리고 확실히 그러한 절박함의 개념은 마지막 날이 언제든 '올 수 있다'는 확신의 의미 속에서 신약성경에 널리 퍼졌다. 하지만 "임박함"은 심판의 때를 예고하기보다는 아마도 그 확실성을 지적하는 것으로 보인다. 베드로는 3절의 마지막에서도 동일한 취지를 암시한다. "그들의 심판은 옛적부터 지체하지 아니하며 그들의 멸망은 잠들지 아니하느니라." 거짓 선생들은 자신들이 하나님의 심판을 고려할 필요가 없을 것이라고 생각했을 수도 있는데, 그들은 이 세상이 현

5. 예를 들어 Calvin, *Hebrews and 1 & 2 Peter*, 316을 보라.

재와 같은 상태로 끝없이 지속될 것이라고 보는 관점을 견지(堅持)하고 있었기 때문이다(3:2-5을 보라). 하지만 다른 이들을 "멸망"으로 이끌었기 때문에, "멸망"을 피할 수 없다.

(5) 이들 거짓 선생들의 '인기'는 대단하다. "여럿이 그들의 호색하는 것을 따르리니." 슬프게도 언제나 교회 안에는 새롭고 색다른 가르침에 매료되는 자들이 존재하며, 특별히 이 거짓 선생들이 팔았던 개념들처럼 그 가르침이 도덕적 굴레의 한계와 거룩한 심판에 대한 책임을 제거하는 경우에는 더욱 그렇다.

(6) 기독교 운동에 대한 그들의 '영향'은 재앙에 가깝다. 이 잘못된 가르침들을 따르고 베드로가 2:10-22에서 거짓 선생들에게 돌린 그런 종류의 방탕한 행실로 빠져들어 감으로써, 그리스도인들이 "진리의 도가 비방을 받도록" 만들기 때문이다. 신약성경 기자들은 '길'이라는 용어를 구약성경과 유대 세계로부터 차용하여 그리스도인의 삶의 방식을 표현하기 위해 사용했다. 믿음과 실천은 예수를 따르는 자들을 특징짓는다(특별히 행 9:2; 19:9, 23; 24:14, 22을 보라). 신자들이 그 길에서 일탈할 때, 그리고 특별히 그들이 그리스도를 주님으로 고백하면서도 방탕한 삶을 살 때, 그들은 기독교 운동을 "비방받도록"('블라스페메오'; NIV는 "비방에 이르게 하다") 만들 것이다. 바울은 거짓 가르침의 효과에 대해 유사한 우려를 표했고(딤전 6:1; 딛 2:5), 베드로도 친히 그의 첫 번째 서신에서 신자들로 불신자들 앞에서 본보기가 되는 삶을 영위해서 이로써 그들이 그리스도인들의 방식에 대해 하는 "비방"이 근거 없음을 보여줄 수 있기를 간청했다(벧전 4:4).

(7) 거짓 선생들은 '탐욕에 의해 자극 받는다'(3절). 베드로는 이 장의 뒷부분에서도 이 동기를 암시하여, 거짓 선생들을 발람, 즉 "불의의 삯을 사랑했던 자"(2:15; 참조. 14절, "탐욕에 연단된 자")와 비교한다. 고대 세계는 방랑하는 선생들로 가득했는데, 그들은 자신들에게 생계수단이 된다면 거의 모든 교리를 퍼뜨릴 수 있는 것으로 명성을 얻고 있던 자들이었다. 그래서 거짓 선생들은 베드로의 주장에 의하면 신자들에게서 "이득을 삼고" "그들이 지어낸 말"을 가지고 거래하는 자들이다.

(8) 이 구절은 우리를 거짓 선생들의 마지막 특성으로 인도한다. 그들의 가르침의 '기초'는 "그들이 지어낸 말들"이다. 베드로는 아마도 여기서 우리에게 1:16과의 대조를 보라고 의도한 것 같다. 사도들이 아니라 거짓 선생들이 바로 "교묘히 만든 이야기", 즉 위조와 날조에 기초해서 그들의 교리를 세운 자들이다.[6]

상황잇기

이 절들 속에서 베드로의 거짓 선생들에 대한 묘사는 상당히 일반적인 것이어서 그가 말한 것을 우리로서는 교회사의 거의 모든 거짓 선생 집단에 대해서도 적용할 수 있을 것으로 보인다. 그렇지만 우리가 그토록 확신을 가지고 이 같은 적용을 하기 전에 두 가지 논제를 검토할 필요가 있다. 거짓 가르침의 종말론적 배경과 가르침의 진지성의 문제가 그것이다.

(1) 앞서 논증한 바와 같이 베드로는 거짓 선생들을 묘사하는데 미래시제를 사용했는데, 이는 그가 "마지막 날"에 일어나게 될 일탈된 가르침에 대한 초기 기독교 예언들을 바꿔 말하고 있기 때문이다. 아마도 가장 중요한 본문은 마태복음 24:4-5, 10-11, 23-24에서 예수께서 친히 하신 말씀에 나올 것이다

> 예수께서 대답하여 이르시되 너희가 사람의 미혹을 받지 않도록 주의하라 많은 사람이 내 이름으로 와서 이르되 나는 그리스도라 하여 많은 사람을 미혹하리라…그때에 많은 사람이 실족하게 되어 서로 잡아 주고 서로 미워하겠으며 거짓 선지자가 많이 일어나 많은 사람을 미혹하겠으며…그때에 사람이 너희에게 말하되 보라 그리스도가 여기 있다 혹은 저기 있다 하여도 믿지 말라 거짓 그리스도들과 거짓 선지자들이 일어나 큰 표적과 기사를 보여 할 수만 있으면 택하신 자들도 미혹하리라.

많은 해석가들은 베드로가 이 본문을 자신의 시대와 관련된 것으로 인용할 수 있었는지에 대해 질문하는데, 이는 그들 생각에 예수의 (이 말씀을 하신) 감람산 설교에서 예수께서는 역사의 마지막에 영광 가운데 재림하실 때에 일어날 일만을 예언하셨기 때문이다. 예수의 영광중에 재림은 실제로 이 설교의 절정을 이룬다(마 24:29-31을 보라). 하지만 앞선 부분은 그의 재림 '이전에' 무엇이 널리 퍼질 것인지에 대한 묘사에 할애되고 있다(29절에서의 전환을 보라, "그날 환한 후에 즉시"). 이 시점에서 우리가 기억해야 할 것은 예수의 시각에서 이 상황의 시간적 간격은 막연하다는 것이다. 예수께서는 자신의 영광스러운 재림의 "그날과 때"를 알지 못하시고(36절을 보라), 마찬가지로 종말 전까지 얼마나 긴 시간이 흐를 것인지도 알지 못하신다. 사정이 이렇기에 우리가 의구심을 갖는 것은 예수께서 4-

6. 요세푸스는 베드로가 여기서 사용한 헬라어 단어(플라스토스) "위조"를 지시하는데 사용한다(*Life* 177, 337).

28절에서 역사의 종말 가운데 자신의 승천과 파루시아 사이에 별도로 구별되는 하나의 시간의 간격을 상정하고 있다는 점이다. 오히려 예수께서는 자신을 따르는 자들이 "교회 세대" 전체를 통해 직면하게 될 상황을 예언하고 있는 것이다.[7]

내 생각에 우리는 종말론(시간의 끝에 대한 가르침)에 대한 우리의 생각을 조정할 필요가 있다. 신약성경이 확실히 예언하고 있는 것은 특별한 고난의 짧은 시간이 그리스도의 재림 직전에 있을 것이라는 점이다(예컨대 살후 2:3-11을 보라). 하지만 신약성경 기자들은 보다 전형적으로 예수의 승천으로부터 그의 두 번째 오심에 이르기까지의 전 기간을 다양한 종류와 정도의 시련의 시기로 묘사한다. 요한이 우리에게 일깨우는 것은 절정에 이르러 적그리스도가 세상의 종말에 올 것이지만 지금도 "많은 적그리스도가 일어났다"(요일 2:18)는 것이다. 바꿔 말하자면 사도들과 초기 그리스도인들이 확신했던 것은 자신들이 이미 "마지막 날들"(예컨대 행 2:16-21을 보라)을 살고 있다는 점이다. 종말론은 단순히 미래는 아니었다. 그것은 또한 현재의 실체였다. 이 관점으로부터 우리가 보는 것은 베드로가 예수의 예언을 자신의 시대에 교회의 안전을 교란시켰던 거짓 선생들에게 적용하는 것이 얼마나 자연스러운 일인가 하는 점이다. 동시에 우리의 시대를 살아가는 우리도 역시 이 마지막 날들을 살아가면서, 거짓 선생들이 계속해서 모든 국면에서 돌연히 등장하는 것에 놀라서는 안 될 것이다. 예수께서는 우리에게 그것을 각오하라고 경고하셨다.

(2) 만일에 우리가 거짓 선생들에 대한 베드로의 강한 탄핵과 경고를 적용해야 한다면, 우리는 또한 그가 어떤 종류의 가르침을 마음속에 두고 있었는지에 대해 모종의 이해를 가질 필요가 있다. 베드로가 교리적 불일치나 도덕적 결함이라면 어떤 것에나 자신의 비난을 적용하기를 원하지는 않을 것이기 때문이다. 신약성경은 특정의 주제에 있어 신자들 사이에 다양성을 허용한다. 가장 유명한 예가 고린도전서 8-10장에서 우상에게 제물로 바쳐진 고기를 먹는 것에 대한 것과 로마서 14:1-15:13의 "코셔" 음식(유대교 율법에 의해 식재료를 선정하고 조리 등의 과정에서 엄격한 절차를 거친 음식-옮긴이)에 대한 논쟁이다. 각 구절들에서 바울은 설득하기를 의견을 달리하는 파당끼리 획일화된 믿음이나 실천을 주장하지 않고 서로 상대의 삶을 배우라는 것이었다.

---

7. 감람산 설교에 대한 이 관점의 간략하고 분명한 변론을 위해서는 D. A. Carson, "Matthew," *EBC*, ed. F. Gaebelein (Grand Rapids: Zondervan, 1984), 8:488-95를 보라.

이 점에서 균형이 필수적이다. 한편으로는 교리와 실천의 상세(詳細)한 내용을 모두 기독교의 본질의 범주 안에서 하나로 합치는 것은 신약성경과 모순을 일으킨다. 이와 관련하여 예컨대 누구나 성경의 같은 판을 읽어야 한다거나 종말의 때에 일어날 사건의 순서를 정확히 동일하게 믿어야 한다고 주장하는 어떤 그리스도인들을 머리에 떠올릴 수 있다. 다른 한편으로 등장하는 모든 문제에 대해 완전한 관용을 베푸는 것도 치명적이다. 그러면 기독교는 그 본질이 소실될 것이며 기껏해야 "하나님"에 대한 막연한 경외심만 남게 될 것이다. 교회일치운동(ecumenical movement)의 특정 분파는 정확히 이 방향성에서 오류를 범했다. 기독교 연합에 대한 관심 때문에 그들은 가장 최소한의 가능한 공통분모만을 남기고 신앙을 제거해버렸다.

그래서 우리는 어떻게 올바른 균형을 얻을 수 있는가? 우리는 베드로의 탄핵을 적용할 시기를 어떻게 파악할 수 있는가? 그 답은 간단하지만 그럼에도 실천에 옮기는 것이 언제나 쉬운 것은 아니다. 우리는 신약성경이 본질적인 것으로 여기는 것을 정해야 한다. 그것을 정하고 나면, 우리는 그것이 요구하는 것을 끈질기게 붙들고 있어야 하지만, 반면에 동시에 그렇지 않은 것에 대해서는 관용을 베풀어야 한다. 이 원리를 실제로 어렵게 만드는 것은 물론 신약성경이 분명하게 요구하는 것과 그렇지 않은 것에 대한 의견의 불일치이다. 예컨대 일부 그리스도인들은 성경이 명백하게 교회의 박해 이전 휴거를 가르치고 있다고 확신한다. 그래서 그들은 다른 생각을 가진 자들에게 관용을 베푸는 것에 어려움을 겪게 된다. 그렇지만 다른 그리스도인들은 이 문제에 대해서는 성경의 자료가 완전히 분명하다고 생각하지는 않으면서 다른 생각을 가진 자들과 즐거이 협력한다. 하지만 무엇이 본질적인지 아닌지에 대한 견해차에도 불구하고 우리는 그러한 문제들에 대해 말씀이 우리를 감독하도록 하는 일에는 합의하기 시작해야 한다.

그리고 무엇이 본질적인지 그렇지 않은지에 대해 우리가 결정 내리는 일에 도움을 주는 다른 한 가지 자료가 있다. 그것은 역사의 음성이다. 교회 전통을 사실상 말씀의 권위와 동등한 지위로 격상시킨 로마 가톨릭의 관점에 동의하지 않는 이상, 우리는 아직도 무엇이 "정통"인지 아닌지에 대해 상이한 시공간에 속했던 서로 다른 그리스도인들이 내린 결정들로부터 많은 것을 배우게 된다. 초대교회의 보편공의회와 관련하여 특별한 관심이 자주 있었다. 첫 6세기 동안 신학자들이 모였던 이 모임들은 전체 기독교 교회를 대표하는 것으로 여겨졌다. 물론 성경은 이 문제들에 있어 궁극적인 조정자의 위치에 있어야 한다. 하지만 우리 개신교도들은 특별히 우리가 이용할 수 있는 정통파 전통의 이 풍요로운 자산을 너무도 자주 무시해왔다.

지금 베드로가 분명히 하고 있는 것은 자신이 반대하고 있는 거짓 가르침은 심각한 교리적 실천적 오류라는 것이다. 이 선생들은 "자기들을 사신 주를 부인하는" 자들로서, 영원한 책망에 이르게 하는 것들을 가르치고, 스스로를 같은 책망에 구속되게 만드는 자들이다. 따라서 그의 언어는 적절하게도 신약성경이 그리스도인들로 믿고 행하라고 요구하는 것에 분명하게 역행하는 가르침에만 적용된다.

현대적 의미

거짓 선생들에 대한 베드로의 경고는 불행히도 그것이 그의 시대에 그랬던 것처럼 오늘날에도 적절하다. 이미 본 것처럼 실제로 주님께서는 우리에게 이 같은 신앙의 일탈을 각오하라고 경고하셨다. 교회는 언제나 그리스도를 전적으로 부인하는 자들의 노골적인 반대뿐만 아니라 그리스도인임을 주장하지만 기독교의 메시지를 왜곡하고 곡해하는 자들의 교묘한 위협과도 싸워야 할 것이다. 실제로 그들이 더 교묘하기에 그 위협도 더 위험한 것이다.

우리가 논증할 수 있는 것은 거짓 가르침의 위험은 우리의 시대에 전례 없이 더 크다는 점이다. 왜 그런가? 그것은 우리가 절대 진리에 대해 깊은 회의를 갖는 시대를 살고 있기 때문이다. 사람들이 종교나 철학이나 윤리체계가 "올바른" 것인지에 대해 논쟁하는 것은 늘 있는 일이었다. 대학의 영문과 수업은 찰스 디킨스(Charles Dickens)의 『우리 모두의 친구』(*Our Mutual Friend*)에 대한 "정확한" 해석에 대해 논쟁했다. 하지만 오늘날의 대학 수업은 다양한 때로는 서로 모순되는 관점들을 가지고 토론하는데, 디킨스의 위대한 소설에 대한 어떤 해석도 정당할 수 있다고 한다. "정확한 해석"의 개념은 출발부터 무시된다. 그리고 오늘날 사람들이 종교에 대해 토론할 때, 그들은 대개 "그것은 '내게' 유효해" 혹은 "누구에게나 맞는 것은 아니지만, 그것은 '내겐' 영적인 충만함에 이르는 길이야"와 같은 주장으로 만족해한다.

우리 사회는 다원주의와 관용을 그 새로운 신으로 받아들여 왔다. 사회문제 전문가들과 지성 운동은 이 새로운 시각에 "포스트모더니즘"이라는 명칭을 부여하면서, 전형적인 모더니즘의 진리를 향한 추구로부터 현재의 "뭐가 됐든 너한테는 옳다"에 대한 몰두로의 전환을 보여준다. 이 새로운 사실에 대한 접근법에 기초가 되는 것은 "메타 내러티브를 향한 의심"[8]이다. "이것이 의미하는 바를 번역하면 이렇다. '진실은 이러하다'라고 당신에게 말하려는 의도를 가지고 있는 목소리는 무엇이든 의심을 품으라."[9] 우리는 불관용을 제외한 모든 것이 용납되는 시대에 살고 있다. 이러한 사상의 풍토 속에서, 그리스도인들은 절대 진리에 대한 입장을 취하기가 어렵고 불편하다는 것을 자주 발견한다. "당신은 무슨 권리로 당신의 도덕성이나 당신의 종교를 내게 강요하나요?"라고 사람들은 우리가 신앙을 위한 입장을 취할 때 물어볼 것이다.

결과적으로 많은 그리스도인들은 진리에 대한 논쟁에서 패배를 시인하고, 점차로 우리 세대에 더 적합한 신앙의 변론에 의존해왔다. 그것은 일종의 공리주의이다. "오늘날 우리가 가진 증거는 우리가 가진 신앙에 대한 증거이며, 그 유효성을 확증함에 있어서 우리는 그 진실성에 대해서는 별 관심이 없이 그저 그 증거가 유효해 보이는 것에만 관심을 가질 수 있다."[10] 기독교 신앙에 대해 이 움직임이 주는 불길한 결과를 상상하는 것은 어렵지 않다. 왜냐하면 성경은 예수 그리스도를 아버지에게 이르는 " '그' 길"이라고 주장하고 있지, 다른 많은 길들 중의 하나라고 주장하는 것이 아니기 때문이다. 절대 진리는 기독교의 씨실과 날실로 엮여 있다.

베드로가 이 구절에서 전하는 주제에서 이 "근본적 변화"(paradigm shift; 어떤 이들이 부르는 것처럼)가 함축하는 것은 이해하기 어렵지 않다. 그리스도인들이 실용성에 기초해서 그들의 신앙을 변호하는 일에 점점 더 초점을 맞추는 가운데—교회에 출석하는 것은 내 가족에 도움이 되었다, 그리스도에 대한 헌신은 내게 더 나은 자아상을 갖게 했다—그들은 점차로 진리를 아는 일에 대한 관심을 줄여가게 될 것이다. 느낌은 사고를 대체한다. 이 같은 상황은 거짓 선생들이 우리의 무리 속으로 들어와서 그 믿는 대상이나 근거에 대해 많이 알지 못하는 자들을 속일 절호의 기회를 제공한다.

도전이 특별히 큰 것은, 베드로가 우리를 일깨우듯이, 거짓 선생들이 자주 속

8. F. Lyotard, *The Postmodern Condition: A Report on Knowledge* (Minneapolis: Univ. of Minnesota Press, 1984).
9. Kevin J. Vanhoozer, "Exploring the World: Following the Word: The Credibility of Evangelical Theology in an Incredulous Age," *TrinJ* 16 (1995): 7.
10. David F. Wells, *No Place for Truth: or Whatever Happened to Evangelical Theology?* (Grand Rapids: Eerdmans, 1993), 173.

이고 진리에다 자신들의 오류를 충분히 섞어서, 선의를 가졌으나 무지한 그리스도인들을 기만할 것이기 때문이다. 나는 이 지점에서 TV와 라디오에 나오는 일부 보다 급진적인 "부와 건강" 복음 지지자들에 대해 생각한다. 그들은 지속적으로 "너희가 기도할 때에 무엇이든지 믿고 구하는 것은 다 받으리라"(마 21:22)와 같은 순수하게 성경적인 약속을 되풀이한다. 그들은 자신들의 메시지를 매우 성경적으로 들리게 만든다. 하지만 그들이 그렇게 할 수 있는 것은 일부만 선택적으로 인용하기 때문이다. 문제는 균형에 대한 것이고, 성경을 잘 알지 못하는 자들이 더럽혀지는 것은 문제가 아니다. 대부분의 분파와 종파들은 정확히 이 방식대로 작용한다.

그래서 아마도 우리 시대에 이 구절로부터 출현할 가장 중요한 적용점은 베드로가 거짓 가르침이 가져올 철저히 파멸을 초래하는 결과에 대해 상정했던 가정이다. 이 이단을 받아들이고 퍼뜨리고 있는 거짓 선생들은 베드로의 말에 의하면 "임박한 멸망을 스스로 취하는"(1절) 자들이다. "그들의 심판은 옛적부터 지체하지 아니하며 그들의 멸망은 잠들지 아니하느니라"(3절). 이단들은 베드로의 말에 의하면 스스로 "멸망하게 할" 것이다. 누구든 그것들을 받아들이면 스스로가 영원한 책망의 길 위에 있음을 발견하게 될 것이다.

베드로가 말하고 있는 특정 거짓 가르침은 교리적 오류에 그 기초를 가졌던 것으로 보이며—심판 가운데 오시는 예수의 재림을 부정함(1:16-21; 3:3-10을 보라)—심각한 도덕적 결함으로 이끌어왔던 것으로 보인다(2:2의 "호색하는 것"과 10-22절을 보라). 하지만 베드로의 경고를 이 특정의 "이단"에만 국한해서 적용해서는 안 될 것이다. 우리가 앞 단원에서 제시했듯이 이 특별한 거짓 가르침에 근거해서 다른 거짓 선생들에 대해 추론하는 것이 해석학적으로 적절하다. 명백하게 계시된 성경의 진리를 부정하는 것은 어떤 것이든 베드로가 여기서 가하고 있는 비난을 받게 된다. 그래서 예컨대 우리가 몰몬교의 도덕적인 진지성을 존중할 수 있겠지만, 그만큼 그리스도의 신성에 대한 그들의 부정은 그들의 교리를 베드로가 여기서 논하는 범주 속에 포함시키게 만든다. 이러한 예들은 끝없이 늘릴 수 있다. 그리고 거짓 가르침은 역사를 통해 수많은 유사한 형식들을 취하는 가운데 언제나 새로운 뉘앙스와 새로운 오류를 가지고 나타나고 있다. 하지만 우리가 여기서 빗장을 걸고 지켜야 하는 명백한 원리는 우리가 무엇을 '믿는가'의 문제인데, 이것은 영원히 문제된다.

우리는 "이단 사냥"을 변호하는 것이 아니다. 표현이 갖는 모든 미세한 뉘앙스에 그토록 극도로 민감해져서 가장 미묘한 신학적 차이를 근거로 사람들을 하나님 나라 바깥으로 몰아내는 것 말이다. 이런 종류의 비성경적인 불관용에 대한 비극적인 예들이 과거로부터 있었다. 자신들과 의견을 달리하는 자들을 이단으로 낙인찍기를 지나치게 즐겨왔던 어떤 그리스도인들의 방식에 대해 우리가 유감스럽게 생각하는 만큼, 우리는 적어도 그들이 진리의 중요성에 대한 감각은 가지고 있다는 것도 깨달아야 한다.

베드로후서 2:4-10a

4 하나님이 범죄한 천사들을 용서하지 아니하
시고 지옥에 던져 어두운 구덩이에 두어 심
판 때까지 지키게 하셨으며
5 옛 세상을 용서하지 아니하시고 오직 의를
전파하는 노아와 그 일곱 식구를 보존하시고
경건하지 아니한 자들의 세상에 홍수를 내리
셨으며
6 소돔과 고모라 성을 멸망하기로 정하여 재가
되게 하사 후세에 경건하지 아니할 자들에게
본을 삼으셨으며
7 무법한 자들의 음란한 행실로 말미암아 고통
당하는 의로운 롯을 건지셨으니
8 이는 이 의인이 그들 중에 거하여 날마다 저
불법한 행실을 보고 들음으로 그 의로운 심
령이 상함이라)
9 주께서 경건한 자는 시험에서 건지실 줄 아
시고 불의한 자는 형벌 아래에 두어 심판 날
까지 지키시며
10a 특별히 육체를 따라 더러운 정욕 가운데서
행하며 주관하는 이를 멸시하는 자들에게는
형벌할 줄 아시느니라

원 의미

하나님께서 악한 자들을 심판을 위해 남겨두신다는 개념이 이 구절의 핵심이다. 특징적으로 베드로는 이 개념을 단원의 시작(4절의 "심판 때까지 지키게 하였으며")과 끝(9절의 "심판 날까지 지키시며")에서 언급하고 있다. 2:3의 결론을 이루는 말들은 이 주제를 선포한다. "그들의 심판은 옛적부터 지체하지 아니하며 그들의 멸망은 잠들지 아니하느니라." 이 관계를 인지하면서 많은 주석가들은 이 경고를 4-10절에 붙이고서 첫 단락을 3a절로 끝낸다.[1] 사실 경고는 전환적이다. 이것은 1-3a절을 결론내리면서 4-10절을 시작한다.

2:4-10a의 구조는 단순하다. 베드로는 하나의 긴 조건문을 적고 있다. 조건절

1. 예를 들어 보컴(Bauckham, *Jude, 2 Peter*, 245)은 1-3a의 미래시제로부터 3b의 현재시제로의 전환에 주목한다. Neyrey, *2 Peter, Jude*, 196도 보라.

(문장의 "만약" 부분)은 길어서 4절부터 8절에까지 이른다. NIV는 영역본 독자들을 돕기 위해 그것을 이해할 수 있도록 네 개의 부분으로 나누어서 "만일"이라는 용어를 반복시키고 있다(헬라어 용어 "만약"은 4절에만 나온다).

"(만약) 하나님이 천사들을 용서하지 아니하시고…[4절]
(만약 그가) 옛 세상을 용서하지 아니하시고…[5절]
(만약) 소돔과 고모라 성을 멸망하기로…[6절]
(만약)…롯을 건지셨으니 [7-8절]
(그러니) [9a절]
주께서 경건한 자는 시험에서 건지실 줄 아시고…
불의한 자는…심판 날까지 지키시며…[9-10a절]"
(괄호는 개역개정판에 없는 부분–옮긴이)

네 개의 "만약" 구절들에서 베드로는 그의 독자들에게 구약성경의 사건들을 회상시키는데, 그는 이 사건들을 9-10a절의 "그러니" 절에서 그의 결론을 이끌어내는 데 사용한다(그리고 주목할 것은 베드로가 구약성경의 사건을 그 정경 순서대로 언급하고 있다는 점이다). 첫 세 개의 예들은 부정적이다. 베드로는 그의 두 번째 결론을 세우기 위해 하나님의 심판에 대한 유명한 예들을 인용하는데, 그 결론은 하나님께서 악한 피조물을 책망하는 방법을 아신다는 것이다. 네 번째 예는 7-8절에서 롯을 언급한 것으로(5b절에서의 노아에 대한 언급과 마찬가지로) 베드로의 첫 번째 결론을 세우는데, 그 결론은 하나님께서 의인을 구원하는 방법을 아신다는 것이다. 유다서 6-7절에 있는 평행 단락은 하나님의 경건한 자를 구출하시는 것에 대한 언급이 결여되어 있다. 아마도 베드로가 이것을 포함시킨 것은 그의 독자들이 거짓 선생들에 저항할 필요에 직면하여 좌절하고 낙심하고 있기 때문일 것으로 보인다. 그래서 베드로는 그들에게 시험과 역경의 시기에 의인에 대한 하나님의 주권적인 보호에 대해 일깨움으로써 그들을 격려하는 것이다.

하나님의 심판의 예들(4-8절)

4-6절에서 베드로는 하나님께서 그 모습을 드러내기 시작하는 거짓 선생들을 신속하게(1절) 그리고 확실히 심판하실 것이라는 그의 주장을 예증하기 위해 하나

님의 심판의 전통적인 세 가지 예들을 인용한다. 이 예들 중 두 가지는 구약성경에서 잘 알려진 것들이다. 노아 시대의 홍수(5절)와 소돔과 고모라 성의 장대한 멸망(6절)이 그것들이다. 하지만 첫 번째 예증은 "범죄한 천사들"에 대한 하나님의 심판으로서 구약성경의 어떤 특별한 사건도 즉각적으로 머릿속에 떠오르게 하지 않는다. 실제로 하나님께서 천사들을 심판하셨다는 사실을 모호하지 않게 언급한 것은 구약성경 어디에도 없다.

일부 해석가들은 이사야 14:12-17과 에스겔 28:11-19 같은 구절들이 세상의 창조 이전에 하늘로부터 사탄과 다른 불순종한 천사들의 타락을 언급하는 것일 수 있고, 또 베드로가 이 심판을 암시하고 있다고 생각해왔다.[2] 하지만 베드로가 언급했을 것으로 볼 가능성이 높아 보이는 후보는 우리가 유대 전승을 고려할 때에 나타난다. 중간시대에 수많은 작가들이 천사들이 죄를 범하고 홍수의 때에 하나님에 의해 징벌을 당하는 내용의 이야기를 발전시켰다. 그 이야기는 『에녹 1서』라는 위서에서 가장 발전된 형태를 보이지만, 마찬가지로 몇 가지 다른 저작들에서도 암시되고 있다. 이 전승은 그저 완전한 날조로 만들어진 것만은 아니었다. 저자들은 창세기 6:1-4을 자세히 설명하고 있는데, 이 구절은 "하나님의 아들들"에 대해 말하는 것으로 그들은 "사람의 딸들"에 매료되어, 그들을 아내로 삼고, 자식을 낳았다. 우리가 언급하고 있는 유대전승에서 "하나님의 아들들"은 천사들이었고 그들의 여인들과의 동거는 하나님께서 노아의 시대에 세상을 심판하셨던 근본적인 이유였다.

내 생각에는 베드로가 이 스토리를 염두에 두었던 것으로 보인다. (1) 유대 전승에 대한 암시는 베드로가 4-7절에서 예로 드는 것들의 명백한 연대적인 순서에 들어맞는다. 즉 천사들의 타락(창 6:1-4), 홍수(6:5-8:22), 소돔과 고모라(19장). (2) 이와 많은 유사성을 가진 구절에서 유다는 분명하게 『에녹 1서』를 인용하고 있다(유 14-15절; 참조. 6절). (3) 베드로가 자신의 첫 번째 서신에서 그리스도께서 "가시 옥에 있는 영들에게 신포하셨느니라"(벧전 3:19)고 신포하는 것도 이 동일한 전승을 언급하는 것으로 보인다.[3] (4) 베드로는 천사들의 심판에 대해 묘사하

2. 예를 들어, Calvin, *Hebrews and 1 and 2 Peter*, 348.

3. 많은 학자들은 베드로가 여기서 이 전승을 언급하는 것인지에 대해 의구심을 갖는다(Wayne Grudem, *The First Epistle of Peter: An Introduction and Commentary*, TNTC [Grand Rapids: Eerdmans, 1988], 157-62, 203-39를 특별히 보라). 하지만, 우리 생각에 이 해석을 위한 논거가 더 강하다는 것이다(예를 들어 Kelly, *The Epistles of Peter and of Jude*, 152-57; J. Ramsay Mihaels, *1 Peter*, WBC [Waco, Tex.: Word, 1988], 205-11을 보라).

면서 언어에 있어 이 전승의 어법을 반향하는 것으로 보인다. 예를 들면, 『에녹 1서』 10:4. "아사셀[불순종한 천사]의 손발을 결박하여 흑암 속에 던져라"이다. 비록 구약성경에서는 분명하게 가르치지 않고 있지만, 베드로는 이 스토리를 독자들에게서 친숙한 것으로 여긴 것으로 보인다.[4]

하나님께서는 이 범죄한 천사들을 심판하시면서 베드로가 주장하는바 "그들을 어두운 구덩이에 두셨다." 여기서 NIV 번역만이 유일하게 가능한 것은 아니다. 예컨대 TEV는 천사들이 "어둠 속에 사슬에 묶여" 있었다고 말한다(KJV와 NRSV도 동일함을 참조하라). 헬라어 용어 하나가 다르다. NIV는 '시로이스'라는 용어를 수용했는데, 이것은 "구덩이"나 "동굴"을 의미하는 반면, TEV는 '세이라이스', "사슬"로 읽고 있다. '세이라이스'는 우리가 유다서의 평행구에서 발견하는 것인데, 거기서 저자는 천사들이 "큰 날의 심판까지 영원한 결박으로"(6절) 묶여있다고 말한다. 하지만 바로 이 평행구가 베드로가 동일한 용어를 썼을 가능성이 없음을 시사하는 것이다. 신약성경의 사본을 베끼는 필사자들은 평행구의 어법을 일치시키는 경향을 갖기 때문이다. 그렇다면 이 경우에는 용어 '세이라이스', 즉 "사슬"은 희귀한 용어인 '시로이스' 대신에 유다서에 친숙한 필사자에 의해 베드로후서에 삽입되었을 가능성이 있는 것이다.

어느 것이 옳든지 베드로는 아마도 우리가 천사들이 문자 그대로 어두운 동굴이나 지하감옥에 감금되었던 것으로 생각하기를 원치 않았을 것이다. 언어는 은유적이다. 그는 하나님의 심판을 지시하기 위해 내세에 대한 대중적인 고대의 개념을 사용하고 있다. 아마도 이 은유는 하나님께서 그들의 범죄의 결과로 (사악한) 천사들의 활동 영역을 제한하셨다는 것을 암시하려는 의도일 것이다.

여기에 은유가 존재한다는 것은 계속해서 NIV의 " '지옥에' 던져"의 이면에 놓인 헬라어 용어에 의해 암시되고 있다. 이 용어는 '타르타레오', 즉 "타르타루스에 넘기다"이다. 그리스 신화에서, 타르타루스는 불순종한 신들이나 반역하는 인간들이 감금되는 지하의 심연이었다. NJB는 이 개념을 다소 문자적으로 포착한다. "그들을 지하세계로 보내셨다." 다른 유대 작가들은 이미 이 언어를 차용하여 경건하지 아니한 자들이 심판받았던 장소를 묘사하였다.[5] "지옥"이라는 번역은 어떤 면

4. 이 구절에서 베드로가 유대 전승들을 사용하는 것에 대한 심화된 논의를 위해서는 "상황잇기" 단원을 보라.

5. "타르타루스"는 칠십인경(욥 40:20; 41:24; 잠 30:16)과 소수의 유대 저작(*1 Enoch* 20:2; *Sibylline Oracles* 4.186; Philo, *Moses* 2.433; *Rewards and Punishments* 152)에서는 지옥의 이름으로 나타나고

에서는 충분히 정확하기는 하지만 오해의 소지가 있다. 베드로가 천사들을 이렇게 타르타루스에 감금하는 것은 예비적인 징벌에 불과하다는 것을 분명히 하기 때문이다. 그들은 "심판을 위해 붙들려" 있었다. 베드로의 개념에서 타르타루스가 (우리의 "지옥"이 흔히 그렇듯이) 종국적이고 끝없는 심판의 장소를 대표한다기 보다는, 하나님께서 타락한 천사들에게 부과하셨던 영향의 범위에 대한 한계설정으로 여겨질 가능성이 크다.

베드로가 다음으로 경고하는 예는 구약성경에서 발견되는 가장 유명한 하나님의 심판에서 나온다. 그것은 노아의 시대에 있었던 홍수이다(5절). 베드로는 이 두 예들을 연결시키기 위해 유사한 어법을 사용한다. 하나님께서는 범죄한 천사들을 "용서하지 아니하시고", "옛 세상"도 "용서하지 아니하신다."[6] 베드로는 신속하게 노아와 그의 가족이 이 "경건하지 아니한 사람들[의 세상]"에 대한 예외였음을 일깨운다. 그래서 하나님께서는 "오직 의를 전파하는 노아와 그 일곱 식구를 보존하셨던" 것이다. 중간시대의 유대 전승이 노아의 설교에 대해 언급하고 있음에도 구약성경에는 이에 대한 언급이 없다.[7] 하지만 구약성경은 이 전승에 대한 적절한 기초를 주는데, 칼빈이 논평하듯이 "[노아가] 타락한 세상을 건전한 심적 상태로 가져오려고 노력했기 때문이며, 그가 거룩함에 대한 가르침과 권면으로써만 그렇게 했던 것이 아니라, 방주를 지으면서 120년간 들였던 그의 지속적이고 열의에 가득한 수고로 그렇게 했기 때문이다."[8]

베드로가 노아와 함께 구원되었던 "일곱 식구"에 대해 언급한 것이 흥미를 끈다. 그는 첫 번째 서신에서도 유사한 요점을 보여주는데, 노아의 시대에 "불순종한 옥에 있는 영들"에 대해 말한 후에, "[방주에서] 물로 말미암아 구원을 얻은 자가 몇 명뿐이니 겨우 여덟 명이라"(벧전 3:20)라고 덧붙인다. "여덟"은 노아와 그의 아내, 그의 세 아들들과 그들의 세 아내들이었다(창 6:18; 7:7, 13을 보라). 그의

있다. 이것은 베드로가 헬레니즘 어법을 사용하는 경향을 가지고 있음을 보여주는 또 하나의 증거이다(1:3-11에 대한 "상황잇기" 단원을 보라).

6. "옛 세상"이라는 구절은 베드로가 여기서 지구 전체를 덮어버렸던 전반적인 홍수를 생각하고 있음을 제시할 수 있다. 하지만 이 절의 후반부에서 베드로는 우리가 "세상"(코스모스)이라고 번역하는 단어를 다시 사용하지만, 이번에 그는 이를 "경건하지 아니한 자들의 세상"으로 한정한다(NIV는 이 두 번째 코스모스는 번역하지 않는다). 성경에서 자주 그렇듯이 "세상"은 지구 자체 보다는 인간들을 지시한다. 홍수가 전지구적이었는지 아닌지는 다른 본문들에 기초해서 결정되어야 할 문제이다.

7. 예를 들어 Josephus, *Antiquities* 1.74; *Sibylline Oracles* 1.148-98, 특히 1.129 등을 보라.

8. Calvin, *Hebrews and 1 and 2 Peter*, 379.

첫 번째 서신에서 "뿐"이라는 용어는 베드로가 숫자를 언급한 목적이 박해당하는 경건한 그리스도인들은 대부분 소수뿐임을 일깨움으로써 격려하려는 의도였음을 보여준다. 여기서도 마찬가지로 이것이 그의 목적일 수 있다. 거짓 선생들은 상당한 추종자들을 끌어들였을 수 있고, 그래서 베드로의 일부 독자들은 그로 인해 낙담했을 수도 있다. 그들은 경건한 자들이 자주 극소수이지만, 하나님께서는 언제나 그들을 충실하게 보호하신다는 것을 기억할 필요가 있었다.

우리는 베드로가 하나님의 심판을 예증하기 위해 홍수로부터 소돔과 고모라로 이동한 것에 놀랄 필요가 없다. 이 두 가지 유명한 재난을 짝짓는 것은 상당히 확립된 것이었다. 예수께서도 친히 이 두 사건들을 사용하여 음란한 백성들에게 임박한 하나님의 심판에 대해 경고하셨다(눅 17:26-29).

> 노아의 때에 된 것과 같이 인자의 때에도 그러하리라 노아가 방주에 들어가던 날까지 사람들이 먹고 마시고 장가들고 시집가더니 홍수가 나서 그들을 다 멸망시켰으며 또 롯의 때와 같으리니 사람들이 먹고 마시고 사고팔고 심고 집을 짓더니 롯이 소돔에서 나가던 날에 하늘로부터 불과 유황이 비 오듯 하여 그들을 멸망시켰느니라.

베드로가 소돔과 고모라에 내리신 하나님의 심판을 묘사한 것(6절)은 충분히 솔직한 것이었지만, 그럼에도 우리는 다시금 전승의 영향을 식별하게 된다. 구약성경에 의하면 하나님께서는 이 범죄한 성읍들을 유황 비를 내리심으로써 멸망시키셨다(창 19:24). 베드로는 이 큰 유황 비의 의심할 바 없는 결과에 대해 초점을 맞추기로 선택한다. 그 성읍들은 "재가 되었다." 베드로가 사용한 용어('테프로오', "재가 되다")는 디오 캇시우스(Dio Cassious)도 A.D. 79년 베수비오 화산 폭발 이후의 폼페이를 묘사하는데 사용했다. 더 중요한 것은 베드로 이전에 유대 작가들도 동일한 용어를 가지고 두 사악한 성읍들의 멸망을 묘사했다는 것이다. 예를 들어 1세기 알렉산드리아 철학자인 필로는 하나님께서 "불경한 자들과 그들의 성읍들을 태워버리셨고, 오늘날까지 그 끔찍한 재앙에 대한 기념물은 시리아에서 발견되는데, 폐허와 숯덩이와 황과 연기이다."[9] 그리고 필로가 그 재난의 터를 "기념물"로 부르듯이, 베드로도 가혹한 파멸의 영속적인 암시를 내놓는다. 하나님께서

9. Philo, *Moses* 2.56 (*Philo*, vol. 6, ed. F. H. Colson, LCL [Cambridge, Mass.: Harvard Univ. Press, 1935], 477에서 인용).

"후세에 경건하지 아니할 자들에게 본을 삼으셨으며."

하지만 홍수 내러티브처럼 소돔과 고모라의 스토리도 역시 긍정적인 측면을 가지고 있다. 하나님께서 노아와 그의 가족을 구원하신 것처럼, 재난으로부터 "의로운 롯을 건지셨다"(7절). 롯을 "의로운 사람"으로 묘사하는 것은 약간의 과장처럼 보인다. 구약성경은 그를 기껏해야 박약하고 평판이 좋지 못한 인물로 묘사한다. 그는 거의 자신의 의지에 반하여 구출되었으며, 공적은 롯의 덕망이 아니라 아브라함의 간청에 의해 자비롭게 개입하셨던 하나님께 돌려져야 했다(특별히 창 19:29을 보라). 그럼에도 다시금 롯에 대한 베드로의 묘사는 유대 전승을 따르는데, 여기서도 그를 "의롭다"[10]고 묘사하고 있다.

그럼에도 롯에 대한 베드로의 간략한 성격묘사는 구약성경 본문에 근거 없이 이루어진 것은 아니다. 베드로가 지적하듯이 창세기 19장이 시사하는 것은 롯이 그 도시들을 특징지었던 만연한 동성애에 가담하지 않았고 실제로 그것 때문에 "괴롭힘"을 당했다는 점이다. 분명히 완벽과는 거리가 멀지만 롯은 주님을 향한 그의 기본적인 방향을 결코 상실하지 않았다. 베드로가 사용하는 "의로운"이라는 용어는 기껏해야 이런 의미에 불과한 것이다. 신약성경에서 이 용어는 자주 한 사람의 타고난 도덕적 덕성보다는 한 사람의 주님 앞에서의 지위를 지시한다. 게다가 중요하게 여겨야 하는 것은 베드로가 주님께서 롯을 그가 의인이었기 '때문에' 구출하셨다고 말하지는 않는다는 점이다. 마찬가지로 하나님께서 베드로의 시대나 우리 시대에 경건치 않은 자들에게 전하실 심판에서 그리스도인들을 구원하시는 것은 그들의 고유의 선함 때문이 아닐 것이다. 오히려 그것은 그들이 "하나님과 우리 주 예수를 알기"(벧후 1:2) 때문일 것이고, 그들이 롯이 그랬던 것처럼 주변에 만연한 죄악들로 고통을 겪기 때문일 것이다.

이 마지막 요지의 중요성은 베드로가 8절에서 롯의 "고통"에 대해 상세히 설명한 것에서 입증된다. NIV는 올바르게도 이 절을 괄호로 묶었다(KJV, NRSV, NASB가 그린 것처럼). 롯은 "저 불법한 행실을 보고 들음으로 그 의로운 심령이 상함이라." NIV는 적절하게도 롯이 "보고 들었던" 것을 "저 불법한 행실"에 연결시킨다. 하지만 이는 헬라어에서 동사 "상하게 하다"가 능동태라는 사실을 애매하게 만든다. 롯 자신이 "그의 의로운 심령을 상하게 만들었던 것이다." 나는 본문이 확증하

10. 헬라어는 디카이오스. 특별히 지혜서 10:6; 19:17을 보라. 그럼에도 다른 유대 전승들에서 롯은 악명높은 죄인으로 그려지고 있다.

는 이상으로 확대해석하는 것을 피하기를 원한다. 하지만 우리는 롯이 마지막에 스스로의 선택으로 소돔에 살게 되었다는 것을 기억한다. 그리고 창세기가 분명하게 하는 것은 롯이 이 결정을 내렸을 때, 소돔은 이미 범죄의 장소로 악명 높았다는 것이다(창 13:11-13을 보라). 그래서 아마도 베드로가 여기서 능동태를 사용하여 롯이 스스로 그의 "의로운 심령"이 체험했던 비통함에 대해 상당히 책임이 있었다는 점을 제시하는 것으로 보인다.

예증들의 적용(9-10절)

9절로써 우리는 베드로의 긴 조건문의 끝에 이른다. NIV는 절의 초두에 "사실이 그렇다면"이라는 구절을 추가함으로써 이 관계에 대한 영어 독자들의 이해를 돕고 있다. 다른 말로 하자면 구약성경이 되풀이해서 하나님께서 죄인들을 심판하시고 의인들을 구원하시기 위해 어떻게 간섭하셨는지를 보여주었다면, "주께서 경건한 자는 시험에서 건지실 줄 아시고 불의한 자는 형벌 아래에 두어 심판 날까지 지키신다"는 것이다.

베드로의 독자들은 스스로를 "경건한 자들"의 범주에 넣도록 요구된다. 그들은 경건치 못한 환경 속에서 하나님의 통치에 의해 사는 삶 속에서 자신들의 희생이 보상받을 것임을 확인받을 필요가 있다. 하지만 그들이 건져질 "시험"은 무엇인가? NIV는 여기서 임의로 단수형인 헬라어 용어('페이라스모스')를 복수형으로 번역한다. 헬라어 용어는 두 가지 구별되는 의미를 가지고 있다. 그것은 디모데전서 6:9에서처럼 내적인 범죄의 유혹인 "유혹"을 의미할 수도 있고(여기서 바울은 "부하려 하는 자들은 '유혹'에…떨어지나니"라고 경고한다; 개역개정판은 "시험"−옮긴이) 혹은 베드로전서 4:12에서처럼 "시험" 혹은 외적인 역경을 의미할 수도 있다("사랑하는 자들아 너희를 연단하려고 오는 불 '시험'을…이상히 여기지 말고").

여기서 이 용어가 "유혹"을 의미한다면, 마치 롯이 소돔에서 체험했던 것처럼 죄를 짓게 하는 유혹으로부터의 구출을 약속하는 의미가 된다(NASB를 보라).[11] 하지만 베드로가 '페이라스모스'를 사용한 다른 두 경우는 모두 "시험"을 의미하며(벧전 1:6; 4:12), 이것이 신약성경에서 더 일반적인 의미이다. 이 의미를 채택

---

11. Bigg, *The Epistles of St. Peter and St. Jude*, 277; Kelly, *The Epistles of Peter and of Jude*, 335.

한 일부 주석가들은 베드로가 역사의 종말에서 발생할 신앙에 대한 큰 시험을 언급하고 있다고 생각한다.[12] 이 개념을 지지하는 것은 많다. 보컴이 주목하듯이, "홍수와 소돔과 고모라의 심판이 종말론적 심판의 원형(原型)이기에, 노아와 롯의 상황은 파루시아 이전의 마지막 사악한 시대에 그리스도인들이 겪을 상황의 전형(典型)인 것이다."[13] 그러나 그리스도인들이 의심할 바 없이 마지막 시대 속에 있는 가운데, 내 생각에 베드로는 적어도 그날들이 어느 정도의 시간동안은 지속될 것으로 받아들였을 것이다. 그래서 내 생각에 베드로는 여기서 이 "시험"이라는 말에 그리스도인들이 이 세상에서 체험하는 신앙에 대한 저 모든 도전들을 포함시키고 있는 것이다.

이 절의 두 번째 부분에서 베드로는 4-8절에서 인용한 구약성경의 예증들로부터 그의 부정적인 도덕을 끌어낸다. "주께서…불의한 자는 형벌 아래에 두어 심판날까지 지키시며." 대부분의 현대 영역본을 따라, NIV는 베드로가 여기서 불의한 자들에 대한 미래의 심판만이 아니라 이미 진행 중인 심판에 대해서도 약속하고 있음을 발견한다. 그럼에도 이것이 여기서 헬라어를 번역하는 유일한 방법은 아니며, 예컨대 KJV는 미래의 심판에 대해서만 말하고 있다. "주께서는…심판의 날까지 징벌을 위해 불의한 자를 어떻게 보존하실 줄을 아신다."[14]

많은 주석가들은 이 KJV의 선택이 올바르다고 생각한다.[15] 하지만 두 가지 점이 NIV가 전제로 두는 해석을 지지한다. 헬라어 용어 "징벌당하다"는 현재시제이고 가장 자연스러운 제안은 지킴과 동시에 징벌이 수행되고 있다는 것이다. 게다가 현재의 예비적인 징벌과 미래의 종국적인 심판의 결합은 4절에서도 발견되는 바, 거기에서 베드로는 불순종한 천사들이 어두운 지하감옥에 던져져서 "심판 때까지 지키게" 되었다고 말한다.[16] 이것이 베드로가 의도한 것이라면, 죄인들에 대한 징벌은 지금 어떻게 일어나는 것인가? 나는 이 주제를 "현대적 의미" 단원에서

---

12. 예를 들어 Green, *The Second Epistle General of Peter and the General Epistle of Jude*, 102; Bauckham, *Jude, 2 Peter*, 253을 보라.
13. Bauckham, *Jude, 2 Peter*, 253.
14. 헬라어의 모호함은 분사 콜라조메누스, "징벌당함"에 있는데, 이는 테레인, "지키다"를 수식하는 것이다. NIV는 이 분사가 동사가 그것을 수식할 때 동시에 벌어지는 행위를 지시하는 것으로 이해한다. 즉 "징벌하면서 지키다." 그러나 KJV은 분사가 미래를 지시하는 것으로 추정한다. "징벌당하게 하기 위해 지키다."
15. 예를 들어 Bauckham, *Jude, 2 Peter*, 254; Green, *The Second Epistle General of Peter and the General Epistle of Jude*, 103.
16. 이 설명에 대해서는 Kelly, *The Epistles of Peter and of Jude*, 324도 보라.

논의할 것이다.

NIV는 다시금 대부분의 영역본을 따라 10절을 두 문장으로 나누는데, 첫 번째의 것을 4-9절에 두고 두 번째는 11절 이하에 둔다. 이것은 좋은 결정이다. 10a절은 문법적으로 9절에 묶이는데, 여기서 베드로는 심판을 당할 "불의한 자들"의 예증을 제시하고 있다. 하지만 10b절은 상반절과 문법적으로 묶이지 않는 것으로서 초점을 이 불의한 사람들에 대해 보다 길게 묘사하는 것으로 전환시킨다.

10a절에서 베드로는 우리를 장의 도입부로 되돌린다. 1-3절에서 그는 거짓 선생들에 대해 경고했고, 4-9절에서 그들이 책망당할 것이라는 자신의 주장을 지지하는 구약성경의 예증들을 인용했으며, 이제 그가 제시하는 것은 이 책망을 당할 운명인 거짓 선생들 중에 두드러진 인물들이 베드로의 독자들이 속한 교회를 혼란시키는 바로 그 사람들이라는 점이다. 베드로는 이 불의한 거짓 선생들에 대해 두 가지 일반적 성격묘사를 한 것으로 만족한다. 그들은 "육체를 따라 더러운 정욕 가운데서 행하며", 그들은 "주관하는 이를 멸시"한다.

이 첫 번째 묘사에 대한 NIV의 해석은 지나치게 온화하다. 베드로는 일부 매우 거친 용어들을 모아 두었다. 문자적 해석은 "겁탈하려는 격렬한 열망으로 육을 좇는"이다.[17] 이 언급은 성적인 범죄로서 아마도 베드로가 6절에서 소돔과 고모라를 언급한 것에 비추어 보면 동성애를 포함하는 것일 수 있다.[18]

이 거짓 선생들이 갖는 두 번째 일반적 성격은 이해하기가 더 어렵다. 특별히 어떤 종류의 "권위"를 이 선생들이 경멸하는 것인가? 네 가지 선택 가능한 것들을 개괄해보자. (1) 10절의 후반부에서 베드로의 주장은 그들이 "영광 있는 자들을 비방"한다는 것이다. 이 번역(NIV)은 또 하나의 난해한 헬라어 용어를 설명한 것이지만 아마도 올바른 것으로 보인다. 그렇다면 10a절에서 단수형 "권위"는 천상의 존재들을 지시하는 것으로는 생소한 방식일 것이다.[19] (2) 베드로가 교회의 "권위"를 지시하는 것일 수도 있는데, 이는 거짓 선생들이 그들 자신의 이교적 개념을 추

---

17. NIV는 종종 헬라어 단어 사르크스, "육"을 "죄된 본성"으로 번역한다. 이는 어떤 곳에서는 바꿔읽기 하기에는 어느 정도 도움이 된다. 하지만 여기서 이 번역은 영어에서 "육"이라는 단어가 훨씬 더 잘 담아낼 수 있는 특정의 성적인 연상을 놓치게 한다.

18. Green, *The Second Epistle General of Peter and the General Epistle of Jude*, 103.

19. 베드로가 사용하는 단어(퀴리오테스)가 이 관점을 지지할 수 있다. 이것은 희귀해서 신약에서는 네 번 등장한다. 이 곳과 유다서 8절(상당히 유사하다) 그리고 바울에게서 두 번 나타나는데, 거기서는 천상의 존재들을 지시하고 있다(엡 1:21; 골 1:16). Mayor, *The Epistle of St. Jude and the Second Epistle of St. Peter*, 127을 보라.

구했을 때 주의하기를 거부했던 것이다.[20] 게다가 문맥상 정체성을 뒷받침하는 것이 거의 없다. (3) 그리스도인들에게 가장 중요한 "권위"는 물론 주님이시다. 그리고 많은 해석자들은 거짓 선생들이 경멸하고 있는 것이 바로 이 권위라고 생각한다.[21] (4) 이 세 번째 선택이 옳을지도 모르지만 나는 보다 일반적인 언급을 선호한다. 이 절뿐만 아니라 유사한 유다서 8절에서도 거짓 선생들이 "권위"를 경멸하는 것에 바로 이어 그들이 "영광 있는 자들[천사들]을 비방"한다는 고발이 나온다. 그렇다면 이치에 잘 맞는 것은 이 두 번째 고발을 전자의 특수한 예시로 보는 것이다. "권위를 경멸함"은 다른 말로 하자면 거짓 선생들이 제멋대로이고 반항적이라는 취지의 일반적인 혐의를 두는 것이다. 베드로는 어떤 특정의 권위를 생각하고 있는 것이 아니다. 그는 권위의 원리에 대해 생각하고 있다.

상황잇기

이 절들의 중심 개념은 명백하게 이해된다. 즉 하나님께서는 신실한 자들을 보호하시면서 그의 계명을 완강하게 무시하는 자들을 심판하신다는 것이다. 하지만 베드로가 이를 전하기 위해 사용하는 세부적인 내용 중에서 어떤 것은 그리 분명하지 않다. 특별히 한 가지 주제가 해석자에게 난점을 자아낼 수 있다. 그것은 베드로가 구약성경을 사용함에 영향을 미쳤던 유대 전승이다. 이 주제는 보다 큰 해석학적 질문을 불러일으킨다. 어떻게 그리고 어느 정도로 성경에 없는 책들이 신약성경 저자들이 믿고 기록했던 것에 영향을 미치는가? 이어지는 단락들에서 나는 이 문제를 간략하게 탐구하기를 원하는데, 이로써 우리는 이 구절의 상세를 보다 잘 이해할 수 있을 것이다.

신약성경에서의 구약성경 사용은 성경신학과 성경해석에서 계속되는 주제이다. 과거에 학자들은 신약성경에서의 구약성경 인용에 크게 주목했다. 보다 최근에는 직접적인 본문의 인용 없이 구약성경의 주제와 구절을 거론하는 신약성경의 많은 부분들로 관심을 전환해왔다. 신약성경 기사들은 아주 철저하게 구약성경에 정통해있어서, 성경의 용어들과 주제들을 그들이 기록했던 바로 그 직조물로 엮었다. 학자들은 그래서 신약성경에서 성경의 "반향들"에 대해 말하는데, 여기서 저

20. Green, *The Second Epistle General of Peter and the General Epistle of Jude*, 103-4.
21. TEV, "그들…하나님의 권위를 경멸하는 자들"; NJB, "그들…주님의 권위를 전혀 존경하지 않는 자들"을 보라. 주석가들에 대해서는 예를 들어 Bigg, *The Epistles of St. Peter and St. Jude*, 279; Kelly, *The Epistles of Peter and of Jude*, 336; Bauckham, *Jude, 2 Peter*, 255를 보라.

자들은 은연중에 독자들을 구약성경 구절이나 주제에 주목시킴으로써 의미상의 특수한 뉘앙스를 전달한다. '텍스트간 관련성'은 이 현상에 대해 적용되는 또 하나의 용어이다. 성경이 실제로 하나의 책이라는 것은 전보다 한층 더 깊은 방식으로 일깨워졌는데, 성경의 부분들은 전체의 빛 안에서만 올바르게 이해될 수 있다.[22]

그럼에도 이 텍스트간 관련성의 상황을 복잡하게 만드는 것은 원래의 구약성경 본문과 신약성경 저자 사이에 위치한 전승의 층들이다. 베드로 같은 신약성경 저자들은 물론 초년부터 성경에 정통해 있었다. 그들은 어릴 때부터 계속해서 회당이나 다른 곳에서 그것이 읽혀지고, 해석되고, 적용되는 것을 들었다. 그리고 그 시절 동안 그들은 구약성경을 읽는 수많은 특별한 방식들을 체득했다. 그들의 독서는 물론 구약성경의 성취이신 예수에 대한 그들의 헌신에 의해 결정적으로 변형되었다. 하지만 그리스도에 대한 신앙이 불러일으켰던 새로운 시각은 그들이 성경을 읽는 것을 변형시키는 가운데에도 그들이 유대적 배경으로부터 상속받았던 모든 해석을 지워버리지는 않았다. 이 많은 전승들이 구약성경에 대한 신약성경의 해석에서 역할을 수행하고 있다.

베드로후서 2:4-10a은 적절한 예를 제시한다. 앞서 내가 언급한 것에서 나는 베드로가 자신의 구약성경 사용에서 분명하게 적어도 네 곳에서 유대 전승으로부터 영향을 받았던 것에 주목했다.

(1) "범죄한 천사들"(4절)에 대한 하나님의 심판은 아마도 창세기 6:1-4에 대한 유대의 해설을 가리킬 것이다.

(2) 노아의 "설교"(5절)는 구약성경에서는 언급되지 않지만 몇 가지 유대 문헌에서 자세하게 설명되고 있다.

(3) 베드로가 소돔과 고모라의 멸망을 묘사하는데 사용했던 언어(6절의 "재가 되게 하사")는 구약성경보다는 필로와 몇몇 다른 유대 작가들에 더 가깝다.

(4) 롯이 "의로웠다"(7절)는 베드로의 주장은 적어도 한 권의 중간시대 유대 문헌(솔로몬의 지혜)에서 발견되는 롯에 대한 묘사를 재현한 것이다.

22. 이러한 접근에 대한 간략하지만 생산적인 서론은 Richard B. Hays, *Echoes of Scripture in the Letters of Paul* (New Haven: Yale University Press, 1989), 14-33에서 볼 수 있다.

나는 베드로가 특별히 이 책들이나 기록자들 각각에 대해 알고 인용한 것이라고 주장하는 것은 아니다. 비록 그가 그들 대부분에 대해 확실히 알고 있었을지라도 말이다. 오히려 실제로는 베드로가 자신에게 친숙하고 이들 책들에 의해 입증된 대중적인 가르침을 언급한 것이다. 우리가 알고 있는 바는 유대인들이 후대에 전할 때나 설교자나 교사들이 적용하려고 할 때에 구약성경 구절들과 이야기들을 해설했다는 것이다. 이 해설들의 일부는 널리 퍼졌으며, 아마도 그들이 근거로 두었던 구약성경 구절들에 본격적으로 관련되었을 것이다. 이 전승들은 앞서 언급한 중간시대 문헌들에서 표면화되었고, 베드로는 추측컨대 회당에서 보낸 시기에 그것들에 익숙해졌을 것이다.

유대 전승에 대한 나머지 세 가지 암시들은 논쟁이 되지 않는다. 각각의 경우마다 유대 전승은 단순히 구약성경 스토리에서 이미 현재하거나 암시되는 요점을 보다 분명하게 드러낸 것일 뿐이기 때문이다. 하지만 첫 번째 암시는 실제로 논쟁이 되는데, 여기서 베드로가 많은 현대 복음주의 학자들이 창세기 6:1-4에 대한 오해라고 보는 것에 근거를 둔 천사에 대한 유대 전승을 언급하는 것이 나타나기 때문이다. 이 주제를 검토하기에 앞서 나는 전승과 그 기초에 대해 설명하려 한다.

창세기 6:1-4은 이렇다.

> 사람이 땅 위에 번성하기 시작할 때에 그들에게서 딸들이 나니 하나님의 아들들이 사람의 딸들의 아름다움을 보고 자기들이 좋아하는 모든 여자를 아내로 삼는지라 여호와께서 이르시되 나의 영이 영원히 사람과 함께 하지 아니하리니 이는 그들이 육신이 됨이라 그러나 그들의 날은 백이십 년이 되리라 하시니라 당시에 땅에는 네피림이 있었고 그 후에도 하나님의 아들들이 사람의 딸들에게로 들어와 자식을 낳았으니 그들은 용사라 고대에 명성이 있는 사람들이었더라.

결정적인 것은 "하나님의 아들들"의 정체성이다. 대부분의 중간 시대 유대인들은 이 "하나님의 아들들"이 천사들이었다고 생각했다. 이러한 해석 전승은 다양한 곳에서 발견되지만 『에녹 1서』라는 종말론적인 책에서 가장 분명하고 빈번하게 나타난다. 이 책의 6:1-2에서 이렇게 읽고 있다.

> 그 시절에 사람의 자손이 번성하여 그들에게 수려하고 아름다운 딸들이 태어났다. 천사들, 곧 하늘의 아들들은 그들을 보고 그들을 열망하였다. 그들이 서로 말하기를, "자,

사람의 딸들 가운데 우리를 위하여 아내들을 택하여 자녀를 낳자."

『에녹 1서』의 저자는 계속해서 이 천사들이 실제로 "사람의 딸들"과 어떻게 동거했는지를 서술한다(7:1). 그들의 결합으로 거인들이 나왔다(참조. 창 6:4의 "네피림"). 게다가 천사들은 죄된 습성을 가져왔는데, 이를 그 아내와 자손들에게 가르쳤다(7:2-6). 이 습성들 가운데 눈에 띄는 것은 마법이었다. 『에녹 1서』는 이 세상의 죄 됨의 기원을 이 타락한 천사들에서 밝혀내는데, 저자는 이들을 자주 "순찰자들"이라고 부른다. 그들과 그들의 범죄와 심판은 책의 나머지 부분에 여러 번 언급되고 있다.[23]

이 전승의 대중성으로 인해 베드로는 과거에 있었던 하나님의 심판을 묘사함에 있어서 자연스럽게 그것을 선택하게 되었을 것이다. 그리고 우리가 서론에서 지적했던 것처럼, 베드로의 독자들도 아마 이방인들이었을 것이지만, 마찬가지로 구약성경에 대해서 꽤 익숙해 있었을 것이다. 그럼에도 베드로가 이 전승을 사용한 것은 성경의 완전한 정확성을 분명히 믿고 있는 우리에게는 문제가 된다. 그가 이렇게 한 것이 사실이라면, 그는 많은 이들이 옳지 않다고 여기는 창세기 6:1-4에 대한 유대의 해석을 승인하는 것으로 보인다. 그는 실제로 결코 일어났던 적이 없는 하나님의 심판의 한 가지 예를 언급하고 있다. 그리고 이는 분명히 그가 기록했던 것의 진실성에 대한 의문을 불러일으키게 된다.

내 생각에 우리에겐 이 문제에 대한 가능한 세 가지 해결책이 있다. (1) 내가 "원 의미" 단원에서 주목했던 것처럼, 베드로는 결코 이 유대 전승을 언급하지 않은 것일 수 있다. 구약성경이 분명하게 천사들의 "타락"을 서술하지 않지만, 많은 학자들의 생각은 적어도 두 개의 구절이 사악한 천사들의 우두머리인 사탄의 타락을 언급하는 것일 수 있다고 본다. 이사야 14:12-20에서의 이사야의 "계명성"에 대한 탄핵과, 에스겔 28:1-19에서의 에스겔의 두로 왕에 대한 예언이 그것이다. 하지만 아마 보다 가능성이 높아 보이는 것은 이 본문들이 선지자들의 시대에 활동했던 역사적인 인간 통치자의 오만과 몰락을 서술하기 위해 과장법을 쓴 것이라는

23. 9:6-9; 10:7-15; 12:4-6; 13:1-2; 14:4-7; 15:3-7; 16:3; 19:1; 54:7-55:2; 64:1-69:25을 보라. 이 전승을 언급하고 있는 다른 중간시대 저술은 *Jubilees* 5:1; 10:1-6; Josephus, *Antiquities* 1.73; Philo, *On the Giants* 6; *Questions on Genesis* 1.92가 있다. 또한, *Damascus Document* (CD) 2:18도 보라. 『에녹 1서』의 인용은 James H. Charlesworth, ed., *The Old Testament Pseudepigrapha*, Vol. 1: *Apocalyptic Literature and Testaments* (Garden City, N.Y.: Doubleday, 1983), 15가 출처이다.

점이다. 우리 중 다수가 머리 속에 지니고 있는 천사들의 타락에 대한 훨씬 더 분명한 역사는 성경이 아니라 존 밀턴의 『실락원』이라는 위대한 서사시가 그 출처인데, 여기서 그는 이 주제를 상당히 길게 발전시키고 있다.

하지만 천사들의 타락이 구약성경에서 분명하게 서술되지 않고 있을지라도, 그와 비슷한 무언가가 분명하게 전제되고 있다. 그리고 요한계시록 12:7-9은 미가엘과 선한 천사들과의 전쟁 이후 하늘로부터 "사탄과 그의 천사들"이 내쫓기는 것을 환상의 형식으로 묘사한다. 그렇다면 베드로는 천사들의 이 "역사 이전의" 타락을 언급하는 것일 수 있다. 우리는 이를 미해결의 상태로 남겨둘 필요가 있는데, 베드로가 "범죄한 천사들"에 대한 자신의 언급을 창세기 6장이나 노아의 시대와 분명하게 연결짓지 않고 있기 때문이다. 하지만 나는 내가 왜 베드로가 아마도 창세기 6장 전승을 염두에 두고 있을 것으로 생각하는지의 몇 가지 이유도 제시한 바 있다.

(2) 베드로가 창세기 6장의 천사에 대한 전승을 언급하면서, 우리로 그것이 실제 역사적으로 발생한 것으로 결론 내리도록 의도한 것이 아닐 수 있다. 실제로 베드로는 많은 현대 설교자들처럼 예화를 이용한 것일 수 있다. 말하자면 대중적이고 잘 알려졌으나, 사실이 아니면서도 주장을 입증하는데 쓸 수 있는 이야기를 언급하는 것같이 말이다. 나는 이 가능성 있는 해결책을 물리쳐야 한다고 생각하지 않지만, 그럼에도 이는 몇 가지 문제가 있다. 가장 심각한 것은 베드로가 자신의 다른 예로써 사용하고 있는 분명하게 역사적인 사건들이다. 노아 시대의 홍수(5절)와 소돔과 고모라의 멸망(6절)은 실제로 발생한 일들이다. 극도로 예민한 독자라면 이 일련의 하나님의 심판들 가운데 첫 번째 예시가 실제로 발생하지 않았다고 추측하게 될 수 있다. 게다가 베드로는 이러한 문제들을 "신화"나 "만들어진 이야기"(1:16을 보라)로 취급하고 있는 거짓 선생들에 직면하여, 하나님의 심판의 진실에 대해 그의 독자들에게 확신을 주려하고 있다는 것을 기억하라. 베드로가 이 문맥에서 충분히 "신화"라고 불릴 수 있는 하나님의 심판 전승을 언급하는 것은 불안한 전략일 수 있다. 여전히 이 가능성은 신중하게 고려해야 할 것으로 여겨진다.

(3) 세 번째 해결책은 베드로의 시대에 창세기 6:1-4에 대한 지배적인 유대 해석을 실제로 옳다고 여기는 것이다. 즉 "하나님의 아들들"이 천사들이라는 것이다. 현대 창세기 해석자들은 창세기 6:1의 "하나님의 아들들"에 대한 세 가지 상이한 시각을 가지고 있다. 그들은 인간이나[24] 인간 제후를 지시하거나, 신적인 존재를

지시하거나, 혹은 천사를 지시할 수 있다. 이 시각들 중 첫 번째인 인간을 지시한다는 것은 사실 히브리어 구절인 '베네 엘로힘'이 여기서 인간을 지시하지 않을 가능성이 있다는 것이 인정되면서 그 인기가 줄어들고 있다. 두 번째 시각인 신적인 존재로 보는 것은 창세기가 신들과 인간 여성들 사이의 동거에 대한 널리 퍼진 고대 신화에 의존하고 있다고 생각하는 해석자들 사이에서 인기가 있다.[25] 하지만 세 번째 시각인 천사로 보는 시각도 많은 수의 지지자들을 확보하고 있는바, 그들은 욥기 1:6과 2:1 같은 본문을 인용하는데, 거기서는 "하나님의 아들들"이 분명히 천사들이다.[26]

천사와 인간이 성적인 관계를 가지는 것을 상정하기는 명백히 어렵다. 그리고 이는 언제나 "하나님의 아들들"이 천사들이었다는 시각에 대한 주요 반론이었다. 예수께서는 직접 천사들이 성적인 관계를 맺지 않는다는 것을 말씀하신 것으로 보인다(마 22:30과 평행구를 보라). 더구나 창세기 6:5-8은 천사들의 범죄에 대해 아무것도 말하지 않지만, 인간의 죄에 대해 큰 분량으로 말하고 있다. 해석자들은 이 난점을 회피할 몇 가지 방편을 제안하지만, 우리는 여기서 이 문제를 탐구할 필요는 없다. 중요한 것은 뉘앙스를 통해 보면 창세기 6:1-4이 여인들과 성적인 관계를 가졌던 타락한 천사들에 대해 언급한다는 것이 불가능하다고 생각할 필요는 없다는 것을 깨닫는 것이다.

그렇다면 우리는 베드로가 창세기 6장을 사용한 것에 대해 어떤 결론을 내릴 수 있는가? 아마도 이 경우에 우리는 텍스트간 관련성에 완전히 의존할 필요가 있다. 베드로가 "범죄한 천사들"을 언급한 것은 특별히 베드로전서 3:19-20에 비추어 아마도 창세기 6장에 대한 특수한 독법에 의존하는 것으로 보인다. 성경은 궁극적으로 하나의 목소리를 낸다고 우리가 믿기 때문에, 아마도 우리는 베드로의 해석을 불가사의한 "하나님의 아들들" 본문에 대한 진실한 해석으로 수용해야 할 것이다.

이 문제에 대해 우리가 무슨 결론을 내리게 되는지 불문하고, 본문은 확실히 우

---

24. 예를 들어 C. F. Keil and F. Delitzsch, *Commentary on the Old Testament: The Pentateuch* (3 vols. in one: reprint: Grand Rapids: Eerdmans, n.d.), 127-34를 보라.

25. 예를 들어 Claus Westermann, *Genesis I-II: A Commentary* (Minneapolis: Augsburg, 1984), 371-72를 보라.

26. G. J. Wenham, "Genesis," in *The New Bible Commentary: 21st Century Edition*, ed. D. A. Carson, R. T. France, J. A. Motyer, and G. J. Wenham (Downers Grove, Ill.: InterVarsity, 1994), 65를 보라. 웬함(Wenham)은 계속해서 본문이 종교적 신성한 매음을 지적하는 것일 수 있다고 제안한다.

리가 성경을 성경의 빛 안에서 해석하는 것과 신약성경 저자의 구약성경 사용에서 역할을 수행했을 수 있는 유대 전승에 대해 우리가 알고 있는 것이 얼마나 중요한지를 보여주고 있다. 우리가 구약성경에 비추어 신약성경을 해석하는 것에 대해 이야기하고 있는 한, 누구나 위의 원리에 동의해야 할 것이다. 그리스도인들은 언제나 그리스도의 빛 안에서 구약성경을 읽는 것의 중요성을 보아왔다. 하지만 내가 앞선 논증에서 제안하고 있는 것은 약간 더 근본적인 것이다. 그것은 구약성경 구절을 신약성경의 설명에 따라 "주해하는 것"이다.

복음주의 그리스도인들로서 우리는 하나님께서 이 전승들의 영향을 통해 구약성경에 대한 이 독법에 오류를 끌어들이는 것으로부터 보호하셨다고 믿는다. 하지만 성경에 대한 고대 유대의 해석은 우리가 아직도 배울 것이 많은 정확한 해석들을 꽤나 유지하고 있을 수도 있다. 불가사의한 창세기 6:1-4 스토리는 이 과정의 한 가지 예일 수 있다.

현대적 의미

베드로후서 2:4-10a에서 현대적 의미를 발견하는 것은 어렵지 않다. 전해지는 상황이 오늘날의 세계에서 교회가 갖는 지위와 전적으로 너무나도 유사하기 때문이다. 2:1에서 베드로는 우리에게 "너희 중에도 거짓 선생들이 있으리라"고 일깨운다. 그리고 그의 예언은 확실히 21세기에 적용가능하다. 우리는 어디에서나 성경이 분명히 질책하는 개념들을 변호하면서도, 여전히 자신들만이 하나님이나 "삶의 의미"나 영적인 충족을 발견하는 진정한 길이라고 주장하는 사람들이 있는 것을 본다. 그리고 이 종교적인 교사들은 자주 성공적이어서, 수많은 추종자들을 매료시키고 스스로 큰 수익을 내고 큰 인기를 축적한다. 베드로가 이 구절에서 우려하는 것이 바로 이 뚜렷한 불의이다. 이러한 거짓 선생들이 하나님의 진리를 왜곡하고 그의 백성들을 타락시킬 때에 어떻게 하나님께서 가만히 계시는 것일까?

베드로의 대답은 간단하다. 하나님께서는 가만히 계시는 것이 아니다. 범죄한 천사들과 노아 시대의 세계와 소돔과 고모라의 성읍들의 예를 사용하여 베드로가 논증하는 것은, 하나님께서 이제 죄인들을 심판하시고 결국에는 미래에 그들을 책망하실 것이라는 점이다. 그가 단락의 시작(4절)과 끝(9절)에서 이 심판의 두 가지 단계에 대해 어떻게 언급하는지를 주목하라.

하나님이 범죄한 천사들을 용서하지 아니하시고 지옥에 던져 '어두운 구덩이에 두어 심판 때까지 지키게 하셨으며'

주께서…아시고 '불의한 자는 형벌 아래 두어 심판 날까지 지키시며.'

성경은 어디에서나 도래할 심판의 큰 날에 대해 가르치고 있으며, 그때 의로운 자들은 그들의 영원한 보상을 받을 것이고, 불의한 자들은 영원한 책망을 겪을 것이다. 현생에서의 심판의 개념은 그렇게 통상적인 것은 아니지만, 충분히 자주 나타난다. 우리는 예컨대 로마서 1:18-32에 대해 생각한다. 여기서 바울은 하나님께서 세 차례 죄된 인간들을 그들이 택했던 죄의 결과 속에 그대로 "내버려 두셨다"고 주장한다(24, 26, 28절). 진정하신 하나님으로부터 그들이 직접 만든 우상을 섬기는 일로 돌아섬으로써, 이 사람들은 성적인 더러움과, 역리(逆理)의 열정과, 부패한 사고방식으로 "넘겨 버림"을 당했다. 그들이 하나님께 대적하여 그들 자신들의 길을 완고하게 택하는 가운데, 하나님께서는 그들을 자신들이 택했던 길, 즉 비참한 종말에 이르는 길에 계속 있게 하신다. 독일 시인 쉴러(Schiller)가 지적했듯이, "세계의 역사는 세계의 심판이다."

베드로는 불의한 자들이 겪고 있는 현재의 심판을 언급하면서 이 동일한 개념들을 마음에 두었을 수 있다. 이 사람들이 범했던 다양한 범죄는 정신과 육체의 건강에 미친 그 모든 참혹한 결과와 더불어 일종의 심판이다. 그래서 우리가 우리 시대의 경건하지 않은 자들을 주시하고 있을 때, 베드로는 우리를 격려하여 그들의 외적인 행복과 성공을 넘어서 표면 바로 아래에 잠재해 있는 내적인 불안과 절망과 좌절을 보게 한다.

하지만 베드로의 주안점은 심판의 수단이 아니라 그 확실성이다. 그는 신자들에게 하나님을 경멸하고 하나님의 진리에 반하는 것을 가르치는 자들이 징벌을 모면하지 못할 것임을 확증시키기를 원한다. 그린이 지적했듯이, "거짓 가르침과 거짓 행실은 궁극적으로 언제나, 롯의 시대에서나, 베드로의 시대, 또는 우리의 시대에도 고난과 재난을 만들어낸다."[27] 베드로의 언어 이면에는 그의 확신이 있으며, 이 확신은 모든 성경 저자들과 공유하는 것으로서, 하나님께서 의로우시며 주권자시라는 것이다. 그분께서 의로우시기에, 그는 죄가 심판을 당하지 않게 두실 수 없으시다. 그리고 그는 주권자이시기에, 언젠가 그 심판을 실행하실 것이다. 실제로

27. Green, *The Second Epistle General of Peter and the General Epistle of Jude*, 100.

칸트(Kant) 같은 철학자들은 그토록 자주 불의한 세계로 보여지는 곳에서 정확히 궁극적인 정의를 확증하기 위해 모종의 신이 필요함을 단정했던 것이다.

우리 모두에게는 "정의의 승리"에 대한 갈망이 있다. 이를 악에 대한 선의 궁극적인 승리를 묘사함으로써 청중들을 압도하는 수많은 책들과 영화들이 증거한다. 영화 『스타워즈』의 마지막 편에서 루크 스카이워커와 나머지 "자유 전사"들이 마침내 사악한 제국을 정복할 때, 우리는 하나님께서 우리 안에 서 계신다는 만족감과 정의감을 갖게 된다. 시편기자는 우리에게 바로 이런 종류의 체험을 전해준다. 아삽은 시편 73편을 시작하면서 악인들의 분명한 행복과 성공을 한탄한다(1-12절). 그의 반응은 우리 중 다수가 동일시할 수 있는 것이다. "내가 내 마음을 깨끗하게…한 것이 실로 헛되도다"(13a절). 하지만 그때 아삽이 우리에게 말하는바, 그는 "하나님의 성소에 들어갔다." 그는 스스로를 사태에 대하여 하나님의 전망을 얻을 수 있었던 장소에 두었던 것이다(17절). 그래서 그는 "그들의 종말을 깨달을 수" 있게 되었다. 그것은 재난과 멸망이다(18-28절). 우리가 이것을 기독교 이전의 시각이라고 생각하지 않도록, 바울이 데살로니가후서 1:6, 8-10에서 심각한 박해를 겪고 있던 데살로니가의 그리스도인들에게 말하는 것을 들으라.

> 너희로 환난을 받게 하는 자들에게는 환난으로 갚으시고…하나님을 모르는 자들과 우리 주 예수의 복음에 복종하지 않는 자들에게 형벌을 내리시리니 이런 자들은 주의 얼굴과 그의 힘의 영광을 떠나 영원한 멸망의 형벌을 받으리로다 그날에 그가 강림하사 그의 성도들에게서 영광을 받으시고 모든 믿는 자들에게서 놀랍게 여김을 얻으시리니.

이제 우리 중 일부는 심판에 대한 이 모든 강조가 어떻게 다른 성경적 가르침에 부합하는지 궁금해 할 수 있다. 결국 그리스도인으로서 우리는 우리 주께서 우리에게 경계하시는 응보에 대한 죄된 욕망을 삼가야 한다. 우리는 "우리 원수를 사랑하며 우리를 박해하는 자를 위하여 기도"해야 한다(마 5:44). 하지만 우리는 "원수 갚는 것이 [하나님께] 있으니 [하나님께서] 갚으실 것"(롬 12:19)을 알고 있기에 정확히 그 이유로 우리는 그렇게 조건 없이 사랑할 수 있다. 하나님께서는 우리에게 복수, 모든 잘못된 것을 바로 고쳐놓기를 구하는 일에 염려하지 말라고 말씀하셨다. 그분께서 그것을 맡으실 것이다. 불의한 자들에 대한 사랑과 불의한 자들에 대한 하나님의 심판에 대한 만족은 성경에서 함께 나타난다. 경건치 못한 자들에 대한 하나님의 심판을 베드로가 일깨운 것은 죄인들에 대한 희생적인 사랑을 위한 기초를 제공하는 동시에 우리에게 이 세상의 궁극적인 정의에 대한 만족을 준다.

그럼에도 하나님의 거룩하고 공평한 심판에 만족함은 사정의 한 쪽 측면에 불과하다. 베드로가 이 단락에서 우리를 일깨우듯이, 하나님께서는 경건치 못한 자들을 책망하실 뿐만 아니라, 경건한 자들을 구원하신다. 홍수가 세상을 멸망시켰지만 하나님께서는 노아와 그의 가족을 구출하셨다. 하나님께서는 소돔과 고모라를 멸망하셨지만 롯을 구출하셨다. 그렇게 하나님께서는 언제나 그들의 시험으로부터 그의 백성을 구원하실 것이다. 물론 그가 그의 백성들이 시험을 겪는 것을 막으실 것이라는 말은 아니다. 신약성경은 신자들이 현생에서 직면할 것을 각오할 수 있는 온갖 종류의 어려움과 고통에 대해서는 현실적이다(예컨대 롬 5:3-4; 약 1:2-4; 벧전 1:6; 4:12을 보라). 베드로가 한 약속은 오히려 하나님께서 그의 백성들로 시험에 의해 압도당하지 않게 하실 것이라는 약속이다. 바울이 고린도전서 10:13에서 약속하듯이.

> 사람이 감당할 시험[혹은 유혹]밖에는 너희가 당한 것이 없나니 오직 하나님은 미쁘사 너희가 감당하지 못할 시험[혹은 유혹] 당함을 허락하지 아니하시고 시험[혹은 유혹] 당할 즈음에 또한 피할 길을 내사 너희로 능히 감당하게 하시느니라.

이는 또한 예수께서 우리에게 기도하라고 가르치신 것일 수도 있다. "우리를 시험[혹은 유혹]에 들게 하지 마옵시고"(마 6:13). 하나님께서는 다양한 종류의 시험을 주신다. 그리고 노아의 가족이나 롯처럼 이 시험은 경건하지 못한 자들에 대한 하나님의 심판의 결과로서 올 수도 있다. 하나님께서는 그의 백성이 그러한 시험에 의해 영향을 받지 않을 것이라는 약속을 주지는 않으시지만, 그는 그들을 시험"으로부터 나오도록" 구원하실 것을 약속하신다.[28] 다른 말로 하자면 하나님께서는 그리스도인들이 시험으로부터 온전한 신앙 그리고 있는 그대로의 구원을 가지고 나타날 것을 보기위해 필수적인 모든 것을 제공하시기로 약속하신다. 시험이 그리스도인들에게 육체적인 해(害)를 줄 것인가? 그렇다. 정서적인 압박은? 확실히 있을 것이다. 경제적인 박탈은? 자주 있을 것이다. 육체적인 죽음은? 가능하다. 신약성경에는 이 모든 것에 대한 수많은 예증들이 구비되어 있다. 하지만 하나님

---

28. 베드로가 9절에서 사용하는 헬라어 전치사는 에크인데, 이는 자주 "- 의 가운데로부터 바깥으로"라는 의미를 갖는다.

께서는 그의 주권적인 지혜와 선하심으로 언제나 그의 백성들에게 이 시험으로부터 "빠져나올 길"을 주신다. 견디고 영적으로 강해져서 나타날 수단들 말이다.

우리는 많은 그리스도인들이 "건강과 부의 복음"을 말하는 사이렌(목소리로 유혹하여 배를 조난시키는 바다의 요정-옮긴이)의 목소리에 굴복당하는 시대를 살고 있다. 그리스도인들은 건강과 부를 약속받았다고 이 설교가들은 선포한다.[29] 당신이 할 일은 기껏해야 "이를 믿음으로 주장하시는 것이고, 그것은 모두 당신 것입니다!" 이 "복음"은 분명히 "다른 복음"(참조. 갈 1:6-9)이다. 흔히 특정 절들을 문맥으로부터 분리시켜 파악하는 것은 성경의 명백한 가르침, 곧 "우리가 하나님의 나라에 들어가려면 많은 환난을 겪어야 할 것이라"(행 14:22)는 가르침을 무시하는 것이다.

본서는 이런 움직임이 갖는 모든 문제들을 상술하려는 것이 아니다. 하지만 우리 중 대부분이 아마도 우리가 고난을 바라보는 방식에 대해 이 움직임이 두는 강조를 흡수해왔기 때문에 나는 말한다. 우리는 어려움들을 원칙이 아닌 예외로 여긴다. 결과적으로 시험을 통해 우리가 하나님의 계획, 우리를 향한 하나님의 사랑, 혹은 하나님의 실재하심조차 의문시하게 되는 신앙의 위기가 초래될 수 있다. 베드로가 독자들뿐만 아니라 구약성경의 성도들의 시험에 대해서도 언급하는 사실적인 방식으로 인해, 우리는 시험을 바라보는 우리의 전망과 시각을 바꾸어 시험이 삶에서 예측 가능한 것이라고 보는데 도움이 될 것이다. 그렇다면 이 절들의 놀라운 약속은 우리에게 분명해진다. 하나님께서는 우리를 그것들로부터 구하실 것이다. 베드로가 그의 첫 번째 서신에서 말하는바 어느 것도 우리에게 어떤 결정적인 해(害)를 끼칠 수 없다(벧전 3:13). 하나님께서 우리에게 보증하시는 것은 우리의 삶에 일어나는 것은 무엇이든 그가 통제하신다는 것이다. 그는 우리가 겪는 시험을 판단하시고, 시험으로 우리를 압도하거나 우리의 경건을 유지하는 것을 불가능하게 만들도록 허용하지 않도록 애쓰신다.

이 주제에 보충적이지만 경건한 자들을 구속(救贖)하시는 하나님의 능력에 대한 베드로의 강조에 비추어 가치를 갖는 한 가지 요점은 현재 귀신이 구속(拘束)되어 있다는 사실이다. 베드로가 일깨우는 바 "범죄한 천사들"은 "지옥에 던져져

29. 예를 들어 Kenneth Copeland, *The Laws of Prosperity* (Fort Worth: Kenneth Copeland Publications, 1974); idem, *Prosperity: The Choice Is Yours* (Fort Worth: Kenneth Copeland Publications, 1992); Kenneth E. Hagin, *Obedience in Finances* (Tulsa: RHEMA Bible Church, 1983)을 보라.

서" 지금은 "어두운 구덩이"에 갇혀있다(벧후 2:4). 분명하게 베드로의 언어는 은유적이다. 우리는 어딘가 물리적인 감옥에 있는 타락한 천사들을 상상해서는 안 된다. 하지만 이 언어는 이 타락한 천사들—귀신들—이 그들의 활동 영역 안에서 하나님에 의해 갇혀있다는 것을 분명하게 한다.

다른 성경 구절들도 동일한 요지를 확인시킨다. 가장 회화적인 것으로 욥기 1-2장에서는 사탄이 욥에게 해(害)를 가하기 위해 하나님의 허락을 구해야 했다. 귀신들이 그 활동에 있어 하나님에 의해 제한되고 있다는 것을 아는 것은 그리스도인들로 큰 위안이 될 것이다. 이 점은 우리 시대에 새로운 강조를 필요로 하는데, 우리 세계에서 귀신들의 영향에 대해 우리의 주목을 끌어왔던 대중적인 기독교 작가들 중 가장 주목할 만한 인물로 프랭크 피레티(Frank Peretti)를 들 수 있다. 확실히 우리는 우리가 개입된 영적인 분쟁에 대해 깨달을 필요가 있다. 너무 많은 그리스도인들은 우리가 싸우고 있는 영적인 전투를 이해하지 않기에 비통하게도 그 싸움을 위해 준비가 되어 있지 않다. 하지만 우리가 이 주제에 대해 말할 때면 언제나 위험스럽게도 불균형에 근접해 있다. 패커(J. I. Packer)가 말했듯이,

> 귀신론을 공부하는 것은 칼날 위를 걷는 것이다. 우리 발에는 온종일 오류라는 두 가지 입을 크게 벌린 틈이 있어, 우리는 너무도 쉽게 그 안으로 고꾸라질 수 있다. 한편으로 우리는 초대교회나 중세의 일부가 그랬듯이 사탄을 지나치게 심각하게 다룰 수 있다. 이는 우리로 하나님의 평강으로부터 음침한 두려움과 환상으로 떨어지게 할 것이고…우리는 그리스도인의 삶에 대해 부정적인 시각을 가져서 근본적으로 마귀를-피하는 훈련과정과 반-사탄 군사훈련으로 여길 수 있다…다른 한편으로 우리는 마귀를 충분히 심각하게 여기지 않는 오류를 범할 수 있는데…마귀를 심각하게 여기는 것을 원치 않는 것에는 두 가지 악한 효과가 있다. 이것은 사람들을 기만하여 그들로 마귀의 공격의 목표가 되고 있다는 그 위험에 대한 지식을 갖지 못하게 하고, 그리스도를 모욕하여 십자가가 갖는 사탄과 그 군대에 대한 정복으로서의 의의를 빼앗는다(참조. 골 2:15).[30]

우리 시대의 그리스도인들 중 일부는 이 첫 번째 실수를 저지르고 있다. 그들은 그들의 삶과 가정과 가족에 미치는 귀신들의 영향에 대한 불필요한 두려움 속에서

---

30. J. I. Packer, *God's Words: Studies of Key Bible Themes* (Downers Grove: InterVarsity, 1981), 85-86.

살고 있다. 그렇다. 귀신들은 실존하고 현존하며 힘이 있다. 하지만 베드로가 우리를 일깨우듯이 그들은 심판당하고 하나님께서는 친히 그들을 "결박하셨다." 하나님의 영이 내재하시는 그리스도인들로서 우리는 그것들을 두려워할 필요가 없다.

이 절들에 있는 또 하나의 요점은 우리의 상황에 충격적인 적용을 가지고 있다. 베드로는 굳이 죄에 대한 롯의 반응의 강도를 강조한다. 그는 "무법한 자들의 음란한 행실로 말미암아 '고통을 당했고'"(7절), "저 불법한 행실을 보고 들음으로 그 의로운 심령이 '상했다'"(8절). 내가 궁금한 것은 얼마나 많은 그리스도인들이 이처럼 죄로 인해 "고통을 당하고" "상하는지"이다. 아마도 변명이겠지만 우리는 롯이 우리보다 훨씬 더 많은 죄를 겪은 것이라고 대응할 것이다. 하지만 확신이 서지 않는 것은 차이가 그토록 큰 것인지이다. 성경이 분명하게 하는 것은 소돔과 고모라의 가장 심각한 범죄는 동성애였다.

동성애가 미국에서는 몇 년 안 되는 짧은 기간 안에 하나의 삶의 양식으로 수용되었다는 것을 굳이 지적할 필요도 없을 것이다. 예컨대 내가 이 글을 쓰는 날 아침 신문에서 나는 "오레곤 반-게이 투표 1998년까지 연기"라는 제목의 기사를 발견한다.[31] 그 기사에서는 오레곤에서 일부 맹신자들이 그들의 혐오를 입법화하려고 노력하고 있다는 것이다. 하지만 내가 그 기사를 읽으면서 발견한 것은 이 오레곤 사람들이 발안한 것은 "가족 개념을 '결혼 서약으로 묶인 한 남성과 한 여성으로 제한'된 것으로 정의"하자는 것이었다는 점이다. 이것은 전혀 극단적으로 보이지 않는다! 게다가 그 기사는 우리 시대의 시민들은 불과 이십여년 전에는 미국 내의 거의 모든 사람들이 옳다고 여겼던 것을 입법하기 위해서는 국민투표라는 절차를 거쳐야 한다는 것에 대해 많은 분량을 할애하고 있다. 우리가 실제로 "후기-기독교" 세대 속에 살고 있다는 증거가 급속히 축적되고 있다.

그리고 기독교 도덕 표준에 대한 포기가 점차로 증가하는 것에 대한 그리스도인들의 반응은 무엇인가? 많은 이들은 확실히 그리고 칭찬할 만하게도 단호하게 반응하여 성에 대한 성경적 전망을 충실하고 확고하게 재진술한다. 하지만 우리 중 다수는 두렵게도 심한 소란이나 우려도 없이 일어나는 일들을 수용하고 있다. 우리는 우리 주변에서 보는 것들에 의해 "고통을 당하거나" "상하지" 않는다. 오, 우리는 이들 발전들에 의해 방해받을 수 있고, 비성경적인 삶의 양식을 선택한 자들을 애통해 할 수 있다. 하지만 그리스도인들은 롯이 자신이 속한 사회의 경건하

31. *Chicago Tribune*, June 7, 1996, sec. 1, p. 1.

지 않음에 직면했을 때 느꼈던 "영혼의 상함"을 거의 경험하지 않는다.

텔레비전은 다른 어떤 것보다 더 이 문제를 잘 그려낸다. 10년 전보다 공중파 TV에 훨씬 더 많은 섹스와 비속어와 이유 없는 폭력이 나타나고 있다는 것은 말할 필요도 없다. 케이블 TV는 더 말할 것도 없다! 우리 중 다수가 계속 프로그램들을 보는 가운데 섹스와 상스러운 것들은 점차로 증가해왔다. 그 결과는? 우리 중 다수는 겨우 몇 년 전에는 엄청나게 우리를 괴롭혔을 것들을 TV에서 볼 때에 움찔도 하지 않는다. 우리는 더 이상 그것에 충격 받지 않는다. 우리는 그것에 무감각해져 왔다.

전보다 더 만연하는 죄에 대해 이렇게 반응이 잦아드는 것은 사회에 대해서 뿐만 아니라 교회에 대해서도 위험을 수반한다. 19세기 로마 가톨릭 신학자인 추기경 뉴먼(Newman)이 지적했듯이, "죄에 대한 우리의 큰 안전은 그것에 충격 받는 것에 있다." 우리가 무언가에 충격을 받을 때, 우리는 그것을 어떤 대가를 치르고서라도 피하게 된다. 폐암으로 죽어가는 한 사람을 보는 것은 우리가 일찍이 보았듯이 담배를 반대하는 논증에 효과적이다. 마찬가지로 죄와 그것이 창조하는 황폐를 직접 보는 것은 우리에게 충격을 주어서 어떤 대가를 치르고서라도 그것을 피하게 만들 것이다. 죄가 그 "충격의 가치"를 상실한다면, 우리는 너무도 쉽게 이를 묵인하고 이내 우리 스스로 그 희생물이 될 것이다.

우리가 주변에서 날뛰는 죄에 대해 "애통하며 한탄하는" 더 많은 그리스도인들을 발견하지 못하는 이유는 무엇인가? 두 가지 기본적인 이유가 있다. (1) 우리는 하나님의 거룩한 표준에 대해 거의 신경쓰지 않는다. 롯은 그의 모든 잘못에도 불구하고 베드로가 우리에게 말하는바 "의로운" 자였다. 의로운 사람은 하나님과 올바른 관계 속에 있다. 믿음으로 의로워지고, 그리스도의 사역으로 인해 하나님께 받아들여진다. 하지만 의로운 사람은 또한 "그리스도의 마음"이 점차 더 자신의 모든 사고와 행위에서 주인이 되는 것을 발견하는 자이기도 하다(롬 12:2을 보라). 하나님의 표준과 가치를 내면화 할수록 하나님의 가치를 격렬히 무시하는 것에 대한 우리의 혐오도 성장한다. 우리가 죄에 대한 하나님의 혐오를 충분히 공유하지 않기에 우리는 죄에 대해 충격 받지 않는다.

(2) 우리는 우리가 살고 있는 이 세상에 대해 거의 관심을 두지 않는다. 롯이 그를 둘러싼 죄에 대해 관심이 없었다면 그 죄에 의해 고통을 겪지 않았을 수 있다. 아마도 많은 현대의 그리스도인들이 죄에 대해 충격 받는 일에 실패한 것이 우리 주변의 세상에 대한 우리의 이탈로부터 기인할 것이다. 많은 사회 평론가들은 최

근에 현대 사회가 그토록 심각하게 공동체에 대한 어떤 현실적 감각도 갖지 못하게 된 것을 지적해왔다.[32]

서구에는 자율적인 개인에 대한 전통이 있는데, 이 "엄격한 개인주의자"는 강경하며, 현대 기술은 무엇이 되었든지 이를 더 강경하게 만들었다. 그리고 그리스도인들은 자주 이 사적자유의 경향에 굴복해왔다. 우리는 하나님과의 관계가 올바르게 되는 것에 (올바르게도) 기뻐한다. 우리는 스스로 올바른 삶을 살기를 구한다. 우리는 우리 가족들을 동일한 발자취를 따르도록 양육한다. 우리는 같은 마음을 가진 사람들과 더불어 예배드린다. 우리는 매체를 통해 삶의 양식에서의 놀라울 정도의 차이점들에 대해 듣고, 경건하지 않은 삶을 사는 직장 동료나 이웃에 대해 알고 있다. 하지만 우리가 실제로 그들과, 그리고 보다 큰 세계와 관계하지 않기에, 우리는 그들의 죄에 의해 아무런 괴롭힘도 당하지 않는다. 우리의 기독교 섬에 고립되어 스스로의 방책을 쌓은 채로, 바깥에서 일어나는 것에 상대적으로 영향 받지 않고 있다. 하지만 그러한 사적자유로서의 신앙은 "빛과 소금"이 되기를 요구하는 세상에의 참여와는 전혀 판이한 것이다. 그리고 우리가 세상에 더 참여할수록, 우리는 거기서 우리가 발견하는 죄에 더 고통을 받게 될 것이다.

32. 특별히 Robert N. Bellah, et al., *Habits of the Heart: Individualism and Commitment in American Life* (Berkeley: Univ. of California Press, 1985)를 보라.

베드로후서 2:10b-16

10b 이들은 당돌하고 자긍하며 떨지 않고 영광 있는 자들을 비방하거니와
11 더 큰 힘과 능력을 가진 천사들도 주 앞에서 그들을 거슬러 비방하는 고발을 하지 아니하느니라
12 그러나 이 사람들은 본래 잡혀 죽기 위하여 난 이성 없는 짐승 같아서 그 알지 못하는 것을 비방하고 그들의 멸망 가운데서 멸망을 당하며
13 불의의 값으로 불의를 당하며 낮에 즐기고 노는 것을 기쁘게 여기는 자들이니 점과 흠이라 너희와 함께 연회할 때에 그들의 속임수로 즐기고 놀며
14 음심이 가득한 눈을 가지고 범죄하기를 그치지 아니하고 굳세지 못한 영혼들을 유혹하며 탐욕에 연단된 마음을 가진 자들이니 저주의 자식이라
15 그들이 바른 길을 떠나 미혹되어 브올의 아들 발람의 길을 따르는도다 그는 불의의 삯을 사랑하다가
16 자기의 불법으로 말미암아 책망을 받되 말하지 못하는 나귀가 사람의 소리로 말하여 이 선지자의 미친 행동을 저지하였느니라

원 의미

베드로는 거짓 선생들이 예수 그리스도의 교회를 괴롭히기 위해 지속적으로 일어날 것이라고 예언했다(2:1-3a). 베드로는 거짓 선생들에 대한 하나님의 책망을 선포하면서, 그들을 구약성경의 죄인들과 반역자들에 비유했다(2:3b-9). 10a절에서 베드로는 보다 상세하게 다루기 시작하면서, 하나님의 책망이 특별히 가해졌던 일단의 사람들을 소개했다. 가장 확실한 것은 그들이 베드로가 편지를 쓰고 있는 교회의 평강을 방해하고 있던 거짓 선생들이라는 것이다. 현재의 단락에서 베드로는 계속해서 그들을 보다 상세히 묘사한다.

그래서 10a절은 전환을 이룬다. 이 절은 특별한 적용을 통해 하나님의 심판에 대한 일반론을 마무리 짓고, 다음 절들의 주제를 소개한다. 실제로 이 반절(半節)은 베드로가 10b-16절에서 상술하고 책망하는 거짓 선생들의 두 가지 특성을 포

착한다. 그것은 그들의 육욕(그들은 "육체를 따라 더러운 정욕 가운데서 행하며")과 오만(그들은 "주관하는 이를 멸시" 한다)이다. 전형적인 방식으로 베드로는 이들을 역순으로 거론하면서, 10b-13a절에서는 거짓 선생들의 오만을, 13b-16절에서는 그들의 육욕을 폭로한다.

거짓 선생들의 오만(10b-13a절)

대부분의 번역과 주석들이 10절의 중간을 나누는 이유는 통사론적인 구문상의 변화 때문이다. 이 절의 전반부는 "특별히"라는 용어를 통해 4절에서 시작했던 문장을 계속한다. 하지만 이 절의 후반부는 새로운 문장을 시작하는데, 여기서 베드로는 거짓 선생들에게 두 개의 유사한 용어들을 적용한다. 그것은 "당돌"('톨메타이')과 "자긍"('아우다데이스')이다. 두 용어 사이의 의미에 있어서의 어떤 분명한 차이를 발견하는 것은 쉽지 않다. 그것들은 함께 "오만한 무례함"[1]의 그림을 그려내는 기능을 한다.

거짓 선생들의 오만은 "영광 있는 자들을 비방"[2]하는 일에 두려워하지 않는 것에서 입증된다. NIV가 번역한 "천상의 존재들"(celestial beings)은 헬라어 원문에서 중요한 애매함을 감춘다. 문자적인 번역은 단순하게 "영광들"이다. 베드로는 이 용어의 동일한 복수형을 베드로전서 1:11에서 그리스도께서 그의 고난 이후에 겪으셨던 영광스러운 사건들을 지시하는데 사용한다. 현재의 구절에서는 분명히 모종의 "영광스러운 '존재들'"을 의미한다. 소수의 주석가들(지금보다는 과거에 더 많았다)의 생각은 지역교회 지도자들을 의미할 수 있다고 본다.[3] 지금 내가 속한 지역교회의 장로로서 나는 "영광스러운 존재"로 여겨지는 것을 좋아할지도 모르지만, 확신컨대 이 개념이 성경적인 것인지 확신이 서지 않는다. 보다 가능성이 커 보이는 것은, NIV가 제안하고 대부분의 최근의 주석가들이 합의하는 바와 같이,[4] 베드로가 천사들을 지시한다는 것이다. 게다가 대다수는 또 '사악한' 천사들

1. 이 표현은 보컴(Bauckham, *Jude, 2 Peter*, 262)의 것이다.
2. 여기서의 구문은 "그들은 천사들에 대한 두려움으로 서있지 않고, 모독한다"로 번역하는 것도 가능케 한다. TEV의 그들은 "위에 있는 영광스러운 존재들에 대한 경의를 보이지 않고, 대신에 그들을 모욕한다"를 보라.
3. 예를 들어 Bigg, *The Epistles of St. Peter and St. Jude*, 279-80; Green, *The Second Epistle General of Peter and the General Epistle of Jude*, 104-5를 보라. 칼빈(Calvin, *Hebrews and 1 and 2 Peter*, 351)은 사회 지도자들을 의미할 것으로 생각했다.

을 의미하고 있다는 것에도 합의하는데, 베드로가 거짓 선생들에 의해 욕을 듣고 있는 이들 "영광 있는 자들"을 11절의 "천사들"(베드로가 그들의 행동을 칭찬하는 것을 보면, 그들은 선한 천사들일 것이다)과 대조시키는 것으로 보이기 때문이다.[5] 거짓 선생들이 이 악한 천사들을 비방하는 것이 잘못된 이유는 무엇인가? 아마도 타락했음에도 그들은 여전히 그들의 "영광스러운" 근원에 대한 흔적을 품고 있기 때문일 것이다.

베드로는 선한 천사들을 소개하면서 그들의 행실을 거짓 선생들의 무례한 태도와 대조시킨다. 그들이 악한 천사들보다 "더 큰 힘과 능력"을 가졌을지라도, 그들은 타락했으나 영광 있는 자들을 거슬러 "비방하는 고발을 하지" 않는다. 11절을 이렇게 의역하는 것에는 두 가지 해석상의 결정이 반영된 것이다. 헬라어 원문은 (선한) 천사들이 그보다 더 위대하다는 그 비교대상이 누구인지 (선한) 천사들이 고발을 자제하는 그 대상이 누구인지를 전혀 분명하게 하지 않는다. 나는 대부분의 학자들의 견해를 반영하여 두 가지 모두를 악한 천사들로 규정한다. 그리고 NIV는 적어도 두 번째 판단에 대해서는 동의하고 있는데, "그러한 존재들"(such beings)로 번역한 것은 분명히 돌이켜 10절 마지막 부분의 "천상의 존재들"(celestial beings)을 지시하는 것이다.

이 절을 이런 방식으로 취급하는 것을 뒷받침하는 것이 유다서 8-9절인데, 여기에는 베드로후서 2장의 이곳에서 발견되는 것과 유사한 거짓 선생들에 대한 질책이 담겨있다.

> 그러한데 꿈꾸는 이 사람들도 그와 같이 육체를 더럽히며 권위를 업신여기며 영광을 비방하는도다 천사장 미가엘이 모세의 시체에 관하여 마귀와 다투어 변론할 때에 감히 비방하는 판결을 내리지 못하고 다만 말하되 주께서 너를 꾸짖으시기를 원하노라 하였거늘.

---

4. 이 시각이 갖는 주요 문제는 언어학적인 것이다. 구약은 결코 천사를 "영광"으로 부르지 않는다. 하지만 일부 유대 문헌은 천사를 영광에 연결시킨다(예를 들어 칠십인경의 출 15:11; Philo, *Special Laws* 1.45; *Testament of Levi* 18:5; *Testament of Judah* 25:2을 보라; "δόξα," *TDNT*, 2.251의 개괄을 보라). 이 용어를 천사를 지시하는데 사용한 본문도 몇 가지 있다(1QH 10:8; *2 Enoch* 22:7, 10; *Ascension of Isaiah* 9:32).
5. 네이리(J. Neyrey)는 최근의 주석가들 중의 예외이다. 그의 생각은 "영광 있는 자들"은 선한 천사들이라는 것이다(Neyrey, *2 Peter, Jude*, 213-14). 그리고 메이어(Mayor)의 생각은 어떤 종류이건 천사가 의도되었다는 것이다(Mayor, *The Epistle of St. Jude and the Second Epistle of St. Peter*, 129).

천사장 미가엘과 사탄을 언급함으로써, 유다는 베드로의 의도라고 우리가 논증했던 선한 천사와 타락한 천사들 사이의 대조를 명백하게 만든다.

상세한 것에 대해서는 이 정도로 하기로 한다. 보다 큰 그림은 어떠한가? 거짓 선생들은 정확히 무엇을 행하고 있는가? 그리고 베드로는 어디서 천사들에 대한 그의 지식을 얻은 것인가? 두 번째 요점을 시작하자면, 베드로의 자료는 아마 이번에도 유대 전승일 것이다. 유다서의 평행구에서 유다는 『모세의 승천』으로 불리는 사라져버린 유대 중간시대 책을 인용한다.[6] 베드로도 이 전승을 염두에 두었을 수 있다. 그러나 또 다른 가능성은 베드로가 계속해서 그가 돌이켜 4절에서 사용했던 "순찰자들"에 대한 이야기를 반영하고 있다는 것인데, 『에녹 1서』에서 그에 대한 가장 긴 해설이 나타난다. 『에녹 1서』 9장에서 저자는 선한 천사들이 악한 천사들에 의해 해를 당하고 있는 인간들이 땅으로부터 절규하는 것을 듣고서, 직접적으로 개입하지 않지만 그 사정을 주님께 고하는 장면을 서술한다. 다시금 베드로는 거짓 선생들의 후안무치를 폭로하기 위해 그의 청중들에게 친숙한 전승들을 이용한다.

첫 번째 질문에서처럼(거짓 선생들의 태도), '블라스페메오'라는 용어부터 시작하자. 베드로는 이 용어를 그의 탄핵의 시작에서(10절의 끝; NIV는 "비방하다"), 그리고 다시 그 끝에서(12절; NIV는 "모독하다"[개역개정판은 "비방하다"-옮긴이]) 사용하여, 선한 천사들이 악한 천사들에 대해 판단하기를 거부하는 것을 묘사하는데 이 동일한 용어의 한 가지 형태를 사용한다(11절; NIV는 "비방하다"). 이 헬라어 용어는 영어로 "blaspheme"으로 음역되는 것으로, 동료인 사람에게 욕설하는 것을 의미할 수 있지만, 하나님 혹은 사람과 그와 관련된 개념을 비방하는 언어나 행동을 지시하는데 더 자주 사용된다. 베드로는 이미 이 거짓 선생들을 "진리의 도"를 "비방 받게" 하였다는 것으로 고발했다(2:2; NIV는 "평판을 떨어뜨리다"). 이제 그가 제시하는 것은 그들이 또한 악한 천사들을 경시하고 있다는 것이다.

거짓 선생들이 유물론적이어서 그리스도의 재림과 도래할 심판 같은 것에 대해 회의적인 것으로 보였기에, 이 "비방"은 매우 기본적인 형식을 취해서 그러한 존재들의 실존에 대한 일반적 부정을 수반하는 것일 수 있다.[7] 아니면 특별히 악한

6. 이 전승에 대한 상세한 내용을 위해서는 유다서 9절에 대한 주석을 보라.

7. 예를 들어 William Barclay, *The Letters of James and Peter* (Edinburgh: Saint Andrew, 1958), 390을 보라.

천사들이 비방을 당하는 것으로 봐서, 보다 가능성이 높아 보이는 것은 거짓 선생들이 그러한 악한 영적 존재들이 자신들의 죄로 인해 처분을 받을 가능성을 두고 조롱하고 있었을 것이라는 점이다.[8] 다른 가능성들이 제시되어 왔으나, 사실 베드로는 문제가 무엇인지에 대해 우리에게 확신을 줄 만한 충분한 정보를 주지 않고 있다. 그럼에도 분명한 것은 타락했으나 악한 천사들은 여전히 인간보다 더 높은 지위를 유지하고 있다는 점이다(이것이 베드로가 그들을 "영광 있는 자들"이라고 부를 수 있는 이유가 된다). 그들의 오만으로 거짓 선생들은 어떤 면에서 이 사실을 부정하고 있었던 것이다.

12절의 시작—"그러나 이 사람들은"—은 새로운 주제로의 전환을 함축할 수 있다. 하지만 베드로가 계속해서 거짓 선생들의 비방에 대해 이야기하고 있기에, 이 절은 아마도 10b-11절의 악한 천사들을 향한 오만의 주제를 지속하는 것으로 보인다.[9] 베드로는 반의어인 "그러나"를 사용하는데, 이는 문법적인 주어를 천사들(11절)로부터 거짓 선생들(10b절)로 되돌리고 있기 때문이다. 이 오만은 베드로가 암시하는바 어느 정도 무지의 결과다. 그러면 이것이 거짓 선생들에게 핑계거리가 되지 않는가? 그렇지 않다. 왜냐하면 성경에서 무지는 자주 하나님의 진리를 의도적으로 거부하는 것이기 때문이다. 그리고 베드로의 비난이 예리함은 이것이 그가 여기서 염두에 두었던 바라는 점을 분명하게 한다.

베드로는 계속해서 거짓 선생들을 짐승과 비교한다. 그가 이 절에서 특별히 거짓 선생들의 방탕한 삶의 방식에 대해 생각하고 있는 것이라면, 비교점은 추측컨대 짐승들의 본능적인 행동과 거짓 선생들의 도덕적 지침에 대한 관심의 결여 사이에 있을 것이다. 그들은 영적인 가르침에 대한 고려 없이 야생의 육적인 욕구를 따라 "짐승처럼 행동"한다. 한마디로 말해 그들은 "물질적이다." 하지만 베드로가 여전히 악한 천사들에 대한 거짓 선생들의 오만을 지시하고 있는 것이라면(내 생각도 그렇다), 그렇다면 비교점은 짐승들의 합리성의 결여와 거짓 선생들의 죄된 무지 사이에 있다.

NIV의 "야수적인"(brute)은 "이성 없는"을 의미하는 헬라어 용어('알로고스')를 번역한 것이고, 이는 두 번째 비교를 지지한다. 반면에 베드로의 형용사인 '퓌시카', "야생의", "물질적인"(NIV는 "본능의 피조물"[creatures of instinct])은 첫

8. Bauckham, *Jude, 2 Peter*, 262.
9. 다른 견해에 대해서는, Green, *The Second Epistle General of Peter and the General Epistle of Jude*, 108을 보라. 그의 생각에 여기서의 비방은 기독교의 도덕성을 향한 것이라고 본다.

번째 "도덕적" 비교를 지시할 수 있다. 그렇다면 아마도 베드로가 짐승에 대한 비교를 사용한 것은 거짓 선생들의 무지와 그들의 비도덕성 '모두'를 지시하기 위함일 것이다.

하지만 짐승들과 거짓 선생들 사이에 둔 사도의 주요 비교점은 모두 또 하나의 영역에 위치한다. 짐승들에 대한 고대의 일반적인 경구를 끄집어내서, 베드로는 우리에게 그들이 "잡혀 죽기 위하여 난" 것들이라는 점을 일깨운다. 그리고 그는 계속해서 "짐승 같아서 그들은[거짓선생들은] 멸망을 당할 것"이라고 한다. 여기서 NIV의 번역은 꽤 설명적이어서 헬라어 원문에 대한 두 가지 중대한 결정을 반영한다. (1) 용어 '프도라'(NIV는 이를 직접 번역하지 않는다)는 자주 "[도덕적] 부패"를 의미하는데, 예컨대 베드로가 이것을 사용한 다른 두 곳도 마찬가지이다(벧후 1:4; 2:19). 우리가 이 용어에 이 의미를 부여하지 않는다면, 12절의 끝부분은 KJV처럼 "그들 자신의 부패로 철저히 멸망할 것이다"(shall utterly perish in their own corruption)로 읽혀진다. 베드로의 의도는 도덕적 부패가 거짓 선생들이 책망당하는 이유로 보일 수 있다. 하지만 이 절의 첫 부분에 있는 용어 '프도라'는 "부패"가 아니라 "멸망"을 의미한다(" '멸망'하기 위해서… 태어난"). 그리고 이것은 이 절의 후반부에서도 같은 의미일 것이다.

(2) 우리는 이 "멸망"이라는 용어를 같은 문장에 있는 동사, "멸망할 것이다"(혹은 "파괴될 것이다")에 어떻게 관련시켜야 하는가? ⓐ 이 용어들은 동일한 어근에서 나온 것이어서, 베드로는 이 명사를 동사에 붙여서 단순히 "그들[거짓 선생들]이 '확실히 멸망할 것이다'"라는 개념을 강조하려 했을 수 있다.[10] ⓑ "그들의 멸망에서"는 악한 천사들을 지시할 수 있다. 그래서 "거짓 선생들은 악한 천사들과 함께 멸망할 것이다."[11] ⓒ "그들의 멸망에서"는 짐승들을 지시할 수 있다. 만일에 그렇다면 베드로는 "거짓 선생들이 짐승들이 멸망할 '때' 멸망할 것이다"(NASB; NRSV를 보라)가 아니면, "거짓 선생들은 짐승들 '처럼' 멸망할 것이다"(NIV; REB; TEV)를 말하는 것이다.[12] 이 선택들 중 마지막이 최선인데, 헬라어[13]뿐만 아니라 문맥에도 타당하다. 이성적 사고가 없고 도살될 운명일 뿐인 짐승들처럼, 거짓 선

10. 그렇다면 여기서의 구문은 동종 여격일 것이다("셈어적"이라고도 부르는데, 히브리어와 아람어에서 흔하기 때문이다). Green, *The Second Epistle General of Peter and the General Epistle of Jude*, 108을 보라.

11. Bauckham, *Jude, 2 Peter*, 264.

12. Mayor, *The Epistle of St. Jude and the Second Epistle of St. Peter*, 131; Kelly, *The Epistles of Peter and of Jude*, 339도 보라.

13. 헬라어 단어 조아, "짐승들"은 대명사 아우톤에 가장 근접한 선행사이다.

생들은 그 지각없는 오만과 죄됨 가운데 역시 도살될 운명에 처해져 있다—하나님의 심판의 도살.

13절의 시작부분의 헬라어 원문도 역시 난해하며, 주석가들은 두 가지 가능한 주요 번역을 제시한다. (1) "그들의 나쁜 짓 덕분에 사취(詐取)당하며" 혹은 (2) "그들이 유발했던 해(害)로 인해 해(害)를 받으며." 거의 모든 영역본은 두 번째 번역의 파생 형태를 보이고 있는데, 그들이 거의 확실히 옳다. 베드로는 여기서 언어유희를 통해 정당한 보상의 개념을 강조한다. 거짓 선생들은 타인에게 해를 입혔고, 그들은 "보상"을 받을 것인데, 이번에는 "해(害)"이다. NIV는 여기서 그 의미를 꽤나 잘 포착했지만, 내 생각에 13절의 시작부분에서 단락을 끊은 것은 잘못된 것으로 보인다. 오히려 대부분의 다른 영역본처럼, 우리는 13절의 첫 부분을 12절에서 시작하는 문장의 끝부분으로 만들어야 할 것이다. "해로써 되갚음을 당할 것인바 그 해는 그들이 유발했기 때문이다"는 거짓 선생들의 궁극적인 파멸에 대한 예언에 추가되는 것이 적합해 보이게 만든다.

거짓 선생들의 육욕(13b-16절)

"육욕"은 결코 우리가 자주 쓰는 용어는 아니지만, 거짓 선생들에 대한 베드로의 두 번째 주요 고발을 개괄함에 있어서 더 나은 표현을 생각하기 어렵다. 『웹스터 최신 대학생용 사전』(*Webster's New Collegiate Dictionary*)은 "육욕적인"(sensual)을 "감각의 만족이나 식욕의 탐닉에 있거나 관련되는"(relating to or consisting in the gratification of the senses or the indulgence of the appetite)으로 정의한다. 이는 정확히 베드로가 13b-16절에서 거짓 선생들을 특징짓는 특성이다. 그는 육욕에 대한 그의 그림을 여덟 가지 간략한 성격묘사로써 그려낸다.

(1) "낮에 즐기고 노는 것을 기쁘게 여기는 자들이니." "기쁨"은 물론 중립적이거나 심지어 긍정적인 것이 될 수도 있다. 하나님께서는 진히 그의 백성들에게 기쁨을 주기 위해 많은 것들을 창조하셨다. 하지만 여기서 "기쁨"을 일컫는 헬라어 용어 '헤도네'는 오로지 기쁨만을 위해 사는 사람을 지칭하는 "쾌락주의자"(hedonist)라는 용어가 파생되어 나온 바로 그 용어이다. 그리스인들은 이런 종류의 기쁨을 그들의 네 가지 "대죄(大罪)" 가운데 열거하고, 때로는 이를 이성(理性)에 대조시키기도 한다(12절의 "이성 없는 짐승"을 참조하라). 우리시대도 마찬가지이지만 베드로의 시대에 죄된 기쁨에의 탐닉은 대개 어둠을 틈탄 곳에 자리를

잡았다. 따라서 이 같은 쾌락주의적 행위를 "대낮에" 행하는 것은 거짓 선생들이 그들의 탐닉에 대해 전혀 수치스러워하지 않는다는 표징이 된다.

(2) "점과 흠이라." 이들은 분명히 일반적 묘사이다. 이들을 정의할 최선의 방법은 그 반의어들을 인식하는 것이다. 그래서 3:14에서 베드로는 그의 독자들을 독려하여, 그들이 그리스도의 재림을 고대할 때에, "'점도 없고 흠도 없이'…나타나기를 힘쓰라"고 한다. 번역본에서는 표현하기 어렵지만, 이 용어들은 베드로가 여기서 거짓 선생들을 묘사하기 위해 사용하는 용어들에 대한 정확한 반의어이다("점"= '스필로이'; "점도 없이"= '아스필로이'; "흠"= '모모이'; "흠도 없이"= '아모메토이').

(3) "연회할 때에 그들의 속임수로 즐기고 놀며." 베드로는 "놀며"(reveling)라는 동사를 사용함으로써 절의 앞부분과 연결을 만들어내는데, 이 용어는 NIV가 "노는"(carouse)으로 번역한 용어와 동일한 헬라어 어근으로부터 나온 것이다. 유다가 그의 거짓 선생들에 대해 묘사한 것 중 하나는 베드로후서의 이 문장과 흥미로운 비교를 만들어 낸다. "그들은 기탄없이 너희와 함께 먹으니 너희의 애찬에 암초요 자기 몸만 기르는 목자요"(유 12a절). 베드로가 거짓 선생들이 베드로의 편지를 받는 그리스도인들과 "함께 연회한다"고 언급한 것은 동일한 시나리오를 암시한다. 초기 그리스도인들의 "애찬"은 주님의 만찬에 대한 기념으로 열렸다. 이 "애찬"은 정식으로 초기 기독교 교제의 한 부분이었고, 보통 고린도전서 11:17-34에서 바울이 고린도인들을 질책한 것이 이 행위를 전제로 한 것이었다고 인식되고 있다. 그렇다면 확신할 수는 없지만 가능해 보이는 것은 베드로가 여기서 거짓 선생들이 교회의 교제 식사에서 그리스도의 구속의 사역을 기념하는 가운데 다른 그리스도인들과 더불어 참여할 때마저도 계속해서 그들 자신의 죄된 기쁨에 탐닉한 것을 두고 질책한 것이라는 점이다.

(4) "음심이 가득한 눈을 가지고 범죄하기를 그치지 아니하고." 베드로의 언어는 NIV 번역보다 더 생생하다. 그가 주장하는 바는 거짓 선생들이 "부정한 여인들"로 가득한 눈을 가졌다는 것이다. 이로써 그가 의미하는 것은 거짓 선생들이 그토록 섹스에 탐닉해서 그들은 모든 여인들을 그들의 성욕에 있어 잠재적인 파트너로 바라볼 정도였다는 것이다.[14] NIV는 또 다시 "범죄하기를 그치지 아니하고"라

14. 베드로의 묘사는 잘 알려진 고대 잠언에 근거한 것일 수 있는데, 이는 수치심 없는 자는 그 눈에 코라(익살-이 단어는 "학생"과 "아가씨"를 의미할 수도 있다)가 아니라, 포르나스("창녀")를 가지고 있다는 말이다. 참고, Plutarch, *Moralia* 528E.

는 구절도 "눈"을 지시한다는 것을 분명히 하지 못한다. REB의 "그들은 방탕한 여인들만을 향하는 눈, 죄를 결코 그치지 않는 눈을 가졌다"(They have eyes for nothing but loose women, eyes never ceasing from sin)를 참조하라.

(5) "굳세지 못한 영혼들을 유혹하며." 이 지점에 이르러 이들에 대한 베드로의 묘사는 우리가 "거짓 선생들"에 대해 사용해왔던(1-3절에 기초해서) 성격묘사를 거의 정당화하기 어렵게 만든다. 베드로는 그들의 도덕적 결점에 대해서는 많은 양을 말했지만, 그들의 타인에 대한 영향에 대해서는 거의 말하지 않았다. 그러나 여기서부터 본 장의 끝에 이르기까지 그들의 거짓 기독교에 대한 "가르침"의 측면이 베드로의 초점이다.

"유혹하다"는 사냥과 어로의 세계에 근원을 가진 헬라어 용어를 번역한 것이다. 이것이 제시하는 바는 물고기를 갈고리로, 그리고 동물을 덫으로 꾀어내기 위해 사용했던 미끼이다. 하지만 이 용어를 일반적으로 온갖 종류의 (특별히) 도덕적 유혹(약 1:14도 보라)에 사용하게 되었다. 그래서 우리는 아마도 베드로가 사냥의 은유를 의도한 것으로 생각해서는 안 될 것이다. "굳세지 못한"('아스테릭투스')이라는 용어는 다시금 그 반의어 때문에 충격을 주는데, 그리스도인들은 베드로가 1:12에서 간청하는바 "진리에 (확고히) 서 있는['에스테리그메누스']" 사람들이 될 필요가 있다. 이것은 정확히 기독교 진리에 굳건히 근거를 두지 못한 자들, 거짓 선생들이 기만하기에 쉽다고 발견하는 자들이다. 뿌리가 얕은 나무처럼 그들은 쉽게 흔들리고 쓰러진다.

(6) "탐욕에 연단된 마음을 가진 자들이니." 여기서 다시 NIV 번역("그들은 탐욕의 전문가들이다"—옮긴이)은 정확하지만 원문이 가진 어떤 힘을 상실하는데, 이를 문자적으로 번역하면, "탐욕에 연단된 마음을 갖는 것"이다. "연단"은 운동의 영역에서 나온 용어이다. 이것이 시사하는 바는 어떤 운동종목에서 숙달되기 위해 오랫동안 고되게 단련하면서 애쓰는 것을 말한다. 이 거짓 선생들은 베드로가 함축하는바 자신들의 탐욕에 아주 전념하고 견실해서 그들은 오랫동안 이를 매우 열심히 훈련해왔을 것이다! 그리고 그들의 "마음"—성경적 시각에서 한 사람의 존재의 중심—은 탐욕에 대해 극히 숙달된 것이다.

"탐욕"('플레오넥시아')이라는 용어는 광범위한 용어이다. 예컨대 에베소서 4:19에서 바울은 "자신을 방탕에 방임하여 모든 더러운 것을 욕심['플레오넥시아']으로 행하는" 사람들에 대해 기록하고 있다. 다른 말로 하자면 "탐욕"은 돈에만 관련될 필요가 없다. 그것은 더 큰 성적인 쾌락, 권력, 음식 등등에 대한 욕망을 지시할 수도 있다. 베드로가 이미 이 용어를 거짓 선생들의 돈에 대한 사랑을 묘사하는데 사용했기에(2:3), 여기서도 "탐욕"은 아마도 재정적인 수입을 주로 지시할 것으로 보인다. 하지만 아마도 이 용어를 이 영역에 국한해서는 안 될 것이다.

(7) "저주의 자식이라!" NIV는 또 의역한다. 하지만 의역하는 것은 타당하다. 구약성경과 유대세계는 자주 사람의 특정 성질을 부여함에 있어 그들을 그 특성의 "자녀"나 "아들"이라고 말했다. 예컨대 유다서는 "멸망의 자식" 즉, "멸망의 운명을 가진 자"이다(요 17:12). 그리스도에게서 멀어진 사람은 "진노의 자녀" 즉, "하나님의 진노가 내려지는 사람들"이다(엡 2:3). 그리스도인들은 "빛의 아들" 즉, "빛의 성격을 갖는 사람들"이다(살전 5:5). 베드로는 이미 거짓 선생들에 대한 책망을 선포했다(3b-10a). 그들의 죄악의 극악함에 압도되어 그는 다시 한 번 그들의 궁극적인 운명에 대한 이 일깨움을 끼워 넣은 것이다.

(8) "그들이 바른 길을 떠나 미혹되어 브올의 아들 발람의 길을 따르는도다." 어느 철학이나 종교를 "길"로 규명하는 것은 고대세계에서는 흔한 일이었다. 이 이미지는 어떤 이가 따랐던 믿음의 길을 시사한다. 성경 기자들이 이 언어를 골라냈는바, 사도행전에서 기독교 운동은 때때로 단순히 "그 도(道)"로 불리고 있다(9:2; 19:9, 23; 22:4; 24:14, 22). 그리고 주님을 향한 신실함의 길은 "곧은 길"로 불릴 수 있다(참조. 삼상 12:23; 시 106:7; 잠 2:16; 사 33:15). 그 종교적인 방향감각을 상실한 자들은 하나님의 길에서 "길을 잃은" 사람으로 묘사된다. 예컨대 이스라엘 백성을 향한 하나님의 경고에 주목하라. "내가 오늘 복과 저주를 너희 앞에 두나니…너희가 만일 내가 오늘 너희에 명령하는 도에서 돌이켜 떠나[혹은 길을 잃어] 너희의 하나님 여호와의 명령을 듣지 아니하고…다른 신들을 따르면 저주를 받으리라"(신 11:26-28).

베드로는 이 이미지를 특별히 비틀어서, 거짓 선생들을 "브올의 아들 발람의 길"을 따른 것으로 고발한다. 발람은 구약성경에서 흥미롭고 불가사의한 인물들 중 하나이다. 그는 이스라엘 사람들이 모압 평원에 진을 치고 약속의 땅으로 들어가기 위한 준비를 하는 장면에 나타난다(민 22-24장). 모압의 왕 발락은 이스라엘의 침공을 멈추게 하는데 필사적이어서, 이스라엘을 저주하는 일에 발람을 고용하려 하였는데, 발람은 일종의 선지자였다. 비록 발람이 그가 해야 할 것에 대해 하나님의 지도를 구했을지라도, 본문이 분명히 하는 것은 그가 여전히 그 자신의 길을 갈 의도였다는 점이다. 주님께서 친히 발람을 발락에게 보내셨음에도, 발람이 가는 동안 주님께서는 분노하시고 그의 길을 막기 위해 "주님의 천사"를 보내셨다. 분명히 발람이 가는 동기는 그런 것이 아니어야 했다. 발람은 천사를 볼 수 없었지만, 그의 나귀는 천사를 보고서 더 나아가기를 거부하고 급기야는 발람을 꾸짖었다.

혼이 난 발람은 이스라엘을 저주하기를 거부하고, 오히려 네 번이나 축복해서 발락이 분히 여기게 되었다. 이 에피소드를 베드로가 사용한 특별한 의미는 내러티브 속에서 "그 길"이라는 언어가 두 차례 발생하는 것 때문이다. 민수기 22:23에서 "발람의 길"은 그가 따랐던 문자적인 길이었다. 22:32에서 천사는 "사악한 길"을 취한 것 때문에 발람을 꾸짖는다. 발람의 스토리는 후세대에 강한 인상을 주었고, 그는 성경에서 두드러진 부정적인 예가 되었다(신 23:4-5; 수 13:22; 24:9-10; 느 13:1-2; 미 6:5; 유 11절; 계 2:14을 보라).

베드로는 그의 적용에 있어 이 스토리에 두 가지 비틀림을 소개한다. 첫째로 그는 발람을 "보솔의 아들"로 부른다(NRSV; REB; TEV가 그렇다. NIV와 NASB[그리고 개역개정판도-옮긴이]는 분명히 별로 입증되지 못한 이문[異文]을 따라 "브올"로 읽는다). 발람은 구약성경에서는 "브올의 아들"로 불리고, 이 이름은 다른 곳에서는 나타나지 않는다. 일부는 "보솔"이 "브올"을 베드로가 갈릴리식으로 발음한 것이었을 수 있다고 추측하지만, 보다 가능성이 커 보이는 것은 언어유희로 보인다는 것이다. 히브리어로 "육(肉)"을 뜻하는 것은 '바사르'이고, 다양한 유대 전승은 발람을 매우 육적인 사람으로 규명했다. 그렇다면 베드로는 고의적으로 발람의 이름을 그의 성격에 맞게 고쳤을 수 있다.[15]

유대 전승은 베드로가 적용하면서 둔 또 하나의 강조에서 역할을 수행했을 수 있다. 발람의 탐욕(15절의 끝을 보라)이 그것이다. 구약성경 본문에서 암시되는 가운데, 발람이 이득을 위해 이스라엘을 기꺼이 저주하려했던 것은 그를 다룬 유대의 스토리들의 소재가 되었다.[16] 더구나 유대 스토리들은 발람을 미디안의 여인들과의 성관계로 들어섬에 있어 이스라엘이 하나님을 거역한 것에 책임이 있는 것으로 만들었다(민 25장). 베드로가 "발람의 길"에서 이 요소를 분명하게 드러내지는 않지만, 이는 13b-14절에서 그려지는 거짓 선생들에 대한 분석에 확실히 완벽하게 들어맞는다.

16절에서 베드로는 발람이 어떻게 자기의 "말 못하는 나귀"에 의해 질책 당하

15. Bauckham, *Jude, 2 Peter*, 267-68.
16. 예를 들어 Philo, *Moses* 1.266-68을 보라.

는지에 주목함으로써 발람의 순전한 어리석음을 강조한다. 실제로 베드로는 결론 내리기를 발람은 "미쳤"을 것이라고 한다.[17] 그리고 어떻게 발람의 나귀조차 선지자보다 영적인 상황에 대해 더 많은 이해를 가졌는지에 주목하면서, 베드로는 은연중에 발람을 "이성 없는 짐승, 본능의 피조물"(12절; 개역개정판에는 "본능의 피조물"이 없다-옮긴이) 같은 거짓 선지자들과 연결 짓는다.

베드로가 이 절에서 발람에 대해 말하는 두 가지 다른 사항들도 유대 전승을 반영하는 것으로 보인다. 나귀의 발람과 발람의 광기에 대한 질책에 대한 강조가 그것이다.[18] 그래서 베드로는 다시 한 번 예를 선별함에 있어 구약성경 스토리에 대한 널리 알려진 유대의 해설에 의존하고 있는 것으로 보인다. 하지만 우리는 유대 전승이 그저 정교하게 다듬었기에, 아마도 베드로가 발람 스토리를 사용하면서 어법상의 영향을 받았을 것이라는 점을 강조해야 한다. 그가 발람에 대해 만든 근본 요점은 구약성경 내러티브 자체로 충분히 명료하다.

상황잇기

저자가 기록을 함에 있어서 특정 정보를 자신이 직접 쓴 것으로 여기기 때문에 우리는 성경을 이해하고 적용하는 것이 어렵다는 것을 자주 발견한다. 우리에게 결여된 일부 정보는 성경세계에 대한 배움을 통해서 발견될 수 있다. 하지만 어떤 정보는 우리가 영원히 얻을 수 없을 것인데, 이는 그 정보가 어떤 문제들을 포함하고 있고 저자와 독자가 그 문제들의 특별한 상황에 대해서는 알고 있을지라도, 그 상황이 어디에도 기록되지 않기 때문이다. 베드로후서 2:10b-16에서 우리는 두 가지 유형의 정보를 모두 만나게 된다.

위의 "원 의미" 단원에서 주목한 바와 같이, 우리는 거짓 선생들이 어떻게 악한 천사들을 "비방"하고 있었는지를 알지 못한다(10b-12절). 우리가 할 수 있는 것은 기껏해야 숙고하고서, 우리가 내리게 되는 어떤 결론이든 불확실한 것임을 받아들이는 것이다. 우리는 상황에 대해 더 알고서 자연스럽게 우리의 해석에 있어 더욱

17. NIV는 "광기"(madness; 개역개정판은 "미친 행동"-옮긴이)로 번역한다. 헬라어 단어는 파라프로니안이며, 여기에서만 나타난다. 바울은 고후 11:23에서 동족동사를 사용한다. 학자들은 숙고하기를 베드로가 이 단어를 사용하여 이 절에 먼저 나오는 단어인 파라노미아스("불법")와 더불어 언어유희를 한 것이라고 본다.

18. 발람에 대한 나귀의 질책에 대해서는 몇 가지 탈굼역본들(구약을 아람어로 고쳐 읽은 것)을 보라. Neyrey, *2 Peter, Jude*, 211-12의 논의를 보라. 발람의 "광기"에 대해서는 Philo, *Moses* 1.193을 보라.

정확성을 기할 수 있기를 바랄 것이다. 이 격차들을 접하면서, 우리는 두 가지 가능한 방향으로 나아갈 수 있다.

일부 학자들은 배경상황에 대한 다소 그럴듯한 이론들을 전개함으로써 격차를 메워나갈 것을 주장한다. 나는 이런 노력들을 비판하고 싶지는 않다. 이 배경들에 대한 연구는 칭찬할 만하며, 때때로 해석자에게 진실로 가치 있는 정보를 주기도 한다. 하지만 일부 학자들 사이에 있는 경향은 부족하고 불확실한 증거에 기초해서 정교한 이론을 세우는 것이다. 그래서 자료가 거의 없음에도—혹은 심지어 의견이 충돌함에도—불구하고, 그들은 이 이론들을 하나의 성경 본문을 해석하고 적용하는 기초로 사용하게 된다. 일부 최근의 해석자들은 이 과정을 "거울-독법"(mirror-reading)이라고 부른다. 거울은 특수 배경 이론(specific background theory)이다. 그리고 하나의 본문이 특수 배경 이론이라는 거울에 반영될 때, 그 이론은 결정적으로 본문을 구체화시킨다.

아마도 이 과정의 최고의 예는 디모데전서 2:11-15에 대해 최근에 쏟아져 나온 다량의 해석들일 것인데, 이 구절에서 바울은 디모데에게 그가 여인들로 "가르치는 것과 남자를 주관하는 것"을 원치 않는다고 말한다. 이 해석들 중 다수는—올바르게—추정하기를 우리는 바울의 금지를 그 1세기 배경에서 해석해야 한다고 한다. 하지만 그런 후에 그들은 계속해서 특수 배경 시나리오를 제시하는바, 대체로 디모데전서의 본문에서 거의 기초가 없는, 그리고 때로는 실제로 1세기 세계에 대해 우리가 알고 있는 것에 거의 기초를 두지 않는 것이었다. 여전히 학자들은 "거울-독법"이라는 이 노선을 따르면서 결론 내리기를 바울의 충고는 오늘날의 교회에 직접적으로 관련되지 않는 바, 그것은 '이 이론적인 배경 시나리오 중 하나 때문'이라는 것이다.

내 말이 곡해되지 않기를 바라는데, 배경 연구는 필수적이며 자주 성경을 이해함에 있어 기초적으로 관련되기 때문이다. 하지만 문제는 분명하다. 우리는 해석에 있어 그것을 결정적인 것으로 만들기 전에 주어진 배경 상황의 영향에 대해 어느 정도 확신하는 것이 더 바람직할 것이다. 그렇지 않으면 우리는 본문을 우리가 원하는 것이면 무엇이든 말하게 만들거나 성경의 거의 모든 구절을 우리에게 적용 가능한 것이라고 일축할 수도 있다.

하나의 본문의 배경 상황에 대한 우리의 무지에 대한 두 번째 반응은 좌절이다. 우리는 생생한 정보를 상실했으며, 우리가 그 구절을 이해하고 적용하는데 필요한 것을 결코 발견할 수 없을 것이다. 이 점에서 우리는 성경을 만들어 냄에 있어 하나님의 역할에 대한 우리의 근본적인 확신으로 돌아와야 한다. 우리가 믿는 것은 성경의 언어들이 궁극적으로 하나님의 언어라는 것이며, 그분께서 인간 저자들과의 협력으로 우리가 지금 성경의 페이지에서 가지고 있는 것들이 기록되도록 하셨다는 것이다. 이것이 의미하는 바는 물론 하나님께서 또한 거기에 기록되지 '않아야' 하는 것에 대해서도 장악하고 계셨다는 점이다. 그래서 우리는 하나님께서 우리를 위해 성경 안에 그리고 그가 만드신 세계 속에, 우리를 향하신 그의 말씀에 순종하기 위해 우리가 올바르게 알 필요가 있는 모든 것들을 보전하셨다는 것을 확신할 필요가 있다. 그렇다면 베드로후서 2:10b-12의 경우에 우리는 본문이 우리에게 말하는 것에 대해서 책임이 있지만, 그것에 대해 우리가 발견할 수 없는 것에 대해서는 두려워할 필요가 없다. 이어질 "현대적 의미" 단원에서 우리는 베드로가 악한 천사들에 대한 거짓 선생들의 건방진 태도를 두고 거짓 선생들을 질책한 것을 적용할 수 있는 몇 가지 방식을 제시할 것이다.

그럼에도 이 구절에 대한 우리의 이해는 베드로와 그의 독자들이 공유했을, 그러나 우리 중 다수가 충분히 음미할 수 없는 모종의 배경 정보에 의해 강화될 수 있다. 나는 천사들에 대한 성경적·유대적 가르침을 지적한다. 베드로는 내가 앞서 논증한 바와 같이 2:10b-12에서 영적인 존재들에 대한 두 가지 별개의 범주들을 지적한다. 악한 영들("영광 있는 자들" 혹은 "천상의 존재들")과 선한 영들("천사들")이 그것이다. 영적 피조물의 이 두 가지 범주들은 베드로와 그의 독자들에게는 친숙한 것들이었다. 성경은 지속적으로 하나님을 섬기며 다양한 능력으로 인간들과 상호작용하는 영적인 존재들의 실존을 사실로 언급하고 있다. 이 존재들에 대한 가장 흔한 이름은 "천사들"이지만, 그럼에도 그들은 "하나님의 아들들"(욥 1:6; 2:1), "거룩한 자들"(시 89:5, 7), "영들"(히 1:14), "순찰자들"(단 4:13, 17, 23의 문자적 번역), 그리고 집합적으로, "하늘의 군대"(예. 시 148:2, 5)로도 불린다. 그들이 어떻게 혹은 언제 존재하게 되었는지에 대해 성경은 침묵하고 있지만, 그들은 분명히 창조되었다(NRSV의 느 9:6: "하늘과 하늘들의 하늘과 더불어 그 모든 군대를 지으시고"; 골 1:16도 참조하라). 그들은 본질적으로 비물질적이지만, 인간과 상호작용을 위해서 실체적인 형상을 취할 수 있다.

이 선한 영적인 존재들과 더불어, 우리는 악한 영적인 피조물들도 발견한다. 구약성경은 이 존재들에 대해 거의 말하지 않고 있으나, 그럼에도 우리는 때때로 "귀신들"(신 32:17; 시 106:37)과 본질에 있어 악마적일 수 있는 몇 가지 다른 음산한 존재들을 만나게 된다. "털 많은 것들"(문자적으로 번역한 것; NIV는 "염소 우상"으로 번역[개역개정판은 "숫염소"-옮긴이]—레 17:7; 대하 11:15; 또한 사 13:21; 34:14도 참조하라), "아사셀"(레 16:8, 10, 26), 그리고 "릴리트"(사 34:14)[19]가 그것이다. 그리고 물론 두드러진 악한 영적 존재, 즉 "고발자"인 사탄(사탄은 "대적"을 의미하는 히브리어 용어를 음역한 것이다: 대상 21:1; 욥 1:6-2:7; 슥 3:1-2)에 대한 언급도 있다. 그리고 구약성경에서 그리 정체가 밝혀지지는 않지만, 에덴동산의 뱀도 있는데 요한계시록 21:9에 따라 어떤 면에서는 사탄과 관련된다.

구약성경은 이 악한 영적 존재들의 정확한 본질에 대해서나 그들의 근원에 대해서 어떤 추론도 주지 않는다. 하지만 하나님께서 만물을 "선하게" 만드셨기에 그들이 원래는 선한 영적 존재들이었으나, 하나님께 대적하고 그들의 원래의 거룩함을 상실한 것이라고 추론하는 것이 안전하다. 천사들의 이 "타락"은 창세기 3장 이전에 발생했어야 하는데, 사탄은 이미 그 장면에서 악한 유혹자로 나타난다.[20]

천사들, 귀신들, 그리고 사탄은 물론 신약성경에서도 중요하다. "천사"라는 용어 자체는 거의 배타적으로 선한 영적 존재에 대해 사용되고 있으며, 몇 안 되는 가능한 예외들만 있을 뿐이다.[21] 신약성경 저자들은 이 존재들이 예수와 그를 따르는 자들의 삶에 관여한 것에 흥미를 가질 뿐, 그들의 본질이나 근원에 대한 우리의 이해에 대해서는 거의 기여하는 바가 없다. 그러한 추론을 얻기에 가장 근접한 것은 요한계시록 12:7-9인데, 여기서 하늘의 전쟁 이후 "사탄과 그의 천사들"이 땅으로 내쫓김이 환상의 형식으로 묘사된다.

중간시대의 유대인들은 영적인 존재들에 대한 이 다소 막연한 성경적 그림의 격차를 메우기를 열렬히 구하고서, 그러한 존재들의 다양한 지위, 그들의 이름, 그들의 기능에 대해 상당히 많이 숙고했다. 그들은 악한 영적 존재들의 근원에 대해 특별히 큰 관심을 보여서, 우리가 2:4-10a의 "상황잇기" 단원에서 주목한 바와 같이, 천사들의 타락과 악의 근원에 대한 설득력 있는 신화를 발전시켰다(창 6:1-4

19. NIV는 "아사셀"을 "속죄염소"로 번역한다. 하지만 각주를 보라. 사 34:14에서는 히브리어 단어의 의미에 대한 논쟁이 있는데, 일부 번역본(참고, NIV)은 이 용어를 귀신 보다는 짐승을 지시하는 것으로 파악한다(개역개정판은 "올빼미"로, NIV는 "밤의 피조물"(the night creatures)로 번역했으나, 히브리어 원문은 릴리트로 근동의 전설이나 신화에 나오는 밤의 마녀를 일컫는다-옮긴이).

20. 천사들에 대한 다른 저작들 가운데, 웨인 그루뎀의 개괄(Wayne Grudem, *Systematic Theology: An Introduction to Biblical Doctrine* [Grand Rapids: Zondervan, 1994], 397-436)이 도움이 된다.

21. 계 12:9이 "사탄과 그의 천사들"(개역개정판은 "사자들"-옮긴이)이라고 언급한 것이 가장 분명하다. 롬 8:38; 고전 6:3도 보라. 벧후 2:4과 유 6절에서 "천사"라는 단어가 사용된 것은 저자들이 그들의 원래의 지위를 고려했기 때문이다.

에 기초하여).[22]

다양한 영적인 존재들에 대한 상당한 관심이 베드로 시대의 보편적인 그리스-로마 세계에서도 발견된다. 많은 사람들이 믿은 것은 이 존재들이 세상 속에서 능동적이고, 정부 권력의 배후에 있으며, 한 사람의 개인적인 삶뿐만 아니라 역사의 과정에도 영향을 미친다는 것이었다. 천사들도 A.D. 2세기에 생겨나기 시작했던 수많은 영지주의 사고체계에서 중요했다. 영지주의자들에 의해 가르쳐진 급진적 우주론적 이원론은 그들로 이 죄된 세계에 무언가 할 일이 있으셨던 거룩하고 주권적인 하나님에 대해 착상하기를 어렵게 만들었다. 그래서 그들은 천사들을 하나님과 이 세계 사이의 중재자로 만들었다.

그렇다면 한마디로 영적인 존재들에 대한 이야기는 1세기 세계에 "널리 퍼졌던 것이다." 그들에 대한 믿음은 우리의 시대보다 훨씬 더 사람들의 근본적인 세계관의 일부가 되었다. 물론 이로써 이러한 시각이 신약성경의 저자들에 의해 필연적으로 채택되었음을 말하는 것은 아니다. 하지만 그들이 그러한 개념들을 다루는 곳에서, 우리는 그러한 배경의 유용성을 추정할 수 있다. 그래서 우리는 바울이 골로새인들로 그것들에 지나치게 많은 주의를 하는 것을 두고 질책한 것(골 1:16-17; 2:10, 15, 18)이나 히브리서 저자가 그리스도께서 그것들보다 크시다고 논증하는 것(히 1-2장)을 발견한다고 해서 놀라서는 안 될 것이다.

그럼에도 분명히 베드로가 다루고 있는 거짓 선생들은 적어도 악한 영적인 존재들에 관해서는 반대의 방향으로 움직이고 있었다. 그들은 그것들에 지나치게 경의를 표했다기보다는 지나치게 적은 주의를 두고 있었다. 불행히도 우리는 이들 악한 천사들에 대해 그들이 정확히 어떤 형식으로 "비방"했는지에 대해 숙고만 할 수 있을 뿐이다. 그렇다면 베드로의 시대와 우리의 시대 사이에 가교를 놓음에 있어, 우리는 거짓 선생들의 태도와 현대 그리스도인들의 태도 사이의 일반적 유사성만 그려내는 것에 만족해야 할 것이다.

현대적 의미

"해 아래에는 새 것이 없나니"라고 전도서 1:9에서 솔로몬은 한탄한다. 기독교 신앙의 진리로부터 떠난 자들의 경우보다 더 이 금언이 더 잘 들어맞는 경우는 없다. 세기와 세기를 거듭하면서 동일한 근본 교리의 오류가 사람들을 탈

22. 베드로가 "범죄한 천사들"(4절)에 대해 말할 때, 이 신화를 언급한 것이라고 이미 논증한 바 있다.

선하도록 이끌었고, 동일한 범죄가 그들을 지배하게 되었다. 베드로후서의 이 단락은 적절한 실례이다. 거의 2천년 전에 쓰여진 것으로서, 그의 시대에 교회를 타락으로 이끌려고 시도했던 "거짓 선생들"에 대한 베드로의 윤곽(참조. 2:1, 3, 18-19)은 우리 시대에 교회를 분석하는 누군가에 의해 그려진 것일 수 있다. 하지만 2장에서 그리고 지금의 구절에서 특별히 베드로의 주요 관심사는 이 사람들이 가르치고 있었던 것이 무엇인지가 아니라, 그들이 어떻게 행동하고 있었는지이다. 왜 그런가?

우리는 이 사람들이 능동적으로 기독교에 대한 그들의 거짓 개념들을 가르치고 있었다는 것을 확신할 수 있다. 하지만 우리는 그들의 많은 "가르침"이 글이나 말로 이루어진 언어가 아니라 행동으로 이루어졌다는 것도 확신할 수 있다. 우리 모두 "천 마디 말보다 한 번 보는 게 더 낫다"는 속담을 알고 있다. 이 사람들이 자신들의 행동으로 그려냈던 그리스도인의 삶에 대한 이 "그림"은 그들이 할 수 있었던 어떤 형식의 가르침만큼이나 설득력이 있었을 것이다. 그래서 베드로는 그들의 행실을 서술하면서 어떤 말도 에둘러하지 않고 그의 독자들에게 이 거짓 선생들이 보여주고 있었던 기독교에 대한 "그림"이 거짓되고 멸망에 이르는 것이었음을 보이기를 추구했다.

거짓 선생들은 자주 거짓된 삶 속에서 드러나고 있다. "그들의 열매로 그들을 알지니"라고 예수께서는 그의 제자들에게 거짓 선지자들에 대해 경고하면서 말씀하셨다(마 7:16). 그리고 언제나 그랬다. 악한 교리를 따르는 것은 악한 행실로 이끈다. 베드로의 시대에 거짓 선생들은 그리스도의 영광중에 재림과 도래할 심판에 대해 잘못된 개념들을 전파하고 있었다(참조. 1:16-21; 3:3-12). 그리고 베드로는 이 때문에 그들을 꾸짖는다. 하지만 그는 다른 시각에서 이 사람들이 진정한 그리스도인의 신앙을 드러내는 것을 신뢰할 수 없음을 보여주기 위해서 2장에서 그들의 죄악된 삶의 양식에 대하여 역시 이 생생한 그림을 그려낸다.

올바른 행실에 대한 시험은 마찬가지로 우리 시대의 교사들에게도 적용할 수 있는 것이다. 물론 성경은 어떤 그리스도인도 그리고 어떤 그리스도인 교사도 죄가 없다고 할 수 없음을 분명히 하고 있다. 야고보가 우리를 일깨우듯이(마치 그 일깨움이 우리에게 필요하다는 듯이!), "우리가 다 실수가 많다"(약 3:2). 사람들은 올바른 것들을 가르치고서도 여전히 많은 잘못된 것을 행할 수 있다. 하지만 우리가 확신하지 않고 있는 것 그리고 우리가 성경의 표준에 반하는 것인지를 판단하기가 어려운 가르침을 들을 때, 그러한 가르침을 제기하는 자들의 삶의 양식에 대해 주의 깊게 들여다보는 것은 자주 도움이 되는 것으로 증명될 것이다. 그들이 겸손과 사랑을 가지고 가르치는가? 그들이 모든 행실을 그리스도의 주되심에 복종하기를 구한다는 증거를 주는가? 그들은 열렬하게 진심으로 기도하는가? 이 질문들은 우리를 가르치고자 하는 자들에게 질문하라고 성경이 자극하는 그런 종류의 것이다.

우리가 가르침과 삶의 양식 사이의 연결에 대해 말했던 것은 베드로가 2:10b-16에서 쓰고 있는 것에서 함축되고 있다. 나는 지금 이 구절에서 우리가 발견하는 명백한 가르침으로 돌아서기를 원한다. 특별히 네 가지 요점이 우리 시대에 적용 가능하다.

(1) 그 첫 번째는 영적인 존재들에 대한 거짓 선생들의 태도와 관련이 있다. 10a절에 있는 거짓 선생들의 오만에 대한 간략한 언급에 대해 자세히 말하면서, 베드로는 10b-13a절에서 그들을 악한 영적인 존재들—귀신들—을 "비방"하는 것 때문에 꾸짖는다. 실제로 베드로의 시대에 거짓선생들에게 무슨 특별한 잘못이 있었는지에 대해서 우리는 결코 확신할 수 없다. 하지만 내가 앞서 지적했던 것처럼 베드로 시대에 사람들은 온갖 종류의 영적인 존재에 활발한 관심을 가졌다. 그리고 실제로 영적인 세계에 대한 매료는 인간 고유의 성격으로 보인다—그것이 비의(occult) 의식이든, 교령회이든(seances), 위자(ouija) 판이나 환상이든지 간에. 기독교의 시각에서 우리는 이것의 이유를 이해할 수 있다. 하나님께서는 우리를 만드시면서 영적인 면도 주셨고, 결국에 유일하게 만족을 얻어야 하는 곳에서—그의 아들이신 예수를 통해서 하나님과의 관계를 통해서만—만족함을 발견하지 못하는 자들은 다른 곳에서 만족을 구할 것이다.

우리 현대인들의 다수는 물론 우리를 지배하고 있는 유물론적 세계관을 따라 모든 종류의 영적 세계의 실존에 대해서는 회의적이다. 하지만 우리는 또한 영적인 존재들에 대한 새로워진 관심도 보게 된다. 최근 수년간 천사들에 대한 다량의 책과 TV 쇼를 보았다. 최근에 쏟아지는 영적인 존재들에 대한 관심에 전형적인 것은 우리를 돕기 위해 보내진 선한 천사들에 대해 초점을 두고 있다. 사람들은 어떤 결론도 없는 영적인 세계를 원하는 것으로 보인다. 우리를 돕기 위해 "저 바깥에" 있지만 우리에게 아무것도 요구하지 않는 선한 영적 피조물들의 실존에 대한 막연한 믿음은 인간이 만든 완벽한 종교로 보인다.

천사에 대한 이러한 시각에 반하여, 그리스도인들은 두 가지 요지에서 성경의 가르침을 거듭 언명할 필요가 있다. ⓐ 천사들은 하나님의 명령을 수행하는 피조물이다. 그들을 성경의 하나님과 분리하는 것은 불가능하다. ⓑ 온갖 종류의 영적인 존재들이 존재한다—선하고 악한. 이를 무시하고, 그리스도 안에서 하나님과의 관계와 별도로 천사들과 접촉하기를 구하는 것은 스스로를 악한 영적인 존재들의 영향에 내어 놓는 것이다. 사탄은 전해지는 말로는 "광명의 천사로 가장한다"(고후 11:14).

우리가 아는 한 선한 천사에 대한 몰두는 베드로가 책망하는 거짓 선생들의 잘못은 아니었다. 오히려 그들은 악한 영적 존재들에 대해 거만한 태도를 취하고 있었다. 그들의 잘못은 그리스도인들에 대한 경고가 된다. 2:4-10a에 대한 주석에서, 내가 논증했던 것은 최근의 일부 그리스도인들이 귀신에 대해 지나치게 많은 관심을 두고 있다는 것이었다. 하지만 반대의 문제도 확실히 마찬가지로 일반적이다. 우리가 살고 있는 유물론적 세계는 초자연적인 세계에 대한 모든 진정한 믿음에 반하여 날카롭고 강한 선입견을 발휘하고 있다. 귀신들은 우리가 복음서에서 읽고, 영화 스크린에서 보며, 확신의 단계에서 말로만 이야기할 수 있는 어떤 것이다. 하지만 우리는 실제로 우리의 존재의 깊이 속에서 그들의 영향에 대해 생각하고, 우리의 믿음으로 우리의 나날의 행위를 인도하도록 허용하는가? 바울은 고린도인들에게 경고했던바, 그들은 스스로를 자신들의 "지식"으로 자부하고 있던 자들이었는데, 그들의 우상 제례에의 참여가 스스로를 악마적인 영향의 위험에 놓이게 만들 것이라고 했다(고전 10:14-22). 우리는 우리가 무슨 우상을 갖고 놀고 있는지, 그러는 가운데 그들 가운데 영향을 미칠 수 있는 실재하는 영적인 힘을 의도적으로 그리고 어리석게도 무시하고 있는지 물어볼 필요가 있다.

고등학생 나이의 내 아들과 더불어 한담을 나누는 가운데, 내가 발견했던 것은 아들과 그 친구들이 학교 점심시간에 신문에서 점성술에 대한 글을 읽고, 그 전체적인 어리석음에 대해 비웃었다는 것이다. 나는 고압적인 아버지 노릇 하기를 원하지 않았지만, 그에게 영적 세계의 실재함과 귀신들이 어떻게 신자에게서 터전을 얻으려고 가장 순진한 모습을 한 것들을 이용하는지에 대해 일깨울 필요를 느꼈다.

나는 이런 문제들 중 일부는 논쟁적이라는 것을 알고 있으며, 헌신적인 그리스도인들은 많은 논쟁적인 사실에서 악마적인 영향의 현존에 대해 동의하지 않을 것이다. 하지만 내 생각에 그리스도인들은 프리메이슨에 가담하는 것이나 오컬트를 가지고 집시가 역할극 하는 것에 주의할 필요가 있다. 이 같은 모임과 행위에서 영적 세계를 언급하는 것은 순수하게 피상적이거나 단순히 유흥의 가치만을 갖는 것으로 보일 수 있다. 하지만 우리는 언제나 이면에 순수하게 악마적인 영향이 잠재하고 있을 가능성을 고려해야 한다.

그리스도인들은 이 문제들의 일부에 대해 이견을 가질 것이다. 하지만 어떤 그리스도인도 우리가 고의적인 범죄를 고집할 때 불러일으키는 위험에 대해서는 어떤 의심도 가지지 않을 것이다. 우리의 죄된 행실에 영향을 미치는 것은 사탄과 그의 군대의 개인을 향한 능력이다. 우리가 하나님의 용서하심을 구하고 용서받는 죄는 우리를 영적인 위험으로 데려갈 수 없는데, 그리스도께서 십자가 위에서 "통치자들과 권세들을 무력화"(골 2:15)하셨기 때문이다. 하지만 우리가 우리의 죄에 대해 하나님의 용서를 구하지 않거나 우리의 죄가 진정 죄가 아닌 것처럼 가장할 때, 우리는 스스로를 귀신들의 처분에 맡기는 위험을 불러일으키게 된다. 이는 바로 거짓 선생들의 오류였을 수 있다. 그들 자신의 쾌락에 매여서 의로움에 대한 하나님의 표준을 거부하고, 그들은 본질적으로 이 실천들 이면에 서있던 악한 영적 존재들을 멸시로 다루고 있었던 것이다.

(2) 베드로가 거짓 선생들을 악한 영적 존재들을 향한 그들의 오만으로 인해 공격한 것(10b-13a)이 현대 그리스도인들에게도 관련이 크다면, 그들의 육욕에 대한 그의 공격(13b-16절)은 아마도 더 관련이 깊을 것이다. 베드로는 그들을 '헤도네' ("쾌락", 13절)를 추구한 것으로 고발한다. 그리고 "헤도니즘적"(쾌락주의적)이라는 말은 다른 어떤 말보다도 우리 문화를 더 적절하게 서술하는 말일 것이다. 우리는 쾌락이라는 신을 섬기는 사회에 살고 있다. 우리는 독립선언문에 명문화된 "행복의 추구"를 먹을 것과 마실 것과 유흥과 부와 섹스에 대한 추구로 정의해왔다.

게다가 베드로 시대의 거짓 선생들이 자신들이 계속해서 끝없이 더 많은 쾌락을 추구하는 것을 발견했던 것처럼(14절의 "범죄하기를 그치지 아니하고"를 참조하라), 우리 시대의 사람들도 스스로가 "쾌락의 법칙들" 중 하나인 수확체감(diminishing returns)에 붙들려 있는 것을 발견한다. 전에는 만족했던 음식이 더 이상 만족스럽지 못하게 되어, 우리는 점점 더 색다르고 더 값비싼 것들을 찾게 된다. 전에는 흥미를 끌던 것에 이제는 싫증나게 되고, 그래서 우리는 새로운 매체, 더 큰 TV, 더 많은 방송채널을 요구하게 된다. 전에는 우리의 자연적 본능을 만족시켰던 부부간 성관계로는 더 이상 충분하지 않아서, 결과적으로 우리는 다른 사람들과의 섹스를 시도하고, 흥분을 위해 다양한 비정상적인 행위를 탐닉하게 된다. 쾌락은 다른 말로 하자면 결코 도달할 수 없는 목표이다. 그것은 언제나 저 멀리 어딘가에 있으면서, 결코 만족시키는 법이 없이 사람을 새롭고 대개는 더 죄악된 행위를 하도록 재촉한다.

섹스의 쾌락이나 음식의 만족이나 훌륭한 공연은 물론 죄가 아니다. 하나님께서는 우리 안에 이런 것들을 즐길 능력을 주셨다. 문제는 쾌락이 이 행위들로부터 분화되어 우리의 지배적인 목표가 되었을 때 발생한다. 그것이 바로 헤도니즘(쾌락주의)이다. 그리고 이것은 그리스도인들 가운데 만연해있다. 한 가지 특수한 출현이 바로 포르노물에 대한 몰두이다. 베드로는 거짓 선생들을 "[음란한 여인들]이 가득한 눈"(14절)을 가진 것으로 고발할 때 이를 다룬다. 다른 말로 하자면 그들은 여인들을 성적인 대상으로 바라보았다는 것이다. 나는 여성들의 입장에서 말할 수 없지만, 내가 아는 바로는 우리 문화의 남성들은 어린 시절부터 여인들을 바로 이 방식으로 바라보도록 가르쳐져왔다. (우리 시대에 많은 여성들 사이에 "헝크"[hunk; 근육질의 섹시한 남자를 의미-옮긴이]라는 말을 쓰는 의미가 내가 의심하는 그것이라면, 여성들도 빠른 속도로 그렇게 되고 있다.)

여성들을 성적인 대상으로 볼 기회-그리고 유혹-는 극적으로 증가해왔다. 나의 청소년시절에 남자아이들은 몰래 『플레이보이』지(誌)를 즐겼다. 오늘날 남자아이들은 부모들이 보지 않을 때 케이블 TV를 켜거나 "넷을 탐색해서" 전에 『플레이보이』에 실린 것보다 더 많은 여인들의 이미지를 훨씬 더 쉽게 볼 수 있다. 이 포르노물의 폭발이 그리스도인들을 괴롭히지 않게 할 것임을 논증하는 것은, 우리가 단순히 이것을 무시할 것을 선택할 수도 있기에 요점을 놓치는 것이다. 더 많은 자료가 이용가능 할수록, 이 강력한 유혹에 굴복하기 더 쉬우며, 그것이 사회일반을 타락시키는 영향에 대해서는 말할 필요도 없다. 2년 후의 에베소에서의 바울의 설교가 아주 성공적이었기에, 사람들은 에베소의 은 세공사가 만들었던 아데미의 신상을 구입하는 일을 멈추게 되었다. 이는 매우 성공적이어서 기능공들이 시의 권력자들에게 불평할 정도였다(19절). 우리의 복음의 증거가 그토록 강력해서 포르노 작가들이 우리에 대해 정부에 불평할 정도가 되어야한다!

(3) 헤도니즘의 또 다른 형태는 돈을 향한 열망과 돈으로 살 수 있는 쾌락과, 위안과, 안전이다. 베드로의 주장은 거짓 선생들이 "탐욕에 연단된 마음을 가진 자들"(14절)이요, 발람을 따르는 자들로서, "불의의 삯을 사랑"(15-16절)한다는 것이다. 발람은 기억하듯이 이스라엘을 저주하도록 발락에게서 돈을 받았다. 그가 경건하게 "내가 능히 여호와 내 하나님의 말씀을 어겨 덜하거나 더하지 못하겠노라"(민 22:18)고 선포했지만, 그럼에도 불구하고 그는 발락의 사절들을 초대해서 밤을 보내게 했는데 이로써 주님께서 아침에 그에게 무엇을 말씀하실지 볼 수 있기

위함이었다(19절). 이미 하나님께서는 분명하게 발람에게 그들과 함께 가지 말라고 명령하셨다. 자신의 탐욕으로 인해 발람은 하나님께서 이미 답하신 질문에 대한 하나님의 답을 구하고 있었던 것이다. 다른 말로 하자면 돈에 대한 사랑은 하나의 사역을 빗나가게 만들고 궁극적으로 재앙을 불러온다. 짐 베커(Jim Bakker)에게 물어보라. 그의 탐욕이 그를 그의 사역에 기부된 돈을 불법적으로 사용하게 만들었기에 그는 징역에 처해졌다.

하지만 사역으로 수입을 얻는 우리는 마찬가지로 탐욕의 보다 교묘한 형태를 직시할 필요가 있다. 나는 우리가 참여하기로 결정한 사역에서 재정적 고려가 지나치게 크게 역할을 수행하게 하는 것에 대해 언급하는 것이다. 내가 가르치는 신학대학원에서는 대부분의 학생들과 그 가족들은 3-5년 혹은 그 이상의 기간 동안 그들의 목회학 학위를 얻기 위해 열심히 공부하고 스파르타식 생활을 하고 있다. 졸업생들이 다양한 사역 기회를 검토하면서 재정에 대해 고려하는 것은 전적으로 적절한 일이다. 하지만 재정은 언제나 다른 고려할 것들에 두 번째(혹은 세 번째나 네 번째)로 와야 한다. 나는 하나님께서 남자와 여자들을 각기 특수한 사역으로 부르신다고 믿을 정도로 충분히 구식이다. 그리고 재정은 그 부르심을 분명하게 만드는 한 가지 방편이 될 수 있다. 하지만 확실히 하나님께서는 때때로 우리를 돈이 우리가 바라는 전부가 될 수 없는 사역으로 부르기도 하신다. 즉 재정적인 안전은 보장될 수 없고, 지원의 증가가 필수적일 수 있다. 실제로 기독교 사역들을 위한 막대한 필요가 가장 돈이 부족한 나라들에 있다는 것을 고려한다면, 우리는 하나님께서 그의 백성들을 그렇게 재정적으로 불안정한 곳으로 자주 부르시리라는 것을 각오할 것이다.

남을 가르치기만 한다는 혐의를 피하기 위해, 잠시 내 자신을 예로 들어보기로 하겠다. 내가 가르치고 글을 쓰는 사역에서 가졌던 놀라운 일들 중 하나는 내가 받았던 기회의 숫자이다. 복음주의 출판사들은 수많은 책을 팔고 있으며, 그들은 그 책들을 저술할 사람들을 필요로 한다. 그렇게 지금도 두 가지 제안이 왔다. 책 한 권은 판촉과 긴 시간 꾸준한 저작권료를 약속한다. 다른 한 권은 그런 전망을 제공하지 않지만, 교회가 들어야 할 필요가 있는 메시지에 초점을 맞추고 있다. 나는 어느 것을 택할 것인가? 그 이유는? 내 결정은 한 가지, 그리고 오직 한 가지 고려에만 기초를 두어야 할 것이다. 내 은사와 재능, 그리고 교회와 세상에 무엇이 필요한지를 고려하여, 하나님께서 내게 무슨 책을 쓰라고 부르시는지를 말이다. 하지만 다섯 자녀와 가사에 헌신하는 아내와 더불어 나는 끊임없이 수지 균형을 맞추도록 애써야 한다. 그리고 나는 어떤 사역의 기회를 받아들일지 결정함에 있어서 돈으로 하여금 지나치게 큰 역할을 수행하게 만들 때가 있다는 것에 두려움을 가지고 있다.

그의 첫 번째 서신에서 베드로는 교회 지도자들에게 "더러운 이득을 위해" 하지 말고, "기꺼이 해야" 한다고 경고했다(벧전 5:2). 바울이 교회를 세우는 일에 참여했을 때, 그는 그 성읍의 사람들에게서 돈을 받기를 거절하고 날마다 자신의 직업을 통해 생계를 조달해서, 어느 누구도 그를 돈을 위해 설교한다고 비난할 수 없게 했다(살전 2:1-12). "수지타산"에 상당히 경도된 세계에서 우리는 지속적으로 돈을 그 본래의 자리에 둘 필요가 있다—우리가 결정을 내릴 때 한 가지 상당히 작은 고려요소로 말이다. 우리는 바울과 더불어 "어떠한 형편에든지 나는 자족하기를 배웠노니"(빌 4:11)라고 말할 수 있을 때에만 우리는 그렇게 하는데 자유로울 것이다. 만일에 하나님께서 우리를 무언가를 하도록 부르셨다고 확신한다면, 우리는 그 상황에서 우리에게 필요하다고 여기시는 것이면 무엇이든지 우리에게 주실 것을 확신할 수 있다.

(4) 나는 베드로의 거짓 선생들에 대한 묘사로부터 배울만한 몇 가지 부정적인 교훈을 그려보았다. 하지만 마지막 적용점으로서 나는 거짓 선생들로부터 그 희생자들로 시각을 전환하기를 원한다. 베드로는 우리에게 거짓 선생들이 "굳세지 못한 영혼들을 유혹"(14절)했다고 말한다. 이는 거짓 가르침에 언제나 수반하는 방식이다. 거짓 선생들은 누구에게도 그들의 선택을 강요할 수 없다. 그들은 단지 사람들을 설득하여 사물을 바라보는 그들의 방식을 받아들이도록 할 수 있을 뿐이다. 그리고 거짓 가르침은 물론 자주 매혹적인 겉치레를 가지고 있다. 사람들은 새로운 개념을 좋아한다. 그리고 거짓 가르침은 자명하게도 새로운 개념을 거래한다. 사람들은 또한 그들을 자신들의 죄와 실패에 대해 죄책감을 덜 느끼게 만들 만한 가르침도 좋아한다. 그리고 확실히 베드로 시대의 거짓 가르침은 이런 이점을 제공했다.

문제는 이렇다. 거짓 가르침은 자주 사람들에게 자연스럽게 매력적으로 보인다. 하나님의 진리에 굳건히 근거를 두는 것과 그분을 향한 순수한 사랑만이 사람들을 보호할 수 있을 것이다. 그들의 신앙에 굳건히 근거를 두게 되도록 시간을 들이지 않은(혹은 시간을 가지지 않은; 2:18을 보라) 그리스도인들만이 거짓 가르침에 먹잇감이 된다.

망가진 레코드판처럼 들릴 위험이 있음에도, 나는 내가 생각하는 요점이 우리 현재의 환경에 절대적으로 중요하다는 것을 반복해야겠다. 우리 교회들 중 지나치게 많은 수가 기독교 사역의 외연에 지나치게 많은 에너지를 투자하고, 그 핵심에는 지나치게 적게 투자한다. 기독교 사역의 핵심에는 언제나 사람들을 그리스도의 형상으로 주조하는 것이 있어야 하고, 하나님의 진리에 대한 완전하고 충실한 가르침은 성령께서 이 목표를 성취하기 위해 사용하시는 수단이다. 예컨대 우리 교회에서 다양한 이교들에 대해 가르치는 것은 의심할 바 없이 유용한 기획이고, 그리스도인들로 우리 시대에 그토록 널리 유행하는 오류들을 이해하는데 도움을 준다. 하지만 기독교 신앙에 대한 궁극적으로 긍정적인 가르침만이 이교에 대항한 최선의 보호로서 기능할 것인데, 왜냐하면 우리가 거짓 선생들이 가져올 가능한 모든 오류를 감당할 수는 없기 때문이다.

게다가 진리는 그 자체로 긍정적인 영향을 가지고 있는데, 이로써 신자들을 격려하고 통찰력을 준다. 에베소에서 거짓 가르침을 접하면서 디모데는 바울로부터 반복해서 스스로를 "좋은[유익한] 교훈"에 헌신하라는 말을 듣는다(특별히 딤전 4:6-8, 11-16을 보라). 우리에게 스스로를 "좋은 교훈"을 살고 가르치는 일에 헌신해온 목회자들이 더 많이 필요하다. 우리는 언제나 기독교 진리와의 상관성을 보여주고, 우리 문화에서 사람들이 씨름하고 있는 주제들을 다룰 필요가 있다. 궁극적으로 안정되고 성장하는 그리스도인을 생산시킬 수 있는 길은 하나님의 말씀에 대한 신중하고 경건한 주해이다. 라일(J. C. Ryle)은 100년이 넘는 과거에 이 동일한 요점을 말했다.

> 당신이 살고 있는 세상에서 당신의 영혼은 지속적인 위험에 처해있다. 적들은 당신 주위 도처에 있다. 당신의 마음은 정직하지 못하다. 악한 일들은 수도 없이 많다. 사탄은 언제나 열심히 당신을 타락으로 이끈다. 무엇보다도 거짓 교리와 거짓 선생들이 온갖 종류로 넘쳐난다. 이것이 당신에게 있는 큰 위험이다.
>
> 안전을 위해 당신은 무장을 잘해야 한다. 당신은 당신을 위해 하나님께서 주신 무기를 준비해야 한다. 당신은 당신의 마음을 성경으로 채워야 한다. 이것이 제대로 무장하는 방법이다.
>
> 당신 자신을 하나님의 기록된 말씀에 대한 철저한 지식으로 무장시켜라…당신의 성경을 무시하고서는 거짓 가르침의 그럴듯한 변론이 당신을 만나게 될 때에 내가 아는 바로는 어떤 것도 당신을 오류로부터 보호할 수 없다…당신은 진리 안에 서게 될 가망이 없는 사람이다. 당신이 확증, 은혜, 신앙, 인내 등에 대해 의심과 질문을 가지고

> 곤란을 겪는다는 것을 들을 때 나는 놀라지 않을 것이다…당신이 당신의 결혼에서, 당신 가족의 행실에서, 당신이 유지하는 교제에서 문제들을 겪게 되었다고 들어도 나는 놀라지 않을 것이다. 당신이 항해하는 세계는 암초와, 여울목과, 모래톱으로 가득하다. 당신은 등대나 해도(海圖)에 충분히 익숙하지 않다…당신은 당분간은 어떤 거짓 선생에 의해 휩쓸릴 것 같은 사람이다. 확신을 주는 이야기를 전할 재능이 있는 영리하고 달변인 사람이 당신을 오류로 이끌고 있다는 것을 들을지라도 나는 놀라지 않을 것이다. 당신은 균형추(진리)가 필요하다. 당신이 파도 위의 코르크처럼 이리저리 흔들리더라도 놀랄 일은 아니다.[23]

당신이 기독교 평신도라면 나는 당신에게 권유한다. 기독교 진리를 배우라고. 당신이 기독교 교역자라면 나는 당신에게 권유한다. 기독교 진리를 가르치라고. 당신이 이렇게 말할 수 있기를 바라마지 않는다. 바울이 에베소교회 지도자들을 두고 떠날 때에 그의 생각에 그것이 마지막이라고 여겼기에 말했듯이, "유익한 것은 무엇이든지…거리낌이 없이 여러분에게 전하여 가르치고…모든 사람의 피에 대하여 내가 깨끗하니 이는 내가 꺼리지 않고 하나님의 뜻을 다 여러분에게 전하였음이라"(행 20:20, 26-27).

---

23. 이 선문(選文)은 라일(Ryle)의 소책자에서 나온 것으로, J. I. Packer, *God's Words: Studies of Key Bible Themes* (Downers Grove, Ill.: InterVarsity, 1981), 41-42에서 인용된 것.

베드로후서 2:17-22

17 이 사람들은 물 없는 샘이요 광풍에 밀려 가는 안개니 그들을 위하여 캄캄한 어둠이 예비되어 있나니
18 그들이 허탄한 자랑의 말을 토하며 그릇되게 행하는 사람들에게서 겨우 피한 자들을 음란으로써 육체의 정욕 중에서 유혹하는도다
19 그들에게 자유를 준다 하여도 자신들은 멸망의 종들이니 누구든지 진 자는 이긴 자의 종이 됨이라
20 만일 그들이 우리 주 되신 구주 예수 그리스도를 앎으로 세상의 더러움을 피한 후에 다시 그 중에 얽매이고 지면 그 나중 형편이 처음보다 더 심하리니
21 의의 도를 안 후에 받은 거룩한 명령을 저버리는 것보다 알지 못하는 것이 도리어 그들에게 나으니라
22 참된 속담에 이르기를 개가 그 토하였던 것에 돌아가고 돼지가 씻었다가 더러운 구덩이에 도로 누웠다 하는 말이 그들에게 응하였도다

원 의미

거짓 선생들에 대한 베드로의 묘사는 10절부터 이 장의 마지막에까지 계속된다. 대부분의 주석가들과 번역본들은 올바르게 16절과 17절 사이에 단락을 나누어서, 이 지점에서 중단을 인지하고 있다. 또한 강조에 있어서의 변화도 감지된다. 2:10-16에서 베드로는 이 이교도들의 거짓된 '성격', 곧 오만과, 육욕과, 탐욕에 초점을 두었다. 하나의 지나가는 암시에서만—"굳세지 못한 영혼들을 유혹하며"(14절)—그는 그들에 대한 분석에 있어 "가르침"의 부분에 대해 무언가를 말했을 뿐이다. 하지만 이제 17-22절에서 그들의 다른 사람들에 대한 영향이 무대의 중심을 차지한다.

그들의 가르침은 베드로가 주장하는바 공허하고, 오만하고, 기만적이다(17-19절). 동시에 그는 4-10a절의 주제로 돌아오면서 이 거짓 선생들에게 그들을 기다리는 무시무시한 심판에 대해 경고한다.[1] 실제로 그들이 의인의 길을 알고 있었지

만, 고의적으로 그것으로부터 돌아섰기에 그들의 운명은 더욱 악할 것이다(20-22절). 그가 더불어 시작했던 심판을 향한 동일한 주의에 대한 그의 논박을 끝냄으로써, 베드로는 다시금 우리가 서신의 다른 곳에서 주목했던 "순환구조"(ring composition)를 드러낸다.

공허하고 기만적인 가르침(17-19절)

베드로가 거짓 선생들을 무지하고 탐욕스러운 발람에 비교한 것(15-16절)으로 그의 첫 번째 비평적인 언급이 끝난다. 그는 돌연한 회귀를 통해 두 번째를 시작한다. "이 사람들은…"[2] 17절의 두 가지 도입은유는 거짓 선생들의 메시지의 공허하고 실체 없는 본질을 생생하게 포착한다. 근동의 메마른 기후에서 샘물은 기적적인 축복으로서 생명을 주는—때로는 구하기도 하는—것이다. 지친 여행자가 샘이 말라붙어 있는 것을 발견했을 때의 분노를 상상해 보라. 거짓 선생들의 메시지가 그러했다. 그것은 영적인 활력을 약속하지만 그것을 주지 않음으로써 영적인 순례자를 좌절시킨다. 이스라엘 백성들처럼 이 사기꾼들의 추종자들은 "생수의 근원되는 나[주님]를 버린 것과 스스로 웅덩이를 판 것인데 그것은 그 물을 가두지 못할 터진 웅덩이들"이다(렘 2:13).

우리는 처음에는 두 번째 은유인 "광풍에 밀려가는 안개"가 다른 의미를 가진다고 생각할 수 있다—아마도 거짓 선생들의 불안정함을, 교리에 대한 어떤 미풍에도 여기저기로 흔들리는 것을 지시하는 것으로 보인다. 하지만 "안개"라는 용어는 또한 구름이 응축되어 비가 된 후에 남은 연무를 지시하는 것일 수도 있다. 그러나 생명을 주는 비를 생산한다기보다는 흩어버릴 수 있고 그래서 실제로 다가올 메마른 날씨의 전조로서 기능했던 것이다.[3] 그러므로 두 가지 은유는 거짓 선생들의 메시지를 공허한 것으로 그래서 실망하게 만드는 것으로 성격 짓도록 결합된다.

---

1. 네이리(Neyrey, *2 Peter, Jude*, 217-18)는 이 절들이 어떻게 같은 장의 앞부분에서 나온 수많은 단어들과 주제들을 반향하는지에 주목하고 있다.
2. 돌연스러움은 헬라어에서 어떤 연결하는 접속사나 분사도 없다는 것에서 나타난다(다소 예외적인 현상으로 "연사생략(連辭省略; asyndeton)"이라고 불린다). "이 사람들"의 헬라어는 후토이이다. 베드로는 이미 거짓 선생들을 이 방식으로 표현한 바 있지만(12절), 이 단어를—유다가 그런 것처럼—계속해서 전환을 표시하는 용도로 사용하지는 않는다.
3. 헬라어 단어 호미클레는 희귀한 단어로서, 성경에서는 이곳에서만 발견된다. 위에 제시된 이 단어의 이해는 특별히 아리스토텔레스(Aristotle, *Meteor*, 1.346B)의 서술에 근거한 것이다.

그의 앞선 비난을 연상시키는 언어로(특별히 4b, 10절을 보라) 베드로는 절의 마지막에 심판에 대한 신랄한 문장을 추가시킨다. "그들을 위하여 캄캄한 어둠이 예비되어 있나니." 어떤 주석가들은 여기서 이미지의 순서를 비판하면서, 샘물과 안개를 어둠에 가두는 것으로 생각하는 것이 어색하다는 점을 지적했다. 하지만 저자들은 자주 은유를 전환시키면서 그 이미지들을 연결시키지는 않는다. 그리고 어둠의 이미지는 실제로 거짓 선생들을 "안개"라고 고발한 것에 꽤나 잘 어울릴 수 있다. "그들이 지금 처해있는 일시적인 어두움의 자리에 그들을 위해 훨씬 두텁고 영원한 어두움이 준비되어 있다."[4]

18절의 시작 부분에 있는 "때문에"는 이 절과 다음 절을 17절에 연결시킨다. 이 두 절들에서 베드로는 거짓 선생들이 지옥의 어두움에 넘겨지는 이유(17b 참고)와 그들이 자신들의 교리와 실천으로 어떻게 사람들을 실망하게 만들고 해를 끼치는지(참조. 17a절)를 설명한다. 베드로는 이미 그들을 그들의 오만으로 꾸짖은 적 있고(10절), 그는 여기서 이 주제로 돌아온다. 거짓 선생들은 "허탄한 자랑의 말을 토한다." 베드로는 여기서 모종의 반어법에 탐닉하여, 그가 16절에서 발람의 나귀의 발언을 묘사할 때 사용한 것처럼 거짓 선생들의 발언에 동일한 헬라어 용어('프텡고마이')를 사용한다. 나귀조차도 이 거짓 선생들이 하는 것보다 더 선한 교리를 "토해냈던" 것이다.

그리고 이 교리는 엄청난 권능과 설득력으로 표현되었지만, 사실은 "공허하다." 이 말은 무익함이나 좌절의 개념—그 목표를 결코 달성할 수 없는 것—을 시사한다. 예컨대 바울은 이 용어를 사용하여 창조가 인류의 죄로 인한 타락의 결과로 "허무함"에 굴복함을 묘사한다(롬 8:20). 그리고 이 동일한 어근에서 나온 용어들은 우상숭배와 이교적 삶의 어리석고 고유한 무기력함을 묘사하는데 사용된다(행 14:15; 벧전 1:18). 거짓 선생들의 언어는 피상적으로는 매력적일지라도 그들이 약속하는 영적인 성취를 생산해 낼 수 없다. 게다가 NIV가 연결을 유지하지 않는 가운데, 18절의 이 첫 구절은 이 절의 주요 단언이 되는 것에 연결된다. 즉 거짓 선생들은 사람들을 "허탄한 자랑의 말을 토함'으로써'" 유혹하는 것이다.[5]

그리고 베드로는 계속해서 이 주요 동사에 두 번째 구절을 추가한다. 거짓 선생들은 또한 "음란으로써 육체의 정욕 중에서" 유혹한다. NIV("죄된 인간 본성의 음

4. Calvin, *Hebew and 1 and 2 Peter*, 355.
5. 나는 분사 프텡고메노이에 도구격의 효과를 주고 있다. "유혹하다"라는 단어를 보자면, 베드로는 14절에서 "유혹하다"로 번역되는 동일한 헬라어 단어를 재사용한다.

탕한 욕망에 호소함으로써")는 헬라어의 난해한 용어 배열을 다소 자유롭게 의역한 것인데, 문자적으로 읽으면 "육체의 정욕 안에서, 육욕의 행위로써"이다. NIV의 "호소함으로써"는 타당하고 정확한 추가이다. NIV가 헬라어 용어 "육"('사르크스')을 "죄된 인간 본성"으로 번역한 것은 그다지 만족스럽지 않다. 내가 다른 곳에서 논증했듯이(1:3-11의 "상황잇기" 단원을 보라), 이 구절을 번역하기 위해 "본성"이라는 용어를 사용한 것은 성경적인 것인지 의심스러운 인간의 구조에 대한 어떤 견해를 함축할 수 있다.

"음탕한"이라는 말은 헬라어 용어 '아셀게이아'를 표현한 것으로, 베드로는 이를 이미 같은 장에서 두 차례 사용한 바 있다—한 번은 거짓 선생들의 일반적으로 "호색하는 것"(2절)에, 그리고 한 번은 소돔과 고모라 사람들의 "음란한" 삶의 양식(7절)에 사용되었다. 이것은 성적인 난교와 폭식과 술취함의 음탕함과 육욕과 쾌락에 초점을 둔 삶의 양식을 지시한다. 이 용어는 여기서 복수이며, 구절의 끝에 어색하게 고정되었다(위의 문자적 번역을 보라). 주석서들과 번역본들은 이 용어를 어떻게 처리해야 할지에 대해 분명하지 않다. 일부는 이를 "육의 욕망"을 고쳐 말한 것으로 본다(참조. NASB, "육적인 욕망으로, 육욕으로"). REB 등 다른 경우는 이를 두 번째 병렬어로 생각한다. "관능적인 욕망과 방탕." 그러나 대부분은(참조. NIV) 이 용어를 "욕망"의 수식어로 다룬다. 이런 가능성들 중에 하나를 결정하는 것은 불가능하다. 어느 경우이든 개념은 분명하다. 즉 거짓 선생들은 사람들의 죄악되고 방탕한 욕망에 호소하여 그들을 진리로부터 유혹하려는 것이다. 그래서 베드로는 거짓 선생들이 사람들을 이교의 낙인으로 유혹하면서 사용하는 두 가지 수단을 열거한다. 빅(Bigg)이 지적하듯이, "웅장한 궤변은 갈고리이며, 추잡한 욕망은 미끼이다."[6]

하지만 거짓 선생들은 베드로가 암시하는바 단순히 어느 누군가를 좇은 것은 아니다. 그들은 자신들의 목표를 집어내는데 영리해서 "그릇되게 행하는 사람들에게서 겨우 피한 자들" 앞에 그들의 미끼를 내놓는다. 이 구절의 헬라어 원문 상의 중요한 이형(異形)이 발견된다. 일부 사본들은 '온토스 아포퓌곤테스'로 읽는 반면에, 다른 사본들은 '올리고스 아포피유곤타스'로 읽는다. 헬라어를 알지 못하는 경우일지라도 이들 두 구절이 얼마나 유사한지 그리고 필사자가 하나를 다른 것으로 바꿔 쓰기가 얼마나 쉬운지를 알아챌 수 있다. 우리가 첫 번째 독법을 선택

6. Bigg, *The Epistles of St. Peter and St. Jude*, 285.

한다면, 거짓 선생들이 유혹하고 있는 사람들은 "그릇되게 행하는 사람들"에게서 "완전히 피한" 자들이 된다. KJV은 이 독법을 채택해서 "그릇되게 사는 자들로부터 완전히 피했던 자들"로 번역한다.[7]

하지만 두 번째 독법은 최근의 모든 주요 영역본이 채택한 것이며 이것이 받아들여져야 한다. 이것은 거짓 선생들의 표적들을 "그릇되게 사는 자들"로부터 "방금" 혹은 "겨우"[8] 피했을 뿐인 자들로 규정한다. 사실 이 독법에서 분사의 현재 시제가 암시하는 바는 그들이 여전히 그들의 과거의 삶의 연루로부터 빠져나오는 과정 중에 있다는 것이다. 이교도들이 새로운 회심자를 좇으려 할 것이라고 생각하는 것이 의미가 잘 통한다. "그릇됨"('플라네')이라는 용어는 일반적으로 성경에서는 이교사상을 묘사하는데 사용된다(예컨대 롬 1:27; 딛 3:3을 보라). 다른 말로 하자면 베드로는 이런 새롭게 회심한 자들을 그들이 최근에 속해 있었고 아직 그 안에서 계속 살고 있는 이교 사회의 가치와 삶의 양식으로부터 스스로를 멀어지게 하는 과정 중에 있는 것으로 그려내고 있다는 것이다.

19절에서 베드로는 계속해서 거짓 선생들의 작동 방식을 묘사한다. 최근에 자신들의 신앙으로부터 회심한 자들을 유혹할 또 하나의 전술은 그들에게 자유를 약속하는 것이다. 이것은 이 장에서 유일하게 베드로가 거짓 선생들의 교리적 기획에 대해 다루는 부분이다. 불행히도 베드로는 명확하지 않다. 무엇으로부터의 자유란 말인가? 서신 자체의 증거를 가지고 고려할 때, 세 가지 가능성을 고려해볼 만하다. (1) 거짓 선생들은 악한 영적 존재들에 대한 두려움으로부터의 자유를 약속하고 있을 수 있다. 베드로는 이 장에서 먼저 이런 존재들에 대한 이교도들의 오만과 무관심을 비판한 바 있다(10b-12절). (2) 거짓 선생들은 종말론적 심판으로부터의 자유를 약속하고 있을 수 있다.[9] 1:16-21과 3:3-12 모두가 보여주는 것처럼 거짓 선생들의 기초 교리강령은 그리스도의 재림과 그의 재림과 결합된 심판에 대한 회의론이었다. (3) 그들은 모든 외적인 도덕적 속박으로부터의 자유를 변호하고 있을 수 있다.[10] 베드로는 반복해서 거짓 선생들의 방탕한 삶의 양식을 강조했

7. Ibid., 287도 보라.

8. 여기서 헬라어 단어는 올리고스("약간의 정도")이다. 이것이 시간적 의미("잠시동안, 최근에")인지, 아니면 일반적으로 분량의 의미("약간의 정도")인지는 분명하지 않다. 의미에서의 차이는 사소하다.

9. Bauckham, *Jude, 2 Peter*, 275-76; Neyrey, *2 Peter, Jude*, 223.

10. 이는 주석가들 사이에서 가장 널리 퍼진 견해이다. 예를 들어 Bigg, *The Epistles of St. Peter and St. Jude*, 286; Kelly, *The Epistles of Peter and of Jude*, 346; Green, *The Second Epistle General of Peter and the General Epistle of Jude*, 117을 보라.

다(13-16, 18절). 그리고 우리는 신약성경의 다른 부분에서 복음에서 얻을 수 있는 자유로운 은혜를 남용하여 그것을 죄를 범할 수 있게 하는 허가로 바꾸는 경향에 대한 증거를 가지고 있다(롬 6장; 갈 5:13-14; 벧전 2:16에 있는 경고들을 보라).

이런 시각들의 어떤 것도 베드로후서 2장의 보다 넓은 문맥에 잘 부합하기에, 우리는 직접적인 문맥에 최선으로 부합되는 것이 어느 것인지 질문해야 한다. 여기서 19절의 나머지 부분이 도움이 된다. 베드로는 거짓 선생들의 처한 환경에서 모순을 지적한다. 타인에게 자유를 약속하면서, "그들은 스스로 멸망의 종들이다." 강조사 "스스로"가 시사하는 바는 그들이 종속된 "멸망"이 그들이 약속한 자유에 밀접하게 관련되어 있다는 점이다. 하지만 이 "멸망"은 무엇인가? NIV는 헬라어 용어 '프도라'를 "타락"(depravity)으로 번역하면서, 결정적인 해석적 결단을 내린다. 보다 중립적인 번역은 "부패"(대부분의 영역본에서 볼 수 있다)일 것이다. 부패는 그 본질이 도덕적일수도(이 경우라면 타락이 올바른 번역이 된다), 육체적일 수도 있다.

베드로는 이 서신에서 일찌기 '프도라'를 두 번 사용했는데, 각각 서로 다른 의미를 썼다. 1:4에서 나는 그것이 도덕적인 묘미를 가지고 있다고 논증했다. 2:12에서 이것은 종말론적 멸망을 지시한다. 어떤 정의도 거짓 선생들이 악한 영적 존재들로부터의 자유를 약속한다는 개념에 그리 잘 어울리는 것은 아니어서, 이 가능성은 배제되어야 할 것이다. 하지만 이 지시하는 바가 종말론적 멸망이라면 두 번째 가능성이 잘 맞는다. 사람들에게 심판으로부터의 자유를 약속하는 거짓 선생들은 심판의 운명에 처해있다. 도덕적 부패가 의도된 것이라면 세 번째도 의미가 잘 통하게 된다. 거짓 선생들은 스스로 방탕함에 속박된 삶을 삶으로써 도덕적 요구로부터의 자유에 대한 그들의 약속의 허무함을 드러낸다. 내 생각에 이 마지막 해석이 다른 것들보다 약간 낫다. 이 절에서의 종 됨의 언어와 20절에서의 방탕함에 대한 초점은 베드로가 종말론적 심판에 대해서보다는 이 노선을 따라 생각하고 있다는 것을 시사한다. 그린이 지적하듯이 "그들이 자기-표현을 모색하는 가운데 스스로에 대한 속박에 빠졌다."[11]

베드로는 속담을 인용함으로써 이 요점을 다시 강조한다. "진 자는 무엇이든 이긴 것의 종이 됨이라"(A man is a slave to whatever has mastered him). 이 속담이 전시에 포로된 적들을 노예로 만드는 관행에서 기원했기에 어떤 주석가들은 인

11. Green, *The Second Epistle General of Peter and the General Epistle of Jude*, 117.

격적인 언급이 이루어져야 한다고 본다. "진 사람은 누구든지 이긴 사람의 종이 된다"(A person is enslaved to whoever has mastered him).[12] 하지만 속담의 특성상 적용되는 상황에 의존해서 그 지시대상은 바뀐다. 여기서 베드로는 이것을 죄의 비인격적 힘에 적용하고 있다. 그래서 중립적인 번역(거의 모든 영역본에서 볼 수 있는 것)이 낫다.

거짓 선생들의 심각한 처지(20-22절)

NIV는 이 절의 시작에서 단순히 "그들"이라고 번역함으로써 원문의 애매함을 유지시키고 있다. 이 대명사의 선행사가 불분명하다. 우리는 18절의 끝으로 되돌아가서, "그릇되게 행하는 사람들에게서 겨우 피한 자들"로 볼 수도 있다. 20절에서 "피하다"의 개념을 반복한 것은 이 연결을 지적하는 것일 수 있다. 이 경우 20-22절 전체는 거짓 선생들이 자신들의 선전활동의 표적으로 삼았던 새롭게 회심한 자들을 지시한다. 그렇다면 이 절들의 요점은 그들이 배웠던 진리로부터의 어떤 일탈로 비롯되는 심각한 결과를 지적함으로써, 감수성이 예민한 신자들을 향한 거짓 가르침에 대한 경고가 될 것이다.[13]

하지만 가장 근접한 선행사는 바로 앞 절의 주어에서 발견된다. 그것은 거짓 선생들이다. 그리고 거짓 선생들은 이 장 전체를 통해 베드로의 초점이 되었던 자들이다.[14] 여기서 결정을 내리는 것이 어렵지만, 나는 이 두 번째 해석에 약간 기울어진다. 우리는 이 장이 거짓 선생들에 대한 종국적 탄핵으로 끝나는 것으로 기대할 수 있다. 그래서 최근에 회심한 자들에 대한 경고는 다소 부적절하다.

그래서 베드로는 거짓 선생들에 대한 그의 묘사를 계속한다. 보컴이 지적하듯이 사도는 그가 그리스도인들을 성격짓기 위해 서신에서 일찍이 사용했던 동일한 언어를 일부 사용한다. 1:4에서 그는 그리스도인들을 "세상에서 썩어질 것을 피한" 자들이라고 말했다. 1:3에서 그는 주장하기를 그들은 우리 주 되신 구주 예수 그리스도를 알게 되었다고 한다. 그가 주목하는 바, 거짓 선생들도 역시 "우리 주

12. 예를 들어 Kelly, *The Epistles of Peter and of Jude*, 347.

13. 이 시각에 대해서는 Bigg, *The Epistles of St. Peter and St. Jude*, 287; Kelly, *The Epistles of Peter and of Jude*, 247-48을 보라.

14. 예를 들어 Mayor, *The Epistle of St. Jude and the Second Epistle of St. Peter*, 141-42; Green, *The Second Epistle General of Peter and the General Epistle of Jude*, 118; Bauckham, *Jude, 2 Peter*, 277을 보라.

되신 구주 예수 그리스도를 앎으로 세상의 더러움['미아스마타'[15]]을 피했다."[16] 1:2과 3절을 주석하면서 내가 주목했던 것처럼, 베드로는 그리스도인들의 실존을 서술하는데 "지식"(경험적 지식에 대한 성경적 의미에서)이라는 언어를 선호한다. 그렇다면 최소한 그의 시각에서는 이 거짓 선생들은 그리스도인이 되는 것에 대한 모든 증거를 주고 있었다.

여전히 그들은 다시 세상의 부패에 "얽매이는", 그리고 실제로 그것에 의해 "지배되는" 위험을 무릅쓴다. 그린의 생각은 "얽매이는"이 베드로가 거짓 선생들의 전략을 묘사하느라 사용해왔던 낚시 이미지를 유지할 수 있다는 것이다(14절과 18절에서의 "유혹하다" 혹은 "미끼로 유인하다").[17] 그들은 타인에게 미끼를 놓고서 자기 그물에 스스로 얽매인다. 이것이 사실이든 아니든 베드로의 요점은 그렇게 세상의 부패한 삶의 양식으로 돌아오는 것은 그들에게 재난을 가져올 것이라는 점이다. "그 나중 형편이 처음보다 더 심하리니." 베드로는 거의 확실히 예수가 마태복음 12:43-45에서 악한 영들에 대한 그의 이야기의 마지막에서 말씀하셨던 것을 인용한다.

> 더러운 귀신이 사람에게서 나갔을 때에 물 없는 곳으로 다니며 쉬기를 구하되 쉴 곳을 얻지 못하고 이에 이르되 내가 나온 내 집으로 돌아가리라 하고 와 보니 그 집이 비고 청소되고 수리되었거늘 이에 가서 저보다 더 악한 귀신 일곱을 데리고 들어가서 거하니 그 사람의 나중 형편이 전보다 더욱 심하게 되느니라 이 악한 세대가 또한 이렇게 되리라.

그래서 이것은 그리스도를 받아들였으나 다시 세상을 위해 그를 저버린 사람들과 관련이 있다. 그들이 진리를 의식적으로 그리고 공공연히 거절했기에, 그들의 심판은 다른 경우보다 더 악할 것이다.

이것이 베드로가 21절에서 설명하는 것이다. 그는 다시 기독교성을 서술하는데 "길" 언어를 사용한다(2:15의 주석을 보라). 그리스도를 따르는 것은 그가 그의 제자들에게 요구하시는 올바른 행실("의로움")의 길을 걷는 것을 의미한다. 베드로

---

15. 이 단어는 헬라어 성경에서는 여기에서만 발견되지만, 베드로가 10절에서 사용했던 단어인 미아스모스(NIV는 "부패한"[corrupt]; 개역개정판은 "더러운"—옮긴이)와 깊이 관련되어 있다.

16. Bauckham, *Jude, 2 Peter*, 277.

17. Green, *The Second Epistle General of Peter and the General Epistle of Jude*, 118-19.

의 경고는 그 길로 들어서지도 않는 것이 잠시 그 길을 걷고서 그것을 저버리는 것보다는 나을 것이라는 점이다. 거짓 선생들의 도덕적 실패에 대한 베드로의 초점이 여기에 다시금 표면화되고 있다. 그는 기독교의 "길"을 묘사하는데 (도덕적 의미에서의) "의로움"을 사용할 뿐만 아니라, 그들이 저버린 것으로 "그들이 받은 거룩한 명령"을 끌어내기도 한다. 베드로는 여기서 단일의 "명령"을 염두에 두지 않는다. 그는 단수형을 사용하여 기독교의 교훈 전체, 즉 회심한 자들이 배웠던(그래서 "받은") 전통적인 가르침의 본체를 개괄한다. 바울도 비슷하게 "너희에게 전하여 준 바 교훈의 본"(롬 6:17)과 "네[디모데]게 부탁한 아름다운 것"(딤후 1:14)을 언급한다.

보컴이 주목했듯이 베드로는 20-22절을 저술함에 거의 전체적으로 전승 자료를 사용했다. 20절의 예수의 말씀, 21절의 "그들에게 더 나으리라"는 경고(우리가 신약성경의 다른 곳에서 발견하는 것과 같은), 그리고 이제 22절에 나오는 두 개의 성경 외적인 속담들이 그것이다.[18] 사실 NIV가 복수형 "속담들"을 사용한 것은 조금 지나친 것이다. 헬라어 용어는 단수형이다. 베드로가 단수형을 사용한 것은 아마도 두 속담들이 한꺼번에 동일한 주장을 하는데 기능하는 것으로 보기 때문일 것이다. 개와 돼지에 대해 말하는 속담들을 결합한 것이 뜻이 잘 통한다. 유대인들은 두 짐승을 부정적으로 보았다. 고대근동에서 개는 "사람의 최고의 친구"는 아니었다. 그것들은 집안의 온순한 애완동물이 아니라, 자주 음식을 훔치며 약한 사람들을 괴롭히는 야생의 난폭한 짐승이었다. 그리고 물론 돼지는 혐오동물이었고, 구약성경에서는 "부정한" 것으로 표명되었으며, 경건한 유대인들은 이것들을 피했다. 개와 돼지는 그래서 자주 한꺼번에 멸시되는 짐승들로 분류되었다.[19]

첫 번째 속담의 의미는 충분히 명료하다. 세상의 부패로 돌아오는 것은 개가 그 토하였던 것을 먹기 위해 돌아가는 것과 같다. 하지만 돼지(NIV는 "암돼지")는 두 가지 상이한 의미로 취해질 수 있는데, 이는 헬라어 구문을 우리가 어떻게 묶는지에 달려 있다. 한 가지 가능성은 "암돼지, 그 놈은 더러운 구덩이에 뒹굴면서 씻는다"로 번역하는 것이다. 베드로는 그래서 거짓 선생들이 부패의 맛을 보고서 그것을 즐기기 위해서 오는 것을 암시하는 것일 수 있다. 그들은 잘 알려진 대로 돼지

18. Bauckham, *Jude, 2 Peter*, 273. 그는 21절의 평행구로 막 9:42과 14:21에 주목한다.
19 참고. 예수님의 명령은 이렇다. "거룩한 것을 개에게 주지 말며 너희 진주를 돼지 앞에 던지지 말라"(마 7:6).

처럼 진흙 속에서 씻기를 좋아한다.[20] 하지만 모든 주요 영역본과 대부분의 주석가들은 NIV에서 나타난 독법을 채택한다. "씻겨진 암돼지는 돌아가 진흙 속에서 뒹군다." 이 속담은 베드로가 20-21절에서 묘사했던 것처럼, 거짓 선생들의 상황에 정확하게 들어맞는다. 즉 그리스도의 피로 씻음을 입은 후에, 그들은 그럼에도 세상의 부패로 다시 돌아가는 것을 갈망한다.[21]

상황잇기

지난 "상황잇기" 단원에서 내가 논증했던 것은 신약성경의 "거울-독법"이 원 저자가 결코 인지하지 못했던 주형 속으로 그 메시지를 억지로 끼워 맞출 수 있다는 것이었다. 내가 논증했던 것처럼 문제는 학자들에게는 특정 역사적, 문화적, 혹은 철학적 상황을 파악하려는, 그리고 주어진 책에서 모든 것이 그 자체만으로 설명된다고 주장하려는 경향이 있다는 것이다. 사무엘 샌드멜(Samuel Sandmel)이 일반적인 문제에 대해 다룬 유명한 논문에서 지적하듯이 너무도 많은 학자들은 고대세계의 관념들이 관(pipelines)을 통해 흘러간다고 여긴다는 것이다—순수하고 온전하고 다른 어떤 개념에도 독립해서. 사실 개념들은 결코 고립되어 유지되지 않는다. 그들은 시간을 통해 다양한 방식으로 변형되고 주변에서 소리내는 수많은 다른 개념들과 다양한 정도로 융합된다.

이 점에 있어 고대세계도 우리 시대와 전혀 다르지 않다. 믿음의 어떤 "순수한" 형태를 유지하고 있는 사람을 당신은 얼마나 많이 알고 있는가? 당신이 알기로 민주당원이 모든 면에서 당의 노선을 준수하며, 공화당원이나 사회주의자로 불릴만한 개념을 결코 품지 않는가? 당신은 얼마나 많은 순수 "실존주의자"를 알고 있는가? 사람들은 교수들과 이론가들도 마찬가지로 언제나 어느 정도 상당히 상이하고 때로는 서로 충돌하는 근원들의 혼합물인 관념들을 붙들고 전파한다.

거짓 선생들의 문화적 맥락. 그렇다면 우리가 베드로후서에서 거짓 선생들에 대해 분석하면서, 그들을 특별히 이교의 표지로 이끌었을 수 있는 어떤 상이한 문화적 영향들에 대해 질문하는 것이 바람직할 것이다. 지금껏 나는 주석에서 그들의

---

20. Bigg, *The Epistles of St. Peter and St. Jude*, 287.

21. 이 속담을 이렇게 읽는 것에 대해, 이는 B.C. 7세기나 6세기에 유행했던 『아히카르』라고 불리는 격언집에서 나온 것일 수 있다. 아랍어판 8:8은 이렇게 읽는다. "내 아들아. 너는 내게는 돼지 같았다. 그 돼지는 고귀한 사람들과 함께 온탕으로 들어갔고, 거기서 나왔을 때 더러운 구멍을 보고서 거기로 내려가 뒹굴었다." Bauckham, *Jude, 2 Peter*, 279를 보라.

거짓 가르침의 특수한 요점들에 초점을 맞추어왔다. 하지만 최소한 그들의 잘못된 개념이라는 특별한 혼합물에 공급되었을 수 있는 1세기의 어떤 폭넓은 관념론적 움직임을 우리가 규명할 수 있을지 묻는 것이 가치가 있다.

거짓 선생들이 "자유를 약속"(19절)하고 있었다는 베드로의 주장은 우리에게 이 질문에 대한 좋은 출발점을 제공한다. 내가 주목했던 것은 우리가 거짓 선생들이 약속했던 자유가 어떤 종류의 것이었는지를 아는 것이 얼마나 어려운지였다. 하지만 제롬 네이리(Jerome Neyrey)가 제시해왔던 것은 이 약속을 에피쿠로스주의 사고의 산물로 설명하는 것이 최선이라는 점이다. 사실 그가 논증하는 바는 거짓 가르침의 모든 특징적인 표지들은, 우리가 베드로후서에서 그것들을 재구성할 수 있는 것처럼, 에피쿠로스주의의 틀에 꽤나 잘 어울린다.[22] 내 생각에 네이리가 상황을 재구성한 것은 고려해볼 가치가 꽤 있다. 필수적인 것은 아니지만 고려가 필요한 이유는 내가 이것에 '전적으로' 동의하기 때문이 아니라, 그것이 우리로 폭넓은 1세기 관념론들이 최소한 간접적으로라도 베드로후서에서의 거짓 선생들 같은 사람들의 특수한 믿음에 대해 가졌던 영향을 깨닫게 하기 때문이다.

우리 중 다수는 에피쿠로스주의자들을 1세기 세계의 주요 철학 "학파들" 중의 하나로 기억할 것이다. 그리고 이 용어가 일상적 말투가 되어왔기에, 우리는 자주 에피쿠로스주의자들을 쾌락을 추구하는 관념에 연결시킨다—성행위의 해방, 잘 먹고 마시기 혹은 "사치스러운 생활." 여기에서 그들에 대한 대중의 이해가 어긋나고 있다. 에피쿠로스(B.C. 341-270년에 살았던)와 그의 추종자들은 사실 "쾌락"에의 추구를 그들의 삶의 목표로 삼았다. 하지만 그들은 쾌락을 육에 대한 탐닉이 아니라, 고통과 고뇌를 회피하는 것으로 규정했다. 그들은 정신적인 평화('아타락시아')를 추구했다. 그리고 어떤 삶의 쾌락들은 그 평화에 기여하는 것과는 거리가 멀고, 실은 그것을 방해할 것이다.

하지만 우리의 목표를 위해 가장 중요한 것은 섭리에 대한 에피쿠로스의 부정이었다. 에피쿠로스주의자들은 신들의 실존을 믿었지만, 그들이 땅위의 생명들과 관계가 없다는 생각을 가졌다. 인간들은 원자의 우연한 결합으로 만들어진 것으로, 신들로부터의 간섭 없이 이 세상에서 자신들의 길을 걷는다. 그리고 그들이 죽을 때, 원자들은 단순히 다시 흩어지는 것이다. 에피쿠로스주의자들은 내세나 어떤 종류의 신적인 심판에 대해서도 믿지 않았다. "죽음은 우리에겐 무(無)이다. 육

22. Neyrey, *2 Peter, Jude*, 122-28. 거짓 가르침에 대한 보다 일반적 논의에 대해서는 서론을 보라.

체에 대해서는, 그것이 그 구성요소들로 분해가 되었을 때에는, 아무런 감각도 없다. 그리고 아무런 감각도 없다는 것은 우리에겐 무(無)이다."[23] 신들의 어떠한 간섭이나 내세에서의 징벌의 위협도 인간 자유에 대한 모욕을 만들어내지 않을 것이다.[24]

에피쿠로스주의자들에 대한 이 간략하고 불충분한 묘사에서 어떻게 특정 요소들이 베드로후서에서의 거짓 선생들에 대한 분석에 부합될지를 우리는 쉽게 이해할 수 있다. 그리스도의 영광중에 재림과 미래의 심판에 대한 거짓 선생들의 회의론(1:16-21; 3:3-12)은 신적인 섭리의 관념에 대한 에피쿠로스주의의 공격을 꽤 잘 반영할 수 있다. 거짓 선생들의 자유에 대한 약속은 에피쿠로스주의의 모든 신적인 간섭으로부터 지켜지는 인간의 완전성에 대한 관심을 반영할 수 있다. 그리고 거짓 선생들의 방탕함조차도 에피쿠로스주의의 관념들에 뿌리를 둘 수 있다. 에피쿠로스주의자들이 절제되고 중용적인 삶의 양식을 존중했던 동안, 그들의 교리는 쉽사리 삶의 야만적이고 방탕한 방식에 완전한 기초를 제공했을 수 있기 때문이다. 우리는 내세에서 신적인 심판이나 징벌을 두려워할 필요가 없다. 그리고 육체가 "무(無)"였기에(위의 인용문을 보라), 우리는 그것을 가지고 원하는 것은 무엇이든 할 수 있을 것이다. 사실 네이리가 지적했듯이 에피쿠로스주의자들에 대한 비평가들은 그들을 바로 그러한 방탕함을 위한 문을 열었던 것 때문에 꾸짖는다. 로마의 도덕주의자인 락탄티우스는 주장했다.

> 어떤 수령이나 해적들이나 도적들의 지도자들도 자기 부하들에게 폭력을 부추겼다. 에피쿠로스가 했던 말을 똑같이 하는 것 외에 다른 어떤 말을 할 수 있었을까. 신들은 알아차리지도 않고, 분노나 다른 어떤 느낌에도 영향을 받지 않는다. 미래의 징벌이 두렵지 않은 것은 죽음 이후에는 영혼도 죽기 때문이며, 미래에는 결코 심판이라는 것이 없기 때문이다.[25]

네이리 자신은 베드로후서의 거짓 선생들을 에피쿠로스주의자로 규정하는데

---

23. A.D. 3세기의 에피쿠로스주의자인 디오게네스 라에르티우스(Diogenes Laertius, 10.139). Neyrey, *2 Peter, Jude*, 123에서 인용.
24. 에피쿠로스주의의 사고에 대한 간략한 개괄을 위해서는 R. W. Vunderink, "Epicureans," in *ISBE*, rev. ed., 2:121-22를 보라.
25. Lactantius, *Inst.* 3.17; 인용문은 Neyrey, *2 Peter, Jude*, 123-24에서 취한 것이다.

신중하다. 그는 그들이 그랬을 것이라고 생각하지만, 에피쿠로스와 그의 추종자들과 연결된 일종의 회의론이 거짓 선생들의 논증의 중요한 구성요소라는 것을 입증하는데 더 큰 관심을 두고 있다. 나는 거짓 선생들과 에피쿠로스주의자 사이의 직접적인 관계성에 대해 네이리보다 약간 더 회의적이다. 하지만 내 생각에 그가 신적인 섭리에 대하여 에피쿠로스주의와 관련된 이 회의론을 거짓 선생들에 대한 간접적인 영향으로 가정한 것은 옳아 보인다. 문제는 물론 (네이리도 긍정하는 바와 같이) 그 영향이 얼마나 간접적이었을 것인지를 규명하는 것이다. 그가 변호했던 회의론은 아마도 에피쿠로스로부터 기원해서, A.D. 1세기 무렵에 이르러 여러 가르침과 믿음의 표준으로 다양한 정도로 흘러나왔던 것이다. 우리가 말할 수 있는 것은 이를테면 그것은 "널리 퍼지고" 있던 그 관념들 중의 하나였다는 것 그리고 거짓 선생들이 기독교에 대한 그들의 이교적 개념들의 중요한 구성요소로 선택했다는 것이다.

거짓 선생들을 이해하는 신학적 맥락. 내가 반복해서 강조했듯이 베드로후서의 메시지를 현대 세계로 가져오는 것은 맥락에 대한 주의 깊은 관심을 요구한다. 하지만 "맥락"은 다면적이다. 우리는 이 용어를 '문학적' 맥락을 지시하는데 가장 자주 사용한다. 성경의 책이나 그 책의 직접적인 단원을 말하는데, 우리가 연구하고 있는 본문이 존재하는 곳을 말한다. 하지만 우리는 또한 '역사적' 맥락이나 우리가 자주 본문의 "배경"이라고 부르는 것에 대해서도 고려해야 한다—원 저자가 속한 세계의 일부를 형성하는, 그리고 그가 썼던 것의 취지를 가지고 있는 모든 환경들.

신학적 설득력을 가지고 있는 학자들은 해석에서 이 두 가지 맥락의 중요성을 인지하고 있다. 사실 이 두 가지는 결합하여 "문법적-역사적" 방법을 형성하는데, 이는 현대 성경 연구에서 공식화된 해석적 접근법이다. 하지만 복음주의자들은 언제나 이 두 가지에 세 번째 맥락이 추가되어야 한다고 주장해왔다. 즉 '신학적' 맥락이 그것이다. 복음주의자들은 다른 많은 해석자들과 달리 성경이 궁극적으로 한 권의 책으로서, 단일의 음성을 말한다고 믿는다. 이것이 의미하는 것은 성경의 모든 부분이 전체 성경의 가르침의 빛 안에서 해석되어야 한다는 것이다. 비복음주의 해석자들은 성경의 다른 구절들과 모순을 일으키는 한 구절에 대한 해석에 만족하여 머무를 수 있다. 복음주의 해석자들은 그러지 않는다. 하나의 본문을 그 문학적이고 역사적인 맥락에 따라 주해하는데 최선을 다 한 후에, 우리는 다음 단계로 옮겨가서 우리의 결론이 어떻게 동일한 주제에 대한 성경의 다른 곳에서의 가르침과 조화를 이루는지를 질문해야 한다.

우리는 우리의 결론이 그 문제에 대해 성경이 다른 곳에서 말한다고 우리가 생각하는 것과 잘 어울리고, 그래야 우리의 주해가 마무리 될 수 있다고 결론을 내릴 수 있다. 하지만 우리는 또한 주어진 본문에 대한 우리의 결론이 우리가 성경이 다른 곳에서 가르치고 있다고 생각하는 것과 즉각적으로 일치하지 않는다는 것을 발견할 수도 있다. 그때에 우리에게 할 일이 더 있는데, 우리가 실수를 하는 것인지 살피기 위해 우리의 주해로 되돌아가는 것이다. 그리고 아마도 우리가 실수하지 않았다고 결론내릴 수 있다. 그렇다면 성경이 그 주제에 대해 다른 곳에서 가르치고 있던 것에 대한 우리의 관념들이 오해였을 수 있다. 그래서 우리는 이런 다른 성경 본문들로 돌아가서 우리가 그것들이 말하는 것에 대해 실수했던 것인지를 살펴야 한다. 이 과정(일부는 이를 "해석의 나선"이라고 불러왔다)은 성경의 통일성에 대한 복음주의적 믿음의 필연적인 귀결이다. 복음주의 해석은 언제나 이 신학적 맥락에 대한 주의로 표징되어야 할 것이다. 하지만 계속해서 본문에 귀 기울이는 것이 중요하며 이를 통해 우리가 수행하는 우리의 신학을 교정할 수 있다.

베드로후서 2:20-22에 대한 어떤 정확한 적용도 바로 이보다 큰 신학적 맥락을 해결하기 위해 애써야 한다. 내가 주목했던 바와 같이 베드로는 여기서 그가 다른 곳에서 기독교로의 회심을 묘사하는데 사용하는 언어를 거짓 선생들을 묘사하는데 사용한다. 거짓 선생들은 "우리 주 되신 구주 예수 그리스도를 앎으로 세상의 더러움을 피했다"(20절). 여전히 동일한 절에서 베드로는 주장하기를 그들이 자신들이 택했던 이교적인 길을 유지한다면, "그들은 그 나중 형편이 처음보다 더 심할 것"이라고 한다. "더 심하다"는 것이 의미하는 것은 베드로가 그들의 운명에 대해 2:4-10a에서 말한 것과 비교할 때 분명해진다. 그들은 종말론적 책망을 겪을 것이다. 이 절들에 대한 첫 번째 "독법"은 그렇다면 순수한 그리스도인들이 이교적 개념들을 붙드는 것을 그리고/혹은 죄된 삶의 방식을 추구하는 것을 지속한다면, 그들은 그들의 신앙으로부터 영원히 떨어져 나올 수 있음을 가르치는 것으로 보인다.

이 구절에 대한 주석들을 읽을 때 이 절들을 이렇게 읽는 것에 대한 상이한 반응들을 발견하게 된다. 예컨대 마이클 그린(Michael Green)은 21절에서 "돌리다" 이후의 "멀리 돌이켜"를 추가하는 본문의 이독(異讀)을 물리치고서, 말하기를 "이것은 그리스도인의 배교 가능성을 교리적으로 부정하려는 자들에게는 작은 위안이 된다"고 한다. 그는 계속해서 말하기를,

> 우리가 여전히 직면해야 하는 사실은 이 사람들이…의로움의 길을 알았고 과거에 있었던 세상의 더러움을 벗어났다는 것이다. 히브리서 3:12-18; 6:6; 10:26, 38절 이하; 고린도전서 10:1-12; 유다서 4-6절과의 유사성은 분명하며, 오해의 여지가 없다. 배교는 현실의 무시무시한 가능성으로 보일 것이다.[26]

동일한 본문에 대한 에드윈 블럼(Edwin A. Blum)의 주석은 교훈적인 대조를 이룬다.

> 그렇다면 그리스도인이 구원을 상실하는 것이 가능한가? 많은 이들은 이 본문과 더불어 유사한 본문(예. 히 6:4-6; 10:26)에 기초해서 긍정적으로 답할 것이다. 하지만 이 절이 단언하는 것은 거짓 선생들이 한 때 그리스도를 앎을 통해 세상의 부패로부터 탈출했으나 이후 돌이켜 기독교 신앙의 빛으로부터 떠났기에 그리스도를 알기 전보다 사정이 더 나빠진다는 것일 뿐이다. 이 절은 그들이 실제로 그리스도인들이었다는 것을 확언하는 어떤 용어도 사용하지 않는다…신약성경은 교회 안에 있는 자들과 중생한 자들 사이에 구별을 두고 있다…그래서 베드로가 "그들이 그 나중 형편이 처음보다 더 심하리니"라고 말할 때 타락한 배교자를 말하는 것이다.[27]

두 저자들 모두 아마 배교에 대한 카슨(D. A. Carson)의 일반적 정의에 동의할 것이다. 그것은 "과거에 확고히 잡고 있던 종교적 지위와 입장으로부터 고의적으로 떠나감"이다.[28] 하지만 그린에게는 배교는 완전하고 순수한 그리스도인의 구원으로부터이고, 그리고 이 본문은 이것이 가능함을 분명히 하고 있는 것이다. 다른 한편 블럼에게 "배교하다"는 그가 가졌을 수 있는 그리스도에 대한 어떤 (구원을 주는) 지식으로부터 떨어져 나감을 의미한다—그가 함의하는 바는 구원을 상실한다는 것은 불가능하다는 것이다. 두 주석가 모두 성경적 가르침에 대해 보다 크게 훑어보는 것에 반하여 자신의 녹법을 정당화하기를 구하지 않는다(양자 모두 다른 "경고" 구절들을 언급하기는 하지만). 나는 이를 두고 그들을 비평하는 것

---

26. Green, *The Second Epistle General of Peter and the General Epistle of Jude*, 120.
27. Edwin A. Blum, "2 Peter," in *EBC*, 12:282.
28. D. A. Carson, "Reflections on Assurance," in *The Grace of God and the Bondage of the Will: Historical and Theological Perspectives on Calvinism*, ed. Thomas R. Schreiner and Bruce A. Ware (2 vols.: Grand Rapids: Baker, 1995), 2:396.

이 아니다. 어떤 주석가도 자신이 충분한 체계적 탐구를 통해 만든 모든 내용을 정당화할 수 있는 것은 아니다. 하지만 내 생각에 분명한 것은 이 두 학자들이 베드로후서 2:20-22에 접근함에 있어 성경이 다른 곳에서 "영원한 안전"에 대해 말하는 것에 대한 상당히 상이한 이해에 근거하고 있다는 점이다. 즉 그들은 구절에 대한 신학적 맥락을 상이하게 이해하고 있다.

이 문제를 제기함에 있어 내 첫 번째 목적은 신학적 맥락이 해석에 있어 수행하는 필수적인 역할을 지적하는 것일 뿐이다. 나는 때때로 내가 가르치는 신학교 학생들이 "조직신학"에 대해 부정적인 편견을 표하는 것을 듣는다. "제가 바라는 것은요", 그들은 공손하게 표하기를, "본문을 연구하고 그것이 이끄는 곳이면 어디든 저를 이끌도록 두는 것이에요."

"잘했네요. 좋아요." 나는 대답한다. "하지만 성경이 진리라고 믿나요?"

"물론이죠." 그들은 답한다.

"성경이 자체 모순적이어도 진리일 수 있을까요?"

"아니오."

"하나의 본문이 다른 본문에서 당신이 내린 결론과 모순된다면 그렇다면 어쩌죠?"

"그 땐 그것들을 조화시켜야죠." 그들은 확언한다.

"성경적 가르침에 대한 큰 틀짜기, 한마디로 조직신학 없이 여러분은 어떻게 그것을 하지요?"

자기만의 신학에 비추어 이 본문을 읽은 것 때문에 그린과 블럼을 비평하고 있는 것이 아니다. 내가 비평하려는 것은 본문이 자신의 신학적 성장의 "나선"에 기여하게 만들지 못하는 해석자들이다. 어느 누구도 자신이 믿는 것을 하나도 빠짐없이 완전하게 성경에 근거를 두는 경우는 없다. 그리고 우리가 불러일으키는 위험은 충분히 살펴보지 않은 채 신학적 편견을 본문에 주입하는 것인데, 그럴 경우 본문이 우리에게 말하는 것을 방해하게 되기 때문이다. 그리고 이로써 나는 본 논의의 두 번째 목적에 도달한다. 그것은 내가 이 본문과 씨름하는 가운데 겪었던 과정을 묘사함으로써 이 같은 경고 구절의 신학적 의미에 실마리를 던지는 것이다.

나는 이 구절에 일반적인 칼빈주의 신학적 전망을 가져온다. 나는 신학교에서 영원한 안전을 배웠고, 그때부터 그것의 진리성을 확증하는 것으로 보이는 많은 본문들을 발견해왔다. 요한의 복음에서 잘 알려진 구절(특별히 요 6:39-40; 10:28)에 더하여, 나는 특별히 로마서 5-8장에서 바울의 논증에 감동을 받고 있는데, 여기서 바울은 그리스도인의 확신을 위한 논증을 배치하고 있다. 그의 가르침에 의하면 의롭다 하심을 입은 자들은 마지막 날에 구원을 얻을 것이다(5:9-10). 예정되고, 부르심을 입어, 의롭다하심을 얻은 자들은 영화롭게 된다(8:30).[29] 그는 내게 처음의 칭의와 마지막 구원 사이에 끊을 수 없는 연결이 되는 것으로 보이는 것을 단언한다. 실제로 칭의에 대한 그의 교리는 자체가 종말론적인 것이며, 회심의 순간에 신자에게 내려지는 하나님의 궁극적인 선고인 것이다.

하지만 이때 나는 신약성경의 다른 구절들, 특별히 많은 "경고 구절들"로 옮겨간다. 그것들을 찾기 위해 로마서를 떠날 필요조차 없다. 11장에서 바울은 자만하는 이방 그리스도인들에게 경고한다. 너희 참감람나무(하나님의 백성)에 접붙임을 받은 "돌감람나무 가지들"은 다시 "잘려나갈" 수 있다. 여기서 바울은 하나님의 백성 가운데에서 그들의 지위를 상실할, 그들이 일찍이 누렸던 구원을 몰수당할 위험에 처했다는 것을 진짜 신자들(그들은 하나님의 백성으로 접붙임을 당했다)에게 말하는 것으로 보인다. 많은 다른 구절들도 경고에 대한 동일한 주의를 말하는데, 가장 유명한 것은 물론 히브리서의 구절들이다(특히 6:4-6; 10:26-31). 그리고 베드로후서 2:20-22은 정확히 이 틀에 들어맞는다.[30]

그래서 영원한 안전에 대한 내 믿음과 충돌되는 것으로 보이는 일련의 본문들을 접하게 된다. 내가 하는 것은 무엇인가? 영원한 안전에 대한 나의 믿음은 본문에 대한 진지한 연구에 의존하고 있기 때문에, 나는 처음에는 나의 "신학적 맥락"에 부합할 수 있게끔 이 본문들을 해석할 방법을 구한다. 세 가지 가능성이 떠오른다. (1) 아마도 경고들은 가언적(假言的)일 수 있다. 예컨대 베드로는 말하기를, "'만일' 그들이…세상의 더러움을 피한 후에 다시…얽매이고 지면 그 나중 형편이 처음보다 더 심하리니." 베드로는 그들이 실제로 이 단계를 밟았다고 말하지는 않는다. 이 시각에서 성경저자들은 진정한 신자들에게 그들의 끈질긴 배교의 결과가 무엇이 될지에 대해 경고한다—그러한 배교가 가능하지 않다는 것을 언제나 알고 있으면서.

(2) 아마도 실제로는 사람들이 종말론적 책망에 대해 경고 받지 않았을 수 있

29. 바울은 이 동사를 부정과거 시제로 쓰고 있으며, 내 생각에 여기서는 과거를 지시하는 것으로 보인다. 신자들의 영화(榮化)는 이미 주님에 의해 결정된 것이다.

30. 아르미니우스주의 시각에서 경고구절들에 대한 최고의 일반적 주해석/신학적 연구는 I. H. Marshall, *Kept by the Power of God: A Study of Perseverance and Falling Away* (Minneapolis: Bethany Fellowship, 1969)이다.

다. 예컨대 베드로는 다시 이 거짓 선생들이 "더 심할 것"이고, 그들은 결국에는 다시 "더러운 구덩이에서 뒹굴게" 될 것이라고 말한다. 그는 단순히 거짓 선생들이 현생에서 심각한 문제를 경험하게 될 것이며, 그 다음에는 "보상의 상실"이 있을 것임을 의미하는 것일 수 있다.

(3) 아마도 경고를 받는 백성들은 실제로 그리스도인이 아닐 수 있다. 베드로는 거짓 선생들이 그리스도에 대한 "지식"을 가지고 있다고 말하지만, 이는 머리로 아는 지식에 불과하다. 그들은 교회 생활에 참여했던 사람들 일 수 있고, 그리스도인이 되는 것이 갖는 모든 표징을 보였을 수 있지만, 실제로는 하나님의 중생케 하시는 역사를 체험하지 않았을 수 있다.

대부분의 칼빈주의 학자들은 이 마지막 태도를 취한다. 예를 들어 위에 있는 블럼의 주석에 주목하라. 그리고 내 생각에 이 접근은 다른 두 가지보다 훨씬 더 우월하다. 가언적인 경고는 많이 사용되지 않는다. 일관성 없는 분노의 순간에, 사무실로 가기 위해 또 다시 장난감의 바다를 통과해서 해쳐나가야 했을 때, 나는 내 아이들에게 경고하곤 했다. "너희들이 지금 당장 이 장난감들을 치우지 않으면, 아빠가 그것들을 전부 다른 애들한테 줄거다." 나는 내가 결코 그러지는 않으리라는 것을 잘 알고 있었고, 더 중요한 것은 '그들도' 근본적으로 마음 약한 아빠는 결코 그러지 않을 거라는 점을 마찬가지로 알고 있다는 점이다. 그래서 그 경고는 어떤 가치를 가지고 있을까? 이 경고 구절들이 단지 일시적인 처벌을 주는 것이라고 생각하는 것으로는 만족스럽지 않다. 예컨대 베드로후서 2:20-22에서 회심 전보다 더 악화된 지위에 머무는 것은 종말론적 심판에만 관련되는 것일 수 있다.

그래서 나는 세 번째 선택으로 돌아서는데, 이는 거짓 선생들이 실제로는 그리스도인들이 전혀 아니라는 말이다. 하지만 여기서도 마찬가지로 문제가 있다. 베드로는 그들을 묘사하는데 "회심" 언어(그리스도를 "앎")를 사용한다. 사실 그는 서신의 다른 곳과 달리 여기서는 이 언어를 달리 사용할 수도 있었는데, 다른 곳에서는 진정한 회심을 지시하는 것으로 보인다. 그리고 우리는 또한 신약성경 저자들이 필연적으로 그들의 외관/직업에 기초해서 사람들을 묘사하고 있다는 것도 깨달아야 한다. 카슨이 보여주었던 바와 같이, 신약성경은 일관되게 단순히 이교도이면서도(즉, 그들은 교회의 일부이고, 그리스도의 축복의 체험에 이르렀다), 아직은 거듭나지 않은 그리스도인들(즉, 성령께서 아직 그들을 신앙으로 이끌지 않으셨다)의 부류를 구별하고 있다. 그러한 사람들은 구별하기가 어렵고, 그들은 실제로 종말에 이르기까지 그들의 인내를 통해서만 알 수 있다.[31] 다른 말로 하자면 신약성경 기자들은 때때로 사람들의 외관에 기초해서 사람들에 대해 그리스도인의 회심이라는 언어를 사용한다.

그럼에도 이 대안마저도 궁극적으로는 주해적인 차원에서 만족스럽지 못하다. 베드로는 우리가 관찰하고 있는 본문에서, 그리고 히브리서 저자는 훨씬 더 명백하게, 이 사람들을 겉으로 드러나는 대로가 아니라 진정한 모습으로 묘사하고 있다는 모든 암시를 주고 있다. 그래서 이 점에서 나는 나의 "영원한 안전"이라는 신학적 맥락과 조화를 이루는 베드로후서 2:20-22에 대한 자연스럽고 확신을 주는 해석을 만들지 못했던 것이다. 그러므로 나는 돌이켜 그 맥락을 재검토할 필요가 있다. 나는 이 교리를 가르친다고 여기는 이 구절들에 대해 확신을 갖는가? 그렇다. 나는—전통과 관습의 효과를 허용하려고 애쓰면서—그들이 설득력 있게 영원한 안전을 가르친다고 생각하고 있음을 말해야겠다.

그렇다면 이 모든 것이 나를 어디에 두는가? 내 생각에 세 가지 가능성이 있다. (1) 나는 성경의 통일성에 대한 나의 복음주의적 확신을 포기할 수 있다. 하지만 이는 내겐 "교섭 불가능한" 것으로서, 나는 이를 그토록 명료하게 배웠으며, 내 마음으로부터 그토록 자주 이를 뼈저리게 느껴서, 논쟁의 대상이 될 수 없는 것이다.

(2) 이 점에서 나는 스스로 성경적 "자가당착"에 직면하고 있다는 것을 용인할 수 있다. 성경이 서로 모순되는 것으로 보이는 두 가지를 단언하는 그런 상황. 나는 아직 이 가르침의 두 맥락들—진정한 그리스도인들은 그들의 구원을 상실할 수 없다와 진정한 그리스도인들은 그들의 구원을 영원히 상실할 수 있다—이 어떻게 조화를 이룰 수 있을지를 이해할 수 없다는 것(그리고 결코 이해될 수도 없다는 것을)을 용인해야 할지 모른다. 내 책무는 질문하거나 부자연스러운 배치 속으로 본문들을 억지로 넣는 것이 아니라, 단순히 양자 모두 진실이라고 믿는 것이다. 내 생각에 우리는 성경 안에 있는 자가당착과 더불어 살아야 한다. 그럼에도 우리는 노골적인 모순을 받아들이지 않도록 주의를 기울여야 하는데, 그렇게 하는 것은 성경의 신리에 대한 보는 지석이고 방어가능한 시각을 상실하는 것이기 때분이다. 그리고 여기서 논의된 자가당착의 두 극단을 모두 믿는 것은 명백한 모순에 불과한 것으로 보인다.

(3) 따라서 나는 세 번째 대안에 이른다. 베드로후서 2:20-22의 거짓 선생들은 실제로 진정한 그리스도인들은 아니다. 나는 이것이 본문에 대한 가장 자연스러운

31. Carson, "Reflections on Assurance," 399-405.

독법은 아니라는 점도 용인한다. 혹은 그 직접적인 맥락에서 볼 때 본문의 가장 자연스러운 독법은 아닐 것이라고 말하는 편이 낫겠다. 하지만 내 요점은 이 구절의 보다 큰 맥락은 '전체' 성경이라는 점이다. 그리고 이 맥락이 고려할 때, 내가 지금 발견할 수 있는 최선의 해석은 베드로가 진정으로 거듭난 신자들에 대해 말하는 것은 아니라고 결론내리기가 망설여진다. 하지만 나는 결국 이 결론에 만족하지 않는다는 것을 정직하게 받아들일 것이고, 내가 주해하면서 공정을 기하려고 애쓰는 경고구절들을 이해하는 일을 계속할 것이다. 결국 나는 분명히 "영원한 안전"에 내가 위에서 성경에 대한 시각에 부여했던 일종의 교섭불가능한 지위를 허용하지 않으려 한다. 나는 이 문제에 대해 과정 중에 있고, 영원한 안전이 성경적 교리라는 것에는 여전히 확신하지만, 내가 전에 그랬던 것만큼 확신하지는 않는다.

현대적 의미

진리로부터 돌아서는 것의 결과. 나의 첫 번째 적용점은 내가 방금 "상황잇기" 제목 아래에서 논의했던 주제로부터 직접적으로 유래한 것이다. 그것은 진리로부터 돌아서는 것의 결과에 대한 베드로의 경고이다(20-22절). 나는 "원 의미" 단원에서 베드로가 그의 경고를 거짓 선생들에게로 향한 것인지 아니면 거짓 선생들이 영향을 미치려고 하는 새로운 회심자들에게로 향한 것인지 결정하는 것이 얼마나 어려운지에 대해 주목한 바 있다. 그럼에도 그것이 무엇이 되었든지 그리고 우리가 결국은 영원한 안전에 대한 질문에 대해 어떤 관점을 취하게 될 것인지 불문하고, 한 가지 요점은 명백하다. 진리로부터 의도적으로 돌아서는 것은 끔찍한 결과를 낳을 것이라는 점이다.

베드로는 경고를 통해 성경이 많은 곳에서 분명히 하고 있는 한 가지 관점을 함축한다. 그것은 우리가 그의 진리를 거부할 때 우리가 하나님에 대해 더 많이 아는 한, 우리의 징벌은 더 클 것이라는 점이다. 예수께서 "성령을 모독하는 것"을 다른 죄와 구별하시고, 그것을 용서받지 못할 것이라고 단언하실 때(마 12:31-32과 평행구), 아마도 바리새인들이 예수의 기적의 증거를 수용하기를 눈을 부릅뜨고 거절한 것에 대해 생각하고 계셨을 것이다. 그들의 거부를 그토록 심각하고 결정적으로 만들었던 것은 그들이 이용가능했던 증거의 풍부함이었다. 요한도 기도가 허락되지 않을 "사망에 이르는 죄"를 언급하면서, 그들의 동일한 종류의 고의적인 거부에 대해 생각하고 있었을지 모른다(요일 5:16). 그러한 경고 중 가장 잘 알려진 것은 물론 히브리인들에게 보내진 서신에 나오는데, 여기서 저자는 예수 그리스도께서 누구이신지를 이해하게 되었고 그가 허락해야 하는 많은 축복들을 체험하고서도 진리로부터 돌아섰던 사람들은 다시 회개할 기회를 결코 얻지 못할 것이라고 경고한다(히 6:4-6). 그들의 파멸은 확정되었다(10:26-31도 참조하라).

이들 본문에서 표현되는 "엄숙주의"는 교회의 첫 세기에 중요하고 논쟁적인 주제가 되었다. 많은 초기 기독교 교사들은 세례 이후 범하는 '모든' 범죄는 용서를 받을 수 없다는 극단적인 논증을 하기에 이르렀다.[32] 이 이유 때문에 콘스탄티누스 황제 같은 일부 초기 그리스도인들은 임종에 이르러서야 세례를 받았다. 다른 초기 신학자들은 세례 이후에 용서받을 수 없는 것은 특정 범죄에만 국한된다고 주장했다.[33] 하지만 히브리서와 다른 신약성경 기록들의 입장은 분명하다. 고의적인 배교의 범죄만이 용서받을 수 없다는 것이다. 베드로도 뜻이 같다. 여기서 그가 경고하는 무시무시한 결과는 그리스도를 알게 된 이후 그로부터 돌아섰던 자들에 대한 것이다.

예민한 신자들과 불신자들조차 자주 용서의 가능성에 대한 이 부정에 의해 불안해한다. 나는 최근에 자신이 "용서받지 못할 죄"를 저질렀다고 생각해서 큰 비탄에 빠진 한 사람으로부터 전화를 받았다. 몇 년 전에 그는 복음을 접하게 되었다. 그는 주님의 실재하심과 선하심에 대한 느낌을 갖기 시작했지만, 그 메시지를 거부하기로 결정했다. 그는 지금 스스로가 믿는 것이 불가능해졌음을 발견하고, 하나님께서 그를 결코 받아들이지 않으실 것에 두려워했다. 나는 칼빈의 현명한 위로를 가지고 대답했다. 누군가가 용서받지 못할 죄를 저지른 것에 대해 두려워하고 있다는 바로 그 사실이 보여주는 것은 그(녀)가 그런 죄를 저지르지 않았다는 것이라고 말이다. 그러한 걱정과 믿으려는 열망이 시사하는 바는 성령께서 이 사람을 단념하셨다기 보다는 여전히 그(녀)의 삶에서 역사하고 계신다는 점이다. 그래서 우리는 이 죄를 범한 사람을 고발함에 있어서 극도의 주의를 기울여야 한다. 많은 사람들은 복음에 응납하기를 거부하는데, 경우에 따라서는 여러 번 그런다. 하나님만이 그 거절이 베드로와 다른 신약성경 기자들이 이야기하고 있는 의도적인 배교의 범주로 떨어질 것인지를 궁극적으로 아신다.

하지만 이 구절들은 심각한 가능성에 대해 경고하고 있으며, 한편 우리는 오류

32. 예를 들어 터툴리아누스, 유스티누스, 알렉산드리아의 클레멘트.

33 *The Shepherd of Hermas, Visions* 5.7; *Mandates* 4.3.16을 보라.

를 범하지 않고 그들이 문제 삼는 무시무시한 경고를 무시하지 말아야 한다. 이 경고에서 추정되는 원리는 더 큰 지식은 더 큰 책임을 가져온다는 것이다. "무릇 많이 받은 자에게는 많이 요구할 것이요"(눅 12:48). 이 원리는 우리의 복음 선포와 그에 대한 사람들의 응답에 새로운 절박함을 준다. 우리는 복음을 이해하고 음미하기 시작했던 자들에게, 그들에게는 구원받을 기회가 하나 더 있는 것이 아님을 경고해야 한다. 그들의 거부는 종국적이고 영원할 수 있다.

삶에서의 거룩함에 대한 관심. 하지만 우리는 "더 큰 책임"의 원리를 비그리스도인들에 제한해서는 안 된다. 확언컨대 나 자신도 영원한 저주는 그리스도인들에게 진정한 위협이 아니라고 생각하고 싶어진다. 하지만 위험한 것은 그러한 신학적 입장이 독선적인 자기만족, 하나님의 은혜에 대한 추측으로 이끌 것이라는 점이다. 영원한 안전에 대한 믿음이 삶의 거룩함에 대한 무관심으로 이끌어서는 안 된다. 우리는 하나님께서 그의 성도들을 끝까지 보호하신다고 약속하신 것을 믿을 수 있지만, 우리는 또한 성도로 인정받는 것이 바로 그 인내 속에서임도 깨달아야 한다(히 3:6, 14을 보라). 따라서 우리 그리스도인들은 하나님에 대한 진리를 배우고 그에 응답하도록 부르심을 받았고, 우리가 그렇게 하지 못할 때의 결과에 대해 경고를 받고 있다.

나처럼 기독교 교육기관에서 일하는 사람들은 아마도 "무익한 배움"의 위험에 가장 크게 노출되었을 것이다. 헬라어 동사체계에 매료되는 것은 헬라어 원문이 하나님이나 우리와 함께 하시는 하나님의 길에 대해 말하는 것을 보지 못하게 할 수 있다. 교수들처럼 성경 자료를 체계적으로 조직하고 소개하는 것에 대한 관심은 본문에서 그 열정과 실천적인 의의를 배제시킬 수 있다.

하지만 이것은 학교에 한정된 문제가 아니다. "값싼 은혜"는 현대 복음주의자들 특유의 성질이다. 우리는 지속적으로 하나님께서 우리를 사랑하신다고, 그리스도의 피가 우리의 죄를 덮으셨다고, "만일 우리가 우리 죄를 자백하면 그는 미쁘시고 의로우사 우리 죄를 사하시며"(요일 1:9)라고 듣는다—잠시라도 잊어들어서는 안 될 값진 약속. 문제는 하나님께서 거룩하시고 그의 주권에 있어 가혹하시다는 것, 그가 의로우시며 죄를 참을 수 없으시다는 것, "우리가 다 반드시 그리스도의 심판대 앞에 나타나게 되어 각각 선악간에 그 몸으로 행한 것을 따라 받으려 함이라"(고후 5:10)는 것에 대해서는 우리가 충분히 자주 듣지 않는다는 것이다. 우리의 기독교성에 대한 리트머스 테스트는 우리가 얼마나 많이 알고 있느냐가 아니라 우리가 알고 있는 것이 우리의 태도와 행위에 얼마나 영향을 미치는지이다. 우리

칼빈주의자들은 극도로 신중해져야 하는바, 이로써 영원한 안전에 대한 우리의 믿음이나 가르침이, 하나님께서 우리의 어깨 위에 두셔서 그가 그토록 풍부하게 얻을 수 있게 하시는 은혜 안에서 성장하게 하신 책임을 제거하거나 감소시키도록 허용해서는 안 된다.

자유와 예속. 또 하나의 적용점은 베드로가 이 절들 속에서 경고한 이 비극적인 "돌아섬"의 다른 측면으로부터 나온다. 만일 기독교의 진리로부터 이 사람들이 돌아선 것이라면, 그들은 무엇을 향하여 돌아서는 것인가? "자유"라고 그들은 분명히 대답할 것이다. 그리고 이 용어는 오늘날 대부분의 사람들에게 긍정적으로 공명(共鳴)하는 것이다. 정치적 자유는 적어도 대부분의 세계에서는 바람직한 것일 뿐만 아니라 그것을 얻기 위해 싸워볼 만한 가치가 있는 것으로 보인다. 아마도 더 타당하게도, 현대 인류도 외적인 속박으로부터의 자유를 귀중하게 여긴다. 그럼에도 무정부상태를 변호할 만한 사람이 거의 없는 것은 사회가 적어도 최소한의 규칙과 조직을 필요로 한다는 것을 깨닫기 때문이다. 하지만 계몽주의 이래로 진정으로 인간이 된다는 것은 그 뜻을 세우고 무엇이 옳고 그른지 스스로 결정하는 일에 오로지 양심에 의해서만 인도받는 자유로움이라고 여겨져 왔다.

베드로의 시대에 거짓 선생들은 분명히 이와 비슷한 무언가를 약속하고 있었다. 베드로가 암시하듯이 여전히 그러한 "자유"는 환상이다. 성경은 어떤 사람도 엄격한 의미에서 자율적이지 않다는 것을 분명히 한다. 모든 사람은 누군가의 혹은 무언가의 지배를 받는다. 바울이 지적하듯이, "너희 자신을 종으로 내주어 누구에게 순종하든지 그 순종함을 받는 자의 종이 되는 줄을 너희가 알지 못하느냐 혹은 죄의 종으로 사망에 이르고 혹은 순종의 종으로 의에 이르느니라"(롬 6:16; 요 8:31-36도 참조하라). 베드로가 지적하듯이 거짓 선생들은 그 주인을 바꾼 것이다. 자신들이 하나님의 거룩하신 요구로부터 해방된 것에 환호하면서 그들은 "멸망의 종들"이 되었다. 이 멸망 혹은 부패는 타락 이후 인간의 고유한 것이다. 신학자들이 지적하곤 했듯이, 우리 자신의 욕망의 만족을 삶의 목표로 만드는 것은 "자기 자신에게로 기울어지려는" 경향이다. 신의 방해가 없는 자아에 대한 이런 열의는 사람들을 지배해서 그들의 사고방식과 그들의 행동을 결정한다. 하나님께서는 복음 가운데 스스로에 대한 예속으로부터의 유일한 탈출을 제공하신다. 그것은 주 예수로의 예속이다.

따라서 우리가 집요하게 우리 세대의 사람들 앞에 제기해야하는 질문은 이것이다. 어떤 예속이 바람직한가? 많은 이들은 권력이나 돈이나 섹스의 쾌락에 매료되고, 대중매체의 사악한 이미지에 기울어져서, 서슴지 않고 대답한다. 스스로에게라고. 이 동일한 사람들은 때때로 스스로의 요구를 만족시키는 것의 파괴적인 결과에 직면하게 된다. 나는 결혼 이후의 "좋은 삶"을 계속 추구했던 한 여인을 생각한다. 어느 주말에 그녀는 술에 취해 친구 둘과 성관계를 가졌다. 그녀가 남편에게 무슨 일이 있었는지를 고백했을 때, 그녀의 결혼은 사실상 끝나버렸다. 그녀는 월요일 아침에 그녀의 카운슬러에게로 가서 스스로의 쾌락을 충족시킨 것을 통해 잃게 된 남편과 두 아이를 두고 억제할 수 없이 흐느꼈다.

그리스도인은 아닐지라도 로마의 도덕주의자 세네카는 이를 잘 지적해 놓았다. "스스로에게 노예가 되는 것은 그 어떤 예속보다도 가장 무거운 것이다." 육에 대한 탐닉은 가차 없이 육에 대한 예속으로 이끈다. 베드로가 지적했듯이 "누구든지 진 자는 이긴 자의 종이 됨이니라"(19절). 유사한 맥락에서 바울은 그 모토가 "모든 것이 내게 가하다"였던 고린도인들에게 "내가 무엇에든지 얽매이지 아니하리라"(고전 6:12)라는 금언을 가지고 경고한다.

우리는 복음의 청지기로서 우리 문화를 지배하는 자기 탐닉의 잔혹한 결과에 대해 경고하는 일에 더 담대해질 필요가 있다. 베드로는 여기서 몇 안 되는 말들을 에둘러서 말한다. 그는 죄된 자기 탐닉을 토사물과 진흙에 비교한다. 우리 중 다수는 아마도 이 같은 죄에 대한 생생한 묘사를 피해서, 우리가 극단론자들이거나 사랑이 없는 자라고 낙인찍힐 것을 두려워한다. 하지만 우리 교회 안에서 다양한 형태의 방종을 시도해보려는 경향이 증가하기 때문에, 우리는 그들이 표현의 자유에 대한 현대의 약속에 대해 깨닫는 것을 돕기 위해 그것이 정확히 무엇인지에 대해 상당히 극단적인 언어를 사용하는 것이 필요하다.

현대의 거짓 선생들. 마지막으로 내가 이 장 전체를 통해서 하는 것처럼 나는 거짓 선생들과 그들의 현대적인 대응자 사이의 몇 가지 유사성들을 제시하기를 원한다. 베드로가 17절에서 사용하는 이미지는—"물 없는 샘이요 광풍에 밀려가는 안개니"—거짓 선생들이 외적으로는 인상적이지만 내적으로는 공허하다는 것을 분명하게 해준다. 그들은 통찰력 있는 영적 멘토로서의 외양을 가졌지만 실체는 없다.

우리는 이 거짓 선생들이 어떻게 스스로를 표현했는지, 듣는 자들에게 자신들이 들을 가치가 충분히 있다는 것을 확신시키기 위해 어떤 계략을 사용했는지를 알지 못한다. 하지만 우리는 그들이 스스로에게 권위와 신뢰의 기운을 부여하기 위해 그 문화에 적절한 것이면 무엇이든 할 수 있음을 상상할 수 있다. 우리의 문화도 비슷하다. 오늘날 추종자들을 얻고 싶은 사람이라면, 긴 옷을 입고서 세상의 종말에 대한 경고 표지를 걸치고 거리로 나서지 않는다. 오히려 그는 벽장 가득히 값비싼 양복 슈트를 사들이고, 수사적인 미사여구를 써서 말하는 법을 배우고, 큰 무대를 빌리거나 큰 교회건물을 구입하고, 사람들에게 그 쇼의 입장을 위해 큰돈을 지불하게 할 것이다. 그리고 많은 사람들은 이 같은 풍요와 능력을 가진 감동적인 출현에 의해 그 마음을 사로잡히게 된다.

바울은 고린도에서 이 문제와 싸워야 했다. 거짓 선생들은 바울보다 더 좋은 외모를 가지고, 바울보다 더 좋은 옷을 입고, 바울보다 수사적으로 더 기술이 있는 자들로서 교회를 침공했다. 바울과 달리 그들은 사람들에게 자신들의 사역에 대해 지불을 요구했다. 그들은 "강해" 보였으며, 바울은 "약한" 모습이었다. 세상의 관점에서 그랬고 바울은 이를 받아들인다. 하지만 바울이 고린도인들에게 간청하는 것은 외모로 판단하지 말고 영적인 실체로 판단하라는 것이다. 바울의 주장에 의하면 실제로 하나님의 능력이 더욱 충분히 증거될 수 있는 것은 그의 세속적인 연약함을 통해서였다(고후 10-13장을 보라).

우리는 고린도인들처럼 동일한 실수를 저질러서는 안 된다. 우리는 기독교 지도자나 교사나 목회자를 외모로 판단하지 말아야 한다. 기독교 공의회나 신학교를 광고의 번지르르함이나 임차한 시설의 외양을 기초로 판단해서는 안 된다. 책의 내용을 그 겉표지의 예술성으로 판단해서는 안 된다. 하나님께서는 오늘날도 언제나 외면이 훌륭하지 않은 사람과 기관을 통해서 그의 역사를 지속하신다. 그의 능력은 자주 "약한 데서 온전하여 진다"(고후 12:9). 우리는 사역을 그 표현하는 진리를 통해, 그리고 성직자들과 그의 설교를 듣는 사람들의 삶에서 보이는 영적인 실체를 통해 판단할 필요가 있다.

베드로후서 3:1-7

1 사랑하는 자들아 내가 이제 이 둘째 편지를
너희에게 쓰노니 이 두 편지로 너희의 진실
한 마음을 일깨워 생각나게 하여
2 곧 거룩한 선지자들이 예언한 말씀과 주 되
신 구주께서 너희의 사도들로 말미암아 명하
신 것을 기억하게 하려 하노라
3 먼저 이것을 알지니 말세에 조롱하는 자들이
와서 자기의 정욕을 따라 행하며 조롱하여
4 이르되 주께서 강림하신다는 약속이 어디 있
느냐 조상들이 잔 후로부터 만물이 처음 창
조될 때와 같이 그냥 있다 하니
5 이는 하늘이 옛적부터 있는 것과 땅이 물에
서 나와 물로 성립된 것도 하나님의 말씀으
로 된 것을 그들이 일부러 잊으려 함이로다
6 이로 말미암아 그때에 세상은 물이 넘침으로
멸망하였으되
7 이제 하늘과 땅은 그 동일한 말씀으로 불사
르기 위하여 보호하신 바 되어 경건하지 아
니한 사람들의 심판과 멸망의 날까지 보존하
여 두신 것이니라

원 의미

성경에 대해 전반적으로 잘 알고 있는 사람들은 대개 베드로후서가 언급될 때 "거짓 선생들"을 떠올린다. 이는 단순히 특성을 묘사한 것이지만, 이 책의 상징으로 볼 수도 있다. 하지만 우리가 기억해야 하는 것은 이 서신이 거짓 선생들 '에게' 쓰여진 것이 아니었다는 점이다. 이것은 그리스도인들에게 쓰여졌다. 거짓 선생들은 베드로가 긍정적인 가르침과 권면을 발전시키는 일을 좌절시켰다. 2장을 넘어섰음에도, 여전히 이 더 큰 목적을 놓치기가 쉽다. 그의 독자들에게 "너희들 가운데 거짓 선생들"(2:1)에 대한 경고를 한 후에, 그 장의 나머지를 이 거짓 선생들에 할애하여, 그들의 많은 신학적 그리고 특별히 도덕적 오류를 묘사하고, 그들에 대한 하나님의 책망의 선고를 말하기 때문이다. 2장 전체를 통해, 베드로는 3인칭 복수형 "그들은…"으로 말한다.

3장에서 바뀐 것이라곤 베드로가 독자들을 다시 직접적으로 그의 "사랑하는 자들"(1, 8, 14, 17절)로 부른다는 것과 비난에서 권면으로 전환시켰다는 것이다. 확실히 하자면 그는 거짓 선생들에 대한 통찰을 잃지 않고 있는데, 종말론에 대한 그들의 오해에 대해 말하고, 다시 4-7절에서 그들을 책망하기 때문이다. 하지만 장의 대부분은 신자들을 위한 가르침과 권면을 담고 있으며, 여기에는 형식과 내용 양 측면에 있어서 1장의 마지막과 밀접한 유사성이 담겨있다. 어휘적 유사성에 주목하라(두 경우 모두 헬라어는 거의 동일하다)

1:13—"너희를 일깨워 생각나게"	3:1—"너희의 진실한 마음을 일깨워 생각나게"
1:20—"먼저 알 것은"	3:3—"먼저 이것을 알지니"

3장에서도 동일한 구문을 사용함으로써, 베드로는 주의 깊은 독자들에게 그가 앞의 맥락과 강조점으로 돌아오고 있음을 표시한다. 더 중요한 것은 내용상의 유사성이다. 1장에서 그랬던 것처럼 베드로는 기억의 중요성을 강조한다(3:1-2, 5, 8을 보라). 게다가 그의 주제는 다시 종말론이다. 1:16-21에서 베드로는 "우리 주 예수 그리스도의 능력과 강림"에 대한 회의론과 싸웠지만, 그러한 시각을 퍼뜨리는 거짓 선생들의 존재에 대해서는 암시만 할 뿐이었다. 여기 3장에서는 보다 분명하게 "조롱하는 자들"이 나타나 빈정대면서 "주께서 강림하신다는 약속이 어디 있느냐?"(4절)고 질문하는 것을 인용한다. 그리고 앞선 장에서 베드로는 파루시아에 대한 그의 정보가 유래한 근거의 신뢰성을 세우기를 구했다. 그것은 그가 직접 체험한 변화사건과 예언이었다. 그는 3장에서 역사와 섭리에 대한 특정의 신학적 시각에서 보다 보편적으로 파루시아의 진실성의 기초를 세운다.

3장의 논증을 단락별로 나누는 것은 쉽지 않다. 14-18절은 서신의 결론 단락을 형성하면서, 1:3-11의 도입부와 모종의 방식으로 어울린다. 3:1과 8절의 "사랑하는 자들아"라는 칭호는 이 절들이 각 단락을 연다는 것을 시사한다. 마지막으로 11-13절도 권면으로의 전환을 통해, 하나의 사고 단위로 묶일 수 있다.

현재의 단락(1-7절)에서 베드로의 논증은 세 가지 국면으로 진행된다.

1-2절: 베드로가 그의 독자들에게 진리를 '기억하라'고 요청하다.

3-4절: 베드로가 조롱하는 자들을 경고하다.

5-7절: 베드로가 조롱하는 자들을 진리를 '잊어버린 것으로 책망하다.

"기억"이라는 개념이 어떻게 단락의 틀을 형성하는지를 주목하라. 그리스도와 사도들의 말씀을 회상함으로써, 신자들은 "진실한 마음"을 계발할 것이다(3:1). 그리고 역사 속에서의 하나님의 섭리를 망각해왔기에, 거짓 선생들은 오류에 빠졌던 것이다.

베드로가 그의 독자들에게 진리를 기억하라고 요청하다(1-2절)

NIV의 "친애하는 벗들이여"(dear friends)는 언제나 원어 '아가페토이'("사랑하는 자들"[beloved ones])의 호소력과 기독교적인 묘미를 없앤다. 이 용어가 함의하는 바는 하나님께서 "사랑하시는 자"(1:17의 "내 사랑하는 자"는 동일한 용어를 번역한 것이다)인 주 예수의 희생으로 지켜지는 신자들 사이에서의 사랑의 친교이다. 2장에서 거짓 선생들을 가혹하게 고발한 후에, 베드로는 그의 독자들에게 그가 그들의 그리스도인으로서의 지위와 헌신에 대해 신념을 가지고 있음을 다시 확인하기를 원한다. 그러면 왜 이 경고의 서신을 쓰는 것인가? 베드로는 어떤 그리스도인도 거룩한 사고와 삶에 대한 권면의 필요를 넘어설 정도로 그(녀)의 신앙에 있어서 언제나 그렇게 안전할 수 없을 것임을 알았기 때문이다.

그리스도인들은 물론 언제나 신앙에 대한 새로운 것들을 배우고 그들이 사는 방식 안에서 주님을 섬길 새로운 길을 발견해야 할 것이다. 하지만 그리스도인들은 또한 기초적인 진리를 일깨우는 것도 필요하고, 그들은 결코 그러한 일깨움에 대한 필요를 넘어서 성장하지도 않는다. 아직 우리 마음의 자료 저장소 어딘가에 내재하는, 신앙의 기초는 우리에게 능동적으로 영향을 미치는 것을 그만 둘 수 있다. 이 진리들을 "기억하는 것"은 일찍이 배웠던 "회상"이라는 정신작용 그 이상의 무언가를 함축한다. 이것은 신자가 조우하는 새로운 상황과 문제들에 진리를 적용하는 동적인 과정이다.[1]

베드로는 자신의 일깨움을 통해서 "너희의 진실한 마음을 일깨워 생각나게 하기"를 원한다. "마음"은 일부 그리스 철학자들이 자주 사용하는 명사('디아노이아')를 번역한 것이다. 예컨대 플라톤은 정확히 '에일리크리네 디아노이아'("진실한 마음")라는 헬라어 구절을 사용하는데, 베드로도 여기서 이를 사용하고 있다.

1. 기억의 관념에 대해서는 1:12-15의 "현대적 의미" 단원을 보라.

그래서 베드로는 또 다시 기독교 진리에 적용하기 위해 그리스 철학과 종교의 세계에서 널리 알려진 구절을 전용하는 것일 수 있다.[2] 베드로에게 "마음"은 순수한 정신작용 그 이상이다. 여기에는 영적인 진리를 식별하고 그것을 적용하는 능력이 포함된다. 바울의 말에 의하면, 이교도들은 "그들의 총명['디아노이아']이 어두워지고"(엡 4:18), 그리스도인들은 "순수한"(세속의 감정이나 기독교에 대한 그릇된 이해에 더럽혀지지 않은) "마음"을 계발해야 한다.

베드로가 지금 그의 독자들에게 주는 일깨움은 최초의 것은 아니다. 그는 이미 그들에게 동일한 요점에 대해 여러 번 다루었던 서신을 쓴 적이 있다. 먼저 썼다는 이 편지는 무엇인가? 대부분의 주석가들은 자연스럽게 이것을 베드로전서라고 생각하는데,[3] 그들이 옳을 것이다. 하지만 우리가 기억해야 하는 것은 의심할 바 없이 베드로가 신약의 정경에 있는 두 개 서신보다 더 많은 서신들을 썼다는 점이다. 예컨대 바울은 우리 신약성경에는 없는 서신을 적어도 세 개를 썼다고 언급하고 있다. 그것은 고린도인들에게 "쓴 편지"(고전 5:9), 고린도인들에게 "편지로 근심하게"(고후 7:8) 한 것, 그리고 라오디게아인들에게 보낸 편지(골 4:16)이다. 베드로가 동일한 일을 행하지 않았다면, 오히려 그것이 놀라운 일일 것이다. 그러므로 신약성경에 베드로의 서신이 두 개만 있다고 해서 즉각적으로 그 다른 하나는 그것 뿐이라고 여겨서는 안 될 것이다.

사실 베드로가 자신이 두 개의 서신에서 가졌던 목적—독자들에게 "진실한 마음"을 일깨우는 것—이라고 서술한 것은 베드로전서의 내용을 특별히 잘 묘사한 것도 아니다. 게다가 베드로가 베드로후서의 독자들을 꽤 잘 알고 있는 것으로 보이는 반면에, 베드로전서에서는 동일한 인상을 얻지 못한다. 이런 이유들로 그린 같은 주석가들은 베드로가 여기서 베드로전서가 아니라 우리에게 알려지지 않은 다른 편지를 언급하고 있는 것이라고 생각한다.[4] 그럼에도 이 요지들 중 어느 것

---

2. Bigg, *The Epistles of St. Peter and St. Jude*, 288을 보라. "성 베드로가 대화에 열중하여 철학적 단어들을 사용했으나 그다지 정확하게 이해되지는 않는다." 그러나 빅(Bigg)이 여기서 베드로에게 "부정확성"의 혐의를 둔 것은 잘못된 것이다. 한 분야에서 언어를 취하고 그것을 다른 분야에 적용하는 과정은 언제나 일어난다. 부정확성에 대한 질문은 존재하지 않으며, 새로운 맥락으로 인한 초점의 변화가 있을 뿐이다.

3. 익명의 사람이 베드로후서를 베드로의 이름으로 쓴 것이라고 생각하는 자들은 대개 이 언급을 베드로후서를 위해 권위를 빌려는 시도로 본다. 예를 들어 Horst Balz and Wolfgang Schrage, *Die "katholischen" Briefe: Die Briefe des Jakobus, Petrus, Johannes, und Judas*, 147; Henning Paulsen, *Der zweite Petrusbrief und der Judasbrief*, 150을 보라. 하지만 베드로가 베드로후서를 썼다고 생각하는 주석가들도 그 정체성을 규명하고 있다(예를 들어 Bigg, *The Epistles of St. Peter and St. Jude*, 288-89를 보라).

도 결정적인 것은 아니다. 즉 베드로의 묘사는 충분히 막연한 것이어서 베드로전서에 적용 '할 수도 있고', 베드로와 그들 사이의 친밀함의 정도에 대해 어느 서신도 많은 것을 말하지는 않고 있다. 따라서 우리는 아마도 이 먼저 보낸 서신의 정체성을 미해결된 상태로 남겨 두어야 할 것이다.

1절에서 "생각남"의 개념에 베드로가 초점을 둔 것은 자연스럽게 질문을 불러일으킨다. 무엇을 생각나게 하는 것인가? 이 질문에 베드로는 2절에서 답하는데, 여기서 그는 독자들이 일깨워져서 행동으로 옮기기를 바라는 가르침의 두 가지 특별한 근원들을 언급한다. 첫 번째는 "거룩한 선지자들이 예언한 말씀"(참조. 1:16-21, 여기서 베드로는 "선지자들의 말씀"을 파루시아에 대한 신뢰할 만한 증거로 인용한다)이다. 앞선 구절에서 이 언급은 거의 확실히 예컨대 신약성경 선지자들이라기보다는 구약성경 선지자들에 대한 것이다. "전에 말해진"(원문이 이렇다. 개역개정판은 "예언한"-옮긴이)은 사도들의 가르침을 지시할 수 있다(유다서 17절의 대체로 유사한 표현을 보라). 하지만 이것은 구약성경을 지시할 수도 있고(예를 들어, 행 1:16; 롬 9:29; 히 4:7을 보라), 일반적 의미는 대개 구약성경을 연상시킨다(히 1:1을 보라). 중요한 것은 말하는 행위가 과거에 있지만, 메시지는 한번 말해지고 성경에 기록되어 계속해서 설득력과 타당성을 유지한다는 점이다. 베드로가 이미 분명히 했듯이(벧후 1:21), 하나님께서 친히 이 예언의 말씀으로 말씀하시기 때문이다.

베드로가 독자들에게 회상하기를 원하는 두 번째 근원은 "주 되신 구주께서 너희의 사도들로 말미암아 명하신 것"이다. NIV의 "주어진"(원문에도 개역개정판에도 없는 표현이지만, NIV는 "주어진 명령"(the command given)으로 번역-옮긴이)과 "말미암아"라는 용어들은 해석을 통해 의역한 것을 보여준다. 헬라어를 문자적으로 번역한 것은 "너희 사도들의 명령, 주와 구세주의"(the command of your apostles, of the Lord and Savior)이다. 핵심 문제는 두 번 쓰인 "의"(of) 사이의 관련성이다. KJV은 헬라어 이독(異讀)을 따라 "너희들의"(of you; 예컨대 "your") 대신에 "우리들의"(of us)로 쓰고, 두 번째 "of"구를 첫 번째 것을 수식하게 만든다. 그래서 "주와 구세주의 사도들인 우리들의 계명"(the commandment of us the apostles of the Lord and Savior)이 된다. 하지만 이 이독(異讀)은 받아들여질 수 없다.[5] 이 구절들을 설명하는 두 번째 방식은 두 번째 구절을 가필 같은

4. Green, *The Second Epistle General of Peter and the General Epistle of Jude*, 123-24.

많은 사람을 미혹하리라." 예수께서는 다른 곳에서도 마지막 때가 배교와 거짓 가르침으로 특징지어질 것임을 경고하셨다.

바울도 이 경고들을 끄집어내서 전했다. 예컨대 그가 에베소교회 장로들에게 한 말을 보라. "내가 떠난 후에 사나운 이리가 여러분에게 들어와서 그 양 떼를 아끼지 아니하며 또한 여러분 중에서도 제자들을 끌어 자기를 따르게 하려고 어그러진 말을 하는 사람들이 일어날 줄을 내가 아노라"(행 20:29-30). 그리고 베드로후서 3:3-4과 유사한 것이 디모데전서 4:1이다. "그러나 성령이 밝히 말씀하시기를 후일에 어떤 사람들이 믿음에서 떠나 미혹하는 영과 귀신의 가르침을 따르리라 하셨으니." 우리는 이 구절들을 때때로 그들이 아직 도래하지 않은 역사의 바로 그 마지막의 시기를 지시하는 것처럼 읽는다. 하지만 디모데전서 4장과 베드로후서 3장 모두 사도들이 이 "마지막 날들"에 대한 예언이 이미 그들의 교회에서 나타났던 거짓 가르침 속에서 성취되었다고 생각했다는 것을 드러낸다. 그리고 요한일서 2:18은 이를 가장 분명하게 말하고 있다. "아이들아 지금은 마지막 때라 적그리스도가 오리라는 말을 너희가 들은 것과 같이 지금도 많은 적그리스도가 일어났으니 그러므로 우리가 마지막 때인 줄 아노라."

우리가 2:1-4에 대한 주석에서 지적했던 것처럼 신약성경 기자들은 일반적으로 오순절과 더불어 시작했던 이 시기를 "마지막 날들"이라고 보았다. 그래서 그들은 이 날들에 대한 예언이 그들의 시대에 이미 성취된 것으로 보았다. 따라서 베드로는 여기서 당대의 조롱하는 자들을 예수께서 주장하셨던 것처럼 기독교 공동체를 괴롭히기 위해 출현할 저 기만적인 배교자들의 한 가지 증거가 되는 것으로 발견하는 것이다. 그의 독자들은 아마도 유혹을 당하고 확실히 이 조롱하는 자들에 의해 혼란스러워졌던 자들로서, 이 사람들의 출현이 놀랄 일이 아니라는 것을 깨달을 필요가 있었던 것이다. 그리스도의 교회는 언제나 스스로가 이 같은 조롱하는 자들의 한 가운데에 있음을 발견하는 일을 예상할 수 있다.

"조롱하는 자" 혹은 "비웃는 자"는 확실히 하나님의 백성의 역사에서 새로운 현상은 아니다. 시편기자는 "오만한 자들(히브리어는 "조롱하는 자"의 의미-옮긴이)의 자리에 앉지"(시 1:1) 아니하는 하나님의 사람에 대한 축복을 선포한다. 그리고 잠언은 세 번 조롱하는 자를 표현하면서 그 길이 의로운 자들이 피해야 할 길이라고 말한다(잠 1:22; 9:7-8; 13:1; 세 본문 모두 개역개정판은 "거만한 자"로 번역-옮긴이). 비웃음은 하나님의 계시의 진리에 대한 너무도 지나치게 전형적인 반응이다. 비웃는 자들은 하나님의 진리에 반하여 그것을 경멸하고 경시하면서도 그렇게 많은 이유를 대지도 않는다. 비웃는 자들은 하나님의 말씀 아래 서기보다는 베드로가 지적하듯이, "그들의 정욕"을 따른다. "정욕"은 단일의 헬라어 용어('에피뒤미아')를 번역한 것으로, 베드로는 이를 이 같은 사람들의 불경건한 방향성을 지적하는데 사용한다(1:4; 2:10, 18을 보라). 이런 조롱하는 자들은 베드로에 의하면 하나님의 뜻을 따르기보다 그들 자신의 길을 "가기"[10]를 주장한다.

비웃음은 하나님의 진리에 대한 일반적인 반응이다. 하지만 베드로가 특별히 관심을 두고 있는 비웃는 자들이나 조롱하는 자들은 분명히 일반적으로 신앙을 비웃는 것은 아니었다. 실제로 그들은 신앙을 따른다고 주장했다(예컨대 2:18-22을 보라). 오히려 그들은 한 가지 특별한 신앙의 가르침을 조롱하고 있었다. 즉 그리스도께서 역사의 마지막에 영광 가운데 재림하실 것이라는 믿음을 조롱하고 있었다. "주께서 '강림'하신다는 약속이 어디 있느냐?" 그들은 계속 질문한다. "강림"에 물음표를 두고, "이"라는 말을 앞에 붙임으로써, NIV("그가 약속하셨던 이 강림이 어디 있는가?")는 이 용어가 여기서 특별한 지시를 하고 있음을 암시한 것은 타당하다. 헬라어 용어는 '파루시아'로서, 신약성경 전체에서 마지막 날에 그리스도의 "강림"을 지시하는 전문 용어로 사용되었던 것이다(1:16에 대한 주석을 보라).

베드로가 분명히 하는 것은 이 질문은 순수하게 그리스도의 재림의 시기나 본질에 대한 정보를 구하는 요청은 아니라는 점이다. 질문의 형식 자체가 시사하는 것은 다른 것인데, 이것은 구약성경에서 불신앙과 비웃음을 표현하기 위해 사용하는 형식을 모방한 것이기 때문이다(예컨대 말 2:17을 참조하라: "너희가 말로 여호와를 괴롭게 하고도 이르기를 우리가 어떻게 여호와를 괴롭혀드렸나이까 하는도다 이는 너희가 말하기를 모든 악을 행하는 자는 여호와의 눈에 좋게 보이며 그에게 기쁨이 된다 하며 또 말하기를 정의의 하나님이 어디 계시냐 함이니라"; 또한 렘 17:15도 보라). 이 재림이 어디에 있었는지 질문하면서 거짓 선생들이 함축하는 바는, 그것은 과거에 있었던 것이고, 그래서 이것은 결코 일어나지 않을 것이라는 점이다.

그들은 이 같은 그리스도의 재림에 대한 거부의 근거를 세상이 갖는 불변하는 성질에 대한 일반적 신뢰에 두었다. "조상들이 잔[11] 후로부터 만물이 처음 창조될

10. NIV의 "따라"(following)는 단순히 "가기"(going: 포류오메노이)를 의미하는 헬라어 동사를 번역한 것이다.

때와 같이 그냥 있다." 베드로의 죽음 이후에 익명의 그리스도인이 베드로후서를 기록했다고 주장하는 학자들은 이 절에 자신들의 증거 가운데 가장 강력한 단편들 중 하나를 가지고 있다. 보컴이 주목하듯이 거짓 선생들이 나타나 이렇게 논증하는 것으로 보인다. "파루시아는 아버지들의 죽음 이전에 약속된 것이었다. 봐라. 아버지들이 죽었고, '아직' 아무 일도 일어나지 않았다."[12] 여기서의 전제는 "아버지들"이 그리스도인들의 1세대를 지시한다는 것이다. 물론 그 세대에는 베드로와 다른 사도들도 포함되고, 그래서 지금으로서는 죽은 자들이어야 한다.

본문을 이렇게 읽는 것은 확실히 가능성은 있지만, 유일한 독법은 아니다. 신약성경에서 "아버지들"은 바로 앞선 세대를 지시하는 경우가 거의 희박하다("내 아버지는 경찰이셨다"). 이것은 대개 영적인 의미를 가져서 유대 민족의 "조상들"을 지시하고, 특별히 족장들인 아브라함과 이삭과 야곱을 가리킨다("우리 조상들의 신앙"[Faith of our Fathers] 같은 찬송가에서처럼; 우리에겐 "환난과 핍박 중에도"로 알려져 있다-옮긴이).[13] 이 절에서도 이 용어의 의미를 이렇게 보는 것이 맞다. 거짓 선생들이 고통스럽게 부정하려 했고 베드로가 확증하려 했던 종말론적 심판에 대한 약속이 구약성경 자체에 뿌리를 두고 있기 때문이다. 우리는 하나님께서 자기 이름으로 한 백성을 창조하신 사역을 시작하셨던 이래로—하나님의 성경적 민족의 "족장들"[14]의 시대로부터—사정이 상당히 많이 동일하게 진행되었다는 것을 논증함으로써 이에 대해 꽤 쉽게 상상할 수 있다.[15]

게다가 "아버지"라는 용어에 대한 해석은 이 절의 언어를 설명하고 문맥에도 잘 맞는다. 그렇다면 특별한 용어보다는 서신의 저작성에 대한 일반적인 고려에

---

11. 여기서 헬라어 단어는 코이마오마이("자다"[sleep]; NASB를 보라)이다. "죽다"(NIV-옮긴이)는 정당한 번역일 수 있지만, 논쟁이 되고 있다. "상황잇기" 단원의 주석을 보라.

12. Bauckham, *Jude, 2 Peter*, 290-92; 또한 Mayor, *The Epistle of St. Jude and the Second Epistle of St. Peter*, 148-49; Kelly, *The Epistles of Peter and of Jude*, 355-56도 보라. 이 해석에 대한 변론으로 대개 논증하는 바는 벧후 3:4과 상당히 유사한 두 개의 초기 기독교 본문들에서의 "아버지들"의 의미도 같은 의미라는 것이다. *1 Clement* 23:3: "가엾은 자는 결심이 서지 않는 자로다. 그는 그 영혼에서 의심하여 이르기를, '이것들을 우리가 우리 아버지들의 시대에도 들었거늘, 보라 우리가 늙었고, 이 일들 중에 어느 것도 우리에게 일어나지 않았다' 하는도다."; *2 Clement* 11:2도 보라.

13. 예컨대 행 7장의 스데반의 연설에서 "아버지"(조상을 의미하든 아버지를 의미하든-옮긴이)가 15회 나타나는 것을 보라. 이 단어는 아마도 몇 개의 절에서는 특별히 족장들을 지시할 것이다. 그리고 롬 9:5; 11:28; 15:8에서는 확실히 그 의미("조상"-옮긴이)이다.

14. NIV의 "우리 아버지들"은 오독일 가능성이 있다. 헬라어 원문에는 소유대명사가 없다.

15. 이 해석에 대해서는 Bigg, *The Epistles of St. Peter and St. Jude*, 291; Green, *The Second Epistle General of Peter and the General Epistle of Jude*, 129를 보라.

근거해서 확고한 결론이 내려져야 할 것이다. 그리고 우리는 사도 베드로에 의해 저술되었다는 서신 자체의 주장을 받아들일 좋은 이유도 보았다. 거짓 선생들은 분명히 역사의 마지막에 그리스도의 재림의 개념을 조롱하고 있었던 것인데, 이는 그들이 파루시아에 대한 교회의 가르침이 추정하고 있던 대로 세상과 인간이 처한 상황에서의 그런 종류의 변화를 상상할 수 없었기 때문일 것이다.

거짓 선생들이 논증하고 있었던 것이 무엇인지에 대해 더 정확히 확인할 수 있을까? 우리는 그들이 역사에 대해 어떤 종류의 시각을 취하고 있었는지에 대해 보다 정확히 이해할 수 있을까? 우리는 2:17-22의 "상황잇기" 단원에서 베드로의 시대에 모종의 에피쿠로스주의 사변가들이 세상에서의 어떤 신적인 간섭에 대해서도 회의론을 표했다는 것을 보았다. 그들은 사실상 모든 섭리의 개념을 부정했다. 아마도 거짓 선생들은 역사에 대한 이런 시각을 유지했을 지도 모른다. 하지만 만일에 그렇다면 그들이 어떻게 그리스도인이라는 주장을 할 수 있었는지 이해하기가 어려운데, 이는 그들이 그리스도의 파루시아뿐만 아니라 그의 성육신과 부활도 부정해야 했을 것이기 때문이다. 그리고 베드로도 이에 대해 무언가를 기록했을지도 모른다. 그래서 아마도 그들은 역사적 연속성에 대해 보다 더 온건한 형식을 취해서, 세상의 본질을 물질적으로 변화시킬 어떤 사태의 가능성도 부정했을 것이다. 그래서 파루시아는 그들의 사물 체계에 부합되지 않았을 것인데, 이는 세계와 인간 모두에 변화를 수반하는 일이기 때문이다. 이것이 그들의 시각이 맞다면, 이는 베드로가 5-7절에 둔 역사에서의 하나님의 간섭의 예들을 택한 이유도 설명하게 된다.

베드로가 조롱하는 자들이 진리를 망각한 것에 대해 책망하다(5-7절)

5-7절의 일반적 의미는 충분히 명백하다. 베드로는 독자들에게 거짓 선생들이 "만물이 처음 창조될 때와 같이 그냥 있다"고 생각하는 것이 잘못된 이유를 보여준다. 반대로 베드로는 하나님께서 인간 역사의 과정에 장엄하게 개입하셨음에 주목한다. 하나님께서는 물과 말씀을 통해 세계를 창조하셨고(5절), 동일한 물과 말씀으로 다시 그 세상을 노아 시대의 홍수로 멸하셨다(6절). 그리고 하나님께서는 같은 일을 다시 하실 것이고(7절), 이번에만 불을 사용하실 것이다. 따라서 중대한 신적인 간섭이 없는, 역사에서 끊어지지 않는 연속성에 대한 거짓 선생들의 가정

은 분명히 오류인 것이다.

하지만 이 단락의 기초적인 논증은 이해하기에 충분히 쉽지만, 이를 따라 베드로가 만들어 놓은 다수의 상세한 내용들은 그렇지 않다. 5절은 특별히 난해한데, 번역에서 뿐만 아니라 이해에서도 문제를 만들어 낸다. 첫 번째 번역 문제는 상대적으로 사소한 것이다. 우리는 절의 시작하는 용어들을 "그들이 일부러 잊으려 함이로다"(NIV; NRSV; TEV를 보라)로 해석할 것인가, 아니면 "그들이 이렇게 주장할 때, 그들 눈에 띄지 않은 것은…"(NASB; REB도 보라)으로 해석할 것인가?[16] 의미상의 차이는 사소하다. 하지만 후자가 헬라어 용어의 배치에 더 잘 들어맞는다.[17] 베드로가 암시하는바 조롱하는 자들은 무지하거나 순진하지도 않았지만, 의도적으로 불순종하여 구약성경을 무시하면서 인간 역사의 연속성에 대한 시각을 유지한다. 성경이 보여주는 바는 세계는 영원하지 않다는 것이다. 세계는 시간의 특정 시점에 존재하게 되었다.

하지만 이 진리에 대해 베드로가 진술한 상세한 내용은 다소 모호하다. 여기서 NIV와 REB의 번역문 사이의 차이를 주목하라.

> NIV: "하나님의 말씀으로 하늘이 존재했고, 땅이 물에서 나와 물로써 형성되었다."
>
> REB: "하나님의 말씀으로 물에서 나와 물과 더불어 창조된 하늘과 땅이 오래 전에 존재했다."

NIV에는 두 개의 문장이 병렬로 배치되어 있는데, 첫 번째 주어는 "하늘"이고, 두 번째는 "땅"이다. REB는 이와 달리 "하늘과 땅"을 전체 문장의 주어로 만든다. 이 두 가지 해석 중에서 선택하는 일은 어렵다. 각기 장점과 단점이 있다. 이처럼 가장 문제거리가 적은 것을 선택해야 하는 경우는 때때로 우리가 성경을 번역하고 해석하는 가운데 만나는 상황이다. 이 경우 나는 두 번째 번역이 문제가 가장 적다고 생각한다.

다음의 두 요점 모두 베드로가 "하늘과 땅"을 분리하여 상이한 구절 속에 넣기

---

16. 헬라어 원문은 란다네이 아우투스 투토 델론타스이다. 마지막 단어는 동사 델로에서 나온 것으로, 여기서는 "[일의 진실된 상태에 반하여] 유지하다"를 의미한다(*BAGD*, 355를 보라). 질문은 이 동사의 분사인 델론타스가 란다네이("'의도적인' 방식으로 잊다"[NIV])를 수식하는지 아니면 독립해서 사용된 것인지("그들이 완강하게 유지할 때, 그것은 그들의 주의를 피한다."[REB])이다.

17. Kelly, *The Epistles of Peter and of Jude*, 356-57; Bauckham, *Jude, 2 Peter*, 297을 보라. 반론으로는 예컨대 Bigg, *The Epistles of St. Peter and St. Jude*, 292.

보다는 하나의 쌍으로 다루었을 가능성을 보여준다. (1) 베드로는 분명하게 창세기 1장에서 발견되는 것처럼 창조 스토리를 암시하고 있다. 우리 모두가 알고 있듯이 이 스토리는 "태초에 하나님이 천지를 창조하시니라"는 말들로 시작한다. (2) 베드로는 계속해서 7절에서 "이제 하늘과 땅"이 또한 멸망할 것이라고 묘사한다. 그가 계속해서 논증으로 암시하는 바는 "하늘과 땅"이 7절에서 한꺼번에 하나의 단위로 있었던 것처럼, 5절에서도 마찬가지로 그렇다는 점이다.[18] 베드로가 이 거짓 선생들에게 일깨우고 있는 것은, 그렇다면 전체 우주의 창조이다. 우리가 우리의 감각을 통해서 경험할 수 있는 세계("땅")와 보이지 않는 영적 영역("하늘들", 혹은 더 낫게는 "하늘"[19])은 모두 "하나님의 말씀으로" 존재하게 되었다. 창세기 1장이 반복적으로 명확히 하고 있는 것처럼, 모든 창조는 하나님의 능력 있는 말씀의 효과이다. 그가 말씀하시니 그대로 되었다. "여호와의 말씀으로 하늘이 지음이 되었으며"(시 33:6). "세계가 하나님의 말씀으로 지어진 줄을"(히 11:3).

아마도 훨씬 더 난해한 것은 베드로가 물을 "그로부터 나와"('에크') 그리고 "그것으로"('디아') 그 하늘과 그 땅이 성립된 요소로 언급하고 있는 것이다. 찰스 빅(Charles Bigg)의 생각은 첫 구절은 물이 그로부터 다른 모든 것들이 형성되었던 재료 물질이었다는 고대의 믿음을 반영한다는 것이다.[20] 하지만 보다 가능성이 높아 보이는 것은 베드로가 다시 창세기 1장의 창조 스토리에 대해 생각하고 있다는 점인데, 여기서 물은 중요한 역할을 수행한다. 2절에서 하나님께서 그가 존재하게 하셨던 혼돈을 조직하기를 시작하시기 전에 우리는 성령이 "수면 위에 운행하시는 것"에 대해 읽는다. 이 물들은 분명히 지구 전체를 덮고 있는 것으로 보이는데, 하나님께서 "하늘"(sky; 헬라어 '우라노스' "heaven")을 만드실 때에 나뉜다(6-8절). 그리고 하나님께서는 이 물을 하나로 모으시면서 마른 땅을 만드신다(9절). 따라서 창세기 기사에 기초해서 하나님께서 하늘과 땅을 "물에서" 창조하셨다는 베드로의 단언은 억지로 끼워 맞춘 것으로 보이지 않는다.

하지만 우리가 두 번째 구절, "물로"를 가지고 무엇을 해야 하는가? 일부 주석

18. 이 해석에 대해서는 특별히 Kelly, *The Epistles of Peter and of Jude*, 357-58을 보라. 그 주요 통사론적 난점은 분사 시네스테사가 여성형이라는 점인데, 이것이 함의하는 바는 이것이 게("땅") 만을 수식한다는 점이다. 하지만 분사들은 때때로 그들이 수식하는 단어들 중 하나의 형식만을 취할 것이다.

19. NIV 번역은 문자적이다. 이는 여기서의 헬라어 단어가 복수형(우라노이)이기 때문이다. 하지만 이 단어가 복수형인 것은 하늘을 지시하는 히브리어 단어가 "문체론상" 복수형이기 때문이다. 그 개념은 단수이다.

20. Bigg, *The Epistles of St. Peter and St. Jude*, 293. 그는 탈레스의 가르침을 언급한다.

가들의 생각은 베드로가 비를 암시하는 것으로 보인다는 것인데, 이는 하나님께서 그가 창조하셨던 세상을 유지하는데 사용하시는 것이다(창 2:6).[21] 이것은 가능성은 있지만 난해하다—베드로는 동일한 동사를 가지고 "창조하다"와 "유지하다" 모두를 의미해야 했을 것이다. 다른 이들은 베드로가 여기서 사용하는 전치사('디아')는 장소적인 의미를 가질 수 있다고 한다. 하나님께서 우주를 물 "한가운데" 창조하셨다.[22] 하지만 이는 평행구인 베드로후서 3:6에서 이 전치사의 의미와 다르다. 그래서 우리가 선호하는 것은 베드로가 여기서 단순히 그의 첫 번째 구절인 "물에서 나와"에 대해 부연하는 것이라고 생각하는 것이다. 우리가 창세기 1장에서 인용했던 절들이 보여주듯이 하나님께서는 물을 그의 하늘 창조에서 도구로 사용하셨다. 그리고 우리는 또한 여기서 베드로의 수사적 의도도 고려해야 한다. 그가 세계가 "물로" 창조된 것이라는 개념을 소개하는 주된 이유들 중 하나는 그가 6절에서 만들 평행을 위한 준비를 하기 위함인데, 거기서 하나님께서는 "물로" 세상을 멸하신다.[23]

우리가 베드로의 논증에서 개별적인 "나무들"을 검토하면서 "숲" 속에서 길을 잃지 않으려면, 우리는 다시금 5절에서 베드로의 일반적 요지가 분명하다는 점에 주목해야 할 것이다. 즉 하나님께서는 세상을 존재하게 하셨고, 그것을 그의 창조적인 말씀으로 그리고 물을 사용하심을 통해서 수행하셨다. 그래서 세상이 변하지 않는다는 거짓 선생들의 가정은 보증이 없는 것이다. 그들이 이야기 하고 있는 바로 그 세상은 여기에 언제나 존재했던 것은 아니다.

하지만 베드로의 두 번째 요지는 어떤 면에서는 훨씬 더 적절하다. 하나님께서 창조하셨던 동일한 세상을 그는 또한 "멸망하셨고"(6절), 그는 이를 세상을 창조하셨던 동일한 방식으로 수행하였다. 즉 "물과 하나님의 말씀"으로써. 확실히 하자면, NIV는 여기서 "이 물들로써"(TEV; REB도 보라)로 번역한다. 문제는 헬라어 원문이 복수 관계대명사만을 가지고 있으며("which"[NASB; NRSV를 보라] 혹은 "which things"), 우리는 그 선행사에 대해 확신할 수 없다는 것이다. 베드로가 5절에서 "물"이라는 용어를 두 번 사용했기에 NIV 번역도 확실히 가능성이 있다. 그럼에도 그는 5절에서 "물들"에 대해 말한 것이 아니라, 동일한 물이 두 가지 상이한 것들을 만들어 낸 것을 말한다. 게다가 헬라어 원문에서는 5절의 마지막에 나

---

21. Ibid., 293; Green, *The Second Epistle General of Peter and the General Epistle of Jude*, 130.
22. Mayor, *The Epistle of St. Jude and the Second Epistle of St. Peter*, 151-52.
23. Neyrey, *2 Peter, Jude*, 234.

오는 용어가 "하나님의 말씀"이다. 아마도 "물과 하나님의 말씀으로"라고 해석하기 위해 가장 중요한 논증은 이 단락에서 하나님의 말씀이 수행하는 지배적인 역할일 것이다. 5절에서 하나님께서는 세상을 그의 말씀으로 창조하신다. 7절에서 그는 "동일한 말씀으로" 그것을 심판하신다. 베드로가 하나님의 말씀을 세상을 멸하시는 도구로서도 언급함으로써 그의 평행구를 완성하는 것이라고 보는 것이 유일하게 자연스러워 보인다.[24]

여기서 언급되고 있는 것은 물론 노아의 홍수이며, 이는 베드로가 이미 하나님의 심판의 예로 사용했던 것이다(2:5). 우리가 논증했듯이 이 절에서 하나님이 "고대 세계"를 용서하지 않으심은 경건하지 않은 사람들의 멸망을 지시한다. 여기서 베드로는 다시 세상의 멸망을 지시한다. 베드로가 5절에서 우주의 창조를 지시했기에, 일부 주석가들의 생각은 그가 6절에서 전체적인 물리적 우주의 파멸에 대해 생각하고 있을 것이라고 본다—이 개념은 소수의 유대 저자들에게서 발견된다.[25] 하지만 베드로가 "하늘과 땅"(5절)의 언어에서 "세상"(6절)으로 전환한 것이 유의미할 수 있다. 후자는 자주 "인간의 세계" 즉, 우주 속에 정주하고 조직화된 인간의 차원을 의미한다. 내 생각에도 아마 여기서는 이 의미를 가진 것 같다. 베드로는 파멸을 확언하는데, 이는 홍수의 물로써 일어난 노아 시대의 경건치 않은 인간들에 대한 것이다.[26] 이 예는 특별히 적절한 것인데, 거짓 선생들이 특별히 파루시아와 연결된 심판을 부정하고 있기 때문이다. 이는 7절에서 더 분명해진다.

우리가 앞서 변호했던 시각에서 6절과 7절을 연결하는 고리는 "하나님의 말씀"이다. 하나님의 발화(發話)를 통해서 노아 시대의 세상은 멸망했고, "같은 말씀"을 통해서 그것은 다시 멸망할 것이다. 그러나 이번에는 하나님께서 파멸을 가져오기 위해 물이 아닌 불을 사용하실 것이다. 그래서 세상을 영원히 동일한 방식으로 지속되는 것으로 보는 거짓 선생들에 대한 대답에서, 베드로는 하나님께서 그것에 갑작스럽고 확정된 종말을 운명 지우셨다는 점을 분명히 한다. "이제 하늘과 땅은…불사르기 위하여 보호하신 바." 지금 존재하는 우주는 재앙의 선고 아래 있

24. 특별히 Bigg, *The Epistles of St. Peter and St. Jude*, 293-94; Kelly, *The Epistles of Peter and of Jude*, 359-60; Green, *The Second Epistle General of Peter and the General Epistle of Jude*, 130-31을 보라.

25. Kelly, *The Epistles of Peter and of Jude*, 359; Bauckham, *Jude, 2 Peter*, 298-99. 그들은 *1 Enoch* 83:3-5; Philo, *Life of Moses* 2.63-65를 지시한다.

26. 예를 들어 Bigg, *The Epistles of St. Peter and St. Jude*, 294; Green, *The Second Epistle General of Peter and the General Epistle of Jude*, 131을 보라.

다. 이것이 "지켜졌던" 것은 하나님께서 세상을 심판하시고 경건하지 않은 자들에게 "멸망"('아폴레이아')을 선고하실 그날을 위해서인 것이다.

우리가 앞서 주목했던 것처럼(2:3에 대한 주석을 보라), "멸망하다"와 "멸망"이라는 용어는 신약성경에서 인간에 대한 심판에 적용될 때에는 문자적으로 전멸의 의미로 이해되어서는 안 된다. 실제로 일부 신학자들은 이 언어를 이런 의미로 파악했지만, 이는 "영원한" 심판에 대한 신약성경의 일반적인 가르침에 들어맞지 않는다. 하지만 이 개념이 우리에게 아무리 불편하다하더라도, 이는 성경이 명백하게 가르치는 것으로 보인다(예컨대 마 25:41, 46; 막 9:43, 48; 계 14:9-11; 유다서 11-13절에 대한 "상황잇기" 단원에서의 논의를 보라). "멸망"은 이 세상에서 존재의 중단과 책망으로 개입하시는 하나님으로부터의 최종적이고 가혹한 분리를 가리킨다. 앞에서 베드로는 "경건하지 않은 사람들"의 책망에 대한 구약성경의 사례들을 인용했다(벧후 2:5-6). 거기서 그의 적용은 거짓 선생들에 대한 것이었고, 그가 여기서도 마찬가지로 그들을 마음에 두고 있을 것으로 가정하는 것이 확실히 옳다. 거짓 선생들은 다가올 어떤 심판의 개념이라도 비꼬는 자들로, 직접 완전한 분노를 체험할 것이다.

이 절은 상당한 신학적 논쟁을 자극했다. 전체 성경에서 여기에서만(그리고 3:10도 가능성이 있다) 우리는 불로 세상이 멸망할 것에 대해 분명히 언급하는 것을 발견하게 된다. 이 때문에 그리고 베드로가 그의 시대의 특정 이교 철학자들로부터 마지막 세계적 대화재의 개념을 차용했다는 것이 자주 시사되기에, 일부 학자들은 베드로가 여기서 이 가르침을 가지고 있다는 개념에 반대한다. 예컨대 마이클 그린은 이 절의 끝에서 인간에 대한 하나님의 책망에 대해 베드로가 초점을 두고 있는 것에 주목하여, 불을 통한 멸망이 단순히 하나님의 심판에 대한 이미지일 뿐이라고 제시한다.[27]

우리는 이 주제 전체를 다음 단원에서 더 철저하게 논의할 것이지만, 여기서 그린의 개념은 받아들이기 어렵다는 것에 주목한다. 6절에서 (인간의) "세상"을 언급한 후에, 베드로는 7절에서 "하늘과 땅"의 언어로 돌아오는데, 이는 그가 창조된 우주 전체를 지시하기 위해 5절에서 사용했던 것이다. 우리는 그의 지시를 인간에만 국한할 수 없다. 2세기 신학자 사르디스의 멜리토(Melito of Sardis)의 언급에 주목하라. 그는 분명히 이 구절을 염두에 두고 있었다. "물의 홍수가 있었다…불의

27. Green, *The Second Epistle General of Peter and the General Epistle of Jude*, 132.

홍수가 있을 것이고, 땅은 산맥들까지 모두 타버릴 것이다."[28]

상황잇기

성경 메시지를 오늘날의 세상으로 가져오는 것은 우리가 그 메시지의 맥락과 배경—하나님께서 사람들로 그의 말씀을 쓰도록 영감을 불어넣으셨던 세상의 사회적, 역사적, 종교적 환경—을 이해할 것을 요구한다. 그리고 우리는 이 환경의 다양한 요소들을 베드로의 말씀의 의미와 우리에 대한 적용에 영향을 미치는 것으로 그려냈다.

하지만 하나님의 말씀이 오늘날의 우리에 대해 갖는 의미를 올바르게 규명하는 것은 또한 정확히 인간 저자들이 그들의 메시지를 전달하기 위해 사용했던 용어들이 어떻게 기능하는지를 이해하는 것도 요구한다. 말은 많은 다양한 것들을 할 수 있기 때문이다. 특별히 혼돈스러운 것은 그들이 표면상 의미할 것으로 보이는 것을 의미하지 않는 그런 용어들이다. "당신 미쳤어?"라는 질문을 고려해보라. 우리는 대게 이 질문을 순수하게 정보를 구하는 것으로 생각한다. 하지만 적어도 대부분의 상황에서 이 질문은 그것이 일련의 행위에 대한 불복을 진술하는 것일 때에는 그만큼 정보를 구하는 의미는 아닌 것이다(예컨대 이것은 "이 급경사를 롤러블레이드로 내려가고 싶은데"라고 말하는 남편에게 아내가 대답하는 것으로 잘 어울릴 것이다). 아니면 "나 상처 받았어"라는 진술을 고려해 보라. 이것을 말한 사람은 아마도 단순히 사실을 진술하는 것은 아닐 것이다. 그(녀)는 도움을 구하는 것이다.

베드로후서 3:1-7에 대한 우리의 해석과 적용에 있어서 훨씬 더 적절한 것은 비유 언어의 문제이다. 직유는 쉽게 확인할 수 있는데, 그들이 대게 "처럼"이나 "마치"같이 일종의 비교가 만들어지고 있음을 분명하게 하는 용어를 포함하기 때문이다(예컨대 "내 사랑은 붉은, 붉은 장미 같다"). 하지만 더 교묘한 것은 은유인데, 이는 언제나 확인하기가 쉽지 않다. "지붕이 내게로 무너졌다"는 문자적일 수도 있고(소방관이 자신이 어떻게 부상을 입었는지를 설명하는 경우), 은유적일 수도 있다(사무직원이 일과시간에 "테트리스" 게임을 하고 있는 것을 사장에게 들켰을 때 무슨 일이 일어났는지에 대해 말하는 경우). 일상 대화에서 우리는 숙어에 익숙해 있기에 거의 언제나 어느 것이 어느 것인지 말할 수 있고, 그 진술이 어떤

28. Green, ibid., 133에서 인용.

맥락에서 만들어지는지에 대해 알고 있다. 하지만 우리가 그런 언어를 성경에서 만나게 될 때 무슨 일이 일어나는가? 우리가 성경의 시대와 그토록 먼 거리를 두고 살고 있기에, 우리는 대체로 그 숙어와 은유에 익숙하지 않다. 그리고 문맥이 언제나 자초지종을 말해주는 것도 아니다.

3:1-7에서 이러한 어법의 두 가지 논쟁적인 예들을 고려하라. 4절에서 베드로는 거짓 선생들을 언급하는바, 그들은 "아버지들이 잠든 후로부터, 만물이 창조의 시작 때처럼 동일한 방식으로 머물러 있다"(이는 내가 직접 문자적으로 번역한 것이다)고 주장하는 자들이다. 이 문장에서 "잠든"이라는 용어를 가지고 우리는 무슨 판단을 해야 하는가? 문맥이 분명하게 만드는 것은 이것은 문자적으로 의도된 것은 아니라는 점이다. 거짓 선생들은 자신들의 부친이 하루 저녁 잠을 잔 것으로 역사에 대한 그들의 시각이 변화되었다고 말하는 것은 분명히 아니다. 그래서 이 용어는 어떤 의미에서 은유적이다. 하지만 그것이 '지시하는' 것은 무엇인가? 사실상 모든 사람들이 이것이 죽음을 지시한다는 것을 알고 있다. 그리고 그렇게 대부분의 현대 영역본들도 간단히(NIV처럼) "아버지들이 죽은 이래로"로 번역한다.

이같이 번역해도 실제로 원문에서 어떤 의미도 상실하지 않는다—만일에 "잠들다"가 "죽음"에 대한 일반적인 완곡한 표현이라면. 이는 우리가 "죽은" 자라고 부르는 것에 대한 은유이며, 죽음을 묘사하는데 이 용어를 사용한다는 것이 죽음의 본질에 대한 작가의 시각에 대해 특별히 무언가를 말하는 것도 아니기 때문이다(참조. 우리가 많이 사용하는 "돌아가셨다"). 하지만 은유가 베드로에게 "생생한" 것이라면, 단조로운 번역은 그가 의도한 특별한 의미를 상실하게 할 수 있다. 그래서 베드로는 죽음에 대한 특수한, 특히 기독교적인 전망을 제시하는 것일 수 있다. 그리스도인에게 죽음은 최후의 파멸이 아니라 부활에서 "깨어나게" 될 임시적인 상태이기 때문이다.[29] 이것이 "영혼의 잠"으로 불린다는 것을 언급할 필요는 없다—그리스도인들이 죽음과 그리스도의 강림 사이에 무의식 상태에 있다는 관념. 오히려 요지는 죽은 신자들이, 주님의 현존은 인식하면서도, 아직 부활하지 않았다는 것에 있는 것 같다.

우리가 여기서 보는 것을 "죽음"의 은유라고 생각하는 사람들은 그리스인들이 호메로스 시대로부터 "잠"이라는 용어를 죽음을 지시하는데 사용했다는, 그리고 구약성경에서도 동일한 의미로써 발견되고 있다는 증거를 인용한다.[30] 분명히 그

29. 예를 들어 Green, ibid., 129를 보라.

리스도인들은 죽음에 대한 그들의 특별한 이해를 함축하기 위해 은유를 고안하지는 않았다. 하지만 우리는 여전히 기독교 작가들이 이 은유를 전용했다고 결론내릴 수 있는데, 이것이 그들의 신학적 죽음의 의미에 아주 완벽하게 어울리기 때문이다. 다른 말로 하자면 이것이 그 문화에서 다른 이들에게는 그랬을지라도, 기독교 작가들에게는 죽음은 단순한 은유는 아니었을 수 있다.

신약성경에서 죽음에 대해 "잠"이라는 용어를 사용한 것은 정확히 이 방향을 가리키는데, 이것이 의로운 사람들의 죽음에만 적용되기 때문이다.[31] 특히 중요한 것은 요한복음 11:11인데, 여기에서 예수께서는 그의 제자들에게 나사로가 "잠들었도다"라고 말씀하신다. 그의 요지는 나사로의 죽음을 일시적인 상태로 여기시는 것으로 보이는바, 이 상태는 짧은 시간 안에 주님께서 친히 기적적으로 변화시킬 것이었다. 따라서 우리가 베드로후서 3:4을 번역함에 있어 "잠든"이라는 용어를 유지하는 것이 더 나을지도 모른다—아마도 "죽은 듯이 잠든"이라는 타협안 정도.

하지만 우리의 본문에서 두 번째로 논쟁이 되는 은유적 언어의 예는 우리를 보다 크고 훨씬 더 논쟁적인 문제에 말려들게 한다. 종말론의 언어가 그것이다. 스테판 트래비스(Stephen H. Travis)가 지적하듯이,

> 종말론이 "한 번도 인간의 영역에 발생해 본 적이 없는" 일을 다루기 때문에, 이는 신랄하게 언어의 문제를 제기한다. 우리가 시공간적으로 우리의 현재의 경험을 넘어서서 존재하는 실재에 대해 말하려 할 때는, 모종의 회화-언어가 필연적인 것으로 보인다. 언어와 그 실재(물론, 그들이 실재 '한다'고 가정할 때) 사이의 관계는 무엇인가? 성경 기자들은 "문자적" 언어와 "회화적" 언어나 "신화적" 언어를 구별할 수 있는가? 아니면 그들은 그러한 언어를 사용하면서도 그것이 실재와 갖는 정확한 관계에 대해

30. 예를 들어 왕상 2:10; 11:43; 22:40을 보라. 그리고 어니스트 베스트(Ernest Best, *A Commentary on the First and Second Epistles to the Thessalonians*, HNTC[New York: Harper & Row, 1972], 185)의 주석을 보라. "잠"이 이런 종류의 "죽음" 은유라는 증거는 이 같은 구절 뿐만 아니라 로마의 작가 카툴루스(Catullus, 5.4-6)에게서도 나온다. "해는 지고 다시 뜰 수 있지만, 우리의 덧없는 빛이 한 번 지면, 잠에서 깨지 않는 하나의 긴 밤이 있으리라."

31. 예수님께서 죽으실 때 부활했던 "성도들"(마 27:52); 나사로(요 11:11-12); 스데반(행 7:60); 다윗(행 13:36); 부활할 운명을 가진 그리스도인들(고전 7:39; 11:30; 15:6, 18, 20, 51; 살전 4:13-14, 15). 바울과 관련하여 이 요점에 대해서는 Murray J. Harris, *Raised Immortal: Resurrection and Immortality in the New Testament* (Grand Rapids: Eerdmans, 1983), 134-35.

> 반성해보지도 않는 것인가? 그리고—그들에게 무엇이 사실이든지 간에—우리는 우리의 "현대 세계관"을 가지고 파루시아에 대해, 심판에 대해, 천국과 지옥에 대해 성경언어를 어떻게 다루어야 하는가?[32]

우리는 "하늘과 땅은…불사르기 위하여 보호하신 바 되어"라는 베드로의 단언에서 이 문제에 직면하게 된다. 이 언어를 가지고 우리는 무엇을 해야 하는가? 우리는 학자들이 이 같은 "우주적" 단언을 처리하면서 가졌던 세 가지 일반적 지침을 주목함으로써 시작할 수 있다.

(1) 첫 번째 가능성은 특별히 유명하고 논쟁적인 신약성경 학자 루돌프 불트만(Rudolf Bultmann)과 관련이 있다. 신약성경을 현대의 과학적인 시대에 연관성을 갖게 하려는 열망으로 고무되어, 그는 신약성경을 "비신화화"하려는 계획을 위해 논증했다—즉, 신약성경언어에서 신화를 끄집어내는 것이다. 불트만은 신약성경 저자들을 그들의 "신화적" 세계관에 의해 그 개념 안에서 필연적으로 제한을 받았던 것으로 바라보았다. 그들은 "삼층" 우주를 믿었으며, 하나님의 기적을 통한 세계에 대한 직접적인 간섭을 믿고, 문자 그대로 "세계 종말"의 대재앙을 믿었다. 현대 과학의 발견들은 그러한 개념들을 쓸모없는 것으로 해석해왔다. 하지만 이것이 불트만에게 우리가 신약성경을 폐기해야 한다는 것을 의미하지는 않았다. 그 신화적인 장식들을 벗겨내면, 이것은 현대인들에게 관련 있는 메시지를 말하게 된다. 예컨대 우리는 그리스도께서 역사의 종말에 "산 자와 죽은 자를 심판"하시기 위해 오시는 것과 더불어, 이 신화가 표현하고 있는 핵심 개념에 도달함으로써, 여전히 파루시아의 관념에서 의미를 발견할 수 있다. 즉 모든 사람이 그리스도를 대면해야 하는바, 그 만남은 그(녀)의 운명을 결정할 것이라는 점이다. 불트만은 아마도 베드로가 실제로 세계가 불로 멸망할 것으로 생각했다고 여기는 것 같다. 하지만 이것이 우리에게 갖는 의미는 아마도 물질적인 우주가 실체의 전부는 아니라는 점이다.

불트만의 비신화화는 복음주의 신학자들에 의해 만장일치로 거부되었다. 성경 기자들이 그들 자신의 시대에 의해 제한되었다고 가정하면서, 그는 그들의 말씀의 진리성을 보존하기 위해 의도된 신적인 영감의 실재를 무시한다. 게다가 그의 시각은 루이스(C. S. Lewis)가 "연대기적 속물근성"(chronological snobbery)—최근

32. Stephen H. Travis, *Christian Hope and the Future* (Downers Grove, Ill.: InterVarsity, 1980), 14.

의 그리고 현대의 개념들만이 옳을 수 있다는 개념—이라고 불렀던 것 같은 풍미를 자아낸다. 과학은 자연계에 대한 우리의 이해와 자연계를 조작하는 우리의 능력을 막대하게 확장시켰다. 하지만 하나님께서 세상을 창조하셨고, 그것에 간섭하시며, 언젠가 그것에 종말을 가져오실 것이라는 성경적 확신에 이의를 제기할 만한 것은 아무 것도 없다. 베드로의 언어를 비신화화하는 것은 성경의 진리성에 대해 확신하고 있는 사람에게는 선택 가능한 일이 아니다.

(2) 종말론의 언어에 대한 또 하나의 일반적 접근은 성경이 사용하는 우주 언어를 꽤나 문자적으로 취급하는 것이다. 성경이 마지막 날에 하늘로부터 땅으로 별들이 떨어질 것이라고 말한다면(계 6:13), 바로 그대로 일어날 것이라는 말이다. 종말론적 본문을 이렇게 "솔직하게" 읽는 것은 복음주의 학자들과 대중적인 상상력에 깊이 뿌리를 두고 있다. 내가 처음에 그리스도인이 되었을 때(내가 받아들이고 싶었던 것보다는 훨씬 전에), 거의 처음으로 내가 들었던 성경 가르침은 할 린제이(Hal Lindsey)의 오디오테이프를 통한 것이었는데, 여기서 그는 자신의 베스트셀러인 『고(故) 위대한 행성 지구』(*The Late Great Planet Earth*)에서 흔히 아는 바와 같이 종말 사건에 대한 상세하고 대체로 문자적인 해석을 보여준다. 내가 처음에 신자로서 출석했던 교회에서 매년 중요한 행사는 예언 컨퍼런스였는데, 이때 초대 강연자들은 동일한 근거를 반복하려 했다. 만일에 누군가가 베드로후서 3:4에 대해 이 접근법을 취한다면, 그렇다면 결론은 결국 별 분석 없이 나오게 된다. 베드로가 세상이 결국 불로 멸망할 것이라고 예언하고 있다는 것이다. 그리고 핵의 시대를 살고 있는 우리 중 어떤 이들은 이 같은 일이 어떻게 일어날 수 있는지 확실히 이해할 수 있다.

종말론에 대한 이 접근법을 비웃는 것이 오늘날 일부에서 유행하고 있는 것으로 보인다. 어떤 사람들은 이런 시각을 가진 그리스도인들을 마치 그들이 무지한 촌뜨기인 것처럼 다룬다. 나는 이 같은 조롱이 정당하다고 생각하지 않는다. 확실히 나는 "진직으로 문사적인" 접근의 일부 측면에 대해서는 의구심이 있다. 그 변호자들은 특정 성경 본문이 실제로는 그럴 수 없을 때에도 명확하다고 여길 수 있다. 그리고 예언에 대한 집중은 때때로 지금 여기에서의 그리스도인의 삶을 대가로 미래 역사의 상세한 내용에 대한 불건전한 선입견으로 변할 수 있다. 하지만 내게는 성경의 완전한 진리성을 확신하는 신자라면 그러한 접근법이 성경 본문을 다루는 진지함을 기쁘게 인정해야 할 것으로 보인다. "성경이 그렇게 말씀하고, 나는 그것을 믿으니, 그것으로 내겐 충분하다"고 선포하는 범퍼 스티커는 생생한 진리를 포착한다. 그리스도인들은 성경이 가르치는 것이면 무엇이든 받아들여야 할 것이다.

(3) 하지만 정확히 여기서 우리는 현실적인 주제에 직면하게 된다. 즉 성경은 무엇을 가르치는가? 많은 평신도들과 적지 않은 학자들의 생각은 성경에서 종말론적 본문은 그들이 표면적으로 말하는 것으로 보이는 것만을 의미한다는 것이다. 하지만 우리가 본 바와 같이 언어가 언제나 이렇게 단순하지는 않다. 그리고 많은 학자들은 성경의 종말론적 언어는 자주 은유적이라고 생각한다. 이는 "마지막 일들"에 대한 성경적 언어에 대한 해석에서 세 번째 일반적 방향을 드러낸다. 이것의 변호자들이 논증하는 것은 별들이 하늘에서 땅으로 떨어질 것이라는 예언은 문자적으로 천문학적인 재난을 묘사하려고 의도된 것은 아니라는 점이다. 그것은 단순히 모종의 장대한 사건을 위한 비유적인 언어인 것이다.

이 접근을 위해 가장 중요한 성경적 증거는 하나님의 역사적인 심판을 묘사하기 위해 우주적 이미지를 사용한 것으로 보이는 예언 구절에서 나온다. 예컨대 이사야 13장에서 선지자는 우주적인 용어를 가지고 바벨론 민족에 대한 하나님의 심판을 서술한다.

하늘의 별들과 별 무리가
　그 빛을 내지 아니하며
해가 돋아도 어두우며
　달이 그 빛을 비추이지 아니할 것이로다(10절)
그러므로 나 만군의 여호와가 분하여
　맹렬히 노하는 날에
하늘을 진동시키며
　땅을 흔들어 그 자리에서 떠나게 하리니(13절).

보다 문자적인 해석학을 따르는 학자들(선택 2)은 선지자가 여기서 바벨론에 대한 역사적 심판의 묘사로부터 역사의 종말에서의 전 세계에 대한 궁극적인 심판으로 옮겨왔다고 논증할 것이다. 이것이 옳을 수도 있지만, 선지자가 17-22절에서 역사적인 바벨론의 상황으로 돌아온 것은 이 절들을 이렇게 보는 방식에 문제를 일으킨다. 사실상 이런 종류의 우주적 이미지의 모든 예는 정확히 이런 방식으로 논쟁이 되고 있다. 하지만 내 생각에 우리는 성경의 종말론적 언어에서 적어도 어느 정도는 은유를 발견하기에 충분한 증거를 가지고 있다.

결과적으로 나는 우리가 특정 방법으로 그 언어에 대한 분명한 전제를 두고 어떤 주어진 종말론적 구절에 접근해야 한다고 생각하지는 않는다. 우리는 각각의 본문을 보고, 그 언어가 문자적인지 아니면 은유적인지 결정해야 한다. 그렇게 할 때, 우리는 "여기서 사용된 언어는 성경의 다른 곳이나 고대 세계에서도 분명히 은유적인 것인가?" "기술된 것이 문자적으로 발생 '할 수 있는가?'" "언어가 은유적이라고 보여주는 다른 평행구절이 존재하는가?" 같은 질문을 할 것이다.

하늘과 땅이 궁극적인 불 멸망을 위해 보존되어 있다는 것에 대한 베드로의 언어가 은유적일 가능성을 우리는 확실히 고려해야 한다. 우리가 "원 의미" 단원에서 주목했던 것처럼, 그린이 이 가능성을 제시하는바, 베드로는 이 절에서 단순히 인간에 대한 하나님의 심판을 묘사하고 있을 수 있다. 그리고 확실히 하나님의 심판은 자주 성경에서 "불"이라는 표현으로 그려지고 있다. 다음 구절들이 주님의 날의 요소로서 다양한 방식으로 불을 어떻게 강조하고 있는지에 주목하라.

> 여호와께서 그의 장엄한 목소리를 듣게 하시며
> 혁혁한 진노로 그의 팔의 치심을 보이시되
> 맹렬한 화염과
> 폭풍과 폭우와 우박으로 하시리니(사 30:30)

> 보라 여호와께서 불에 둘러싸여 강림하시리니
> 그의 수레들은 회오리바람 같으리로다
> 그가 혁혁한 위세로 노여움을 나타내시며
> 맹렬한 화염으로 책망하실 것이라
> 여호와께서 불과 칼로
> 모든 혈육에게 심판을 베푸신즉
> 여호와께 죽임당할 자가 많으리니(사 66:15-16)

> 누가 능히 그의 분노 앞에 서며
> 누가 능히 그의 진노를 감당하랴
> 그의 진노가 불처럼 쏟아지니
> 그로 말미암아 바위들이 깨지는 도다(나 1:6)

> 그들의 은과 금이
> 여호와의 분노의 날에

능히 그들을 건지지 못할 것이며
이 온 땅이
여호와의 질투의 불에 삼켜지리니
이는 여호와가 이 땅 모든 주민을 멸절하되
놀랍게 멸절할 것임이라(습 1:18)
나 여호와가 말하노라
그러므로 내가 일어나 벌할 날까지 너희는 나를 기다리라
내가 뜻을 정하고
나의 분노와 모든 진노를 쏟으려고
여러 나라를 소집하며
왕국들을 모으리라
온 땅이 나의 질투의 불에
소멸되리라(습 3:8).

일부 그리스도인들이 의구심을 갖는 반면에, 분명해 보이는 것은 (신약성경에서 심판에 적용되는 많은 곳들에서 뿐만 아니라) 이 절들에 있는 "불"은 문자적이 아니라 은유적이라는 점이다(유다서 11-13절에 대한 "상황잇기" 단원을 보라). 성경 기자들은 하나님의 심판의 무시무시한 본성에 대한 모종의 관념을 전달하기 위해 가장 장대하고 고통스러운 인간적 재난들 중 하나를 선택한 것이다.

다른 말로 하자면 분명히 가능한 것은 베드로가 이 절에서 "불"을 단순히 인간 심판에 대한 은유로 사용한다는 것이다. 하지만 이 구절에서 두 가지 점이 이 해석을 의문스럽게 만든다. (1) 5-7절에서의 베드로의 주안점은 전체 우주의 연속성과 관계가 있다. 그는 창조와 홍수를 인용하고, 이는 확실히 물리적인 세계에 영향을 받은 인간의 죄악에 대하여 방향이 설정되어 있다. 오직 7절에서만 인간에 대한 심판에 대한 언급이 있는 것은 부적절해 보인다. (2) 베드로가 "하늘과 땅"이라는 어구를 사용한 것은 물리적 우주를 지시하기 위해 의도적으로 선택한 것으로 보인다(5절을 보라). 그래서 우리는 대부분의 주석가들과 더불어, 이 절에서 불에 의한 세상의 궁극적 멸망에 대한 예언을 발견하려 한다.

하지만 우리가 이 요지를 접기 전에, 이 결론에 대한 한 가지 이견을 언급해야 할 것이다. 최후의 세계적 대화재의 개념은 베드로의 시대에 널리 퍼졌던 것이다. 하나의 특별한 철학적 학파인 스토아학파는 그들의 사고에 있어 이 개념을 중요한

것으로 만들었다. 그리고 일부 학자들은 베드로가 이 같은 이교적 철학에 근거했던 개념을 배우지는 않았을 것이라고 논증한다. 하지만 나는 우리가 그렇게 독단적일 수 있다고 생각하지 않는다. 하나님께서는 이교적 개념이라도 성경의 저자를 그가 그들로 전달하기 원하셨던 진리로 이끄는데 사용하실 수 있다.

게다가 베드로는 스토아철학으로부터 그의 사고를 얻어냈다는 것은 가능성이 없어 보인다. 스토아학파는 세계가 불에 의해 파괴되었고, 여러 차례 재창조되었다고 가르쳤으며, 이것은 베드로가 가르치는 것과는 상당히 거리가 있는 개념이다. 보다 가능성이 높아 보이는 영향은 그의 시대의 유대의 가르침이다. 다수의 유대 신학자들도 불로 인한 세상의 멸망을 예언하기 시작했고, 위에 인용된 구약성경 구절들을 신중하게 읽어보면 적어도 이 개념의 싹이 성경 자체에서 발견된다는 것이 드러난다. 베드로는 이 개념을 처음으로 분명하게 진술한 것일 테지만, 구약성경은 확실히 이것을 암시하고 있다.

현대적 의미

세상의 종말에 대한 이 가르침은 오늘날 그리스도인들에게 어떤 의의를 갖는가? 베드로는 여기서 "기억"의 중요성에 대해 할 말이 많은데, 독자들은 이 문제의 논의에 대해 베드로후서 1:12-15의 "상황잇기" 단원을 참고해야 할 것이다. 베드로는 종말론에 대해 여기서 말하는 것에 대한 결론의 일부를 이 장의 후반부에 끄집어낸다. 그 주제는 그 부분에서 탐구할 것이다.

율법과 복음. 하지만 베드로가 이 단원에서 만드는 두 가지 다른 요지들은 특별히 우리 시대에 좀 더 심화해서 적용할 가치가 있다. 첫 번째는 그가 잠시 어느 정도 언급한 "주 되신 구주께서 너희의 사도들로 말미암아 명하신 것"(2절)이다. 우리가 "원 의미" 단원에서 주목했듯이, "명"이라는 용어는 그리스도의 재림에 대한 약속을 지시할 수 없다. 하나님의 말씀에 대한 우리의 이해를 위해 가장 중요한 마틴 루터의 공헌들 중 하나는 그가 "율법"과 "복음"을 구별한 것이었다. "율법"은 루터의 말에 의하면 "우리가 해야 하는 것과 하나님께 드려야 하는 것"이었고, "복음"은 "하나님에 의해 우리에게 주어지는 것"이다.[33] 루터의 용어에 의하면 베드로는 여기서 "율법"에 대해 말하는 것이지 "복음"에 대해 말하는 것은 아니다. 그

33. Martin Luther, "How Christians Should Regard the Law of Moses," in *Luther's Works*, ed. E. Theodore Bachmann (Philadelphia: Fortress, 1960), 162.

가 독자들에게 일깨우기를 원하는 것은, 사도들이 최초로 예수 그리스도의 죽으심과 부활의 선한 소식을 전했을 뿐만 아니라, 또한 하나님께 순종함으로 스스로를 드리라는 그들의 주이신 구세주의 요구도 그들에게 전했다는 것이다.

우리 시대의 교회는 우리 주님의 이 요구에 직면할 때 엄청난 혼란에 빠진다. 그 혼란은 두 가지 특별한 문제와 관련이 있다. (1) 우리가 순종할 "율법"을 우리는 어디서 발견해야 하는가? (2) 그리스도인의 삶에서 이 "율법"의 자리는 무엇인가?

(1) 기독교 신학의 역사를 개괄하고 현재의 학적인 전망을 살펴볼 때, 첫 번째 질문에 대해 세 가지 기초적인 대답을 발견하게 된다. ⓐ 사랑의 명령, ⓑ 그리스도 안에서 성취된 것으로서의 구약성경 율법, ⓒ 예수와 사도들의 가르침.

ⓐ 신약성경에서 사랑의 탁월성은 잘 알려진 것이다. 예수께서는 "이웃"(레 19:15)에 대한 사랑을 율법의 핵심으로 끌어내셨고, 이를 그의 윤리적 가르침의 요체(要諦)로 만드셨다(마 22:34-40; 막 12:28-31; 눅 10:25-28; 요 13:34-35; 15:12). 그리고 우리는 신약성경 전체를 통해 사랑의 명령에 대한 동일한 초점을 발견한다(롬 13:8-10; 갈 5:13-15; 약 2:8; 요일 2:7; 3:11-20; 4:11, 19-21; 요이 5절). 그렇다면 우리는 일부 신학자들과 윤리학자들이 신약성경이 율법을 사랑으로 "대체한다"고 논증했던 이유를 이해할 수 있다. 이 시각에 대한 현대의 대중적 구체화는 "상황 윤리"라고 불리는 것이다. 플레처(Fletcher) 같은 작가들에 의해 배운 바와 같이, 상황 윤리는 어떤 도덕적 절대도 경멸한다. 어떤 상황에서도 모든 그리스도인들이 해야 할 것으로 요구되는 것은 "사랑하는 일"이다. 그리고 플레처에 의하면 "사랑함"이 무엇인지는 상황에 따라 다양할 것이다.

지금은 플레처와 그와 비슷한 다른 이들이 절대적으로 옳다는 개념이 존재한다. 그리스도는 그를 따르는 자들에게 사랑하라고 하시고, 그는 (바울이 그랬듯이) 사랑하는 신자는 변함없이 옳은 것을 행할 것이고, 따라서 다른 모든 계명들을 성취할 것이라고 암시한다(예컨대 막 12:28-31; 롬 13:8-10을 보라). 하지만 "상황 윤리"의 변호자들이 무시하는 것은 신약성경도 사랑이 어떻게 수행되어야 하는지에 대해 확정된 가르침을 주고 있다는 점이다. 실제로 신약성경 기자들은 플레처가 제안하는 일종의 "상황적" 접근에 대하여 경고하고 있다. 그래서 예컨대 고린도인들이 도덕적으로 탈선하기 시작했을 때, 바울은 그들에게 "오직 하나님의 계명을 지킬 따름이니라"(고전 7:19)라고 일깨운다. 사랑은 확실히 우리 그리스도인들이 순종해야 하는 모든 명령들 중에 가장 중요한 것이다. 우리는 그것이 그 모든 것들의 기초라고까지 말할 수 있을 것이다. 하지만 신약성경은 사랑으로 율법을 '대체'하는 것에 대한 어떤 지지도 하지 않는다.

ⓑ 아마도 현대 복음주의 학자들의 대다수는 우리가 위에서 열거한 것들 중 두 번째 선택을 위해 논증할 것이다. 즉 그리스도인들은 그리스도 안에서 성취된 것으로서 모세의 율법에 순종할 의무가 있다는 것을 말이다. 청교도들에 따르면 모세의 율법은 두 가지 구별되는 기능을 가지고 있다. "행위언약"(covenant of works)으로서 이것은 이에 불순종한 죄인들을 책망한다. 하나님의 거룩하신 의지의 표현으로서, 이것은 하나님의 백성의 행실에 방향을 설정한다. 그리스도인들에게, 이 기능들 중 첫 번째 것은 끝난 것이고, 이는 바울이 그리스도인들이 "율법 아래"(롬 6:14-15) 있지 않다고 단언할 때 의미했던 바이다. 하지만 이 기능들 중 두 번째 것은 완전히 그 자리를 유지하고 있는 것으로, 바울도 복음이 "율법을 굳게 세운다"(3:31)고 주장할 때 마찬가지로 암시했다.

다른 말로 하자면 그리스도인들은 계속해서 모세의 율법을 순종해야 한다—비록 그 "성취된" 형태로서 일지라도. 그리스도의 강림은 그리스도를 위해 준비해야 했던 율법의 그 부분들이 더 이상 의무적인 것은 아니라는 것을 의미한다. 신자들은 구약성경의 제물과 제의("전례" 법)나 이스라엘의 땅에서의 삶을 위한 규칙들("시민" 법)을 순종할 필요가 없다는 것이다. 하지만 그리스도께서는 친히 계속해서 "도덕" 법(마 5:18-19)에 대한 순종을 요구하셨다.

> 진실로 너희에게 이르노니 천지가 없어지기 전에는 율법의 일점일획도 결코 없어지지 아니하고 다 이루리라 그러므로 누구든지 이 계명 중의 지극히 작은 것 하나라도 버리고 또 그같이 사람을 가르치는 자는 천국에서 지극히 작다 일컬음을 받을 것이요 누구든지 이를 행하며 가르치는 자는 천국에서 크다 일컬음을 받으리라.

그래서 성경을 이렇게 바라본다면, 베드로가 베드로후서 3:2에서 생각하고 있는 "명령"은 그리스도와 사도들이 해석하고 적용했던 것으로서의 구약성경의 율법일 것이다. 이 "도덕" 법이 발견되어야 하는 곳을 질문한다면, 이 사고 경향을 따르는 신학자들은 대개 십계명에 초점을 둔다.

ⓒ 율법에 대한 이 전통적인 청교도적 해석은 현대 복음주의에 극단적으로 영향을 미치고 있다. 하지만 나는 이것이 옳은지 의문을 갖는다. 나는 분명히 십계명에 반해서 말하는 사람으로 알려지기를 원하지 않는다! 하지만 신약성경에 공정

저도 은혜의 권능 아래 그리고 성령의 함께 하심 가운데 살면서도, 성령의 역사에 저항할 수 있다. 성령은 세상에 10년이나 20년 혹은 30년 이상의 몰두를 통해서 형성된 기성(旣成) 사고와 행동 패턴을 즉각적으로 지우지는 않는다. 그래서 우리는 우리 자신의 이기적인 욕망을 성령의 자극과 동일시하기가 쉽고, 또 우리가 참으로 행하기를 원하는 행동을 "사랑의" 행동과 동일시하기가 쉬우며, 아울러 우리가 실제로 "이 세상의 마음"을 가졌을 때에 "그리스도의 마음"을 가진 것으로 생각하기가 쉽다.

다른 말로 하자면 성령의 중심성과 사랑에 대한 요구에서 어떤 것도 빼버리지 않는 가운데, 신약성경 기자들이 주장하는 바는, 그리스도인들이 여전히 순응해야 하는 외적인 행위 규범이 존재한다는 것이다. 이 규범은 "그리스도의 율법"으로서, 상세하지도 않고 포괄적이지도 않다. 이것은 세부항목 보다는 원리와 태도에 대해 더 집중하고 있다. 이것은 하나의 긴 문서로 상세히 서술되지는 않았지만, 신약성경의 구절들로 흩어진 채로 우리에게 전해졌다. 그리고 거기서 하나님을 기쁘시게 하는 행위를 '생산'해야하는 것이 아니라 그것을 '인도'해야하는 것이다. 하나님께서 역사하고 계시는 것은 그의 영을 통해서 우리 마음을 새롭게 하시는 것이다(예컨대 롬 12:1을 보라)—그리스도인의 행위는 그 안으로부터 생산된다. 하지만 하나님께서는 또한 그리스도와 사도들을 통해서 우리에게 우리의 행실에 대한 그의 뜻을 계시하셨던바, 이로써 우리는 이 새롭게 함의 완벽함을 시험할 수 있고, 세워지는 것이 우리 스스로 만든 기획은 아니라는 것을 확인할 수 있다. 결과적으로 그리스도인들은 "주되신 구주께서 너희의 사도들로 말미암아 명하신 것을 기억"(벧후 3:2)할 필요를 결코 넘어서지 않는다.

역사에서의 하나님의 역할. 베드로는 이 구절에서 우리 후기-기독교 환경에서 주목할 가치가 있는 두 번째 문제를 다룬다. 그는 거짓 선생들을 "만물이 처음 창조될 때와 같이 그냥 있다"(4절)는 생각을 퍼뜨렸다는 이유로 고발한다. 이 일반적 태도는 우리 세계에 지배적인 패러다임과 유사한데, 이는 특별히 진화론의 유산이다. 많은 그리스도인들은 그것이 창조에 대해 둔 그 가정과 관련하여 진화론의 주제와 씨름하고 있다—그리고 이 논쟁은 의심할 바 없이 중요한 것이다. 하지만 아마도 긴 흐름에서 한층 더 파괴적인 것은 역사가 전적인 우연을 통해서 그리고 매 세대마다 근본적으로 불변하는 획일적인 과정을 통해서 작동한다는 진화론적 전제이다. 진화는 인격적인 하나님께서 역사 속에서 간섭하신다는 모든 개념을 폐기한다. 베드로의 시대에 조롱하는 자들이 오늘날에도 살고 있다면, 그들은 "자연의 불변의 법칙들"에 대해 이야기할 것이다.

창조와 홍수와 세계종말에서의 하나님의 개입에 대한 그의 언급에서 베드로가 다투는 것이 바로 이 전제이다. 그린은 플럼터(Plumptre)를 인용한다. "[베드로의] 말들은 원자의 집합에 대한 구(舊) 에피쿠로스 학파의 시각과 그 현대적 재현인 영속적 (즉, 단절되지 않는) 진화에 관한 이론에 대한 반론이다."[35] 그리스도인이라면 창조의 모델로서 유신론적 진화론을 채택하는 자들이라해도 보다 광범위한 진화론적 세계관을 수용할 수 없다. 그럼에도 우리는 무의식적으로 세계를 바라보는 이 방식을 취하는 경향이 있다. 우리는 쉽사리 "폐쇄된" 우주에 대한 지배적인 패러다임에 쉽사리 압도되어, 하나님께서 역사하시고 스스로를 드러내실 여지를 허용하더라도 거의 남겨두지 않게 될 수 있다.

확실히 하자면 우리는 우리가 정확히 역사의 모든 사건에서 하나님께서 무엇을 하셨는지를 규명할 수 있다고 생각하려는 유혹에 저항해야 한다. 일부 그리스도인들은 저녁 뉴스에서 보도되는 모든 일에 대해 지나치게 크게 오만한 태도를 보이는 경향이 있다. 지진은 세계의 특정 부분에서의 특정 죄악에 대한 하나님의 심판이 되어 버리고, 경제 호황에 대한 기사는 하나님의 호의의 표징으로 둔갑하는 것 등이 그것이다. 하지만 기독교 세계관은 하나님께서 지속적으로 우리의 삶의 사건들과 세계의 역사에서 활동하고 계신다는 것을 확증한다. 우리는 각각의 사건의 의미를 결정할 수 없을지 모른다. 하지만 하나님께서는 우주의 권좌에서 내려오신 것도 아니고, 사건들이 스스로의 과정을 거치도록 옆으로 물러나 계신 것도 아니다. 우리는 성경적 세계관을 다시 포착할 필요가 있는데, 이 안에서 삶의 모든 것은 인격적이고, 거룩하시고, 사랑하시는 하나님의 현재하심과 역사로 채워지며, 하나님께서는 역사를 정해진 종말을 향하여 인도하고 계신다.

35. Green, *The Second Epistle General of Peter and the General Epistle of Jude*, 130.

베드로후서 3:8-10

8 사랑하는 자들아 주께는 하루가 천 년 같고
천 년이 하루 같다는 이 한 가지를 잊지 말라
9 주의 약속은 어떤 이들이 더디다고 생각하는
것 같이 더딘 것이 아니라 오직 주께서는 너
희를 대하여 오래 참으사 아무도 멸망하지
아니하고 다 회개하기에 이르기를 원하시느
니라
10 그러나 주의 날이 도둑 같이 오리니 그날에
는 하늘이 큰 소리로 떠나가고 물질이 뜨거
운 불에 풀어지고 땅과 그 중에 있는 모든 일
이 드러나리로다

원 의미

베드로는 계속해서 교회 안에 "조롱하는 자들"의 출현으로 인한 동요를 다룬다. 이 거짓 선생들은 그리스도의 다시 오심과 그것에 결합된 심판의 개념에 조롱을 쏟아 붓는다(3-4절). 5-7절에서 베드로는 그들을 직접적으로 책망한다. "'그들이' 일부러 잊으려 함이로다." 이제 그는 신실한 그리스도인들에게로 돌아선다. "그러나 '너희는' 이 한 가지를 잊지 말라, 사랑하는 자들아…"[1]

베드로는 "잊다"라는 용어를 사용하여 논증의 두 국면에 표시를 붙인다. 첫 번째 국면에서 그는 한 가지 기초적인 요지와 관련하여 거짓 선생들을 떠올린다. 그 요지는 구약성경은 하나님께서 세계 속에서 직접적이고 극적인 방식으로 간섭하셨던 수많은 경우들을 계시하고 있다는 것이다. 하나님께서 친히 세상을 창조하셨고(5절) 이미 일찍이 그것을 "멸망시키셨다면"(6절), 하나님께서 세상을 심판하실 수도 없고 멸망시키실 수도 없다고 생각하는 것은 얼마나 바보 같은 생각인가! 하

1. 내가 직접 헬라어 원문을 문자적으로 번역한 것이다. 여기서 5절의 아우투스("그들")와 이 절(8절)의 휘마스("너희") 사이의 대조를 포착해 냈다.

지만 베드로는 신실한 그리스도인들조차 그리스도의 재림에 대해 의문을 가진다는 것을 깨닫는다. 그래서 이 단락에서 그는 그들에게로 돌이켜 두 가지 논증을 한다. (1) 우리는 우리의 인간적인 시간 계산으로는 하나님의 시간표를 해석할 수 없다(8절). 그리고 (2) 우리는 파루시아를 지연시키시는 것 속에서 하나님의 긍정적인 목적을 이해해야 한다(9절). 베드로는 이 단락(그가 5-7절에서 그랬던 것처럼)의 결론을 내리면서 심판을 위한 그리스도의 재림의 진리를 되풀이한다(10절).

베드로가 분명히 하는바 거짓 선생들은 고의적인 "망각"의 죄책을 가지고 있다. 그들은 자증적인 진리로부터 등을 돌려서 이로써 의도적인 불순종의 죄책을 가지고 있다. 하지만 또 하나의 종류의 "망각"이 있는데, 이는 그리 죄 된 것은 아니다. 신실한 그리스도인들조차 진실된 성경적 세계관을 유지하는데 실패해서, 하나님의 진리와 조화되지 않는 주변 문화로부터 경솔하게 개념들을 취할 수 있다. 그들은 또한 거짓 선생들에 의해 제기된 질문들과 논제들에 의해 혼란케 될 수도 있다. 결과적으로 베드로가 깨달은 것은 진정한 성도들도 인간 역사를 마무리하는 그리스도의 재림에 대해 확신할 필요가 있다는 것이다.

베드로의 청중이 확신을 필요로 했던 요지들 중 하나가 시기의 문제였다. 그들이 받아들였던 새로운 신앙에 대해 열광하는 가운데, 자주 가혹한 박해를 경험하면서, 많은 초기 그리스도인들은 그리스도께서 재림하셔서 그들을 영광으로 데려가실 것을 기꺼이 고대했다. 예수께서는 그를 따르는 자들에게 강림을 준비할 것을 경고하셨던바, 그의 강림은 언제고 일어날 수 있는 것이었다(예. 마 24:36-25:30). 베드로는 직접 신자들을 "만물의 마지막이 가까이 왔다"(벧전 4:7)는 것을 깨닫도록 고무했다. 그리스도께서 일부 신자들이 소망했던 것만큼 빠르게 재림하지 않으셨을 때, 이 같은 강조가 어떻게 절망으로 이끌 수 있는지를 보는 것은 쉽다. 하나님께서는 그의 약속에 충실하지 않으신 것인가? 베드로는 그의 독자들 중에 일부가 이 질문에 고민할 수 있다는 것을 이해한다. 그래서 그는 파루시아의 분명한 "지연"의 문제에 대한 대답으로 두 가지를 말한다.

(1) 그리스도인들이 깨달아야 하는 것은 시간에 대한 우리의 인식이 하나님의 것과 동일하지 않다는 것이다. "주께는 하루가 천 년 같고 천 년이 하루 같다"(8b). 이 말씀은 시편 90:4을 개작한 것이다. "주의 목전에는 천 년이 지나간 어제 같으며 밤의 한 순간 같을 뿐임이니이다." 시편의 요지는 하나님께서는 영원하신 분으로서 우리처럼 시간을 경험하지 않으신다는 점이다. 우리에게 긴 시대 같아 보이는 것이 그분께는 시간적으로 눈 깜짝할 새에 불과하다.

많은 유대와 초기 기독교 해석가들은 이 절을 이용하여 세계사의 진행을 예측했다. 역사는 그들의 생각에는 창조를 따라 일곱 "날"을 지속하는바, 그 마지막—안식일—은 메시아의 시대가 될 것이었다("주의 날"). 시편 90:4이 주님의 계산에서 한 "날"이 천년을 지속했다고 입증하지 않았는가? 이 노선의 논증은 "천년왕국설"의 교리 혹은 우리가 지금 전천년설로 부르게 되는 것으로 이끄는데 도움을 주었다. 이것이 가르치는 바는 그리스도의 재림은 지상 낙원의 천년기를 시작할 것이라는 점이다(계 20:4-6을 보라).[2]

하지만 이 모든 것은 베드로의 의도와는 거리가 멀다.[3] 베드로는 하나님의 하루가 천년과 같다고 말하지 않는다. 그가 말하는 것은 하나님의 시각에서 하루가 천년 "같고"('호스'), 천년이 하루 같다는 것이다. 하나님은 시간의 흐름을 우리와는 다른 시각에서 보신다. 우리는 참을성이 없고, 약간의 지연에 의해서도 불안해하고 당황해한다. 하나님은 인내하시며, 그의 목적을 성취하시는 가운데 수백 년과 수천 년도 흘러가게 두신다. 베드로는 그의 독자들에게 그들이 그리스도의 재림이 "임박"했음을 믿는 것이 잘못된 것이라고 말하는 것이 아니다. 그가 그들에게 말하는 것은 그들이 좋아하거나 소망하는 만큼 그것이 신속히 오지 않을 때 인내하지 못한 것이 잘못이라는 것이다.

(2) 그리스도의 강림이 분명히 지연되는 문제에 대한 베드로의 두 번째 응답은 재림을 지연시킴에 있는 하나님의 목적과 관련이 있다. 이 논증은 9절의 마지막에 온다. 9절의 시작은 첫 번째 논증(8절)과 두 번째 사이의 전환이다. "주님의 약속은 어떤 이들이 더디다고 생각하는 것 같이 더딘 것이 아니라." "주님"은 그리스도일 수도 있는데, 신약성경 기자들이 대개 "주의 날"(10절)이라는 구절에서 주님을 그리스도로 생각하기 때문이다.[4] 하지만 시편 90:4을 지시하는 8절의 "주님"은 물론 야훼이시다. 결과적으로 이곳 9절에서 "주님"도 역시 아마도 하나님이실 것이다.[5] "그의 약속"은 영광중에 그리스도의 재림에 대한 약속을 가리킨다(4절을 보라).

---

2. 예를 들어 Justin, *Dialogue 81*; *Epistle of Barnabas* 15.4; Irenaeus, *Against Heresis* 5.23.2; 5.28.3.

3. 베드로가 이 절의 이 의미에 대한 인식을 보여주지 않는다는 사실은 베드로후서의 저작이 초기였다는 것을 제시할 수 있는데, 이런 관념들은 2세기에 와서야 대중적이었기 때문이다. Bigg, *The Epistles of St. Peter and St. Jude*, 295-96; Green, *The Second Epistle General of Peter and the General Epistle of Jude*, 134-35; idem, *2 Peter Reconsidered* (London: Tyndale, 1961), 19를 보라.

4 Bigg, *The Epistles of St. Peter and St. Jude*, 296.

5 Kelly, *The Epistles of Peter and of Jude*, 362.

"어떤 이들"은 베드로가 암시하는 바에 의하면 이 약속을 성취하심에 있어 그들 생각에 하나님께서 "더디신" 것은 이 개념 전체가 거부되어야 할 것임을 지시하는 것이라고 해석한다.[6] 이들 "어떤 이들"은 거짓 선생들에 의해 혼란스러워졌던 그리스도인들일 수도 있다.[7] 그래서 베드로는 이 신자들에게 거짓 선생들의 이단에 빠져들지 말라고 권면하고 있다. 하지만 "어떤 이들"은 극단적인 논쟁이 되고 있다. 보다 가능성이 높아 보이는 것은 베드로가 거짓 선생들 자체에 대해 생각하고 있다는 점이다.[8] 그들은 하나님의 약속의 성취에서의 지연을 하나님의 연약함이나 역사 속에서의 불간섭의 표징으로 본다. 그들이 논증했을 수 있는 것은 하나님께서 이곳 땅 위에서 일어나는 일에 실제로는 관여하지 않으시고, 그래서 이 세상의 진정한 종말이나 심판에 대한 어떤 개념도 어리석은 것이라는 말이다. 이것이 사실이라면 사람들은 그들이 원하는 것은 무엇이든지 행할 수 있는데, 공정하신 하나님께서 오시기 전에는 행위에 대해 책임질 일이 없을 것이기 때문이다.

베드로는 직접적으로 이 이교적 회의론에 반격을 가한다. 하나님께서 심판 가운데에서 그리스도를 보내시는 일에 지연하시는 것은 하나님의 관심의 결여의 표징이 된다기 보다는 그의 인간을 위한 깊은 관심의 표징이라는 것이다. 하나님은 무한하신 인내 가운데 사람들로 너무 늦기 전에 회개하기를 기다리고 계시기 때문이다. 그는 "아무도 멸망하지 아니하고 다 회개하기에 이르기를" 원하신다.

베드로의 주요 개념은 충분히 명백한 것으로, 이 개념은 신약성경 전체를 통해 반향되고 있다(예. 롬 2:3-5; 딤전 2:4; 벧전 3:20). 하지만 뜨겁게 논쟁이 되고 있는 것은 이 가르침의 함축하는 바이다. 만일에 "모두"가 회개하는 것이 하나님의 뜻이라면, 왜 많은 이들이 그러지 않는 것인가? 이 서신에서 베드로가 직접 분명히 했듯이 심판의 날에 그리스도 안에서의 하나님의 구원을 받아들이기를 거부했기 때문에 영원한 멸망을 겪게 될 사람들이 존재할 것이기 때문이다(예. 2:3-10; 3:6-7).

이 문제에 대한 답은 선택에 대한 성경적 교리를 어떻게 이해하느냐에 달려있다. 아르미니우스주의자들은 (예견된) 사람의 신앙에 의존한 선택을 통해서 하나

6. 우리는 여기서 다시금 하나님의 섭리와 심판에 대한 헬레니즘적 논쟁에 대한 가능한 암시를 발견한다. 플루타르크(Plutarch, *Moralia* 549b)는 "하나님의 [심판의] 지연은 섭리에 대한 우리의 믿음을 침식시킨다"고 말한다.

7. Kelly, *The Epistles of Peter and of Jude*, 362.

8. Bigg, *The Epistles of St. Peter and St. Jude*, 296.

님께서 순수하게 그리고 충분히 모든 사람들이 회개와 신앙으로 오도록 의도하신다는 태도를 유지하고 있다. 모든 사람들이 그러지 않는 이유는 하나님께서 사람들에게 그를 받아들이거나 거부하도록 결정할 자유를 주셨기 때문이라는 것이다. 분명히 아르미니우스주의자들은 이 절에서 인간이 하나님의 구원을 체험하는데 실패하는 유일한 이유는 그들 자신의 선택 때문이라는 그들의 견해를 위한 매우 중요한 지지를 발견했다.

이 이유 때문에 물론 이 절은 칼빈주의자들에게는 골치 아픈 것이었는데, 그들은 하나님께서 일부의 사람들만을 구원하시기로 택하셨다고 믿는다. 대부분의 칼빈주의자들은 이 절을 칼빈이 직접 주장한 노선을 따라 설명해왔다.

> 여기에는 악인들이 그들만의 파멸의 운명을 가지고 있다는 하나님의 비밀스러운 섭리에 대해서는 아무런 언급도 없다. 복음은 우리에게 알려진 바와 같이 그의 사랑과 인자하심에 대해서만 말하고 있다. 복음에서 하나님께서는 그의 손을 모든 이에게 한결같이 내미시지만, 그는 세상의 기초를 놓으시기 전에 택하셨던 자들만을 (그분께로 이끄는 그러한 방식으로) 붙드신다..[9]

다른 말로 하자면 우리는 하나님 안에 있는 두 가지 "의지"를 구별해야 한다. 그의 "원하심의" 의지(하나님께서 일어나도록 원하시는 것)와 그의 "실행하심의" 의지. 하나님께서는 모든 사람들이 회개하기를 원하시고 명하시지만, 그는 회개하도록 선택하심을 통해서만 유효하게 그것을 가능하게 하신다.

이 두 시각의 장점이 무엇이든지간에(그리고 이 주제는 우리가 제시해왔던 것들보다 훨씬 더 복잡한데), 내가 궁금한 것은 우리가 그들 사이에 어떤 것을 선택해야 할지이다. 보컴이 지적하듯이 베드로가 여기서 말하는 것은 대중화된 유대 가르침과 유사한데, 이에 따르면 하나님께서는 그의 백성들로 회개하기를 기다리시는 가운데 그의 심판을 보류하신다는 것이다.[10] 이 절에서 하나님께서 "다 회개하기에 이르기"를 원하신다는 진술은 그 앞에 나오는 "주께서는 '너희'를 대하여 오래 참으사"라는 진술에 의해 지배되고 있다. 다른 말로 하자면, 베드로가 글을 쓴 '신자들을 향하신' 하나님의 인내가 바로 여기에서의 주요 의도인 것이다. 그렇

9. Calvin, *Hebrews and 1 and 2 Peter*, 364.
10. Bauckham, *Jude, 2 Peter*, 312.

다면 우리는 아마도 이 핵심관념과 관련하여 이 절의 끝에 나오는 "다"(everyone)를 평가해야한다. 하나님께서는 너희에게 인내하시고, '너희 중' 모두가 종말이 오기 전에 회개하기를 원하신다. 거짓 선생들은 기독교 공동체 안에 나타났다. 그들은 다른 사람들을 자신들의 위험한 시각으로 감염시키기 시작했다. 하나님께서는 그들에게 즉각적인 심판을 내리시기보다는 그의 진노를 보류하셔서 인내로써 그의 백성들이 회개하고 너무 늦기 전에 다시 하나님 앞에 바로서기를 기다리신다.

10절을 가지고, 베드로는 논증에서 단언으로 옮겨간다.[11] 하나님께서는 그의 자비로운 목적 때문에 파루시아를 지연시키실 수도 있지만, "주의 날은 도둑 같이 올 것이다." "주의 날"은 우리가 앞서 설명했던 것처럼(2:9에 대한 주석을 보라) 구약성경 선지자들의 흔한 구절이었는데, 이는 그의 대적을 심판하시고 그의 백성을 구원하시기 위한 역사 안에서 하나님의 결정적이고 종국적인 간섭의 시기를 가리켰다. 절의 나머지가 제시하는 바는 여기서 심판의 개념이 지배적이라는 것이지만, 그럼에도 12절이 보여주는 것은 베드로가 긍정적인 초점을 가지고 그 "날"에 대한 언어를 사용할 수도 있다는 것이다.

베드로가 주의 날의 도래에 대한 그의 약속에 "도둑 같이"라는 구절을 덧붙인 것은 의미심장하다. 예수(마 24:43; 눅 12:39)와 바울(살전 5:2)도 주의 날이 불시에 올 것임을 설명하기 위해 도둑이 오는 것의 비유를 사용했다. 베드로는 분명히 그리스도께서 그의 부활 이후에 특정의 짧은 기간 내에 재림하셔야 했다고 주장했던 그리스도인들에 반대했다. 하지만 그는 긴박성 관념 자체에 반대했던 것은 결코 아니다. 예수, 바울, 그리고 신약성경의 나머지 기자들에게서처럼, 그로서도 그리스도의 강림의 때는 계산될 수 없는 것이다. 마치 도둑처럼 그분께서는 어느 때에나 나타나실 수 있다.

베드로는 7절에서처럼 여기서도 그리스도의 강림을 우주적 이미지를 통해 묘사한다. "하늘이 큰 소리로 떠나가고 물질이 뜨거운 불에 풀어지고 땅과 그 중에 있는 모든 일이 드러나리로다." 이 구절들은 각각 번역과 해석의 문제를 드러내는데, 그 난점은 우리가 이를 읽어 가면서 점차로 더 커진다.

"하늘"(5절과 7절에서처럼)은 창조의 보이지 않는 부분을 가리킨다—영적인 영역. 그리고 7절에서처럼 베드로가 암시하는 바는 주의 날이 이 하늘에 멸망을 가져올 것이라는 점이다. 이 구절에서 문제는 NIV가 "큰 소리로"(with a roar)라

11. 이것이 NIV 같은 다수의 영역본이 9절과 10절 사이에 단락을 구별하는 이유가 된다.

고 번역한 용어이다. 이 용어는 대개 휘파람이나 윙윙거리는 소리를 가리킨다. 이것은 화살이 공기를 뚫고 지나가면서 만들어내는 소리에 사용되고 있다. 따라서 REB는 "크게 돌진하는 소리로"로, TEV는 "날카로운 소음으로"로 번역했다. 하지만 불이 이 맥락에서 그토록 중요한 것이기에, 이 용어는 거대한 불이 만들어내는 "딱딱거리는 큰 소리"로 취하는 것이 최선이다.[12] 이 경우 NIV 번역이 적절하다.

두 번째 구절은 헬라어 '스토이케이아'(개역개정판 "물질"-옮긴이)를 어떻게 번역할지에 대한 난점을 드러내고 있다. NIV는 문자적이지만 모호한 접근을 취하여, 이를 간단히 "요소들"(elements)로 해석한다. 그런데 이 "요소"는 무엇인가? 세 가지 가능성이 있다. (1) 그들은 물리적 우주의 기초 요소들일 수 있다. 대부분의 고대인들에 따르면 불과 물과 공기와 흙이다.[13] (2) 그들은 천체일 수 있다. 해와 달과 별과 행성(TEV의 "천체들"을 보라).[14] (3) 그들은 영적인 존재들일 수 있다.

이들 중에 마지막 것은 가능성이 없어 보이는데, '스토이케이'에 "영적인 존재들"이라는 의미를 부여하기 위해 증거가 되는 것이 뜨겁게 논쟁되고 있는 바울의 세 가지 본문뿐이기 때문이다. 갈라디아서 4:3; 골로새서 2:8, 20절. 영적인 존재들을 지시하는 것은 여기 베드로후서의 문맥에도 맞지 않는데, 본문은 물리적 우주에 초점을 두고 있기 때문이다. 하지만 세 가지 가능성 중에 첫 두 가지는 이 강조점에 잘 부합된다. 그리고 12절에서 베드로가 동일한 용어를 사용한 것에도 잘 부합되는바, 거기서 그는 "물질이 뜨거운 불에 녹아질 것"을 예언하고 있다. 보컴은 두 번째 가능성을 택해야 할 것이라고 생각하는데, 베드로가 종말의 때에 천체들의 멸절을 예언하는 구약성경 구절들로부터 언어를 취한 것으로 보이기 때문이다. 예컨대 이사야 34:4을 보라.

하늘의 만상이 사라지고
　하늘들이 두루마리 같이 말리되
그 만상의 쇠잔함이
　포도나무 잎이 마름 같고

12. Kelly, *The Epistles of Peter and of Jude*, 364.

13. Neyrey, *2 Peter, Jude*, 243.

14. 대부분의 주석가들이 그렇게 본다. 예를 들어 Bigg, *The Epistles of St. Peter and St. Jude*, 297; Kelly, *The Epistles of Peter and of Jude*, 364를 보라.

무화과나무 잎이 마름 같으리라.[15]

하지만 12절에서 베드로는 "하늘"과 "요소"만 언급한다. 그리고 이것이 시사하는 바는 "요소"와 땅이 밀접히 관련되어 있다는 것으로, 첫 번째 가능성을 지지한다. 비록 우리가 확신할 수는 없지만, 우리 생각에 "요소"는 땅의 기초 소재를 지시하는 것으로 보인다. 7절에서 베드로가 선포했던 것은 하나님의 전 창조—"하늘과 땅"—가 "불사르기 위하여 보존"되었다는 점이다. 이제 그는 한 단계 더 나아가 땅의 요소가 실제로 불로 멸망할 것임을 주장한다.

10절에서 세 번째 구절은 가장 큰 난점을 보여주는바 이는 다음의 대표적인 번역본들이 제시하는 바와 같다.

NIV: "그 땅과 그 안의 만물이 '드러날 것이다'"(NRSV도 보라)
NASB: "그 땅과 그 소산이 '타버릴 것이다'"(KJV; NJB도 보라)
TEV: "그 땅은 그 안에 있는 만물과 더불어 '사라질 것이다'"

핵심 문제는 절의 마지막에 있는 동사이다. 첫째로 헬라어 원문은 본문상의 몇 가지 이독을 가지고 있다. 즉 우리가 헬라어 원문을 구성하는데 사용한 다수의 사본들은 여기서 용어상 차이가 있다. 그래서 헬라어 신약성경 편집자들은 베드로가 실제로 어느 용어를 썼는지에 대해 절대적으로 확신할 수 없었다. NASB와 TEV의 해석은 분명히 의미가 통한다—특히 NASB의 "타버리다"가 그러한데, 베드로가 이 구절에서 그 하늘과 그 땅의 불을 통한 최후의 멸망에 대해 말하고 있기 때문이다.[16]

하지만 바로 이 이유 때문에 우리는 이 독법에 대해 약간의 의심을 가져야 한다. 우리의 헬라어 신약성경을 옮겼던 필사자들이 자주 보다 어려워 보이는 것들을 보다 쉬운 용어들로 대체하기 때문이다. 오늘날 대부분의 학자들이 사용하는 헬라어 신약성경의 편집자들은 그래서 베드로가 아마도 '휴레데세타이'라는 용어

---

15. 사 13:10; 겔 32:7-8; 욜 2:10; 마 24:29; 막 13:24-25; 계 6:13도 보라. 특별히 Bauckham, *Jude, 2 Peter*, 316을 보라.

16. NASB의 해석은 카타카에세타이로 읽은 것을 전제로 하는데, 이는 대문자 언셜체 사본인 알렉산드리아 사본과 몇 가지 다른 사본들에서 발견된다. TEV번역은 아파니스데세타이라는 단어에 기초한 것인데 오직 사본 하나만 이렇게 읽고 있다.

를 썼을 것으로 결정했다.[17] 이 용어의 문자적 해석은 "발견될 것이다"이고, 많은 학자들은 이것이 의미가 통하지 않기에 베드로가 이것을 썼을 가능성이 있다고 생각하지 않는다.[18] 하지만 이 용어는 "명백하다"라는 함의를 가질 수 있고, 이 동사의 수동태는 아마도 여기서는 "하나님 앞에서 명백하다"의 뉘앙스를 가질 것이다. 즉 땅과 "그 모든 소산"이 심판의 때에 분명해지고, 하나님께 그 충만함 안에서 드러날 것이다. 우리가 확신할 수 없지만, 이것은 최선의 대안이 되는 것으로 보인다.[19]

만일에 우리가 이 일반적 번역을 채택한다면, 우리에게는 두 가지 가능한 해석들이 남는다. (1) 베드로는 그들의 "소산"을 두고 벌어지는 인간에 대한 심판을 언급하는 것일 수 있다. 성경은 다른 곳에서 하나님께서 인간의 마음의 "은밀한 것"을 계시하시고 심판하시는 것에 대해 말하고(예. 롬 2:16), 베드로의 언어는 모든 사람의 동기와 사고에 대한 하나님의 철저한 평가를 묘사하는 것일 수 있다. 그들은 모두 그분 앞에 "벗겨진 채로 있게" 될 것이다.[20] (2) 베드로는 그 모든 소산과 더불어(예컨대 건물 등) 물리적인 지구에 대한 심판을 언급할 수 있다. 전자는 그에 대해 할 말이 많지만, 베드로의 언어와 맥락은 후자를 지지한다. "하늘"과 "땅"은 이 구절 전체를 통해서 물리적 우주를 지시한다(5절과 7절도 보라). 그리고 11절에서의 베드로의 사고의 연속이 제시하는 것도 물리적인 붕괴가 10절에서의 그의 요지였다는 점이다.

---

17. "가장 어려운 독법"이 되는 것에 추가하여, 이 단어는 또한 가장 강력한 사본적 지지를 받고 있는데, 대문자 언셜체 사본들 중 가장 중요한 두 가지와 몇 가지 다른 사본들에서 발견되고 있다.
18. 비록 그들이 휴레데세타이로 읽는 독법을 가능한 최선의 것으로 받아들일지라도, 연합성서공회(United Bible Societies)의 『헬라어 신약성경』의 편집자들도, 이 독법이 "문맥상 의미가 없어 보인다"는 점에 주목한다(Bruce M. Metzger, *A Textual Commentary on the Greek New Testament* [New York: United Bible Societies, 1971], 706).
19. 특별히 Bauckham, *Jude, 2 Peter*, 319-20을 보라. 우리는 여기서 이 동일한 독법을 채택하는 두 가지 다른 해석들을 언급할 수 있다. 켈리(Kelly)는 이 단어를 질문으로 다룬다. "발견되어질 것인가?" 예컨대 "하나님의 심판이 그것을 통해 이루어지고 난 후에, 그 땅이 발견되어질 것인가?"(Kelly, *The Epistles of Peter and of Jude*, 365-66). 그리고 앨 월터스(Al Wolters, "World View and Textual Criticism in 2 Peter 3:10," *WTJ* 49 [1987]: 405-13)의 생각은 이 단어는 "순수하게 발견되는(벧전 1:7을 보라) 이라는 관념을 속기한 것이고, 베드로는 여기서 세계 절멸이 아니라 세계 정화에 대해 말하고 있다"는 것이다.
20. 특별히, Bauckham, *Jude, 2 Peter*, 319-21을 보라.

상황잇기

우리는 베드로가 그리스도의 재림의 때에 대한 한 가지 거짓 시각에 대해 응답해야 했다는 것에 놀라서는 안 된다. 이 문제에 대한 신약성경의 가르침은 논쟁의 여지가 있고 쉽사리 오해된다. 만일에 우리가 신약성경의 일반적 가르침에 대한 이해가 있다면, 이 문제에 대한 베드로의 개선책을 더욱 잘 이해하고 적용할 수 있을 것이다.

내가 교단 신학교의 선생으로서 매년 기쁘게 확인하는 것은 미국 복음주의 자유교회(Evangelical Free Church of America)의 교리신조(Doctrinal Statement)에 있는 그리스도의 강림이 "임박"했다는 선언이다. 좋다. 하지만 그리스도의 재림이 "임박"했다고 말하는 것이 무엇을 의미하는가? 자유교회 역사가들과 신학자들은 이에 대해 견해의 일치를 보이지 않는다. 그리고 동일한 논쟁이 다른 많은 교단과 교회와 학적인 논의에서 되풀이되고 있다. 많은 사람들이 그리스도의 재림의 때를 서술하기 위해 "임박"이라는 용어를 사용하지만, 그들은 이를 통해 서로 다른 것들을 의미한다.

우리는 신약성경의 증거를 개괄함으로써 시작할 수 있다. 그리스도의 재림이 임박했다는 믿음은 파루시아 혹은 주의 날이 "가깝다"고 주장하는 많은 본문들에서 나온 것이다. 가장 중요한 것들 중에 다음과 같은 것들이 있다.

마태복음 24:33 너희도 이 모든 일을 보거든 인자가 가까이['엥귀스'] 곧 문 앞에 이른 줄 알라(막 13:29을 참조하라).

로마서 13:11b 우리의 구원이 처음 믿을 때보다 가까웠음이라['엥귀테론'].

빌립보서 4:5b 주께서 가까우시니라['엥귀스'].

야고보서 5:8b 주의 강림이 가까우니라['엥기켄'].

베드로전서 4:7 만물의 마지막이 가까이 왔으니['엥기켄'].

이 절들이 의미하는 바는 초기 기독교가 수 년 내에 그리스도께서 재림하실 것으로 확고하게 기대했다는 것인가? 많은 학자들은 "그렇다"고 답한다. 그들은 복음서의 세 절들에 주목했는데, 여기서 예수께서는 정확히 그러한 예언을 하시는 것으로 보인다.

마태복음 10:23b 내가 진실로 너희에게 이르노니 이스라엘의 모든 동네를 다 다니지 못하여서 인자가 오리라.

마가복음 9:1 (그리고 평행구) 내가 진실로 너희에게 이르노니 여기 서 있는 사람 중에는 죽기 전에 하나님의 나라가 권능으로 임하는 것을 볼 자들도 있느니라.

마가복음 13:30 (평행구 마 24:34) 내가 진실로 너희에게 말하노니 이 세대가 지나가기 전에 이 일이 다 일어나리라.

그리고 바울도 마찬가지로 이 기대를 공유한 것으로 보였다. 예컨대 데살로니가전서 4:16-17에서 그는 마치 그가 그리스도께서 영광가운데 재림하실 때에도 살아있을 것처럼 쓰고 있다.

주께서 호령과 천사장의 소리와 하나님의 나팔 소리로 친히 하늘로부터 강림하시리니 그리스도 안에서 죽은 자들이 먼저 일어나고 그 후에 우리 살아 남은 자들도 그들과 함께 구름 속으로 끌어 올려 공중에서 주를 영접하게 하시리니.

그러므로 예수의 가르침에 기초해서 1세대 그리스도인들은 그리스도께서 매우 짧은 시간 안에 재림하실 것이라고 믿었다. 그러나 어느 정도의 시간이 흐른 후에 이 기대는 시들기 시작했다. 그리스도께서 기대된 만큼 빨리 재림하지 않으시는 것은 어떤 이들로 파루시아의 관념도 한꺼번에 버리게 만들었다(예컨대 베드로가 대립하고 있는 거짓 선생들). 다른 이들, 즉 정통파 그리스도인들은 그에 대한 대응으로 그리스도께서 분명히 오실 것이지만, 오랜 동안 지연될 수도 있다고 논증했다(이것이 여기에서의 베드로의 시각이다). 이 패러다임을 채택한 학자들은 그래서 신약성경 기록들 속에서 임박성의 개념에 있었던 발전의 흔적을 더듬었는데, 그것은 수년 내에 강림하심에 대한 열광적인 확실성(예수, "진정한" 바울서신)으로부터 가능한 오랜 지연에 대한 다소 "현실적인" 예측(목회서신, 베드로후서)에까지 이르는 것이다. 이 학자들에게 "임박"은 이 시각들 중 첫 번째를 규명하고 있으며, 당면한 파루시아의 확실성을 지시한다.

하지만 우리는 이 전체적인 시나리오의 전제에 대해 질문한다—예수나 바울이 파루시아가 그들의 세대 안에 일어날 것이라고 예언했다는 것. 우리가 앞서 인용했던 절들은 공통적으로 이를 증명하기 위해 사용되는 것인데, 달리 해석하는 것이 더 낫다. 마태복음 10:23에서의 "인자의 오심"은 예루살렘의 멸망을 언급할 수 있다. 혹은 예수께서 여기에서 그의 전망을 원래의 열두 제자로부터 일반적인 제자들로 확대하셨을 수도 있다. 마가복음 9:1과 평행구들은 우리가 1:16-18에 대한 우리의 해석에서 논증했던 것처럼 변화사건을 지시하고 있다. 그리고 마가복음 13:30(평행구 마 24:34)에서의 "이 일이 다"는 아마도 파루시아를 포함한 것은 아닐 것이다(앞 절의 "이런 일"은 확실히 파루시아를 포함한 것이 아니다). 바울이 그리스도께서 재림하실 때 생존한 자들 가운데 있기를 소망했다는 것은 분명하지만, 그는 이것이 필연적으로 사실일 것이라고 가르치지는 않았다. 학문 공동체에서 널리 수용되었음에도 불구하고, 그리스도께서 그의 죽으심과 부활로부터 수년 내에 재림하시리라는 개념은 신약성경에서는 분명한 지지를 받지는 못하고 있다.

우리가 발견한 것은 반대로 관련된 가르침의 세 가지 노선들이다. 그리스도의 강림은

"가깝다"(위의 본문들을 보라);
지연될 수 있다(눅 19:11-27; 벧후 3:8-9);
시간적으로는 불확실하다(막 13:32, 35와 평행구; 살전 5:2; 벧후 3:10).

우리는 쉽게 이런 세 가지 노선들을 단일의 통일적인 가르침으로 엮을 수 있다. 예수조차도 영광중에 그의 재림의 때를 알지 못하셨다(막 13:32). 이를 하나님께서 정하셨으나 어느 누구에게도 계시하지 않으셨다. 하나님께서는 자신의 목적을 위해 일정표를 지연시키거나 재촉하실 것을 선택하실 수 있다(아래 벧후 3:12을 보라). 그리스도인들은 이것이 언제든지 일어날 수 있다는 '가능성'을 고려해야 한다. 임박성은 성경적으로 정의해서 그리스도의 재림과 역사의 절정은 언제나 절박하다는 것을 의미한다. 파루시아는 구원의 역사에서 다음에 일어날 사건이다. 이것에 앞서 표적들이 선행될 수 있지만(마 24:29; 살후 2:3-7), 그 표적들은 종말 이전에 아주 빨리 오거나, 그 자체가 아주 모호해서 "날짜-정하기"에 있어서 아무런 도움이 되지 않는다. 그리스도인은 언제나 인간의 역사가 갑자기 종말에 이를 수 있다는 각오 속에서 살아야 한다.

현대적 의미

일단 우리가 "임박"에 대한 신약성경의 개념을 파루시아에 적용되는 것으로 이해한다면, 우리는 베드로후서 3장에서 무엇이 계속될 것인지에 대해 보다 잘 음미할 수 있을 것이다. 분명하게 거짓 선생들은 임박성에 대한 급진적이고 비성경적인 해석을 취해오면서, 그리스도께서 그의 부활 이후에 신속히 재림하시는 것이 요구된다고 생각했다. 그들이 예상했던 시기에 그분이 강림하지 않으셨기에, 그들은 그 관념을 한꺼번에 거부했다. 베드로는 그의 독자들에게 하나님의 일정표는 우리 것이 아니라는 것과 우리가 생각해야 하는 것은 참을 수 없는 지연은 하나님의 관점에서는 단순한 순간일 뿐임을 일깨움으로써 이에 응답한다. 베드로는 학자들이 생각하는 것처럼 임박성에 대한 과거의 보다 급진적인 신약성경의 시각을 교정하는 것이 아니다. 그는 거짓 선생들의 오해에 대항하여 성경적 시각을 거듭 언명하고 있는 것이다.

내가 앞서 개괄했던 것처럼 그리고 베드로가 여기서 변론하는 것처럼, 임박성에 대한 이 시각이 정확하다면, 그렇다면 현대적 의미의 분명한 요지는 "날짜-정하기"의 오류이다. 날짜를-정하는 자들은 교회사 전체를 통해서 등장해왔다. 하나님으로부터 환상을 받았다거나 예언의 수수께끼를 풀었다고 주장하면서, 이 사람들은 휴거나 파루시아, 보다 일반적으로 세계종말의 정확한 일자를 예언한다. 우리는 앞서 시편 90:4과 베드로후서 3:8이 천년기의 메시아시대를 예언하는 것으로 해석했던, 그래서 그리스도께서 A.D. 1000년에 재림하실 것에 대해 확신을 가졌던 그리스도인들에 대해 언급했다. 종교개혁으로써 야기된 열정은 이런 종류의 몇 가지 다른 운동들을 촉발했다. 그리고 현 시대에 우리가 에드가 와이즈넌트(Edgar Whisenant)의 『88년에 휴거가 일어나는 88가지 이유』(*88 Reasons Why the Rapture Will Be in 1988*)를 겪어오는 동안에, 한국 교회는 1990년대 초에 유사한 예언에 깊이 감화를 받았다(그리고 슬프게도 좌절되었다).

이 같은 독단적인 예언자들에게 우리가 고마워할 수 있는 것은 그들이 그리스도께서 언제든지 재림하실 수 있다는 것을 일깨웠기 때문이다. 하지만 우리가 그들의 가정을 유감스러워하고 거부해야 하는 것은 그리스도께서도 알지 못하신 것을 알았다는 그들의 억측이다. 많은 진지한 그리스도인들은 이런 날짜-정하는 자들에 의해 잘못된 길로 빠져들었다. 역사의 종말이 바로 가까이에 있다고 확신하면서, 그리스도인들은 재산과 가옥을 팔아버렸고, 직장을 그만두었으며, 일반적으로 사회로부터 낙오되었다. 세계 종말에 대한 예언의 실패는 그들에게는 영적인 불확실성뿐만 아니라 경제적인 재난도 의미했다.

하지만 우리는 훨씬 더 온화한 외관을 가진 일반적 접근도 만나게 된다. 예컨대 팀 라헤이(Tim LaHaye)는 어느 누구도 그날이나 그 시간을 알 수 없다는 성경적 진리를 분명하고도 반복적으로 확증하는 논문을 썼다. 하지만 그 역시 주장하는 것은 "우리 세대는 [예수께서 우리 세대 안에 재림하실 것을] 믿어야 할 과거의 어느 세대보다 더 타당한 이유들을 가지고 있다"[21]는 것이다. 그리고 흥미롭게도 그가 제시하는 이렇게 생각해야 할 "열두 가지 이유들" 중 하나는 고대 랍비의 전승인데, 이는 창조의 날을 세계 역사의 과정을 개괄하는 것으로 해석하는 것으로, 각 "날"이 길이에 있어 천년을 의미한다고 보는 것이다. 라헤이에 따르면 이로써 그리스도의 재림의 개략적인 시기는 2000년이 될 것이라는 점이다.[22] 사실 라헤이는 이 모든 것에 신중을 기하고 있으며, 일자를 정하는 것을 분명하게 거부한다. 하지만 그가 제시하는 것은 우리가 "한계를 정할" 수는 있다는 것이다. 그는 그리스도의 재림에 대한 특정 성경적 예언들이 성취되는 것을—최초로—가능하게 하는 발전들에 대해 거듭 주목한다. 그래서 암묵적으로 우리 이전의 세대들은 주님의 강림을 임박한 것으로 볼 수 없었다는 것이다. 하지만 이는 명백한 신약성경의 가르침에 정면으로 반대된다.

내가 보기에 라헤이의 글은 그리스도의 재림을 향한 그리스도인들의 태도에 있어 지속적인 문제들 중 하나를 그려낸다. 그것은 임박성에 대한 믿음을 특정 표적들에 결속시키려는 경향이다. 그렇게 함으로써 그들이 함축하는 바는 그리스도의 재림은 표적들이—물론 그들의 해석에 따르면—적절할 경우에만 임박할 수 있다는 것이다. 하지만 이는 신약성경의 전망은 아니다. 신약성경은 대개 임박성의 진리를 표적들과는 구별해서 확증한다. 그리고 표적들이 언급되는 경우에도 표적들은 꽤 일반적인 것들이다. 예컨대 예수께서는 우리에게 말씀하신다. "너희도 이 모든 일을 보거든 인자가 가까이 곧 문 앞에 이른 줄 알라"(마 24:33). 이 맥락 속에서 "이 모든 일들"에는 전쟁과 기근과 지진과 박해와 거짓 그리스도들과 예언자들이 포함된다(4-25절)—이 일들은 어느 세대에의 교회에도 발생하는 일들이다.

내가 다투고 있는 시각이 가진 위험은 그리스도인들이 위기의 시기에만 적절한

---

21. Tim LaHaye, "Twelve Reasons Why This Could Be the Terminal Generation," in *When the Trumpet Sounds: Today's Foremost Authorities Speak Out on End-Time Controversies*, ed. Thomas Ice and Timothy Demy (Eugene, Ore.: Harvest House, 1995), 429.

22. Ibid., 442-43.

종말론적 사고방식을 채택할 것이라는 점이다. 1991년 이라크와의 걸프전쟁은 신자들 사이에 새로운 종말론적 열정을 촉발했다. 그리고 추측컨대 이것은 올바른 일이다. 하지만 우리가 이 같은 분명한 국제적 위기에 직면하지 않고 있을 때에는 어떠한가? 그렇다면 그리스도의 재림에 대한 우리의 갈망에는 무슨 일이 일어나는가? 우리가 믿는 것은 그리스도의 강림이 "임박"한 것은 신약성경이 그것을 확증하기 때문이다. 우리는 지속적으로 역사의 종말의 빛 안에서 살도록 부르심을 받는다. 우리 주변 세상에서 그 종말의 어떤 명백한 표징도 볼 수 없을 지라도 말이다. 하나님께서는 확실히 우리 주변의 세계를 이용해서 우리를 일깨우셔서 진리를 보도록 도우실 수 있다. 하지만 모든 것이 말해지고 이루어질 때, 우리는 "보는 것이 아니라 믿음에 의해서" 걷는다.

베드로후서 3:11-13

11 이 모든 것이 이렇게 풀어지리니 너희가 어
떠한 사람이 되어야 마땅하냐 거룩한 행실과
경건함으로
12 하나님의 날이 임하기를 바라보고 간절히 사
모하라 그날에 하늘이 불에 타서 풀어지고
물질이 뜨거운 불에 녹아지려니와
13 우리는 그의 약속대로 의가 있는 곳인 새 하
늘과 새 땅을 바라보도다

원 의미

3:3-10에서 베드로는 그리스도인들에게 영광중에 그리스도의 재림에 대해 무엇을 믿어야 하는지에 대한 가르침에 초점을 두었다. 이제 11-13절에서 그는 그리스도인들이 그것에 대해 무엇을 해야 하는지로 돌아선다. 주님의 강림과 그것을 향하여 그리스도인들이 가져야 할 대응에 대해 일깨우는 것은 신약성경 서신들의 마지막 단원에서 공통적인 것이다(예. 고전 15:58; 엡 5:10-16; 빌 4:5; 골 4:5; 딤전 6:14; 딤후 4:1-5; 벧전 5:1-10). 하지만 거짓 선생들이 바로 이 점에서 정통 기독교 교리를 공격하고, 역사-종말적 파루시아의 개념을 조롱하고 있기에, 베드로는 종말론적 권면이 특별히 중요하다는 것을 발견한다. 그는 이 거짓 가르침을 교정해야 할 뿐만 아니라 신자들에게 그 실천적 의의를 입증해야 한다.

11절의 전반부에서 베드로는 자신의 권면을 5-10절에서 제시된 바와 같이 도래할 세상의 멸망에 결부시키지만, 그는 계속해서 그의 명령에 긍정적인 종말론적 근거도 주고 있다. 그것은 "새 하늘과 새 땅"(13절)에 대한 소망이다. 파루시아는 멸망과 회복 모두를 가져온다. 따라서 그리스도인들은 거룩하고 경건한 삶을 살아야하는데, 이는 이 세상이 마지막을 향하여 가고 있는 것은 아니기 때문일 뿐만 아니라 새 세상이 일어날 것이기 때문이기도 하다. 그들은 의로움을 추구하면서, 이 부패하고 파멸할 세상으로부터 스스로를 거리를 둘 뿐만 아니라, 그 다음, 곧 "의가 있는 곳"(13절)을 예비해야 한다.

11절의 10절과의 관계는 특별히 긴밀한데, 베드로는 양 절 모두에서 동일한 동사, '뤼오'("풀어질 것이다")를 사용하기 때문이다. NIV가 11절의 이 동사를 미래형으로 해석한 것은 확실히 가능한 일이다. 하지만 문법적으로 이 동사는 현재형이고, 베드로는 "모든 것"의 멸망이 지금도 진행 중이라는 것을 제시하기 위해 이 시제를 택한 것일 수도 있다(참조. NJB: "모든 것이 이처럼 종말에 이르고 있기 때문에").[1] 그리스도인의 육신이 "쇠약해지듯이"(고후 4:16), 그렇게 바로 그 우주는 부패의 과정 중에 있는 것이다(롬 8:21). 하나님께서는 이 세상을 영원히 지속될 것으로 만들지 않으셨다.

이것이 사실인 가운데, 베드로는 "너희가 어떠한 사람이 되어야 마땅하냐?"라고 묻는다. "어떠한"의 헬라어 용어('포타포스')는 때때로 "얼마나 놀라운가, 얼마나 영광스러운가"(막 13:1; 요일 3:1을 보라)의 뉘앙스를 가질 수 있다. 이러한 뉘앙스가 확실히 여기에 잘 부합되지만,[2] 이 의미를 확실하게 하기에 충분할 정도로 이 의미를 자주 갖는 것은 아니다. 이 뉘앙스가 중립적일지라도(대부분의 현대 영역본에서처럼), 베드로는 그 자신의 질문에 대해 즉각적으로 답하면서 요지를 충분히 명확하게 만든다. "거룩한 행실과 경건함으로."

NIV는 헬라어를 타당하게 의역하고 있는데, 원문을 문자적으로 번역하면 이렇다. "너희들은 거룩한 행실들과 경건함들 속에서 사는 것이 필요하다." 복수형은 헬라어에서는 어색하고 영어에서는 불가능한 것인데, 신자들이 거룩하고 경건한 행실을 드러내는 여러 가지 방식들을 뜻하는 것이다. 우리가 행하는 모든 것은 "거룩해야" 한다. 즉 이것은 이 세상으로부터 "구별됨"이라는 하나님의 성품을 반영해야 한다. 이것은 베드로가 그의 첫 번째 서신에서 주장했던 것이다. "오직 너희를 부르신 거룩한 이처럼 너희도 모든 행실에 거룩한 자가 되라 기록되었으되 내가 거룩하니 너희도 거룩할지어다 하셨느니라"(벧전 1:15-16). 그리고 우리가 하는 모든 일은 "경건"해야 한다. 즉 그것은 우리가 예수 그리스도 안에서 알게 되었던 하나님을 반영해야 한다. 베드로는 이 "경건"이라는 특성을 이 서신에서 신자들에게 하는 그의 첫 권면에서 중심 소재로 만들었다(벧후 1:3, 6-7). 우리가 이미

1. 예를 들어 Mayor, *The Epistle of St. Jude and the Second Epistle of St. Peter*, 161; Kelly, *The Epistles of Peter and of Jude*, 366을 보라.
2. Kelly, *The Epistles of Peter and of Jude*, 366-67.

주목했던 것처럼, 베드로는 그의 서신을 도입부에서 소개된 모종의 중심 개념들로 되돌아감으로써 끝을 맺는다.

종말론적인 일깨움을 통해 거룩한 삶에 대한 권면을 시작하고서, 베드로는 이를 또 다른 것으로 결론 내린다. "하나님의 날이 임하기를 바라보고 간절히 사모하라"(12a절). "바라보다"라는 용어로 제시되는 기대의 태도는 자주 성경에서 하나님의 백성들에게 특별히 적절한 것으로 언급된다(예를 들어 합 2:3-4; 마 11:3; 눅 7:19-20을 보라). 베드로는 이 동사를 12-14절에서 세 번 사용하고, 이는 이 절들의 중심 주제가 된다. 그리스도인들은 기대에 대한 동기가 필요하다. 그들은 하나님께서 계획을 가지고 계시고, 그 계획은 그가 원하시면 실행되며, 그의 백성들을 위한 축복 안에서 절정을 이룬다는 것을 깨달을 필요가 있다. 그리스도인들이 기대하는 것은 "하나님의 날의 도래"(NASB, 여기서는 NIV보다 더 문자적인 해석을 하고 있다)이다.

우리는 이미 베드로후서(1:16; 3:4)에서 두 차례 "오심"('파루시아')이라는 용어를 접했는데, 이 용어는 신약성경 전체를 통해서 영광중에 그리스도의 강림을 지시하기 위해 사용되었다. 하지만 이 용어에 이어 인격적 언급이 나타나지 않는 경우는 신약성경에서 여기가 유일하다(강림의 주체가 인격체가 아닌 날이라는 관념이라는 의미-옮긴이). 그리고 "하나님의 날"이라는 구절 자체는 생소하다. "주의 날"(2:9과 3:10의 주석을 보라)은 종말의 때에 대한 관례적인 성경의 묘사이다(다른 곳에서 "하나님의 날"이 나타나는 것은 렘 46:10과 계 16:14 뿐이다). 이 생소한 어법은 자연스럽게 베드로가 우리에게 전하기 원하는 특별한 초점에 대한 질문을 불러일으킨다. 베드로도 종말 사건의 보다 "우주적인" 묘미를 유지하기를 원한 것 같은데, 이는 이 장에서 그가 전형적으로 다루는 것이다.[3] 다른 한편으로 베드로는 생소한 어법과 구문으로 그토록 유명해서, 우리는 이에 대해 지나치게 깊이 읽는 것에 신중을 기해야 할 것이다.

베드로에 의하면 그리스도인들은 이 "하나님의 날"을 "기대"할 뿐인 것은 아니다. 그들은 또한 "그 도래를 재촉한다"(개역개정판은 "간절히 사모하다"). 여기서 사용된 동사('스퓨도')는 "애쓰다", "노력하다", "갈망하다"를 의미할 수도 있다. 베드로는 1:5에서 이 용어의 다른 형태를 같은 의미로 사용한다. 그리고 이것이 여기서도 이 의미를 가진다면 우리는 무언가 NIV 난외주가 지적한 것과 같은 것

3. Ibid., 367.

으로 번역해야 할 것이다. "너희가 하나님의 날이 도래하기를 간절히 기다릴 때." 하지만 이 용어는 신약성경에서 사용된 다른 곳에서는 "재촉하다"의 의미를 가지고 있고(눅 2:16; 19:5, 6; 행 20:16; 22:18), 신자들이 실제로 역사의 종말을 "재촉"할 수 있다는 개념은 첫눈에는 이상해 보일지라도 사실상 유대와 기독교 가르침에 깊이 뿌리내리고 있는 것이다.

랍비들이 주장했던 것은 모든 이스라엘이 하루 동안 완전히 회개하고 율법을 순종하기만 하면 메시아가 강림하실 것이라는 말이었다. 이 가르침은 유대 문헌에 상이한 형식으로 발견된다.[4] 베드로는 성전 구내에서의 설교에서 직접 이 전승을 반영하고 있다(행 3:19-20). "그러므로 너희가 회개하고 돌이켜 너희 죄 없이 함을 받으라 이같이 하면 새롭게 되는 날이 주 앞으로부터 이를 것이요 또 주께서 너희를 위하여 예정하신 그리스도 곧 예수를 보내시리니." 그리스도인들이 그리스도의 강림을 재촉한다는 개념은 하나님의 주권을 제거한다고 생각할 수도 있는데, 하나님께서 종말의 때를 정하셨다고 성경이 분명히 하지 않기 때문인가? 우리는 여기서 인간의 행위와 하나님의 주권 사이의 성경적 상호작용을 보여주는 또 하나의 사례를 보게 된다. 인간의 행동은 중요하고 유의미하지만, 하나님께서는 그럼에도 완전한 주권을 가지고 계신다. 보컴이 논증하듯이, 베드로가 암시하고 있는 바는 하나님께서 은혜롭게도 종말의 때에 대해 결정하시면서 그의 백성의 행동을 고려하신다는 점이다.[5]

만일에 우리가 그리스도인들이 그리스도의 재림을 어떻게 재촉할 수 있는지에 대해 더 상세하게 질문한다면, 베드로는 어떤 명쾌한 답도 주지 않을 것이다. 하지만 그가 이미 주장했던 것은 파루시아의 명백한 지연은 하나님께서 모든 이들(혹은 우리가 논증했듯이 모든 하나님의 백성들)이 회개하기를 원하시기 때문이라는 것이다. 동일한 요지가 방금 인용한 성전 설교에서 만들어졌다. 하나님의 백성은 자신들의 삶을 죄가 지배하는 것을 성실하고 완전히 거부함으로써 그리스도의 재림을 재촉할 수 있다. 베드로는 여기서 하나님의 날의 도래를 재촉함에 대해 자신이 말한 것을 11b절의 권면과 연결함으로써, 하나님의 백성의 거룩한 삶은 종말론적 시간표를 재촉하는 하나의 방편이라는 점을 암시한다. 그리고 우리는 여기에 복음전도를 포함시킬 수 있다. 예수의 말씀을 회상하라. "이 천국 복음이 모든 민

4. 유대 본문에 대한 유용한 목록과 논의를 위해서는 Bauckham, *Jude, 2 Peter*, 325를 보라.
5. Ibid., 325.

족에게 증언되기 위하여 온 세상에 전파되리니 그제야 끝이 오리라"(마 24:14). 마지막으로 우리는 하나님의 백성들의 기도도 목록에 추가시킬 수 있는데, 우리는 "나라가 임하옵시며"(마 6:10)라고 기도하도록 배웠기 때문이다.

12절의 마지막 부분에서 베드로는 다시 하나님의 날의 우주적 효과를 서술한다. "그 하늘이 불에 타서 멸망하고 그 요소가 불에 타면서 녹아지려니와"(NIV보다 더 문자적으로 헬라어원문을 해석한 것). "하늘"은 보이지 않는 우주의 영적 차원을 가리킨다(3:5, 7, 10절을 보라). "멸망"(헬. '뤄오')이 다시 핵심 동사로 나타난다(10-11절도 보라). "요소"('스토이케이아'; 10절 주석을 보라)는 천체이거나 땅의 기초 물리적 구성요소이다. 후자일 가능성이 높다. 그래서 베드로는 여기서 전 우주의 파괴를 선포하는 것이다—하늘과 땅(5절과 7절도 보라). "녹다"라는 용어는 특별히 이 문맥에 적절한 것인데, 이는 구약성경에서는 주의 날에 수반될 우주적 재난을 그려내는데 사용되었다.

> 여호와께서 그의 처소에서 나오시고
> 강림하사 땅의 높은 곳을 밟으실 것이라
> 그 아래에서 산들이 녹고
> 골짜기들이 갈라지기를
> 불 앞의 밀초 같고
> 비탈로 쏟아지는 물 같을 것이니(미 1:3-4; 사 63:19-64:1 칠십인경도 보라).

하지만 그리스도인들은 우주의 파괴만 "기대"하는 것이 아니다. 그 회복도 "기대"한다. 하나님께서는 "새 하늘과 새 땅"을 약속하셨다. 베드로가 마음에 두고 있는 약속은 거의 확실히 이 개념이 언급된 유일한 구약성경 구절인 이사야 65장과 66장에 있는 것이다.

> 보라 내가
> 새 하늘과 새 땅을 창조하나니
> 이전 것은 기억되거나
> 마음에 생각나지 아니할 것이라(65:17).

요한계시록 21:1은 천년왕국과 하나님의 심판에 이어서 나타날 영원한 상태에 대해 묘사하면서 동일한 이미지를 취한다.

베드로가 우주의 멸망과 그 회복에 대한 예언을 엮은 것은 마지막 날의 사건에 대해 우리가 마음에 그리는 것의 정확한 본질에 대한 질문을 불러일으킨다.[6] 하지만 여기서 베드로에게 중요한 문제는 이 "새 하늘과 땅"의 정확한 본질에 대한 추측이 아니라, 그것이 "의가 있는 곳"이 될 것이라는 점이다.[7] 우리는 그릇됨이 만연한 세상 속에 살고 있다. 이 세상에서 신실한 그리스도인들이 자주 하나님의 뜻대로 행한 것 때문에 박해를 당하지만, 악한 사람들은 자신들의 죄의 대가를 즐긴다. 이 세상에서 정직한 삶은 태로부터 뜯겨지고, 하나님의 율법은 무시되고 조롱당한다. 이 모든 것은 다음 세상에서는 지워질 것이다. 요한이 요한계시록 21:3-4에서 지적한 것같이,

> 보라 하나님의 장막이 사람들과 함께 있으매 하나님이 그들과 함께 계시리니 그들은 하나님의 백성이 되고 하나님은 친히 그들과 함께 계셔서 모든 눈물을 그 눈에서 닦아 주시니 다시는 사망이 없고 애통하는 것이나 곡하는 것이나 아픈 것이 다시 있지 아니하리니 처음 것들이 다 지나갔음이러라.

상황잇기

베드로후서 3장에서 종말론에 초점을 둔 것은 물론 신약성경에서는 생소한 것은 아니다. 초기 그리스도인들이 기쁘게 확신했던 것은 자신들이 "마지막 날들"에 참여하고 있었다는 점이었다(2:1-4에 대한 "상황잇기" 단원을 보라). 하지만 그들은 자신들의 현재의 기쁨으로 인해 미래에 대한 소망이 어두워지는 것을 용납하지 않았다. "올 세대"에 대한 축복을 체험하는 가운데, 그리스도인들은 또한 계속해서 "이 세대"의 고난을 겪고 있다: 질병, 박해, 유혹과의 분투, 그리고 죄. 그래서 "마지막 일들"은 그들의 이해를 크게 벗어난 것이 아니며, 우리는 신약성경 전체를 통해 파루시아와 관련된 사건들에 관련한 잦은 언급을 발견한다.

하지만 베드로후서 3장에서 독특한 것으로 두드러지는 것은 마지막 일들에 대한 논의에서의 우주적 방향성이다. 신약성경 저자들은 전형적으로 그리스도의 재림에 대한 개인적 차원에 초점을 두고 있다. 죄인들의 심판과 신자들의 (휴거와 부

6. 우리는 "상황잇기" 단원에서 이 주제를 간략하게 거론했다.
7. 베드로가 말한 것은 문자적으로 "의가 거하는 곳"(in which righteousness dwells)이다.

활을 통한) 변화(예. 롬 8:18-30; 13:11-14; 고전 15장; 고후 5:1-10; 빌 3:10-11, 20-21; 살전 4:13-5:10; 살후 2:1-9). 요한계시록에서만 우리는 베드로후서 3장에서 발견하는 그리스도의 재림이 물리적 세계에 대해 갖는 영향에 대한 모종의 강조를 발견한다. 그리고 우리가 주목했던 것처럼 베드로는 우주가 불로 멸망할 것이라고 분명하게 예언한 유일한 성경 저자이다(3:7, 10, 12; 3:1-7에 대한 "상황 잇기" 단원의 논의를 보라).

베드로는 반복해서 주의/하나님의 날이 물질적인 우주에 멸망을 가져올 것이라고 강조한다. 하지만 동시에 그는 "새 하늘과 새 땅"(13절)의 도래도 예언한다. 이들 두 개념들 사이의 관계는 무엇인가? 베드로가 생각하는 것은 새 하늘과 땅이 현재의 물질적 우주를 '대체'할 것이라는 말인가? 아니면 그는 현존하는 세계의 '변화'를 구상하는 것인가? 이 질문들은 그저 학적인 것만이 아닌 것은, 우리가 주는 대답이 부활에 대한 우리의 소망으로부터 우리의 환경적인 주제에까지 이르는 많은 주제들에 영향을 미칠 것이기 때문이다.[8]

베드로는 이런 질문들에 명쾌한 답을 주지 않지만, 그럼에도 그의 언어—"떠나가다", "멸망하다", "녹다"—는 확실히 대체의 개념을 지향하는 경향을 가지고 있다. 하지만 다른 성경구절들은 우리를 망설이게 한다. 예수께서는 그가 보좌에 앉으시고 사도들이 그와 더불어 "세상이 새롭게 될(혹은 소생[蘇生], '팔링게네시아')"(마 19:28) 때에 있을 것을 말씀하신다. 베드로도 아마 사도행전 3장의 자신의 설교에 있는 유사한 개념을 암시하는 것으로 보인다. 우리는 앞서 그 설교에서 19-20절을 인용한 바 있다. 베드로는 21절에서 계속해서 말하기를 "하나님이 영원전부터 거룩한 선지자들의 입을 통하여 말씀하신바 만물을 회복하실 때까지는 하늘이 마땅히 그[메시아]를 받아두리라." 논쟁은 NIV가 "회복하다"로 번역한 용어에 초점을 두고 있는데, 이 용어는 "성취"(成就)나 "제정"(制定)을 의미할 수도 있다.[9] 하지만 "회복"이 여기에서는 더 바람직한 번역이다.[10] 회복은 멸망이 아니라 변화를 제시한다. 그리고 이 회복이 선지자들의 약속을 실현할 것이라는 베드로의 주장도 이 방향을 지시하고 있는데, 구약성경이 전형적으로 변화된 땅의 관점에서 마지막 날들을 구상하고 있기 때문이다.

8. 우리는 이들 주제들 중 일부를 "현대적 의미" 단원에서 논의한다.

9. F. F. Bruce, *The Book of Acts*, NICNT, rev. ed. (Grand Rapids: Eerdmans, 1988), 84-85를 보라.

10. 예를 들어 I. Howard Marshall, *The Acts of the Apostles: An Introduction and Commentary*, TNTC (Grand Rapids: Eerdmans, 1980), 93-94를 보라. 그는 1:6에서 동족어를 지적한다.

아마도 이 방향성의 경향을 가진 가장 중요한 구절은 로마서 8:19-22일 것이다. 이 절들은 신자들의 소망의 확실성에 대해 바울이 확신시키는 메시지의 한 가운데에 나온다. 신자들은 그리스도의 고난에 동참하는 자로서 그의 영광에도 참여할 것임을 완전히 확신할 수 있다(17절). 이 영광은 우리의 땅에서의 분투보다 훨씬 더 무게가 있다(18절). 실제로 이것은 창조의 변화를 위한 징표이다. 바울이 21절에서 이 개념을 어떻게 투영하는지 주목하라. "그 바라는 것은 피조물도 썩어짐의 종노릇 한 데서 해방되어 하나님의 자녀들의 영광의 자유에 이르는 것이라." 바울이 예견하고 있는 것으로 보이는 것은 현재의 우주의 단순한 멸망이 아니라 그 변화이다.

이 주제를 복잡하게 만드는 것은 전체 계획 속에서의 천년기의 위치이다. 전천년적 종말론을 채택한다면(나처럼), 우리는 그리스도의 재림 이후 영원한 상태 이전에 지상의 축복의 "중간" 시기를 허용해야 한다. 변화에 대한 예언이 그 이후에 이루어질 멸망에 대한 예언과 더불어 천년기 동안 성취를 이루어 낼 수 있을 것인가? 이 구분은 일부 본문에서는 우리에게 도움이 될 수 있지만, 긴장을 종국적으로 해결하지는 않는다. 한편으로 대부분의 신약성경의 종말론적 본문은 단순히 우리로 천년기와 영원한 상태 사이를 구별하도록 허용하지 않는다. 게다가 우리는 자주 동일한 본문에서 변화와 대체 사이의 긴장을 발견한다. 예컨대 영원한 상태에 대한 요한의 환상에서 그는 "새 하늘과 새 땅을 보는데, 처음 하늘과 처음 땅은 없어졌기 때문"(계 21:1)으로 이는 확실히 대체같이 들린다. 하지만 바로 네 절 이후에 그는 주님께서 "내가 만물을 새롭게 하노라!"(5절)고 말씀하신 것을 인용하는데, 이는 변화같이 들린다.

이 긴장을 설명하는 또 하나의 방식은 "없어지다"와 "타다"의 언어가 멸절이 아니라 정화를 지시한다고 여기는 것이다. 불은 확실히 성경에서 자주 정화하는 작용을 한다. 여기서 가장 관련 있는 본문은 고린도전서 3:13-15인데, 바울은 각 사람의 "공적"이 "불로" 시험당할 것이고, 어떤 신자들은 "불로" 구원을 받을 것이라고 예언한다. 그래서 베드로는 멸망이 아니라, 불을 통한 세상의 정화를 예언하고 있을 수 있다. 이 시각이 갖는 문제는 우리가 본 바와 같이(3:1-7에서의 "상황 잇기" 단원을 보라) 베드로가 사용한 "멸망"이라는 특수한 언어이다.

그래서 우리는 여기서 분명하게 해결될 수 없는 긴장을 접한다. 성경은 세상의 종말에 대해 모순된 용어로 말하고 있는 것은 아니다. 오히려 사건의 본질상 독특하고 우리의 경험을 상당히 넘어서는 것—현세의 세계로부터 영원한 상태로의 전이—을 우리 자신이 속한 세계로부터 끌어낸 언어와 유추를 가지고 묘사하려고 해야 한다는 것이다. 이 같은 유추는 언제나 현실과의 조화에 미치지 못한다. 각각 기껏해야 전체 사정의 한 측면만을 포착할 수 있다. 우리 생각에 성경이 분명히 하고 있는 것은, 현재의 이 우주 역사의 종말에서의 멸망은 물질적인 세계의 종말을 의미하지 않는다는 것이다. 현재의 하늘과 땅으로부터 새 하늘과 땅으로의 변화에서 불연속성뿐만 아니라 연속성도 존재한다.[11]

현대적 의미

우리가 3:3-13에서 베드로의 종말론에 대한 논의를 돌이켜 볼 때, 세 가지 요지가 오늘날의 그리스도인들에게 특별히 주목받을 가치가 있다.

(1) 그리스도인들은 성경적 종말론의 궁극적 "핵심적" 목적을 기억할 필요가 있다. 그것은 우리를 지금 여기에서 더 나은 그리스도인으로 만드는 것이다. 성경에서 종말론적 구절들을 신중하게 연구하는 것은 물론 적절하고 필요하다. 그리고 우리 자신의 인간적인 호기심은 자연스럽게 우리를 이끌어 그 구절들이 가르치는 사건들이 정확히 어떻게 그리고 언제 실제로 역사에서 구체화될지에 대해 사변하게 만든다. 하지만 우리는 종말론을 그 자체를 위해서나 우리의 호기심의 만족을 위해서 연구해서는 안 된다. 그리스도인들은 "종말론 벌레"에 물려서 대개 시야(視野)의 문제로 끝나버린다—그들이 보는 것 전부가 "마지막 날들"이 되는 시야협착증(視野狹窄症; tunnel vision). 우리가 잊지 말아야 할 것은 베드로가 11절에서 분명히 하고 있는 것처럼 성경적 종말론은 신자들에게 거룩하고 경건한 삶의 양식을 자극해야 한다는 것이다. 사실 신약성경에서 종말론을 다루면서 이런 종류의 특별하고 실천적인 초점을 가지지 않은 구절을 발견할 수 없을 것이다.

(2) 그리스도인들은 종말론과 권면 사이, 즉 도래할 세상에 대한 가르침과 현 세상에서의 삶 사이의 이 밀접한 관계성의 본질에 대해 이해할 필요가 있다. 우리는 모두 기독교에 반하는 방향을 가진 비평들을 들어왔는데, 이에 의하면 기독교는 "곧 있을 유토피아"만을 약속하고 있으며, 그리스도인들은 그토록 "하늘에 마음을 두고 있어 땅에서는 전혀 선하지 않다"는 것이다. 칼 마르크스도 기독교를

11. 나는 이 단원 전체를 통해 Murray Harris, *Raised Immortal: Resurrection and Immortality in the New Testament* (Grand Rapids: Eerdmans, 1983), 168-70에 크게 빚지고 있다.

"인민의 아편"이라고 부르면서 유사한 주장을 했다. 그는 그리스도인들을 도래할 삶에만 깊이 관심을 두고 있어서 자신들의 현재의 세상을 변화시키는 일에는 열의를 낼 수 없는 자들로 보았다. 믿음은 사람들을 얼래서 잠들게 하고, 그들을 불의와 압제의 와중에서 만족하게 만들었다. 우리 시대의 자유주의 신학자들은 동일한 주장을 많이 역설하는데, 기독교 신앙을 진지하게 다시 세워서 진정한 혁명 운동이 될 수 있기를 논증한다.

하지만 역사가 바바라 터크만(Barbara Tuchman)이 관찰했던 것처럼, "혁명은 새로운 사람이 아니라 다른 사람을 생산한다."[12] 이 세상 바깥의 어떤 힘만이 이 세상을 변화시킬 수 있다. 그리고 그리스도인들은 하나님의 은혜 안에서 그리고 성령 안에서 그 힘을 발견한다. 하지만 확고한 종말론이 그리스도인의 세상을 변화시키려는 열정을 꺾어야 하는가?

그럴 수 있고 그랬다는 것이 용인되어야 한다. 그리고 물론 그리스도인들이 언제나 이 세상에 대해 비관적일 것이라는 감각이 존재하는바, 성경이 그리스도께서 재림하시기 전에는 어떤 실제적이고 영원한 변화는 기대될 수 없다는 것을 분명히 하고 있기 때문이다. 그래서 일부 그리스도인들은 이 세상을 포기하고서 거룩함에 이르는 자신만의 사적인 길을 추구하고 세상을 문자 그대로 "지옥에나 가라고" 내버려 둔다. 하지만 베드로가 우리에게 세상의 종말의 빛 안에서 이끌도록 요구하는 "거룩하고 경건한 삶"은 확실히 열렬한 복음전도와 예수께서 그토록 많이 말씀하셨던 일종의 사회정의에 대한 관심을 포함해야 한다. 도래할 세상의 성경적 모범, 즉 "의가 있는 곳"은 우리를 자극하여 이 모범을 가능한 지금 여기에서 현실이 되도록 만들게 해야 한다.

이 점에서 "상황잇기" 단원에서 윤곽이 잡힌바 대체와 변화 사이의 균형이 중요해진다. 대체 모델은 우리가 본 바와 같이 베드로후서 3장이 가장 많이 지지하는 경향이 있는 것이다. 베드로는 세상의 멸망을 거룩하고 경건한 삶에 대한 그의 요구에 연결시킨다(11절). 대체의 초점은 그리스도인들로 굳게 앉아서 지상의 모든 것을 그대로 내버려두도록 가르치는바 그것들은 지속되지 않기 때문이다.

나는 오래전에 가르쳤던 한 학생을 잘 기억하는데, 그는 그리스도의 은혜에 감동한 사람으로서 온갖 아름다운 열정을 가지고 새롭게 회심한 사람이었다. 나는 휴가를 떠났는데 내 카메라에 맞는 망원렌즈가 없어서 좌절했다고 말했다. 얼마

12. Barbara W. Tuchman, *The First Salute* (New York: Alfred Knopf, 1988), 300.

되지 않아 그가 내 집 계단에 나타났는데, 매우 비싼 망원렌즈를 가지고 와서는 내게 빌려주겠다는 것이었다. 나는 그에게 내가 그렇게 훌륭한 배려를 받을 수 있다고 확신하지 않기에 그럴 수 없다고 말했다. "괜찮습니다"라고 그는 대답했다. "모든 게 타서 없어질 것이잖아요." 그때 내 생각은 지금도 마찬가지지만 이 젊은이는 물질적인 소유에 대해 철저히 기독교적인 태도를 구체화했던 것이다. "무덤까지 가져갈 수 없다"는 오래된 격언은 아주 자주 반복되는 확실한 진리이다. 서구 그리스도인들은 특별히 물질을 있어야 할 자리에 둘 필요가 있다—그것들을 사역이나 영적인 목적의 수단으로 보고서 우리 마음과 영혼으로부터 멀리 두는 것.

그럼에도 만일에 우리가 대체 모델에 멈춰서 더 이상 나아가지 않는다면, 우리는 하나님 앞에서 이 세상을 아무런 의미도 없는 것으로 보고 비성경적으로 포기함으로써 끝나버릴 위험에 처하게 된다. 변화 모델은 우리로 세상이 "부패의 대상"일지라도 궁극적으로는 해방될 것이라는 점을 일깨운다(롬 8:21). 이것이 암시하는 바는 세상을 하나님이 창조하셨고, 그럼에도 타락하였지만, 여전히 그것은 하나님이 보시기에 가치가 있다는 점이다. 내 생각에 이 통찰은 환경운동에 대한 기독교적인 대응을 위해 의의를 가지고 있다. 급진적인 환경보호론자들이 자연을 신격화하고 하나님의 창조의 절정인 인간을 포기한 것 때문에 상심한 내가 아는 많은 그리스도인들은 그 운동 전체를 무가치하게 여겼다. 어떤 이들은 그리스도인들은 자연에 대해 신경쓰지 말아야 한다고 여기는데, 이는 결국 "모든 것이 태워질 것"이기 때문이라는 것이다.

하지만 이는 세상의 불을 통한 종말에 대한 베드로의 가르침에서 이끌어내기에는 잘못된 교훈이다. 물질적인 사물에 대한 애착의 결핍을 보여주는 것은, 예컨대 어리석고 서투른 교수에게 망원렌즈를 빌려주는 것이다. 또 한 가지는 그 렌즈를 비속에 내버려둬서 망가지게 하는 것이 될 것이다. 따라서 그리스도인들이 우리가 지금 거주하는 행성이 영원히 지속될 운명은 아니고, 따라서 상대적인 가치를 부여받아야 한다는 것을 깨달으면서도, 우리가 깨달아야 하는 것은 그것이 가치를 가지고 있다는 점이다. 우리가 가능한 최선으로 그것을 보존할 의무는 변화 모델에 비추어보면 매우 타당해 보인다.

(3) 이 본문에서 적용의 마지막 요지는 베드로가 그리스도인들로 채택하도록 격려하고 있는 임박성에 대한 균형잡힌 접근으로부터 나온다. 칼빈은 11-13절에 대해 언급하면서 베드로가 이 구절에서 이 주제를 다루는 균형에 주목한다.

> 우리 중 거의 전부는 두 가지 매우 상이한 악의 지배 하에서 일한다. 너무 많이 인내하지 못함과 너무 많은 게으름이 그것이다. 우리의 인내하지 못함으로 우리는 그리스도의 날을 무언가 임박한 것으로 기대되는 것으로 붙들지만, 우리의 부주의함으로 우리는 그것을 멀리 밀어낸다. 그래서 사도가 일찍이 우리의 분별없는 열정을 교정했던 것처럼, 그렇게 지금 그는 우리를 흔들어서 졸음에서 깨워 우리가 언제라도 그리스도의 강림을 기대 가운데 바라볼 수 있게 한다.[13]

베드로가 "주께는 하루가 천년 같다"고 일깨운 것은 파루시아를 "붙들기"를 원하는 자들—바울이 데살로니가후서 2장에서 잠잠케 하려고 했던 그런 종류의 사람들—에 대한 책망이다. 우리가 앞서 주목했던 바와 같이 우리는 여전히 우리 시대에 주변에 이 같은 사람들—그리스도의 재림의 날짜를 정하려하고, 그날이 아무런 사고 없이 지나가버림에 좌절하는 사람들—을 어느 정도는 발견하게 된다. 하지만 확실히 우리 중 훨씬 더 많은 이들은 두 번째 범주에 들어간다. 세상 속에서 안정되게 살고 있으며, 그리스도께서 나타나셔서 거기서 우리를 데려가실 지에 대해 긍정적으로 초조해하면서도, 조용한 그리스도인들. 루이스(C. S. Lewis)가 말했듯이, "부(富)는 사람을 세상에 밀착시킨다. 그는 자신이 '그 안에서 자리를 잡았다'고 느끼지만, 실제로는 자기 내부에 부가 자리를 잡은 것이다."[14] 부는 그토록 많은 사람들이 순수한 선으로 생각하는 것으로서, 그리스도인에게는 심각한 문제가 될 수 있다. 그리스도께서 언제라도 재림하실 수 있다는 것을 깨닫는 것은 우리로 우리의 부를 올바르게 유지하는 일을 도울 것이다.

13. John Calvin, *Hebrews and 1 and 2 Peter*, 365.
14. C. S. Lewis, *The Screwtape Letters* (New York: Macmillan, 1961), 132.

베드로후서 3:14-18

14 그러므로 사랑하는 자들아 너희가 이것을 바
라보나니 주 앞에서 점도 없고 흠도 없이 평
강 가운데서 나타나기를 힘쓰라
15 또 우리 주의 오래 참으심이 구원이 될 줄로
여기라 우리가 사랑하는 형제 바울도 그 받
은 지혜대로 너희에게 이같이 썼고
16 또 그 모든 편지에도 이런 일에 관하여 말하
였으되 그 중에 알기 어려운 것이 더러 있으
니 무식한 자들과 굳세지 못한 자들이 다른
성경과 같이 그것도 억지로 풀다가 스스로
멸망에 이르느니라
17 그러므로 사랑하는 자들아 너희가 이것을 미
리 알았은즉 무법한 자들의 미혹에 이끌려
너희가 굳센 데서 떨어질까 삼가라
18 오직 우리 주 곧 구주 예수 그리스도의 은혜
와 그를 아는 지식에서 자라 가라 영광이 이
제와 영원한 날까지 그에게 있을지어다

원 의미

베드로는 이제 신실한 자들에게 마지막 권면을 하면서 서신을 결말짓는다. 그는 개괄적인 접속사 "그러므로"(so then; '디오')를 사용하고 그의 독자들을 "친애하는 벗들이여", 혹은 "사랑하는 자들아"('아가페토이'; 참조. 1절과 8절에서와 동일한 표현)로 부름으로써 새로운 단락으로의 전이를 표시한다. 17절에서도 동일한 형태의 인급을 사용한 것은 또 하나의 단절을 함축하지만, 그럼에도 거기에서는 그만큼 강하지는 않은 것은, 베드로가 바울과 바울의 서신에 대한 삽입(15b-16절) 직후에 14-15a절에 있는 자신 권면을 재개하고 있기 때문이다. 14-15a절에서 베드로는 3장에서의 그의 종말론 논의에 지배적이었던 언어를 사용하고 개념을 암시한다. 즉, "기대하다"(12-13절과 더불어 14a절을 참조하라)라는 말과 하나님께서 사람들이 회개하고 구원받기를 기다리시기 때문에 파루시아를 지연시키신다는 사실(9절과 더불어 15a절을 참조하라)이 그것이다. 분명히 베드로는 14-16절의 권면을 그가 3-13절에서 개괄했던 종말론적 시각에 밀접하게 결부시킨다.

하지만 이 절들에서의 베드로의 권면은 궁극적으로 이 직접적인 문맥을 넘어선다. 여기서의 권면 중 두 가지가 어떻게 베드로가 일찍이 서신에서 사용했던 언어를 끄집어내는지에 주목하라.

3:14 주 앞에서 점도 없고 흠도 없이 평강 가운데서 나타나기를 '힘쓰라'
1:5 '더욱 힘써' 너희 믿음에 덕을…
3:18 '우리 주 곧 구주 예수 그리스도의 은혜'와 '그를 아는 지식에서' 자라 가라
1:3 그의 신기한 능력으로 생명과 경건에 속한 모든 것을 우리에게 주셨으니 이는 자기의 영광과 덕으로써 우리를 부르신 '이를 앎으로' 말미암음이라

서신의 도입부에 있는 일부 핵심 개념들로 돌아섬으로써, 베드로는 일종의 "수미쌍관"(首尾雙關; inclusio)을 만들어낸다. 이 개념들과 권면들은 서신의 내용을 형성하면서, 어조를 정하고, 전반적인 목적을 제시한다. 그 목적은 그리스도를 알게 해서 독자들로 거룩한 삶 가운데에서 풍요를 누릴 수 있게 하는 것이다.

비록 짧지만 이 단락은 네 가지 기초 부분으로 구분된다.

종말론적 권면의 종결(14절-15a)
확증을 위한 바울에 대한 호소(15b-16절)
일반 권면의 종결(17절-18a)
그리스도에 대한 영광송(18b)

종말론적 권면의 종결(14절-15a)

그리스도인들은 "하나님의 날"을 "기대"해야 하는데, 그때 하나님께서는 전 우주를 멸망하고 회복하실 것이다. 그들은 지속적으로 현생의 환경을 넘어서 바라보고 그리스도의 영광 가운데에서의 재림이 가져올 영원한 상태의 빛 안에서 모든 사고와 모든 행위를 판단할 필요가 있다. 그리스도께서 재림하실 날에, 신자들은 "그리스도의 심판대 앞에 나타나게 되어 각각 선악간에 그 몸으로 행한 것을 따라 받게"(고후 5:10) 될 것이다. 이 모든 것에 비추어("너희가 이것을 바라보나니"[1]),

베드로는 "주 앞에서 점도 없고 흠도 없이 평강 가운데서 나타나기를 힘쓰라"고 요청한다.

"나타나기를"(to be found)은 사법적(司法的) 함의를 갖는다. 이것은 법정(法廷) 장면을 연상시키는데, 여기서 판사는 피고인에게서 죄책이나 결백을 "찾아낸다." 베드로는 우리가 암시한바 이 동일한 동사를 10절에서 유사한 방식으로 사용하면서, 물리적인 땅 전체가 하나님 앞에 "발견된다"는 것에 대해 말했다. 즉 그의 판단하심과 오류 없는 올바른 심판 앞에 "드러나는" 것이다.

NIV 해석은 헬라어 "점도 없고 흠도 없는"이 서로 밀접하게 결합되어 있다는 사실을 애매하게 만든다. 베드로는 그의 첫 번째 서신에서 그리스도에 대해 유사한 언어를 사용하여, 그를 "흠 없고 점 없는"(1:19) 어린 양으로 불렀다.[2] 베드로전서의 이 언급은 그 언어의 원 맥락인 제물을 암시한다. 구약성경이 정식으로 요구하는 바는 주님께 바쳐지는 제물은 "흠이나 점이 없어야" 한다는 것이었다. 이 원래의 제물과의 관련성이 이곳 14절에서의 이 용어들에 얼마나 많이 결부되는지는 말하기가 어려운데, 이 용어들이 이번에는 철저하게 도덕적 순수성에 대해 사용되기 때문이다.

사실이 어쨌든 베드로의 요지는 명쾌하다. 도래하는 주의 날에 의해 고무되어진 신자들은 하나님께서 그리스도 안에서 우리의 삶을 판단하실 때, 애써서 완전히 순수하고 흠 없는 상태로 발견되도록 만들어야 할 것이다. 그들은 "점과 흠 있는"(2:13) 거짓 선생들에 대항하기 위해 분투해야 한다. 하지만 이것은 우리가 애써야 하는 목표이지, 우리가 결국 성취할 수 있을 조건은 아니라는 점을 기억하라.[3] 신약성경이 신자가 언제나 고백할 죄가 있을 것이라는 점(요일 1:8)과 우리의 죄와의 싸움은 우리 육신이 "구속"되지 않는 한 결코 끝나지 않는다는 것(롬 8:23을 보라)을 분명히 하고 있기 때문이다. 하지만 이 깨달음은 가능한 그 목표에 가까이 가려는 우리의 진지한 노력을 경감시켜서는 안 될 것이다.

앞서 주목한 바와 같이 헬라어 원문은 "점 없는"과 "흠 없는"을 결합시키고 있다. 그래서 "평강 가운데"는 가필로 추가된 것으로 구별된다. 이 "평강"은 양심의

1. NIV의 단수형 "이것"은 헬라어 원문의 복수형 타우타("이것들")를 번역한 것으로, 베드로가 앞선 절들에서 개괄했던 것 같이 하나님의 날의 다양한 요소들을 묘사하는 것이다.
2. 베드로후서 3:14의 헬라어 원문은 아스필로이 카이 아모메토이; 베드로전서 1:19에서는 아모무 카이 아스필루. 헬라어 단어 아모모스와 아모메토스는 동일한 용어의 이형(異形)이다.
3. Calvin, *Hebrews and 1 and 2 Peter*, 366을 보라.

만족으로 인한 평강, 진정한 신자가 심판의 때에 그리스도께서 죄의 문제를 살피신다는 것을 알고 있는 가운데 누릴 수 있는 평온일 수 있다.[4] 하지만 베드로가 염두에 두고 있는 "평강"은 아마도 화해의 평화일 것이다. 그리스도의 중재를 통해 신자가 하나님과 누리는 회복된 관계성으로서 말이다(예컨대 롬 5:1-2를 보라).

15절에 있는 명령은 14절 마지막 부분에 있는 것과 유사하다.[5] 그리스도인들이 역사의 종말을 기대하면서 거룩함을 위해 분투할 뿐만 아니라 "우리 주의 오래 참으심이 구원이 될 줄로 여겨야" 한다. 그래서 그리스도인들은 그리스도의 재림에서의 분명한 지연을 향하여 거짓 선생들의 것과 정확히 반대되는 태도를 채택해야 한다. 거짓 선생들은 지연을 하나님의 "더디심"(9절)의 표징으로 여기면서(NIV는 "이해하면서"), 심판은 결코 일어날 수 없다고 결론 내렸다. 그래서 그들은 자신들의 방탕한 행실에 대해 응답해야 하는 것에 대해 무척 관심이 없었다. 반대로 그리스도인들은 지연을 구원을 추구할 기회로 "여겨야" 한다.[6] 베드로가 이미 지적했던 것처럼(9절) 땅을 심판하기 위해서 그리스도를 보내심에 있어서 하나님의 지연은 그의 "인내하심"의 반영인 것이다.

그러므로 12-15절에서의 사고의 흐름뿐만 아니라("하나님의 날", "그의 약속", "우리 주") 14절과 15절 사이의 관계성이 보여주는 바는 15절의 "주"는 하나님이고 그리스도가 아니라는 것이다.[7] 그리스도인들은 "구원"을 추구하기 위해 그리스도의 강림의 지연에 의해 만들어진 기회를 사용해야 한다(15a). 이것은 그들이 복음전도와 너무 늦기 전에 가능한 한 많은 사람들을 복음을 통해 그리스도를 아는 것으로 데려오기를 구함에 있어 열정을 가져야 한다는 것을 의미할 것이다. 하지만 베드로는 그리스도인들이 자신들의 구원을 지킬 기회에 대해서도 생각하고 있을 수 있다. 신약성경에서 구원의 언어는 대개 삶의 마지막에서의 죄와 죽음으로부터의 궁극적인 구원을 가리킨다(베드로가 다른 곳에서 "구원"이라는 용어를 사용하는 네 가지 모든 경우는 이렇게 언급한다[벧전 1:5, 9, 10; 2:2]). 만일에 그들 중 일부라도 적어도 거짓 선생들의 파멸적인 영향에 굴복당할 위험에 있지 않

---

4. Green, *The Second Epistle General of Peter and the General Epistle of Jude*, 143-44.

5. 15절은 카이("그리고")로 시작하는데, NIV에서는 번역되지 않았다(개역개정판은 "또"로 번역됨-옮긴이).

6. NIV는 두 개의 상이한 동사들("이해하다"[understand: 개역개정판은 "생각하다"-옮긴이]와 "마음에 새겨두다"[bear in mind: 개역개정판은 "여기다"-옮긴이])를 사용함으로써 9절과 15절 사이의 관계를 모호하게 만든다. 하지만, 헬라어 원문에서는 동사가 동일하다(헤게오마이, "여기다").

7. 예를 들어 Kelly, *The Epistles of Peter and of Jude*, 370을 보라. 반대 견해로는 예를 들어 Bigg, *The Epistles of St. Peter and St. Jude*, 299.

았다면, 베드로는 이 신자들에게 하는 것처럼 쓰려고 하지는 않았을 것이다. 결과적으로 그는 그들에게 그리스도의 재림 전에 그들이 가졌던 시간을 주님 앞에서 그들의 관계성을 보존할 기회로 여기기를 원한 것이다.

확증을 위한 바울에 대한 호소(15b-16절)

15절 중간의 "처럼"(개역개정판에는 번역되지 않았다–옮긴이)을 가지고, 베드로는 그가 14-15a절에서 방금 그의 독자들에게 말했던 것을 확증하기 위해 바울의 저술에 호소한다.[8] 바울이 여기서 언급되는 방식("우리가 사랑하는 형제")은 많은 학자들로 이 서신을 베드로가 쓰지 않은 것일 수 있다고 결론 내리게 만들었다. 율법과 이방인들의 기독교 공동체 안으로의 수용 같은 주제들에 대해 서로 대립되는 관점을 표현하면서 바울과 베드로가 다투고 있었던 것이 아니었던가? 베드로가 전통적인 유대계 기독교의 용감한 변호자로서, 율법으로부터 자유로운 이방인계 기독교의 대변자인 바울을 어떻게 그렇게 치켜세울 수 있을까?[9]

이 질문에서 제시되는 바울과 베드로의 적대적인 관계는 성경학계에 깊이 확고해진 것이고, 자주 대중적인 상상력에서도 마찬가지였다. 이 해석은 물론 우선적으로 갈라디아서 2:11-14에 의존하는데, 여기서 바울은 자신과 베드로 사이의 바로 이 같은 주제들을 두고 벌어진 논쟁을 묘사하고 있다. 하지만 이것은 두 사람 사이의 대립에 대해 우리가 가진 '유일한' 증거이다. 우리가 신약성경 전체로부터 말할 수 있는 것을 통해 보면, 베드로와 바울은 신학적으로 동일한 계통에 있었다(예컨대 행 11:2-18; 15:7-11을 보라; 또한 베드로전서의 추정되는 필사자인 실바누스[=실루아노, 벧전 5:12]가 바울의 협력자 집단 출신이었다는 점도 주목하라[행 15:40; 살전 1:1]). 바울을 그의 "사랑하는 형제"라고 부른 것은 베드로에게는 완전히 자연스러운 것이었을 것이며, 초기 기독교 용례에도 잘 어울리는데, "형제"는 자주 복음 사역에서 협력자를 지시하는데 사용되고 있다(고전 2:13; 빌 2:25; 살전 3:2; 벧전 5:12을 보라).

---

8. 메이어(Mayor, *The Epistle of St. Jude and the Second Epistle of St. Peter*, 165)가 주장하는 것은 "처럼"은 15a만을 지시해야 한다는 것이다. 하지만 그러한 제한은 근거가 없다. 14절과 15상반절이 그토록 밀접하게 관련되기 때문이다.
9. 이 논증의 예를 위해, Kelly, *The Epistles of Peter and of Jude*, 370을 보라. 그가 논증하는 바는 여기서 사용된 언어가 사도들에 대한 1세기 후반과 2세기 초반의 묘사와 유사하다는 것이다(예를 들어, *1 Clement* 5:3-7; Ignatius, *To the Romans* 4.3).

우리는 여전히 이 구절에서 베드로가 사용하는 대명사들을 분석할 필요가 있다. (1) 왜 그는 바울을 "내" 사랑하는 형제가 아니라 "우리"의 사랑하는 형제라고 언급한 것인가? 복수형은 단수의 의미를 가진 "편집상의" 결과일 수 있다. 하지만 보컴이 주목하는 바와 같이, 이런 용법은 신약성경에서는 거의 존재하지 않는 것이다.[10] 그렇다면 "우리의"는 그리스도인 일반을 지시하거나,[11] 혹은 아마도 동료 사도들을 지시할 가능성이 더 높다(2절을 보라).[12]

(2) 바울이 글을 썼던 "너희" 가운데에는 누가 포함되는가? 베드로후서가 베드로의 사후 오랜 기간이 지난 후에 기록되었다고 생각하는 학자들은 대개 여기에 모든 그리스도인들이 포함된다고 생각하는바, 이들은 지금은 바울 서신이라는 정경을 소유하고 있다는 것이다.[13] 하지만 이런 식의 논증은 설득력이 없다. "너희"는 분명히 베드로후서의 수신자들을 가리키며, 이 서신은 분명히 모든 그리스도인들에게 보내어졌던 것은 아니었다. 그렇다면 우리가 이 언급에서 결론내릴 수 있는 전부는 베드로후서의 독자들이 바울의 서신을 한 편 이상 받았다는 점이다.[14] 하지만 우리는 이 서신의 독자들이 어디에 살았는지 확신할 수 없기에, 바울 서신 중 어느 것을 베드로가 심중에 두고 있는지를 결정할 수 없다. 베드로가 서신(들)의 주제를 무엇으로 정한 것인지도 도움이 되지 않는다.[15] 우리가 본 바와 같이 "마치" 연결이 가리키는 바는 베드로가 14-15a절에서 방금 말했던 것과 동일한 것을 바울이 독자들에게 썼다는 것이다. 하지만 그가 만들었던 요지는 매우 일반적이고,—그리스도인들은 그리스도의 강림의 빛 안에서 거룩한 삶을 살 필요가 있다—바울은 사실상 그가 썼던 모든 서신에서 이 주제를 다루고 있다.

바울 자신은 자주 "내게 주신 은혜"에 기초해서 사역하기를 주장했다(롬 12:3; 15:15; 갈 2:9; 고전 3:10; 엡 3:2, 7; 골 1:25). 베드로는 형태를 바꾸어 "그 받은 지혜"라고 언급한다.[16] 바울은 그의 사역을 일반적으로 그 안에서 그리고 그를

---

10. Bauckham, *Jude, 2 Peter*, 327.
11. Mayor, *The Epistle of St. Jude and the Second Epistle of St. Peter*, 164.
12. Bauckham, *Jude, 2 Peter*, 328.
13. Kelly, *The Epistles of Peter and of Jude*, 372.
14. Bauckham, *Jude, 2 Peter*, 330을 보라.
15. 다양한 학자들이 베드로가 여기서 주고 있는 암시들을 기초로 온갖 종류의 시나리오를 제시해왔다. 예컨대 메이어(Mayor, *The Epistle of St. Jude and the Second Epistle of St. Peter*, 164)가 생각하는 것은 3:15이 로마서를 지시해야 하는데, 이것이 그토록 두드러지게 하나님의 인내를 회개로 이끄는 것으로 말하고 있기 때문이라는 것이다(2:5). 하지만 우리가 보았던 바와 같이 베드로는 그의 바울에 대한 언급에서 15상반절 보다 더 많은 것에 대해 생각하고 있다.

통하여 이루어지는 하나님의 은혜의 역사로 언급한다. 베드로의 언어는 바울이 썼던 것의 근거에 더 초점을 둔다. 바울이 자신의 서신들에서 썼던 것은 자기 스스로의 연구나 상상에서 나온 것이 아니었다. 그것은 하나님으로부터 나온 것이며, 하나님은 바울에게 그의 세대 안에서 복음을 이해하고 적용할 지혜를 주셨던 것이다.

하지만 바울이 파루시아와 경건한 삶 사이의 연관성을 강조했던 것은 그가 베드로후서의 독자들에게 썼던 것에만 있는 내용은 아니었다. "또 그 모든 편지에도 이런 일에 관하여 말하였으되"(16a). 다시금 베드로후서의 베드로 저작성에 대한 비평가들의 생각은, 바울의 "모든" 서신을 언급한 것은 바울의 서신들이 하나로 모여지게 되었던 1세기 후반이나 2세기 초반의 시기를 요구한다고 보는 것이다.[17] 하지만 이 비평가들은 다시 한 번 과잉 해석의 죄책을 지게 된다. 베드로는 바울이 '베드로가 보았던' 모든 서신에서 동일한 방식으로 썼다고 말한 것에 불과하다. 이 언어는 바울의 모든 서신의 기록이 완료되었다거나 그것들이 하나로 합쳐졌다는 것을 함축하지 않는다. 비슷하게 스포츠기자가 "시카고 불즈의 모든 게임에서 그들은 굉장한 수비를 보여주었다"라고 말할 수도 있다. 시즌 중반에 이렇게 썼다면 "불즈의 모든 게임"은 분명하게 "지금까지 그들이 했던 모든 게임"을 의미할 것이다. 이것이 "이 시즌의 모든 게임"을 의미해야 하는 것은 아닐 것이다.

베드로는 이제 더 나아가 바울의 서신들에 대해 일반적으로 언급한다. 그는 한 가지 명확한 요지와 한 가지 함축적인 요지를 제시하는데, 두 가지 모두 흥미로운 것들이다. '명확하게', 베드로는 바울의 서신들이 "알기 어려운 것이 더러" 포함되고 있었고, 그래서 "무식한 자들과 굳세지 못한 자들"에 의해 오해되고 있다고 논평한다. "알기 어렵다"는 것은 이따금 그리스의 신탁에 적용되었던 용어를 번역한 것이다. 그것들은 적용하기에 애매하고 어려운 것으로 유명했다. 가장 유명한 신탁은 전쟁하러 가야할지 궁금해 하던 왕에게 내려졌던 델피의 신탁이었다. "전쟁하러 가신다면, 당신은 큰 나라를 멸망시키실 겁니다." 이 나라가 그 왕이 공격했던 나라였는지 그 왕의 나라였는지는 물론 불명확하다. 그래서 베드로가 암시하는 바, 바울의 서신들은 한 가지 의미 이상을 내포할 수 있는 구절들을 포함한다.

16. 헬라어 원문은 실제로 수동태 구문을 사용한다. NASB가 번역하듯이, "그에게 주어진 지혜" 하지만 동사 도데이산은 거의 확실히 "신적인" 수동태인데, 이는 하나님을 함축된 동작주(動作主)로 두는 것이다. NIV는 용인될 수 있을 정도로 고쳐 읽었다.

17. 예를 들어 Mayor, *The Epistle of St. Jude and the Second Epistle of St. Peter*, 165.

우리 중 다수는 여기서 베드로의 말을 읽으면서 안심과 위안을 느낀다. 베드로가 동료 사도로서 동일한 어려움을 겪었다면, 우리는 바울을 해석함에 있어서 우리가 가진 문제들에 대해 그렇게 불편함을 느끼지 않게 된다! 하지만 문맥이 제시하는 바는 베드로가 약간 다른 초점을 드러내고 있다는 점이다. 바울이 썼던 것은 그렇게 애매하지는 않았다. 오히려 바울이 말한 것을 잘못된 맥락이나 균형 잡히지 않은 방식으로 들여다봄으로써 그것으로부터 잘못된 의미를 끄집어내기가 쉽다.

바울의 서신은 바울이 가르쳤던 사람들이 바울의 가르침들 중 하나에 사로잡히고, 그것을 맥락으로부터 끄집어내서, 그것으로부터 잘못된 결론을 끌어냈던 상황을 보여주고 있다.[18] 예컨대 고린도인들이 자신들의 표어로서 "모든 것이 내게 가하다"(고전 6:12)를 주장했을 때, 그들은 아마도 바울을 인용했을 것이다. 그러나 바울이 계속해서 보여주듯이, 그들의 실수는 그것에 더하여 다른 중요한 진리들을 깨닫는데 실패함 가운데 있었다. 야고보의 서신도 유사한 시나리오를 반영할 수 있는데, 야고보는 "믿음에 의한 의롭게 하심"에 대한 바울의 가르침에 대한 독자들의 오해를 교정한다.

다른 말로 하자면 베드로는 바울이 쓴 것의 의미를 "왜곡"(개역개정판은 "억지로 풀고"–옮긴이)하고 스스로에게 파멸을 가져오는 "무식하고 굳세지 못한" 사람들에 대해 충분히 알고 있었다. 거의 확실하게 이 서신 전체를 통해서 책망해왔던 거짓 선생들을 지시하고 있는 것이다. 그는 여기에서 사용하는 것처럼 2:14에서도 그들에 대해 동일한 용어("굳세지 못한", '아스테리코스')를 사용한다. 그래서 베드로가 암시하는 것은 이 거짓 선생들이 자기들의 이설에 대한 지지를 위해 바울의 저술들을 "비틀고" 있다는 것이다. 베드로는 그들의 그릇된 종말론에 대해 생각하고 있을 수 있다. 하지만 베드로는 그들의 무법하고 방탕한 행실에 대해 생각하고 있을 가능성이 높은데, 그는 이를 2장에서 혹평하고 있다. 우리가 아는 것은 이 시기 이후 얼마 되지 않아, 다양한 이교도들이 바로 이 같은 방종한 행실을 지지하기 위해 바울의 구절들에 호소했다는 것이다.

베드로가 제시하는 '함축적인' 요지는 거짓 선생들이 바울의 서신들을 "그들이 다른 성경에서 했던 것처럼" 왜곡한다는 주장에서 출현한다. "다른" 이라는 용어('로이포스')가 보여주는 것은 베드로가 바울의 서신들을 "성경"의 범주 안에 속

18. 특별히 Bauckham, *Jude, 2 Peter*, 331을 보라.

한 것으로 여기고 있다는 점이다.[19] 일부 학자들은 이것이 의미하는 바는 베드로가 바울의 저술들을 권위 있는 것으로 여겼다는 것에 불과하다고 생각한다.[20] 하지만 "성경"이라는 용어('그라파이')는 언제나 신약성경에서는 권위 있을 뿐만 아니라 정경적인 것으로 여겼던 저작들을 지시한다. 즉 한마디로 이것은 구약성경을 지시한다(아래 "상황잇기" 단원을 보라). 베드로가 함축하는 바는 그래서 바울의 서신들이 구약의 정경이 갖는 것과 동등한 지위를 가진다는 것이다.

여기서 다시 학자들은 바울의 서신들에 대한 이런 시각은 A.D. 63년 무렵의 시기에는 불가능하다고 보는데, 이 시기는 사도 베드로가 이미 베드로후서를 저술했어야 하는 시기였다. 하지만 신약성경의 일부 문헌이 이런 방식으로 인정되기 시작했었다는 이 시기 무렵의 다른 자료도 우리에게 있다. 예컨대 디모데전서 5:18에서 바울은 "성경"으로 구약성경의 한 절과 예수의 말씀 하나를 소개한다.[21] 그리고 의심할 바 없는 것은 신약성경의 저자들이 처음부터 그들의 저작들을 구약성경과 동등하게 여기는 방식으로 하나님께서 말씀하시는 것으로 주장했다는 것이다.

일반 권면의 종결(17-18a절)

베드로는 자신의 바울 서신에 대한 언급으로 인해 서신의 이 지점에서 그의 가르침의 중심 흐름으로부터 벗어나 우회하게 되었다는 것을 알았다. 그래서 독자들을 다시 "친애하는 벗들"('아가페토이', "사랑하는 자들")로 부르면서, 14절에서 문제 삼기 시작했던 권면들을 재개한다. 그러나 이제는 그들은 그렇게 분명하게 종말론에 결속되지는 않는다. 베드로는 돌아보고서 서신 전체의 메시지를 독자들에게 쏟는다. 그래서 17절에서의 부정적인 권면은 2장에서의 거짓 선생들에 대한

19. 소수의 학자들이 제시해왔던 것은 이 구절이 이를 의미할 수 없다는 것이다. 베드로가 말했을 것으로 보이는 것은 단지 사람들이 성경들에 대해 했던 것처럼 바울의 서신들을 왜곡한다는 것일 뿐이라는 말이다(이 해석은 분명하게 채택되지는 않지만, Bigg, *The Epistles of St. Peter and St. Jude*, 301-2와 Green, *The Second Epistle General of Peter and the General Epistle of Jude*, 147-48에서 제시되고 있다). 하지만 이 해석이 단순히 "다른"이라는 단어를 정당화하는 것은 아니다.

20. 예를 들어 Bauckham, *Jude, 2 Peter*, 333.

21. *2 Clement* 2.4; *Epistle of Barnabas* 4.14; Polycarp, *Philippians* 2.1도 보라. 베드로 저작성에 대한 비평가들은 물론 디모데전서도 위서로서, 바울 사후 오랜 후에 어떤 이에 의해 저술된 것이라고 대응한다. 이에 대한 상세한 논의는 "상황잇기" 단원에서 보라.

경고를 반영하는 반면, 18a절에서의 긍정적인 권면은 1장의 핵심 관념을 반복한다.[22]

"너희"('휘메이스')는 강조를 이루면서, 16절의 "무식하고 굳세지 못한 자들"과 대조를 이루고 있다. 베드로후서를 위서로 생각하는 보컴과 다른 이들은 "너희가 이것을 알았은즉"이라는 구절을 돌이켜 사도 베드로를 지시하는 것으로 해석한다. 즉 이 서신의 알려지지 않은 저자가 독자들에게 베드로가 그들에게 가르쳤던 것을 일깨우고 있다는 것이다.[23] 하지만 그들이 알고 있는 것은 베드로가 가르쳤던 것 훨씬 이상의 어떤 것이다. 이것은 "거룩한 선지자들이 예언한 말씀과 주되신 구주께서 너희의 사도들로 말미암아 명하신 것"(3:2)을 지시하고, 그래서 아마도 베드로후서 자체를 가리키는 것 같다.

만일에 우리가 생각하는 바와 같이 베드로가 이 서신을 쓰고 있다면, 그는 그의 독자들이 일반적으로 받았던 종말론과 그 도덕적 함축에 대한 초기 기독교의 가르침을 지시하고 있는 것이다. 베드로의 요지는 독자들이 거짓 가르침의 위험에 대해 충분히 경고를 받았다는 것이다. 경고 받는 것은 그들이 미리 준비했다는 것을 의미할 수 있다. 거짓 선생들의 이설의 그릇된 유혹에 저항할 준비를 말이다.

그리스도인들은 지속적으로 "[그들의] 방어"를 할 필요가 있다(헬라어에서 현재시재 명령은 지속적인 경계 상태를 시사한다). 달리 그들은 "무법한 자들의 오류(개역개정판은 "미혹"-옮긴이)에 이끌릴"('아데스몬', 베드로가 2:7에서 거짓 선생들에게 적용했던 용어) 위험에 처해있다. "오류"('플라네')는 "방황"으로도 번역될 수 있고, 베드로가 거짓 선생들이 믿음으로부터 "방황"한 것을 생각하고 있는지 아니면 거짓 선생들이 다른 사람들을 믿음으로부터 "방황"하도록 야기한 것을 생각하고 있는지는 분명하지 않다. 아마도 우리가 선택할 필요는 없을 것이다. 확실히 양자 모두 서신에서 두드러지고 있다.[24] 이 같은 "방황"의 위험은 이것이 신자로 하여금 그(녀)의 "굳센 데서" "떨어지게" 할 수 있다는 것이다.

예수 그리스도께로 회심하는 것은 현생에서의 영적인 생명력과 다음 생에서의 영광을 위해 견고한 기초인 안전을 제공한다. 베드로가 사용하는 용어가 함축하는 바는 그리스도인들이 이 기초에서 확신을 가질 수 있다는 것이다. 하지만 그는 또

---

22. Kelly, *The Epistles of Peter and of Jude*, 374.
23. Bauckham, *Jude, 2 Peter*, 337.
24. Ibid., 337.

한 물론 이 기초로부터 "떨어질 것"에 대해 경고한다. 우리는 1:3-11에 대한 우리의 주석에서 이 같은 경고가 불러일으키는 "영원한 안전"의 전체적인 문제에 대해 간략하게 논의했다(1:3-11의 "현대적 의미"를 보라). 여기 3:17에서 우리는 다시 신약성경에 전형적인 안전과 경고의 조합을 발견한다. 분명하게 베드로는 신자들이 (어떻게 이해되든지) 죄와의 쟁투에 대한 부주의한 태도를 용인함으로써 그리스도 안에서 그들의 "안전"을 보지 않는 것을 우려하고 있다. 그리스도와 함께 하는 우리의 지위에 대한 신념은 우리를 하나님의 은혜를 함부로 추정하게 이끌어서, 이로써 거짓 선생들의 위험을 가지고 장난하거나 거룩함을 향한 진지한 분투를 부정하게 만들어서는 안 될 것이다.

마지막 경고 이후에 베드로는 마지막으로 긍정적인 권면을 선포한다. "오직 우리 주 곧 구주 예수 그리스도의 은혜와 그를 아는 지식에서 자라 가라." 만일에 우리가 베드로후서 전체에서 한 가지 "핵심 절"을 찾아야 한다면, 아마 이 절이 될 것이다. 여기서 베드로는 그의 근본 관심을 개괄한다. 그의 독자들은 거짓 선생들의 이설을 거부하면서 계속해서 영적으로 성장하여 더욱 더 그들이 고백하는 그리스도처럼 되어간다는 것이다.

베드로는 1:5-10에서 어느 정도 상세하게 거룩함 안에서의 이 성장을 상술했다. NIV는 "은혜"와 "지식" 모두를 "우리 주 곧 구주 예수 그리스도"에 의존하는 것으로 취한다(NIV는 "은혜" 앞에만 단일의 정관사를 사용함으로써 이를 표시한다). 이 경우 "예수 그리스도의 은혜"는 그가 우리에게 주는 은혜를 의미할 것이다. 하지만 "예수 그리스도의 지식"은 예수 그리스도께서 우리에게 주시는 지식이거나(1:5-6을 보라), 우리의 예수 그리스도에 대한 지식이나 관계성(1:2-3, 8을 보라)을 의미할 수 있다. 베드로가 여기서 사용하는 헬라어 용어가 전자의 해석을 지시할 수 있지만,[25] 권면이 가지는 포괄적인 본성과 1장과의 관계성으로 두 번째의 것이 옳다는 점이 시사된다. 그럼에도 이것이 의미할 수 있는 것은 "우리 주 곧 구주 예수 그리스도"는 "은혜"와 "지식"이라는 용어에 상이한 방식으로 관련된다는 것이다. 즉 그리스도는 은혜에 대해서는 그 근원이며, 지식에 대해서는 그 대상이다. 이것이 불가능한 것은 아니다. 하지만 "은혜"라는 용어를 "우리 주 곧 구주 예

25. 여기서의 단어는 단순형태인 그노시스인데, 이를 베드로는 이 서신의 다른 곳에서 우리 자신의 "지식"을 묘사하는데 사용한다(1:5-6). 베드로가 그리스도를 향한 우리의 지식을 언급할 때, 그는 복합사인 에피그노시스를 사용한다(1:2-3, 8; 2:20). Bigg, *The Epistles of St. Peter and St. Jude*, 303-4; Green, *The Second Epistle General of Peter and the General Epistle of Jude*, 150-51을 보라.

수 그리스도의"로부터 분리시키는 것이 더 쉬울 수 있다(예컨대 REB의 해석을 보라: "은혜 가운데에서 그리고 우리 주 곧 구주 예수 그리스도의 지식 가운데서 자라라").[26]

그리스도에 대한 영광송(18b)

대부분의 신약성경 서신들은 문안, 동료 사역자들에 대한 언급, 기도의 요청, 그리고/혹은 은혜를 기원함으로 끝을 맺는다. 이 서신들의 끝에 있는 영광송(영광의 송영(頌詠) [헬. '독사'])은 흔한 경우는 아니다. 우리가 발견하는 것은 여기와, 로마서 16:25-27(나도 그렇게 생각하지만, 이 절들이 원본으로 추정됨), 빌립보서 4:20과 유다서 24-25절뿐이다. 베드로가 그의 서신을 이 방식으로 끝내기로 선택한 이유는 불분명하다. 통상적인 서한의 특징들이 몇 가지 빠진 것은 그가 이 서신을 다른 것들과 함께 보내고 있거나 그가 많은 수의 교회에 글을 쓰고 있다는 것을 암시할 수 있다.

끝맺음에 있어 또 하나의 흔하지 않은 특징은 영광송이 그리스도를 향한 것이라는 점이다. 보통 영광은 하나님을 향한 것이다. 이곳과 더불어 디모데후서 4:18과 요한계시록 1:5-6에서만 그리스도를 향한 영광송이 발견된다—비록 로마서 9:5에서는 하나님처럼 그리스도의 "축복"도 발견되기도 하지만. 하지만 이는 베드로가 그의 서신의 맨 처음에서부터 드러내는바(특히 1:1을 보라), 예수 그리스도를 높이 인정하는 시각에 확실히 적합하다.

영광송은 다른 방면에서도 흔하지 않다. 신약성경 저자들은 대개 하나님께 영광을 "영원 무궁히"(헬. '에이스 투스 아이오나스'; forever and ever; 예컨대 유 25절을 보라) 돌린다. 하지만 베드로는 다른 표현을 사용한다—문자적으로 번역하면, "영원의 날에 이르기까지"(unto the day of eternity; NASB; NRSV를 보라)이다. NIV는 이를 현재와 미래 모두를 언급하는 방식으로 취한다. "지금과 영원히"(now and forever; KJV; REB; TEV도 보라; 개역개정판도 마찬가지이다: "이제와 영원한 날까지"-옮긴이). 하지만 이는 헬라어 원문을 해석하는 가장 자연스러운 방법은 분명히 아니다. 3장에서 이 주제에 대한 베드로의 초점에 비추어 보

---

26. 예를 들어 Mayor, *The Epistle of St. Jude and the Second Epistle of St. Peter*, 170; Kelly, *The Epistles of Peter and of Jude*, 375; Bauckham, *Jude, 2 Peter*, 337-38을 보라.

면, 더 나은 것은 "날"에 종말론적 의미를 부여하는 것이다: "주의/하나님의 날." 그리스도의 강림은 종말론적 시대를 개시할 것이다—영원히 지속될 "날." 우리는 그리스도께 영광을 돌리며, 이 날을 바라보고 진지하게 그것을 기다린다.

상황잇기

바울의 서신들이 "성경"의 범주에 속한다고 베드로가 암시한 것은 성경책들의 정경형성과 이 형성의 의미에 대한 어떤 이해가 없이는 적절하게 이해될 수 없다.

"정경"(canon)이라는 용어는 "측량하는 막대기"를 의미한다. 초기 그리스도인들은 이를 그들이 권위 있는 "측량하는 막대기"로 여기는 책들에 적용했는데, 이로써 사람들이 무엇이 정통적이고 무엇이 이교적인지를 구별할 수 있는 것이었다. 문제는 활발하게 논쟁이 되었지만, 예수의 시기에 유대인들이 이미 적어도 사실상의 정경을 가지고 작업했었다는 좋은 증거가 있다.

신약성경은 '그라페'라는 용어를 보통 복수형 '그라파이'로 사용하여, 이 권위 있는 유대 성경을 가리켰다. 신약성경에서 50회 사용된 이 용어는 언제나 우리가 구약성경이라고 부르는 권위 있는 저작들을 가리킨다. 복수형은 보다 자주 나타나는데, 책들의 모음을 가리킨다(예컨대 눅 24:27: "이에 모세와 모든 선지자의 글로 시작하여 모든 성경에 쓴 바 자기에 관한 것을 자세히 설명하시니라"). 단수형은 대개 구약성경의 단일의 본문을 가리킨다(예컨대 약 2:8: "너희가 만일 성경에 기록된 대로 네 이웃 사랑하기를 네 몸과 같이 하라 하신 최고의 법을 지키면 잘하는 것이거니와"). 일부 학자들은 이 용어가 구약성경에서 발견되지 않는 구절들을 적용하기도 한다고 주장하지만, 이 주장은 입증이 불가능하다.[27] 신약성경 저자들이 "성경"이라는 용어를 현재 우리가 구약성경으로 부르는 이 책들에 국한 시킨 것이 시사하는 바는 그들이 함축적이고 폐쇄적인 정경을 가지고 작업했다는 것이다.[28]

다른 증거도 이 결론을 확증하는 경향이 있다. 예컨대 신약성경 기자들은 구약

27. 가장 논쟁이 되고 있는 것은 약 4:5인데, 문맥상 구약의 실제적인 인용을 표시하는 것이 아무것도 없기 때문이다. 그래서 많은 학자들은 외경 전승을 언급하는 것이라고 생각한다. 하지만 야고보는 하나님의 질투에 대한 구약의 가르침을 언급하고 있을 가능성이 높다(Douglas J. Moo, *The Letter of James: An Introduction and Commentary*, TNTC [Grand Rapids: Eerdmans, 1985], 146을 보라).

28. 이 결론에 대한 최근의 훌륭한 논증에 대해서 Roger Beckwith, *The Old Testament Canon of the Christian Church and its Background in Judaism* (Grand Rapids: Eerdmans, 1985)를 보라.

성경 정경에서 발견되지 않는 책은 어떤 것이든 권위 있는 근거로 인용하는 일이 결코 없다. 유다는 분명히 위서에서 구절들을 인용한다(9절과 14-15절). 우리가 이어질 주석에서 이 구절을 다룰 것이지만, 유다가 이 본문들을 권위 있는 것으로 언급한 것인지는 분명하지 않으며, 또한 그가 그들을 정경으로 인용한 것도 아니고, 성경이 인용될 때 우리가 흔히 발견하게 되는 그런 종류의 소개를 통해서 인용하지도 않았다는 점만 여기서 말해두겠다.

예수의 시대에 우리 시대의 것과 상당히 비슷해 보이는 정경이 실존했음을 우연하게 확인해주는 것이 마태복음 23:35이다. "그러므로 의인 아벨의 피로부터 성전과 제단 사이에서 너희가 죽인 바라갸의 아들 사가랴의 피까지 땅 위에서 흘린 의로운 피가 다 너희에게 돌아가리라." 아벨은 물론 창세기 앞부분의 장들에서 언급되고 있다. 바라갸의 아들 사가랴의 순교는 역대하 24:20-21에 기술되고 있다. 요지는 이렇다. 히브리 성경에서 역대하는 마지막 책이다. 그래서 예수께서 이 순교자들을 언급하신 순서는 그가 창세기가 처음에 나오고 역대하가 마지막에 나오는 성경에 친숙해 있었다는 것을 암시한다. 이는 정확히 우리가 지금 우리 구약성경에서 가지고 있는 것이다.[29]

그래서 이 배경을 두고서 우리는 바울의 서신들도 성경의 범주 안에 속한다는 베드로의 암시를 평가해야 한다. 주목해야 할 첫 번째는 베드로가 바울의 서신들을 직접적으로 성경이라고 부르지는 않았다는 점이다. 그는 직접적이라고 보기에는 상당히 거리가 멀게, 바울의 서신들을 성경으로 정의내리기보다는 그것들을 성경과 관련시키고 있다. 우리는 또 하나의 관련 신약 구절인 디모데전서 5:18에서도 동일한 종류의 간접적인 관련을 발견한다. "성경에 일렀으되 곡식을 밟아 떠는 소의 입에 망을 씌우지 말라 하였고 또 일꾼이 그 삯을 받는 것은 마땅하다 하였느니라." 여기서도 우리는 신약성경 본문(눅 10:7)이 구약성경 구절(신 25:4)과 간접적으로 관련되고 있음을 발견한다.

이 같은 간접적인 암시는 우리가 이 지점에서 장차 예상하게 되는 바로 그것이다. 대부분의 교리들처럼 신약성경 책들이 성경이라는 관념은 이들이 초기 그리스도인들에 의해 사용되고 유익한 것으로 인식되면서 오직 시간의 누적을 통해서만 발전된 것이다. 사실 신약성경 정경을 인식하고 수용하는 과정이 완료되기까지

29. 유대 역사가 요세푸스(Josephus)는 A.D. 75-95년 경에 글을 썼는데, 정경의 유사성에 대해 명확히 말하고 있다(*Against Apion*, 1.37-43).

2백여 년이 걸렸다. 베드로는 분명히 신약성경 정경이라는 완전한 개념을 형성할 수 있었던 시점에 있지 않았다.

그렇다면 만일 우리가 베드로에게 그의 요지를 해명하고 설명하도록 요구할 기회가 있었다면, 그가 뭐라고 대답했을까? 바울 서신들이 권위 있는 책들의 정경 속에 포함되어야 한다고 주장하려는 것이었을까? 이것은 어려웠을 것으로 보이는데, 우리가 본 바와 같이 신약성경의 증거가 1세기의 "폐쇄된" 정경을 지시하기 때문이다. 그렇다면 아마도 그는 현존하는 것에 더하여 추가적인 정경의 창설을 암시하려 했을 수 있다—요컨대 구약성경과 신약성경. 하지만 우리는 진실을 알 수 없고, 베드로가 문제를 이 정도까지 생각하지는 않았을 것이 확실하다. 중요한 것은 그가 암시하는 바는 바울의 서신들이 구약의 성경들이나 마찬가지였다는 것이다.

베드로에게 이는 두 가지를 의미했을 수 있다. (1) 바울의 서신들은 하나님에 의해 영감을 받은 것이다. 바로 이 서신에서 베드로는 이 영감의 개념을 선포한다(1:20b-21절에 대한 우리의 논의를 보라). 바울의 서신들은 또한 베드로가 추론하는바 하나님의 성령의 산물로서, 바울을 감동하셔서, 바울은 하나님께서 그를 통해 쓰기를 원하셨던 것을 썼다. 바울은 마찬가지로 영감이 성경의 불가결의 특성이라는 것을 명확히 했다. "모든 성경은 하나님의 감동으로 된 것으로 교훈과 책망과 바르게 함과 의로 교육하기에 유익하니"(딤후 3:16).

(2) 바울의 서신들은 권위를 가지고 있다. 권위는 영감의 부산물이다. 정확히 하나님께서 그의 성령의 통해서 그들 안에서 말씀하시기 때문에, 바울의 서신은 마치 그들이 하나님께서 직접 하신 말씀인 것처럼 유의해야 할 대상이다. 이 중요하고 실천적인 요지는 베드로가 가장 관심을 가진 것이다. 베드로는 독자들로 그리스도의 파루시아에 대한 진리를 받아들이고, 그로써 스스로를 거룩한 삶에 헌신하기를 확신시키려고 했다. 그리고 바울이 사물에 대한 (거짓 선생들이 아마도 주장했을 수 있는 바와 같이) 거짓 선생들이 아닌 베드로 자신의 시각을 지지한다는 것을 베드로는 독자들이 알기를 원한다. 바울의 서신들을 성경과 관련시키는 것은 서신들에게 독자들이 깨닫고 순종할 권위를 준다.

물론 궁극적으로 "우리가 사랑하는 형제 바울"이 그런 것처럼 베드로도 동일한 종류의 권위로 글을 쓴 것이다. 베드로가 자신의 저술을 어떻게 보았는지, 그가 이것도 성경이라는 어떤 개념을 품기 시작했던 것인지를 아는 것은 불가능하다. 하지만 이는 베드로가 여기서 그의 동료 사도 바울의 서신들에 대해 말하는 것의 함축하는 바가 되는 것으로 보인다.

현대적 의미

신약성경 정경을 형성함에 있어서 우리가 가진 어려움들 중 하나는 신약성경 책들을 승인하기 위해 신약성경의 권위에 의존할 수 없다는 것이다. 구약성경에 대해서는, 우리에게는 신약성경이 있다. 하지만 당연히 신약성경에 대해서는 우리에게 비교할 만한 것이 아무것도 없다.[30] 베드로후서 3:15-16 같은 구절의 함축하는 바가 그토록 중요한 것은 이 이유 때문인데, 이런 구절이 우리에게 적어도 우리가 신약성경 정경에 대한 교리를 세울 수 있는 성경적 발판을 주기 때문이다. 우리는 마지막 단원에서 이 발전을 위한 배경의 윤곽을 잡았고, 우리는 1:16-21에 대한 "현대적 의미"에서 영감받은 성경의 중요성을 끌어내었다. 그러므로 우리는 여기서 핵심 요지를 반복함으로써 만족할 것이다.

영감의 본성과 함의에 대한 논쟁의 와중에서, 우리는 이 본질적 진리에 대한 시야를 상실해서는 안 된다. 성경의 책들은, 하나님께서 친히 숨을 불어넣으셨던 것으로, 유일하게 우리의 삶과, 궁극적으로, 세계를 형성할 권능을 가지고 있다. 현대 복음주의 운동의 거두들 중 한 사람으로 프랭크 개블라인(Frank E. Gaebelein)이 있다. 특별히 편집자로서 알려진[예컨대 『엑스포지터스 성경주석』(*The Expositor's Bible Commentary*)] 개블라인은 하나님과 사람들을 향한 진실하고 뿌리 깊은 사랑을 발산했다. 누구나 그 안에서 "그리스도의 마음"이 훌륭하게 발전한 인격을 발견할 수 있을 것이다. 오늘까지도 기억나는 것은 한 대담자가 그에게 삶을 형성하는데 영향을 미친 것이 무엇이었는지에 대해 질문했을 때 그가 대답한 것이었다. 흠정역(King James Version) 성경을 매일 읽는 것이라고 그는 대답했다. 하나님의 말씀에 오래도록 몰입하는 것은 이 같은 효과를 가진다. 확실히 우리는 주의 깊게 읽어야 한다. 확실히 성령께서 우리에게 진리를 적용하셔야 한다. 하지만 하나님의 말씀은 우리의 마음을 회복시키고, 그래서 우리의 행실을 변화시킬 권능을 가지고 있다. 다른 어떤 자료도 그렇게 할 수 없다.

내가 마지막 단락의 끝에서 문제를 다루는 방식에 주목하라. "우리 마음을 새롭게 해서 '그래서' 우리의 행실을 변화시키기 위해서." 교리와 실천 사이의, 즉 우리가 믿고 생각하는 것과 우리가 행하는 것 사이의 밀접한 연결은 베드로후서 전체

30. 로마 가톨릭은 물론 이 점에서 교황에게 집중된 교회의 가르침의 권위에 호소할 것이다.

를 통해서 명백해졌다. 3:14-18에서 사도는 이 연결을 다시 한 번 명백하게 만든다. 특별히 우리가 우리 주님을 기쁘시게 하는 것에 대한 노력을 집중시킬 것은 주님의 강림을 "[우리가] 고대하고 있기 때문"이다(14절). 종말론은 윤리학으로 이끈다. 거짓 선생들은 그리스도의 재림과 심판에 대한 어떤 개념도 거부하면서 게으르고 육욕적인 삶의 양식에 빠지고 있다. 그리스도의 재림에 대한 진리를 이해함으로써, 신자들은 정력적인 "내세의" 삶의 양식을 발전시키는 것으로 이끌릴 것이다.

이 절들에 대해 내가 주석을 달고 있을 바로 그때에 나를 스스로의 삶에 대한 두려움을 겪도록 이끌었던 것은 하나님의 섭리였을 것이다. 의심할 바 없이 나 자신의 지나치게 활동적인 상상력(한밤중에 8기통이 전부 작동했다)에 의해 과장되었을지라도, 내가 직면했던 의료적인 문제는 암의 가능성에 대한 순수한 근심을 갖게 만들었다. 수년 만에 처음으로 사흘 동안 나는 스스로의 죽음의 가능성과 조우했다. 나는 그것에 증오했다. 잠들기 어려웠고, 불안은 지속되었다. 하지만 내가 하나님과 영원에 대해 평소보다 훨씬 더 많이 생각하고, 보통 때보다 훨씬 더 집중해서 성경을 읽었으며, 먹는 것이나 일상의 물질적인 것들에 대해 훨씬 관심이 적어졌음을 느꼈다. 영원과의 조우는 내 육감적인 자극에 둔감해지게 만들면서도 내 영적인 욕구를 예리해지게 만들었다. 오늘에 와서야 내가 발견했던 것은 의료 문제는 암이 아니라, 상대적으로 사소하고 쉽게 치료되는 문제였다는 것이다. 그리고 이미 나는 나 자신이 평소의 나태한 영성으로 되돌아가 잠들어 있음을 느낄 수 있다.

이는 내게 정확히 여기서 베드로가 드러내고 있는 핵심으로 보인다. 세상의 종말을 진지하게 여기면 우리는 이 세상을 바르게 보게 된다. 마이클 그린이 지적하듯이, "'그가 나를 어떻게 발견할까?'는 죽음(1:14)이 먼저 올지 파루시아가 먼저 올지 그리스도인이 스스로 질문할 매우 엄중한 질문이다."[31] 우리가 역사의 과정 그리고 특별히 그 임박한 종말에 대해 믿고 있는 것은, 우리가 사는 방식에 영향을 미친다. 혹은 적어도 그래야 한다. 사실은 많은 그리스도인들이 종말론에 대해 올바르게 믿고 있지만, 순수하게 자신의 태도나 행실을 변화시키는 것으로 여기지는 않을 것이기 때문이다.

왜 그런가? 종말론이 우리가 믿는 교리이지 우리가 느끼고 경험하는 현실은 아

31. Green, *The Second Epistle General of Peter and the General Epistle of Jude*, 143.

니기 때문이다. 내 생각에 여기에 가르침과 실천 사이의 연결을 우리 삶에서 유효하고 결실을 많이 맺도록 만드는 열쇠가 있다. 우리가 듣는 진리를 내면화해서 그것을 그저 이론이 아니라 현실로 다루게 만드는 것이 그것이다. 어떻게든지 우리는 진리를 느끼는 것을 배워야 한다. 어떻게? 결국 우리는 모두 아마도 성령의 역사라고 답할 것이다. 하지만 성령께서는 어떤 도구를 가지고 역사하시는가? 설교는 분명히 그들 중 하나이다. 교회는 하나님의 말씀을 해설하는 일을 생생하게, 풍부한 상상력을 가지고, 그리고 열정적으로 해서 말씀이 살아서 오시고 그 청중들에 의해 순수하게 수용되는 일에 헌신하는 설교자들을 절실하게 필요로 한다.[32]

우리가 기왕에 특별히 종말론에 대해 이야기하고 있기에, 내친 김에 주목할 수 있는 것은 현대 교회는 종말론에 대한 설교와 가르침으로부터 크게 돌아선 것으로 보인다는 것이다. 과거의 "예언 컨퍼런스"는 "결혼 세미나"와 "재정 집사 워크숍"으로 대체되었다. 확실히 교회 안에서 결혼과 재정의 문제에 대해 말할 필요는 있다. 하지만 문제는 균형에 대한 것이다. 난해한 종말론적 논쟁에 대한 겸손의 마음으로, 너무도 많은 목사들과 그리스도인들은 종말론적 설교마저도 함께 단념해버렸다. 하지만 "마지막 일들"에 대한 효과적인 설교는 그리스도인들로 영원과 이 세상을 올바른 비례관계 속에 두는 세계관을 내면화하는 일을 돕는 최선의 길들 중 하나가 될 수 있다.

이 절들이 다른 한 가지 함축하는 바는 우리 시대에 주의를 요구한다. 그것은 파루시아의 종국성이다. 베드로는 그리스도를 땅으로 다시 보내시는 일에 있어서 하나님의 "지연"은 회개를 위한(9절) 그래서 구원을 위한(15절) 시간을 허락하시는 것이라고 주장한다. 여기에 함축된 것은 회개와 구원은 파루시아에 이르러서야 발생할 수 있다는 것이다. 그리스도의 재림이나 (그날까지 살 수 없는 우리들 중 어떤 이들을 위해서는) 죽음은 그리스도를 받아들이고 그래서 구원을 받을 모든 기회의 끝을 표시한다. 히브리서의 잘 알려진 구절은 "한 번 죽는 것은 사람에게 정해진 것이요 그 후에는 심판이 있다"(히 9:27)고 말씀한다.

일부 학자들은 신약성경이 죽음 이후에서조차 하나님께서 주시는 구원에 대해 응답할 기회를 암시한다고 논증한다. 하지만 이는 사실이 아니다. 현생에서 우리의 결정의 종국성이 신약성경 전체를 통해서 전제되고 있으며, 우리가 보았던 것

32. 한 사람의 열정적인 설교자에게서 나온 이 노선을 따르는 몇 가지 훌륭한 관념들에 대해서는 John Piper, "Preaching as Worship: Meditations on Expository Exultation," *TrinJ* 16 (1995): 29-45를 보라.

처럼 베드로후서 3장도 마찬가지이다. 아마도 이 주석을 읽는 독자들 중에 아직 스스로를 그리스도에 대한 신앙으로 헌신하지 않은 이들도 있을 것이다. 그들에게는 물론 이 요지가 함축하는 바는 분명하다. 지금이 결정할 바로 그때이다. 죽음 아니면 파루시아가 영원히 그리고 언제든지 그 모든 기회를 끝낸다. 우리 중 이미 주님을 알고 있는 자들에게 함축하는 바는 명백하다. 지금이 그리스도의 선한 소식을 나눌 그때이다—당신의 이웃과, 당신의 협력자와, 당신의 팀 동료와—너무 늦기 전에.

유다서 1-2절

1 예수 그리스도의 종이요 야고보의 형제인 유
다는 부르심을 받은 자 곧 하나님 아버지 안
에서 사랑을 얻고 예수 그리스도를 위하여
지키심을 받은 자들에게 편지하노라

2 긍휼과 평강과 사랑이 너희에게 더욱 많을지
어다

원 의미

고대 서신들은 전형적으로 발신자의 정체성, 수신자의 정체성, 그리고 인사로 시작했다. 유다는 이 관례를 따르지만, 각 부분을 확대 수정하고 있다. 따라서 그는 자신과 수신자들을 확정하지만, 각 부분에 이 서신이 무엇에 대한 것인지 이해하는 것을 돕는 간략한 서술을 제공한다. 유다는 사적인 개인이 아닌 예수 그리스도의 대표자로서 글을 쓰고, 예수 그리스도에 속한 자들을 독자로 두고 있다. 전형적인 고대 서신의 인사가 대개 단일의 용어인 "문안"('카이레인')인 반면에, 유다는 이를 독자들이 이미 성립된 그리스도와의 관계를 누릴 수 있도록 기도-소원으로 전환시킴으로써 수정한다. 게다가 그의 인사는 다른 신약성경 서신들과 비교할 때에도 독특하다. "은혜"에 대한 기원을 포함하지 않은 것은 신약성경의 인사로서는 유일한 경우이며, "사랑"에 대한 요청을 포함한 것도 유일하다.

"유다"(Jude)는 신약성경에서 43회 나타나는 헬라어('유다스')를 번역한 것이다. 6인의 상이한 사람들이 이 이름을 공유했지만, 우리는 이 서신을 쓴 유다가 마가복음 6:3에서 언급되는 주님의 형제라는 것을 상당히 확신할 수 있다(상세와 논증을 위해서는 서론을 보라). 우리는 그에 대해 아는 바가 거의 없다. 예수의 다른 형제들처럼, 유다도 예수께서 지상에서 사역하실 때에는 주님을 따르지 않았다. 하지만 여기서 지적되고 있는 자기-묘사처럼, 변화가 있었던 것은 아마도 예수의 부활 이후 사역의 시기동안일 것이다. 유다는 이제 "예수 그리스도의 종"이다.

"종"은 "노예"로 번역될 수도 있다. 헬라어 용어는 '디아코노스'("[가계] 종")가 아니라 '둘로스'("노예")이다. 이 용어는 분명히 그가 알게 되었고 이제 스스로 섬기게 된 주님에 대한 유다의 종속성을 지시한다. 하지만 칭호는 언제나 명예를 수반한다. 모세(수 14:7; 왕하 18:12)나 다윗(시 18:1; 겔 34:23) 같이 구약성경에서 하나님의 백성을 이끈 위대한 지도자들도 하나님의 "종"으로 불렸다. 우리는 지금 유다가 자신의 영광스러운 지위를 말하면서 "예수 그리스도"를 "하나님"이나 "주님"의 지위에 두고 있다는 사실을 간과해서는 안 될 것이다.

우리는 유다가 스스로를 "예수 그리스도의 종"으로 정의하려 했던 이유를 잘 이해할 수 있다. 동일한 표현을 했던 바울(예컨대 롬 1:1을 참조하라)이나 베드로(벧후 1:1)처럼, 유다는 이 직책을 주님으로부터 나온 권위 있는 말씀을 그리스도인들에게 전할 자신의 권한을 세우는데 사용한다. 그가 서신을 쓰는 것은 단순히 동료 그리스도인으로서가 아니라 섬기는 자로서, 그래서 예수 그리스도를 직접 대표하는 자로서 쓰는 것이다. 중요한 것은 바울과 베드로와는 달리 유다는 스스로를 "사도"로 부르지 않는다는 점이다.

하지만 스스로를 "예수 그리스도의 종"으로 부르는 것이 완전히 뜻이 통한다면, 유다가 계속해서 "야고보의 형제"라는 묘사를 추가하는 이유를 이해하기는 더 어렵다. 더 이상의 서술을 하지는 않지만, 이 "야고보"는 신약성경에서 가장 유명한 야고보를 가리키는 것임이 틀림없다. 그는 예수의 형제(갈 1:19)로서 초기 예루살렘 교회에서 높은 지위에 이르렀으며(행 15:13-21; 21:18; 갈 2:9), 지금 신약성경에 포함된 서신을 썼다. 아마도 유다는 스스로를 동일한 이름을 가진 다른 초기 그리스도인들과 구별하기 위해 이 언급을 추가한 것으로 보인다. 그는 유명한 야고보의 형제인 유다이다. 혹은 아마도 유다는 야고보를 알고 있으며 그에게 크게 관심을 가졌던 그리스도인들에게 쓰고 있는 것일 수도 있다. 훨씬 더 흥미로운 것은 아마도 유다가 여기서 "주님의 형제"임을 주장하지 않은 이유에 대한 의문일 것이다. 하지만 우리가 주목했던 바와 같이, 유다의 예수와의 육체적 관계는 그에게 어떤 영적인 유익도 주지 않았다. 그래서 이 칭호는 그가 서신에서 하고 있는 일과는 무관하다.[1]

유다는 독자들이 그리스도인임을 확인한다. 이 묘사에서 핵심 용어는 "부르심을 받은"('클레토이스')이다. 이 용어는 그리스도인이 되는 것은 하나님께서 은혜

1. 야고보가 그의 서신에서도 "주님의 형제"라는 직책을 사용하지 않은 것을 주목하라.

롭게 손을 뻗으셔서 무능한 죄인들을 하나님과의 관계 속으로 데려오신 결과라는 신약성경의 확신을 반영한다. "부르시다"는 그래서 "초대하다"를 의미하지 않는다. 마치 하나님께서 사람들에게 하나의 모임으로 올 것을 요구하시고, 이에 그들이 받아들일지 거부할지를 결정하는 그런 의미는 아니다. 이것이 의미하는 바는 "택하다" 혹은 "선발하다"이고, 하나님의 "택하심"은 효력이 있다. 이를 행하고 계신 분이 바로 주권을 가지신 주님이시기 때문이다. 이 모든 것이 배경에 놓여 있다. 여기서 결정적인 것은 "부르심을 받은 자들"이 "성도들"이라는 표현처럼 그리스도인들, 즉 하나님의 새로운 백성을 구성하는 자들을 묘사하는 표준적인 방식이 되었다는 점이다(롬 1:1; 고전 1:1도 보라).

독자들에 대한 유다의 묘사에서 이 많은 것이 명백하다면, 나머지는 얼마 안 될 것이다. 1절 마지막 부분의 헬라어 원문은 끼워 맞추기가 어렵지만, 그럼에도 NIV에서 발견되고, 다른 거의 모든 현대 영역본이 따르고 있는 일반적인 해석이 최선으로 보인다. "부르심을 받은 [자들]"이 주요 서술이고, 다음과 같이 두 개의 병렬하는 묘사가 그것을 상술하는 것이다.

> 하나님 아버지 안에서 사랑을 얻고
> 예수 그리스도를 위하여 지키심을 받은 [자들].[2]

이 상술들의 정확한 의미는 불분명하다. "하나님 아버지 '에게서' 사랑을 받고"(NIV) 대신에, 우리는 또한 "하나님 아버지 '안에서' 사랑을 얻고"(NASB; NRSV; REB)로 번역할 수도 있다.[3] 이 경우 유다는 우리가 경험하는 사랑의 근원이 아니라—하나님 아버지께서 우리를 사랑하신다—우리가 사랑을 경험하는 맥락을 강조하는 것이다—사랑은 "안에" 있는, 곧 하나님 아버지와의 교제 안에 있는 우리의 존재의 산물이다.[4] 결국 NIV 해석이 바람직한데, 대안으로 제시되는 번역이 누가

2. 이 해석은 두 개의 분사들, 아가페메노이스("사랑받는", loved)와 테테레메노이스("지킴받는", kept)가 토이스…클레토이스("부르심을 받은 자들", the called)을 수식하는 것으로 여긴 것이다.

3. 여기서 헬라어 원문은 전치사 엔을 사용하는데, 이는 위치의 의미("안에서")나 도구의 의미("로써")를 가질 수 있다. KJV번역, "하나님 아버지에 의해 성화된"(sanctified by God the Father)은 헬라어 원문의 한 가지 이독(異讀)에 의존하고 있다.

4. 이 시각에 대해서는 특별히 Bauckham, *Jude, 2 Peter*, 26을 보라. 빅(Bigg, *The Epistles of St. Peter and St. Jude*, 324)은 두 가지 분사와 더불어 "하나님 아버지 안에서"로 읽는 이독(異讀)을 제시한다. "부르심을 받은 자 곧 하나님 아버지 안에서 사랑을 얻고 예수 그리스도께로 지키심을 받은 자들"(…called, who in God the Father are beloved and kept unto Jesus Christ).

사랑을 하고 있는지를 확인하지 않기 때문이다.[5] 부르심을 받은 자들, 그래서 하나님의 백성에 속하게 된 자들처럼, 우리는 우리를 향하신 하나님의 지속적인 사랑에 대한 체험을 누린다.[6]

두 번째 묘사는 유사한 문제를 제기한다. 여기서 사용된 헬라어 구문(여격)은 예수 그리스도께서 "지키시는" 분이시거나(NIV) 예수 그리스도께서 그를 "위해서" 우리가 지킴을 입는 분이시라는 것(예컨대 NRSV를 보라: "예수 그리스도를 위해서 지킴을 입은")을 가리킬 수 있다. "로써"로 번역하는 것은 매력적인데, 그렇게 되면 이것은 두 묘사가 병렬되기 때문이다. 하지만 아마도 다른 선택이 더 나을 것이다.[7] 통상적으로 하나님께서는 친히 그리스도인들을 "지키시는" 분이시고, 그리스도를 위해 "지켜지는"이나 "보존되는"이라는 개념은 우리가 신약성경의 다른 곳에서도 발견하는 것이다. 데살로니가전서 5:23b을 주목하라. "너희의 온 영과 혼과 몸이 우리 주 예수 그리스도께서 강림하실 때에 흠 없게 '보전되기'를 원하노라."

"예수 그리스도를 위해 지키심"은 하나님께서 그리스도인들을 현생을 통해서 영광중에서 예수 그리스도의 강림에 이르기까지 영적으로 온전히 보존하시기 위해 그들을 위하여 권능을 행사하신다는 것을 의미한다.[8] 신자들에게는 현생에서 겪어야 할 것들이 많이 있다. 사탄과 그 하수인들의 유혹과 시험과 맹공격이 그것이다. 하지만 하나님께서는 매 순간마다 우리를 지켜보시고, 그리스도를 위해 우리를 안전하게 지키시기를 약속하신다. 물론 하나님의 보존하시는 능력이 우리가 그저 편히 쉬고 모든 것을 그분께 맡길 수 있다는 것을 의미하지는 않는다. 유다가 서신의 마지막에서 이 동일한 관념으로 어떻게 아름답게 돌아오는지를 주목하라. "하나님의 사랑 안에서 자신을 '지키며' 영생에 이르도록 우리 주 예수 그리스도의 긍휼을 기다리라"(21절). 하나님께서 우리를 "지키시지만", 우리도 스스로를 "지켜야" 한다.

유다는 자신이 말하는 것을 "세 가지"로 표현하기를 좋아한다. 1절에서 그는 그리스도인들을 "부르심을 받고", "사랑받으며", "지킴을 받는" 자들로 묘사했다. 이

5. 예를 들어 Kelly, *The Epistles of Peter and of Jude*, 243을 보라.

6. "사랑받은"의 헬라어 단어는 완료시제이며, 이는 지속적인 상태를 시사한다.

7. 예를 들어 Bigg, *The Epistles of St. Peter and St. Jude*, 324; Kelly, *The Epistles of Peter and of Jude*, 243을 보라.

8. 분사(테테레메노이스)는 다시 완료 시제로서, "지켜짐"이 신자들이 그리스도에 대한 그들의 신앙을 통해서 있게 되는 지속적인 상태임을 함축한다.

제 2절에서 그는 그의 독자들이 "긍휼"과 "평강"과 "사랑"으로 채워질 수 있도록 기도한다. "채워지다"(개역개정판은 "더욱 많아지다"-옮긴이)는 NIV와 달리 헬라어 원문을 직역한 것이지만, 그럼에도 "풍부하게 너희 것이 될지어다"(NIV)도 확실히 이 개념을 포착한 것이다. "긍휼"은 신약성경의 기원-기도에서는 자주 발견되지 않는다(하지만 딤전 1:2; 딤후 1:2; 요이 3절을 보라). 대게는 "은혜"가 나온다. 하지만 그 의미는 상당히 동일하다. 하나님의 분에 넘친 은총이 죄인들의 구원을 위해 그들에게 부여된다. 유다는 "평강"을 통해 그리스도 안에서 하나님과의 회복된 관계성으로부터 나오는 내적인 만족을 의미하는 것일 수 있다—"하나님 '의' 평강." 하지만 이것이 우리의 "하나님 '과 함께하는' 평강", 즉 하나님께서 우리를 위해 그 아들 안에서 제공하시는 화목의 새로운 지위를 의미할 가능성이 더 높다. 그렇다면 유사하게 "사랑"도 우리의 타인을 향한 사랑이 아니라 하나님의 우리를 향한 사랑을 의미하는 것이다.[9]

유다는 물론 신자들이 그리스도 안에서 이 놀라운 축복들을 누린다는 것을 안다. 하지만 그의 기도는 그들이 진정으로 그것들을 음미하고 일상생활에서 그것들로부터 유익을 누릴 수 있기를 바라는 것이다.

상황잇기

번역자의 목표는 고대의 본문을 현대의 언어로 해석해서 현대 독자에 대한 영향이 고대 독자에게 가능했을 것과 동일하게 만드는 것이지만, 이 목표는 결코 성취될 수 없다. 왜냐? 원문이 현대 독자들이 아닌 고대 독자들이 속한 세계의 한 부분이기 때문이다. 최고의 번역조차도 결국은 불충분해서 주석이나 사전이나 백과사전 등 현대 독자가 원문의 완전한 의미를 "경험"할 수 있도록 고대의 배경을 충족시키기 위해 고안된 가능한 모든 수단으로 보충되어야 하기 때문이다. 하지만 이 모든 자료들을 가지고도, 우리는 실제로 원 독자들처럼 고대의 문화 "속에" 있지는 않을 것이지만, 그럼에도 우리는 언어가 무언가 그것들에 대해 의미하는 것을 전달하려고 노력해야 한다.

이와 관련하여 단순한 구절인 "예수 그리스도의 종"을 고려해 보라. 그 의미는 꽤 분명하고 많은 설명도 필요하지 않아 보인다. 아마도 (우리가 했던 것처럼) 헬

9. 예를 들어 Kelly, *The Epistles of Peter and of Jude*, 244를 보라. 반론으로 Green, *The Second Epistle General of Peter and the General Epistle of Jude*, 158.

라어 용어가 "노예제"의 함의를 담고 있음에 주목하는 것이 유용할 것이다. 하지만 구약성경을 알았던 문화에 속했던 사람들(유다의 독자들은 분명히 그랬을 것처럼)은 우리가 놓치기 쉬운 이 구절에서의 중요한 울림을 감지했을 것이다. 주목했던 것처럼 "주의 종"/"하나님의 종"은 구약성경의 표준적인 구절이다. 그래서 유다가 "주"나 "하나님" 자리에 "예수 그리스도"를 두었을 때, 예수에 대해 무언가 크게 중요한 것을 전하고 있는 것이다. 그것은 주께서 모세와 다윗과 더불어 가지셨던 관계와 비슷하게 유다와도 관계를 가지신다는 것이다.

이는 자기 민족의 엄격한 유일신 신앙에 몰두한 유다 같은 유대인에게는 놀라운 진전이었다. 하지만 그가 예수를 하나님과 관련시킨 것은 유다가 예수와 함께 한 가정에서 성장했다는 것을 기억할 때, 훨씬 더 인상적이다. 확실히 부활만큼이나 극적인 사건으로 인해 필연적으로 유다는 자기 형제를 어떤 의미에서 하나님과 동등한 분으로 보게 될 수밖에 없었던 것이다.

우리는 물론 유다의 "예수 그리스도의 종"이 갖는 함의를 과도하게 역설해서는 안 된다. 우리는 그가 예수에 대해 이 표현을 통해 말한 것 속에 모든 신학적 함의를 담아냈을 것이라고 상상해서는 안 된다. 유다는 삼위일체의 교리를 형성하는 시기에 살지 않았다! 하지만 후대에 그리스도인들은 삼위일체의 개념에 도달하면서 우리가 이 절에서 발견하는 거의 우연한 암시 위에 자신들의 신학을 세웠다. 초기 그리스도인들은 예수에 대해 체험했는바 이로써 그들은 과거에 하나님을 위해 사용되었던 언어를 예수에게 적용하기 시작했다. 그들은 이 언어상의 전환이 갖는 신학적 함축을 서서히 만들어낼 수밖에 없었다. 하지만 다시 요지는 우리가 그가 말하는 것의 의의를 완전히 음미해야 한다면 유다가 사용한 언어에서 우리가 어느 정도 이런 신학적 울림을 "들을" 필요가 있다는 것이다.

현대적 의미

서신의 도입부에 대한 지루한 상술(詳述)은 현대적 의미를 얻어내기 위한 풍부한 근거로 보이지는 않을 것이다. 하지만 우리가 보았던 바와 같이, 유다는 정체성에 대한 단순히 있는 그대로의 구체적인 내용 그 이상의 것을 제공한다. 그 자신과 독자들에 대한 묘사는 오늘날의 그리스도인들을 위해 의미가 있다.

우리가 "예수 그리스도의 종"이라는 구절에서 신학적 울림을 깨달으면, 우리는 이 구절에서 예수의 고귀한 본성에 대한 일깨움을 발견할 수 있다. 그의 고귀한 지위는 수세기 동안의 정통파의 가르침 이후, 우리 대부분이 당연한 것으로 여기는 것이 되었다. 하지만 많은 이들은 그렇지 않으며, 그에게 독특한 지위를 주는 많은 이들도 그에게 성부 하나님과 "동등한 순위"를 주지는 못한다(예컨대 여호와의 증인, 몰몬교).

그리스도에 대한 유다의 묘사를 그리스도의 신성의 증거가 되는 본문으로 사용할 수 없다는 것은 사실이다. 하지만 이 구절은 분명히 이 방향성을 가지고 있다. 사실 우리는 예수의 신성에 대한 신약성경의 최고의 증거를 바로 이 구약성경에서 하나님에 대해 사용된 언어가 예수로 전환된 것에서 일부 발견한다. 요한복음 1:1; 20:28; 로마서 9:5; 베드로후서 1:1; 디도서 2:13 등과 같이, 예수가 "하나님"으로 불리는 특정 본문들이 중요하다. 하지만 훨씬 더 인상적인 것은 초기 그리스도인들이 대부분 엄격한 유일신교의 배경에서 나온 자들이면서도 예수를 향하여 행동하기 시작하고, 그가 하나님인 것처럼 말하게 되었던 신약성경의 증거가 풍부하다는 점이다. 그들은 예수를 경배했다(예. 마 14:33; 28:9, 17; 참조. 히 1:6). 그들은 야훼에 대한 구약성경의 절들을 예수에게 적용했다(예. 롬 10:13). 그들은 예수에게 기도했다(예. 행 7:59). 증거가 되는 본문보다는 훨씬 직접적이지 못하고 여호와의 증인과 논증할 때에도 곧바로 사용하기에 어려울지라도, 초기 그리스도인들이 예수를 어떻게 보았는지를 보여주는 이 지시들은 그의 완전한 신성을 지지하는 가장 가치 있는 논증들의 일부이다.

독자들에 대한 유다의 묘사에서, 나는 특별히 그들이 "예수 그리스도를 위해 ['혹은' 의해; 위의 주석을 보라] 지키심을 받은" 것의 중요성에 초점을 두기를 원한다. 유다가 말하는 것은 그리스도인들에게 진실한 것이다. 이는 정확히 예수께서 친히 기도하셨던 것이다. "나는 세상에 더 있지 아니하오나 그들은 세상에 있사옵고 나는 아버지께로 가옵나니 거룩하신 아버지여 내게 주신 아버지의 이름으로—제게 주셨던 권능으로—그들을 보전하사['혹은' 지키사; '테레손'] 우리와 같이 그들도 하나가 되게 하옵소서"(요 17:11). 우리는 자연스럽게 회심에 있어 하나님의 은혜에 대해 크게 관심을 두게 되며, 하나님의 은혜가 그리스도의 재림에서 다시 입증될 그날을 기쁨으로 기대한다. 하지만 그리스도인들이 자신을 보존하시는 하나님의 은혜를 망각하기가 쉬운데, 그러는 중에도 하나님께서는 날마다 그리고 능력 있게 우리 안에서 우리 한가운데에서 역사하고 계신다.

우리는 신약성경의 여러 곳에서 우리를 위한 하나님의 이 같은 사역에 대해 읽는다. 베드로는 박해를 당하고 있는 그리스도인들에게 그들이 "말세에 나타내기로 예비하신 구원을 얻기 위하여 믿음으로 말미암아 하나님의 능력으로 보호하심을 받았느니라"(벧전 1:5)고 확증한다. 그리고 거짓 선생들에 의해 혼란케 되었고 그들의 하나님과의 관계에 대해 불안해하는 그리스도인들에게 글을 쓰면서, 요한은 "하나님께로부터 난 자는 다 범죄하지 아니하는 줄을 우리가 아노라 하나님께로부터 나신 자[=예수[10]]가 그를 지키시매 악한 자가 그를 만지지도 못하느니라"(요일 5:18)고 한다.

그리스도인들은 근심할 이유가 많다. 하지만 우리가 두려워할 필요가 없는 한 가지가 있다. 우리의 믿음 안에서 우리를 유지하심에 있어서 하나님께서 가지신 신실하심이 그것이다. 이는 물론 우리가 이 문제에 있어 아무런 역할이나 책임이 없다고 말할 만한 것은 아니다. 유다는 우리에게 역할이나 책임이 있음을 분명히 한다(21절; 그곳의 주석을 보라). 그리고 방금 인용했던 절에서 베드로가 말한 것, 곧 우리가 "하나님의 능력으로 보호하심을 받는 것"은 "믿음을 통한" 것이라는 점에 주목하라. 하지만 그리스도인의 삶 속에서 언제나 그러해야 하듯이 우리는 하나님과 그의 은혜로써 시작한다. 그는 인간적인 습격(박해)과 영적인 습격(사탄)으로부터 우리를 보호하신다. 이 절들이 가르치는 바 땅의 어떤 것도 그리고 하늘의 어떤 것도 "우리를 우리 주 그리스도 예수 안에 있는 하나님의 사랑에서 끊을 수 없다"(롬 8:39).

이 같은 일깨움이 중요한 것은, 압박과 유혹과 위기의 와중에서 그리스도인이 하나님의 보존하시는 은혜를 망각하기가 쉽기 때문이다. 여전히 우리가 그 유명한 찬송가로 노래하듯이, "이제껏 내가 산 것도… 또 나를 장차 본향에 인도해" 주실 것도 이 놀라운 은혜(amazing grace)이다.

---

10. I. Howard Marshall, *The Epistles of John*, NICNT (Grand Rapids: Eerdmans, 1978), 252를 보라.

유다서 3-4절

3 사랑하는 자들아 우리가 일반으로 받은 구원에 관하여 내가 너희에게 편지하려는 생각이 간절하던 차에 성도에게 단번에 주신 믿음의 도를 위하여 힘써 싸우라는 편지로 너희를 권하여야 할 필요를 느꼈노니

4 이는 가만히 들어온 사람 몇이 있음이라 그들은 옛적부터 이 판결을 받기로 미리 기록된 자니 경건하지 아니하여 우리 하나님의 은혜를 도리어 방탕한 것으로 바꾸고 홀로 하나이신 주재 곧 우리 주 예수 그리스도를 부인하는 자니라

원 의미

대부분의 신약성경 서신들은(특히 바울서신) 첫 인사와 문안 이후에 감사와 기도로 옮겨간다. 하지만 유다는 이 두 가지들을 생략하여, 서신의 중심 내용에 바로 도달한다. 이 두 절에서 그는 이 서신의 이유와 주제를 설명한다.[1] 그 이유는 독자들이 모인 그리스도인 집회 속으로의 거짓 선생들의 침투인바, 그들은 불경한 사람들로서 이교적인 신앙의 형식을 살고 전파하는 자들이다(4절). 이 이유의 요구에 부합하기 위해, 유다는 한 가지 주제에 초점을 둔다. 그것은 그리스도와 사도들이 전한 대로 그리스도인의 믿음의 진리를 유지하는 것이다(3절).

우리에게는 이 거짓 선생들이 누구였는지에 대한 증거가 거의 없다. 유다가 함축하는 바는 그들이 그리스도인이라고 주장했다는 것인데, 그들이 그리스도 안에서의 하나님의 은혜를 악용했기 때문이다(4절). 그들이 이를 어떻게 했는지에 대해서는 확실하지 않다. 하지만 우리는 그들의 부도덕한 삶의 양식에 대해서는 확신하는바, 이것이 그의 비판의 핵심이다. 4절에서 유다는 그들을 "경건하지 않은"

---

1. 존 화이트(John White, *The Form and Function of the Body of the Greek Letter*, SBLDS 21 [Missoula, Mont.: Univ. of Montana Press, 1972], 18)가 지적하는 바는 이 절들은 전형적인 서신의 "본문 도입부"에 대응된다는 것이다.

('아세베이스') 자들이라고 부르는데, 이 용어는 거의 "서신의 기조(基調)"를 이루게 되었다.[2] 게다가 유다의 전체적인 목적은 3절이 보여주듯이 부정적인 것은 아니다. 그것은 긍정적이다. 진정한 신자들을 격려하여 그들 주위의 흉포한 경건하지 못한 자들의 앞에서 경건함을 드러내게 하는 것이다.

"사랑"이라는 용어는 유다의 서신의 도입부에서 중심적인 역할을 수행한다. 독자들은 하나님 아버지에 의해 "사랑 받는다"(1절). 유다는 그들이 그 사랑을 점점 더 체험할 수 있기를 기도한다(2절). 그리고 이제 유다는 그들을 자신도 사랑하는 자라고 부른다: "사랑하는 자들아"('아가페토이', NIV는 "친애하는 벗들이여").

3절에서 유다는 자신이 글을 쓰는 상황을 설명한다. 하지만 우리는 그가 이에 대해 두 가지 상이한 방식으로 무엇을 말하는지 설명할 수 있다. NRSV와 NIV를 비교하라.

> NRSV: "사랑하는 자들아, 우리가 나눈 구원에 관하여 기꺼이 너희에게 쓰기를 준비하는 중에, 나는 성도들에게 단번에 위임되었던 믿음을 위해 싸우기를 너희에게 쓰고 요청하는 것이 필요함을 발견하였노라."
>
> NIV: "친애하는 벗들이여, 우리가 나눈 구원에 관하여 너희에게 쓰기를 매우 갈망하였음에도 불구하고, 나는 내가 성도들에게 단번에 위임되었던 믿음을 위해 싸우기를 너희에게 쓰고 권해야 했다는 것을 느꼈노라."

NRSV 번역은 "중에"(while)라는 용어를 씀으로써 유다가 "우리가 나눈 구원"에 대해 쓰는 것과 믿음을 위해 싸우라는 그의 요청에 대해 쓰는 것이 동일한 서신을 가리킨다는 것을 암시한다. 그것은 바로 우리가 지금 보고 있는 바로 그 서신이다. 서신에서 유다는 이 목적들을 모두 성취하고 있는바, 믿음을 위해 싸움으로써 그의 독자들은 그들이 공통적으로 가지고 있는 구원을 보존하게 될 것이다. 하지만 NIV는 "불구하고"(although)라는 용어를 써서 상이한 시나리오를 제시한다. "우리가 나눈 구원"을 위해 유다가 쓴 것과 믿음을 위해 싸우라는 그의 요청에 대해 쓴 것은 두 가지 상이한 서신들을 가리킨다. 전자는 그가 쓰려고 의도했던 것이지만, 후자는 그가 실제로 썼던 것이다(즉, 바로 이 유다서이다).

이 두 번째 독법이 바람직하다.[3] 우리는 유다가 그의 독자들의 믿음에 대한 새

2. Mayor, *The Epistle of St. Jude and the Second Epistle of St. Peter*, 26.

롭고 심각한 위협이 되는 거짓 선생들에 대해 들었을 때, 그와 그의 독자들이 함께 공유하는 구원에 대해[4] 전반적으로 그리고 기쁨으로 쓸 준비를 하고 있는 것을 상상해야 한다. 결과적으로 그는 이 새로운 위협에 대해 독자들에게 경고해야 했기에, 기왕에 쓰려했던 서신을 포기한다.

거짓 선생들의 침투는 유다에게 "성도에게 단번에 주신 믿음의 도를 위하여 힘써 싸우라는 편지로 너희를 권하여야 할 필요"를 만들었던 것이다. 일반적으로 신약성경에서 "믿음"('피스티스')이라는 용어는 우리가 한 사람의 "그리스도에 대한 믿음"에 대해 말할 때처럼, 믿는 행위를 가리킨다. 하지만 몇 안 되는 곳에서 이 용어는 한 사람이 믿는 내용을 가리키기도 한다. 예컨대 갈라디아서 1:23을 보라. "다만 우리를 박해하던 자가 전에 멸하려던 그 믿음을 지금 전한다 함을 듣고." 분명히 "믿음"은 여기서 이 목적격의 의미를 가지고 있다. 이것은 그리스도인들이 믿는 대상을 묘사한다. 이는 예수의 구속하시는 죽으심과 부활, 성령의 내재하심, 믿음을 통한 은혜에 의한 구원, 그리고 (특별히 유다의 상황에서) 그리스도 안에서의 하나님의 은혜로부터 흘러나오는 거룩한 삶의 양식이다.

이런 본질적인 것들은 유다가 주장하는바 해석의 여지가 없는데, 이 믿음이 "성도에게 단번에 주신" 것이기 때문이다. 하지만 이 믿음이 공격을 당하고 있으며, 그래서 유다의 독자들은 이를 위해 "싸울" 필요가 있다. "싸우다"는 설득력 있는 표현이다. 그것은 운동선수의 전력투구를 가리키는바, 바울이 고린도전서 9:25에서 사용했던 용어와 유사하다. "이기기를 '다투는' 자마다 모든 일에 절제하나니 그들은 썩을 승리자의 관을 얻고자 하되 우리는 썩지 아니할 것을 얻고자 하노라." 바울은 후에 이 동일한 용어를 자신과 동료사역자들의 복음에 대한 정력적인 변론에 적용한다(골 1:29; 딤전 4:10; 6:12; 딤후 4:7). 그래서 유다는 그의 독자들에게 거짓 선생들이 믿음을 악용하는 것에 단순히 저항하기만 하지 말라고 요청한

3. 번역상의 차이의 이유는 무엇인가? "중에"나 "불구하고"라는 단어 중 어느 것도 헬라어 원문에는 존재하지 않는다. 이들 각각 분사구문(포이우메노스, "온갖 노력을 하는")의 의미를 해석한 것이다. 학자들은 "중에"를 지지하는 몇 가지 훌륭한 논증들을 인용하지만, 동사 "쓰다"를 반복한 것은 "불구하고"를 지지한다(예를 들어 Bauckham, *Jude, 2 Peter*, 29; Kelly, *The Epistles of Peter and of Jude*, 245-46을 보라).

4. 소수의 주석가들의 생각은 "우리가 일반으로 받은 구원" 구절에서의 "우리"는 유대인들과 이방인들을 지시한다는 것이다. 확실히 메시아적인 구원에 있어 유대인들과 이방인들의 공유는 신약에서 주요 특징이 된다. 벧후 1:1에 대한 우리의 주석을 보라("동일하게 보배로운 믿음을 우리와 함께 받은"). 하지만 유다는 이 서신에서 유대인/이방인의 구분에 대한 어떤 암시도 하지 않는다. 그리고 구절이 보다 자연스럽게 의미하는 바는 "너희들[독자들]과 내[저자]가 공유하는 구원"이다. Kelly, *The Epistles of Peter and of Jude*, 246을 보라.

다. 그들은 능동적으로 그리고 정력적으로 복음을 위해 싸워야 한다. 유다 자신은 20-23절에서 이 싸움의 상세한 요소들을 일부 상세히 설명한다.[5]

유다의 독자들은 왜 "믿음을 위해 싸울" 필요가 있는가? 이는(4절 시작 부분의 "때문에"[for]에 주목하라[개역개정판에는 없다-옮긴이]) "가만히 들어온 사람 몇이" 있기 때문이다. "어떤 자들"은 모욕적인 울림을 가지고 있다. 유다는 굳이 그들의 이름을 부르거나 수를 세는 것조차 하지 않는다.[6] 아마도 그의 경멸은 부분적으로 그들의 일하는 방식에 기인하는 것으로 보인다. 이 사람들은 믿음에 대해 솔직하게 반대하기보다는 은밀하게 자신들의 목표를 추구한다. REB가 지시하는 바와 같이 그들은 "교묘하게 들어온 것이다."[7] 그들이 독자들에게서 숨어서 신실한 자들이 그들을 인식조차 할 수 없도록 비밀스럽게 일한다는 것은 아니다. 오히려 그들은 자신들의 진정한 본질과 목적을 숨긴다. 예수께서는 "양의 옷을 입은 이리"(마 7:15)에 대해 경고하셨다. 이 거짓 선생들은 이런 이리들과 같다.

유다는 의심할 바 없이 우리에게 이 "사람들"에 대한 자신의 의견을 남긴다. 유다는 그들에 대해 네 가지를 말한다. (1) 그들은 "옛적부터 이 판결을 받기로 미리 기록된 자들"이다. 유다는 여기서 베드로가 거짓 선생들을 다룰 때 사용했던 것과 동일한 양식을 따른다. 그들을 소개하자마자 바로 그들에 대한 판결을 선고한다(벧후 2:1-4을 보라). "옛적부터 미리 기록되었다"는 구절을 둘러싸고 많은 논쟁들이 있다. 유다가 그의 서신의 기초로 베드로후서를 사용하는 것이라면, 그는 이 구절을 언급하는 것일 수 있다.[8] "옛적부터"라는 표현 때문에 이렇게 보는 것을 불가능하게 만드는 것 같지만, 헬라어 용어('팔라이')는 단순히 "이미"(막 15:44를 보라)를 의미할 수도 있다. 그래도 이는 이 용어로서는 생소한 의미이다. 그리고 유다가 베드로후서를 사용하고 있었을 가능성이 있다고 생각하지만(서론을 보라), 그럼에도 나는 유다가 여기서 이 서신을 언급한 것인지는 의심스럽다.

또 하나의 가능성은 유다가 『에녹 1서』에 대해 생각하고 있다는 것인데, 그가 이 유대 위서를 14-16절에서 인용하고 있기 때문이다.[9] 하지만 유다가 마찬가지로 다른 자료들도 언급한다면, 『에녹 1서』에만 초점을 둘 어떠한 이유도 없어 보인

5. Bauckham, *Jude, 2 Peter*, 31-32.
6. Kelly, *The Epistles of Peter and of Jude*, 248.
7. 이 동사는 파레이스뒤노인데, 이는 신약에서는 여기에서만 사용되었다. 벧후 2:1에서 베드로가 거짓 선생들을 묘사하기 위해 사용한 동사와 의미에서는 유사하다.
8. Bigg, *The Epistles of St. Peter and St. Jude*, 326.
9. Mayor, *The Epistle of St. Jude and the Second Epistle of St. Peter*, 24.

다. 켈리의 생각은 유다가 "하늘의 서판(書板)"을 생각했을 수 있다는 것인데, 이는 그 위에 심판을 받아 마땅한 자들의 이름뿐만 아니라 보상을 받아 마땅한 자들의 이름도 새겨져 하늘에 보존되고 있는 기록을 말한다.[10] 그럼에도 가장 단순한 해석은 유다가 그가 서신의 나머지에서 인용할 거짓 선생들의 심판을 위한 증거를 소개한다는 것이다. 그는 구약성경(5-8절, 11절)과 유대 전승(9절, 14-16절)과 사도들의 가르침(17-18절)을 인용함으로써 논증한다.[11] 이 모든 근거들을 가지고 그가 말하는 것은 이 거짓 선생들에 대한 "심판"은 오래전에 결정되었다는 것이다.

(2) "그들은 경건하지 아니한 자들이다." 우리가 앞서 주목한 대로 "경건하지 않다"('아세베스')는 유다서의 중요 표현이다(15절을 참조하라; 또한 18절의 동족 명사도 참조하라). 저자는 이를 비밀스럽게 슬쩍 들어와서 믿음에 위협을 가하는 자들을 묘사하는데 유일하게 최선인 표현으로 보고 있다. 이 용어는 "종교가 없는" 사람, "경배하지 못하는" 사람을 함축한다(롬 4:5; 5:6; 딤전 1:9; 벧전 4:18; 벧후 2:5-6; 3:7도 보라). 이는 온갖 종류의 죄와 잘못을 포괄할 만큼 충분히 폭넓지만, 헬레니즘 시대의 유대인들은 이를 특별히 윤리적인 의미에서 불경(不敬)함에 사용했다. "이론적으로 무신론이 아니라, 실천적으로 신을 믿지 않음"이 그것이다.[12] 유다는 분명히 이를 이런 식으로 적용하면서, 거짓 선생들의 교리적 오류에 대해서는 거의 아무것도 말하지 않으면서도 그들의 방탕한 삶의 양식에 대해서는 상당히 많이 말한다.

(3) 그들은 "우리 하나님의 은혜를 도리어 방탕한 것으로 바꾼다." "방탕"('아셀게이아'; immorality)은 베드로와 유다 모두가 거짓 선생들을 묘사하는데 사용하는 또 하나의 핵심 용어이다. 이 용어는 특히 성적인 부정, 술취함, 폭식 등 육의 죄를 함축한다. 그들 이전과 이후에 많은 이들도 그렇듯이, 거짓 선생들은 그리스도 안에서의 하나님의 자유로운 용서하심을 왜곡하여 죄악된 행실을 위한 "열려라 참깨"로 만들어 버린다. 그들은 마치 이렇게 말하는 것 같다. "하나님의 은혜의 본질이 하나님께서 십자가 위에서 우리의 죄를 완전히 짊어지셨다는 것이 아닌가? 그렇다면 어떻게 죄에 대한 징벌이 더 이상 있을 수 있는가? 우리는 우리가 원하는 대로 살 수 있다." 우리는 거짓 선생들이 실제로 이런 식으로 사물의 이치를 생각한 것인지 아니면 이것이 단순히 그들이 행하고 있던 것의 효과에 불과한 것

10. Kelly, *The Epistles of Peter and of Jude*, 250.
11. Bauckham *Jude, 2 Peter*, 35-36.
12. Ibid., 38.

인지 확신할 수 없다. 하지만 결론은 상당히 동일하다.

(4) 그들은 "홀로 하나이신 주재 곧 우리 주 예수 그리스도를 부인하는 자니라"(deny Jesus Christ our only Sovereign and Lord). NIV는 논쟁이 되고 있는 해석상의 문제에 대해 확고한 입장을 취하여, "홀로 하나이신 주재"(only Sovereign)라는 직책을 예수 그리스도께 적용시킨다. 헬라어 원문은 그렇게 명확하지 않고, "유일하신 주 하나님, 그리고 우리 주 예수 그리스도"(the only Lord God, and our Lord Jesus Christ; KJV)로 번역하는 것도 가능하다.[13] 하지만 NIV를 거의 모든 현대 역본들이 따르고 있고, 이 해석이 타당해 보인다.[14] 우리는 여기서 유다가 전형적으로 하나님에 대해서만 사용되는 언어를 예수 그리스도께도 적용한 예를 또 하나 보게 된다.

정확히 어떻게 거짓 선생들이 그리스도를 "부인"하고 있는가? 그들은 그리스도를 이론적으로 부인해서, 그의 본성이나 지위를 다투거나, "단번에 주신 믿음의 도"에 상충(相衝)되는 것들을 가르쳤을 수 있다.[15] 하지만 "주재와 주"의 독특한 결합은 그 따르는 자들의 순종을 요구할 예수의 권한에 대한 주의를 불러일으킨다. 따라서 아마도 유다는 그리스도에 대한 실천적인 부인, 즉 주 예수께서 그의 백성에게 요구하시는 것에 반대되는 방식으로 사람들이 행동하는 것을 생각하는 것 같다.[16]

상황잇기

우리는 두 가지 특별한 문제들에 보다 깊은 관심을 둠으로써 유다서 3-4절을 보다 잘 이해하게 될 것이다. 이는 서신의 논증 안에서 이 절들의 위치와 초대 교회에서의 전승의 중요성과 한계이다.

헬라 수사학과 유다의 서신. 신약성경 저자들은 "다문화적인" 환경 속에서 성장했다. 대부분은 유대인들로서, 구약성경과 유대 전승에 깊이 영향을 받았다. 게다

13. 이 해석을 위한 주요 논증은 데스포테스("주재"[主宰])가 신약에서의 유일한 예외(벧후 2:1)를 제외하고는 모든 경우 하나님을 지시한다는 것과, "오직 주님"(only Lord)은 하나님에 대한 유대의 표준적인 어법이라는 점이다(Mayor, *The Epistle of St. Jude and the Second Epistle of St. Peter*, 26-27; Kelly, *The Epistles of Peter and of Jude*, 252를 보라).

14. 이 해석을 위한 주요 논증은 데스포텐("주재")과 퀴리온 헤몬("우리 주")을 하나의 관사가 지배한다는 것이다. Bigg, *The Epistles of St. Peter and St. Jude*, 327; Bauckham, *Jude, 2 Peter*, 39를 보라.

15. Mayor, *The Epistle of St. Jude and the Second Epistle of St. Peter*, 27; Kelly, *The Epistles of Peter and of Jude*, 252-53.

16. Bauckham, *Jude, 2 Peter*, 40.

가 그들은 보다 큰 그리스로마 세계의 시민들이기도 했는데, 이 세계는 그리스 철학과 문학의 전통과 로마의 법 개념에 의해 형성된 세계였다. 학자들은 이 영향들 중 어떤 것이 다양한 신약성경 저자들에게 가장 결정적이었는지에 대해 끊임없이 논쟁한다. 이 다문화적인 스펙트럼에서 바울이 차지하는 위치에 대한 논쟁은 특별히 신랄하다. 우리가 유다를 고려할 때 즉각적으로 우리에게 충격을 주는 것은 물론 그의 철저하게 유대인다운 면모이다. 우리가 아는 바로는 그는 이스라엘의 유대인 가정에서 성장했다. 그는 서신에서 구약성경과 유대 전승에 대해 광범위하게 인용하고 암시한다. 그래서 우리는 유대적인 영향이 우리가 유다서를 해석할 때 고려할 필요가 있는 유일한 것이라고 결론 내리려는 유혹을 받을 수 있다.

하지만 이는 근시안적인 태도일 것이다. 그는 유대인이었던 만큼이나 그가 속했던 그리스 로마 세계로부터의 영향도 결코 피할 수 없었다. 학자들은 "팔레스타인 유대주의"와 "헬레니즘 유대주의" 사이에 어떤 예리한 구별도 불가능하다는 것을 보여주어 왔다. 1세기의 전체 유대주의는 어느 정도는 "헬라화" 되었는데—즉 그리스로마의 관념들에 의해 영향을 받았다—모든 유대인들이 헬레니즘의 환경 속에서 살았기 때문이다.[17] 그래서 우리는 적어도 유다가 그의 서신을 쓸 때 그리스로마의 관념들에 의해 영향을 받았을 가능성을 열어두어야 한다.

이 그리스로마 세계에 대한 가장 중요한 강조점들 중 하나가 "수사학"이다. "수사학"은 윤색(潤色; 우리가 예컨대 "강연자의 수사적인 미사여구가 대단히 감동적이었다"고 말할 때처럼)을 의미하는 것은 아니다. 고대세계에서 "수사학"은 설득의 기술이었다. 아리스토텔레스는 그의 『수사학』에서 수사학의 일부 고전적인 형식들을 정의했으며, 철저하게 법률적인 민족이었던 로마인들은 이 기술을 광범위하게 발전시켰다.

많은 성경학자들은 다양한 신약성경 저작들이나 이 저작들의 일부가 고대 수사학의 표준을 따르고 있다고 논증해왔다. 이 논증들은 결코 언제나 설득적인 것은 아니었다. 많은 경우 어떤 형식은 그것과 그리 잘 어울리지 않는 사료에 강제로 적용되는 듯한 인상을 갖게 만들었다. 하지만 드에인 왓슨(F. Duane Watson)은 유다서가 전형적인 고대의 수사학적 방식을 따르고 있다는 확신을 주는 실례를 들었다.[18] 수사학적 시각은 설득에 관심을 두고 있다. 유다는 그의 독자들을 설득하여

17. 이 주제를 입증하는 고전적인 작품은 Martin Hengel, *Judaism and Hellenism. Studies in Their Encounter During the Early Hellenistic Period*, 2 vols. (Philadelphia: Fortress, 1980)이다.

기독교 신앙에 대한 그의 통찰에 충실하고, 거짓 선생들에 의해 유포된 시각을 거부하게 하려고 애썼다. 우리는 그가 이 목적을 성취하기 위해 관례적인 수사학적 모델을 사용한 것에 놀라서는 안 될 것이다.

왓슨은 전형적인 고대 수사학적 특성들을 사용하여 다음과 같이 유다서를 개괄하고 있다.

3절 '엑소르디움'(exordium; 서두), 화자가 제기하려는 "문제"를 소개

4절 '나라티오'(narratio; 서술), 논제를 거론하게 만든 관심사를 설명

5-16절 '프로바치오'(probatio; 증명), 주장과 입증으로써 화자의 관점을 수용하도록 청중을 설득하려는 시도

17-23절 '페로라치오'(peroratio; 종결부), 기본 문제를 반복하고 감정에 호소

우리는 쉽게 유다서의 본체(本體)가 이들 구분에 상당히 잘 대응된다는 것을 볼 수 있다. 이는 유다가 남을 의식하여 특별한 수사학적 모델을 채택했음을 의미하는 것은 아니다. 그의 주변 문화로부터 익혀왔던 대로 이 일반적인 논증 양식으로 그가 자연스럽게 빠져들었을 것으로 보인다.

3-4절에서 적어도 두 가지 요소가 그들의 수사학적 기능에 비추어 조금 더 두드러진다. (1) 그가 주목했던 바와 같이, 이 두 절(그리고 왓슨이 "쿼시-엑소르디움"[quasi-exordium; 준(準)-서두]로 부르는 1-2절도)의 핵심 요지들 중 일부는 '페로라치오'(17-23절)에 다시 출현한다.

사랑: "사랑을 얻은" 그리고 "사랑"(1-2절), "사랑하는"(3절), 그리고 "하나님의 사랑 안에서 자신을 지키며"(21절)

긍휼: "긍휼"(2절), 그리고 "어떤 의심하는 자들을 긍휼히 여기라"(22절)

지킴: "예수 그리스도를 위하여 지키심을 받은"(1절), 그리고 "하나님의 사랑 안에서 자신을 지키며"(21절)

사도적인 전승에 충실할 필요: "성도에게 단번에 주신 믿음의 도를 위하여 힘써 싸우라"(3절), 그리고 "우리 주 예수 그리스도의 사도들이 미리 한 말을 기억하라"(17절)

---

18. F. Duane Watson, *Invention, Arrangement, and Style.*

거짓 선생들의 정체성과 부정적인 성격규명: 4절 그리고 18-19절.

유다의 순서는 수사학적 양식의 전형으로서, 일반적으로 '엑소르디움'에서 나온 본질적인 관념을 '페로라치오'에서 반복한다. 수사학적 분석은 유다의 설득 전략에 있어서 이 요지들이 핵심 관념으로서 가지는 중요성에 관심을 집중시킨다.

(2) 수사학적 분석은 또한 유다가 4절에서 그러는 것처럼 일부 언어를 사용한 이유를 이해하는데 도움을 준다. 고대뿐만 아니라 현대의 "설득가들"도 이해하고 있듯이, 사람들로 하나의 관점을 받아들이게 만드는 일은 논리에 의존하는 만큼 감정에도 의존한다. (우리가 TV에서 보는 전형적인 정치적 광고를 생각해보라!) 그래서 좋은 수사학자는 많은 정서적인 언어를 사용한다. 유다가 이를 4절에서 어떻게 수행하는지에 주목하라. "'어떤' 자들"(경멸적인 언어; 개역개정판은 "사람 몇이"-옮긴이); "'은밀히' 슬쩍 들어온"(그들은 음흉하고 이중적이다; 개역개정판은 "가만히 들어온"-옮긴이); "경건하지 아니하여"(그들은 실제로 하나님을 섬기지 않는다); "방탕"; "예수 그리스도를 부인하는." 왓슨이 주목한 바와 같이, 언어가 전달하는 것은 "절박함과 혐오"이다.[19] 유다는 우리에게 의심할 바 없이 그가 이 사람들을 처음부터 어떻게 생각하고 있는지를 보여주고, 그의 언어의 설득력은 출발부터 우리의 주의를 끈다. 그가 쓰는 내용은 사소한 문제가 아니었다.

초대교회에서의 전통. 이 절들에 대한 현대적 적용도 우리가 역시 "전통"에 대한 신약성경의 가르침에 대한 모종의 이해를 가지고 있어야 한다는 것을 요구한다. 유다는 믿음을 "성도에게 단번에 주신" 것으로 묘사하면서 이 문제를 다룬다. 많은 학자들의 생각은 사도시대에 살고 있는 사람은 이 같은 표현을 사용했을 수 없다는 것이다. 그들의 주장은 이것이 보다 후대의 시기, 즉 아마도 2세기로서 교회가 어느 정도 시간 동안 주변에 퍼져있던 교리의 전통적인 본체를 인지하게 되었을 시기의 느낌을 준다는 것이다. 이 해석가들에게 전통은 어린 기독교 공동체의 혁신적이고 원기왕성한 생명력으로부터 떠남을 나타내는 것이다. 전통은 대개 우리에게 어떤 긍정적인 함축도 가지지 않는다. 우리는 『지붕 위의 바이올린』에 나오는 노래를 생각하는데, 거기서 유대인 주인공은 옛 방식을 주장하면서 "전통"이라는 말을 되풀이한다. 그리고 우리 중 다수는 "전통" 때문에 비극적으로 혁신에 대해서는 닫혀버린 교회에서 예배드려왔다("하지만 우리는 언제나 이것을 이 방

19. Ibid., 46.

식으로 해왔다").

이것이 유다의 표현이 의미하는 바인가? 신약성경은 "전통"에 대해 무엇을 말하는가? (1) 우리는 신약성경 자체 안에서 "전통"이 중요한 역할을 수행한다는 것을 깨달아야 한다. 가장 유명한 예가 고린도전서 15:1-8이다.

> 형제들아 내가 너희에게 전한 복음을 너희에게 알게 하노니 이는 너희가 받은 것이요 또 그 가운데 선 것이라 너희가 만일 내가 전한 그 말을 굳게 지키고 헛되이 믿지 아니하였으면 그로 말미암아 구원을 받으리라
>
> 내가 받은 것을 먼저 너희에게 '전하였노니' 이는 성경대로 그리스도께서 우리 죄를 위하여 죽으시고 장사 지낸 바 되셨다가 성경대로 사흘 만에 다시 살아나사 게바에게 보이시고 후에 열두 제자에게와 그 후에 오백여 형제에게 일시에 보이셨나니 그 중에 지금까지 대다수는 살아 있고 어떤 사람은 잠들었으며 그 후에 야고보에게 보이셨으며 그 후에 모든 사도에게와 맨 나중에 만삭되지 못하여 난 자 같은 내게도 보이셨느니라.

강조된 용어인 "전하였노니"는 NIV가 유다서 3절에서 "주신"으로 번역한 동일한 헬라어('파라디도미')를 번역한 것이다. 다른 말로 하자면, 바울은 그리스도의 죽으심과 묻히심과 부활에 대한 진리—복음 메시지의 중심—가 자기에게 "전해졌던" 것이라고 주장한다. 거의 처음부터 초기 그리스도인들은 그리스도 안에서의 하나님의 역사에 대한 본질적인 진리의 본체(本體)를 형성했고, 이는 복음이 설교되었던 곳이면 어디든 전해졌던 것으로 보인다.

(2) 바울은 이 동일한 "전통"에 대해서 목회서신에서 자주 말하고 있다. 거기서 그는 디모데와 디도가 "바른" 혹은 "유익한" 가르침에 초점을 두었다고 주장하고(딤전 1:10; 6:3; 딤후 1:13; 4:3; 딛 1:9; 2:1), 디모데에게 "네게 부탁한 아름다운 것을 지키라"(딤후 1:14)고 요청한다. 많은 학자들은 우리가 여기서 1세기 말이나 2세기 초의 사고방식을 보여주는 또 하나의 예증을 갖고 있다고 생각한다. 이 강조에서 바울의 입장이 갖는 관심사를 보는 것이 자연스러운 일인데, 그의 관심사는 말년에 이르러 하나님께서 사도들에게 계시하셨던 대로 복음을 원래 그대로 전하려는 것이었다. 하나님께서 사도들에게 기독교 진리의 발전에서 수행할 결정적 역할을 주셨기 때문이다. 성령께서 "너희에게 모든 것을 가르치고 내가 너희에게 말한 모든 것을 생각나게 하리라"(요 14:26)고 예수가 약속하신 것은 아마도

특별히 사도들에게 적용되는 것일 텐데, 그들은 예수에 대한 진리의 전달자와 보호자가 되었다.

그렇다면 요지는 이미 신약성경 시대에 우리들은 사도들의 가르침에 기초해서 성립된 일단의 믿음들의 중요성을 분명히 깨달을 수 있다는 점이다. 이 "전통"이 유다가 이 같은 고통 속에서 거짓 선생들의 침입에 대항하여 보호해야 했던 것이다.

현대적 의미

유다서의 수사학적 성격을 깨닫는 것은 우리로 저자가 바로 어떤 종류의 서신을 썼는지에 대해서 일깨움을 준다. 그것은 특별한 관점을 위한 열정적인 논증이다. 우리는 이 서신 같은 것을 읽을 때 너무도 지나치게 쉽사리 분석적인 방식으로 빠져들 수 있다. 신중한 분석은 물론 필수적이다. 적어도 나는 그러기를 소망하고, 그게 아니라면 이 주석은 아무런 목표도 없는 셈이다. 하지만 분석은 너무도 쉽게 그 자체 목적이 되기도 하거나, 혹은 서신의 진정한 요지와 힘을 무뎌지게 만드는 효과를 갖는다.

유다는 절박함을 가지고 쓰고 있다. 우리가 이 서신을 읽으면서 이 절박함을 감지해 내서, 그 일부를 끄집어 낼 필요가 있다. 거짓 선생들이 우리 시대에 가장 중요하고, "성도에게 단번에 주신 믿음"이 모든 국면에서 타격당하고 공격당하기 때문이다. 우리는 신경을 쓰는가? 유다는 확실히 그랬다!

그의 열정과 관련되는 것이 그의 감정이다. 그는 거짓 선생들에 대한 열정적인 분석을 적고 있다. 그는 그들을 꾸짖고 책망한다. 우리는 유다서를 공감하면서 읽고, 그 감정이 우리를 움직여서 행동하게 만들도록 허용해야 한다. 유다가 자신의 정서적인 언어를 통해 우리를 자기의 관점으로 설득시키기를 원하기 때문이다. 수사학은 구두로 말하는 상황을 위해 고안되었다. 법률가는 법정에서 한 사건에 대해 주장하고, 정치인은 중립적인 투표자들을 얻기 위해 애쓴다. 아마도 우리가 유다서를 소리 내어 읽으면서, 그가 그의 언어 속에 담아냈던 모든 감정을 우리의 말 속에 두었다면, 우리는 그의 메시지를 더 잘 음미할 수 있었을 것이다.

유다가 그토록 열정적인 것은 무엇에 대한 것인가? "성도에게 단번에 주신 믿음"이라는 구절에 있다. 찰스 빅이 지적하듯이, "믿음에 대한 유다의 언어는 고도로 교리적이고, 고도로 정통파이며, 고도로 열렬하고,…이런 구절들을 사용했던 사람들은 신조(信條)를 열정적으로 믿었다."[20]

신조는 우리 시대에는 유행이 지난 것인데, 그 이유는 두 가지이다. (1) 우리 중 많은 이들이 출석하는 교회는 어떤 신조에 뿌리를 두지 않는다. 현대 복음주의 운동이 성장시켜온 많은 교회들은 비교파적이거나 교파와의 결속이 단단하지 않다. 그리고 물론 역사적인 종파들 중에는 신조가 가장 중요한 경우도 더러 있다. 아직도 교파적인 관계에 대해 강한 의미를 유지해오는 교회들에서조차(예컨대 감리교, 장로교, 루터교, 그리고 로마가톨릭은 말할 필요도 없다), 오늘날에 신조의 역할을 경시하는 경향이 존재한다.

(2) 이는 신조에 대한 관심의 결핍에 대한 두 번째 이유로 이끈다. 바로 이 용어는 약간 "답답함"의 울림을 가지고 있다. 이것은 우리 앞에 케케묵고 칙칙한 교회 건물이나 메마른 학구적 논쟁의 이미지를 연상시킨다. 결과적으로 많은 현대 복음주의는 뿌리가 없다. 그들이 가진 기독교에 대한 의미는 그들의 교회나(세워진 지 겨우 몇 년 되지 않았을 뿐인) 그들의 현재 부임하고 있는 목사 그 이상으로 넘어서지 않는다.

지금 나는 확실히 수년 동안 그리스도의 대의를 손상시켰던 슬픈 교회론 논쟁으로—혹은 전쟁이기도 하다—되돌아가 변론하고 있는 것이 아니다. 신조들은 편협하고 분열을 조장시켜서 다른 것들의 희생으로 특정의 교리를 확립시키고 믿음에 대한 우리의 특정 시각이 유일하게 올바른 것이라는 것을 우리에게 확신시키는 것일 수 있다. 하지만 유다의 요지는 분명하다. 일단의 믿음들이 존재하는데, 이는 그리스도의 가르침과 사역에 기초하고 있으며, 사도들에 의해 발전하고 전해졌으며, 양보할 수 없는 것이라는 점이다. 그리스도인이 된다는 것은 이 믿음에 동의하는 것이고, 이를 거부하는 것은 그리스도인이 되기를 그만두는 것이다.

이 믿음이 무엇인지 정확하게 정의하는 것은 물론 속임수다. 많은 정의(定意)나 신조는 너무 지나치게 길고, 기껏해야 신약성경에서 의문스럽거나 요지를 벗어난 문제들만을 포함하고 있다. 하지만 다른 신조들은 너무 지나치게 단순하고 너무 지나치게 적은 것만을 포함하고 있다. 이와 관련하여 나는 교회일치운동의 과정에서 출현했던 일부 "신앙고백들"에 대해 생각한다. 그들 중 일부가 제시하는 바는 예수 그리스도께서 당신의 영적인 여정에서 어느 정도 중요하다고 생각하는 한, 당신은 그리스도인이 될 수 있다는 것이다. 우리가 채택하는 어떤 신조도 그 안에 사도적인 전통—신약성경—이 본질적인 것으로 인정하는 것들을 포함

20. Bigg, *The Epistles of St. Peter and St. Jude*, 325.

시킬 필요가 있다. 그리고 본질적인 것으로 인정되지 않은 것은 어떤 것도 포함시켜서는 안 된다.

이 같은 신조를 만드는 것은 물론 벅찬 일이다. 그리고 우리는 스스로가 결코 모든 것에 완전히 합의하지 않을 것임도 깨달아야 한다. 하지만 내 생각에 우리는 복음주의 운동의 역사에 대해 훨씬 더 큰 관심을 발전시킴으로써 이 작업에서 도움을 얻을 수 있을 것이다. 나는 내 교회에서 최근에 주일학교의 한 학급을 가르쳤는데, 여기서 나는 "정통주의"라는 주제를 택했다. 나는 "교회사"에 대한 대략적인 개관을 함에 있어 역사에서 상이한 시대가 상이한 교리에 기여했던 방식에 초점을 두었다. 내 목적은 신자들에게, "기독교세계"에 대한 통일성의 감각을 주는 것이었으며, 이 신자들은 내가 말하고 있던 민족이나 관념들 대부분에 대해 한 번도 들어본 적이 없었다. 모든 세기마다 사람들은 근본적으로 동일한 것을 믿어왔다.

이 같은 역사적인 인식은 엄청난 자극이 되어, 우리가 그리스도를 고백하고 진리를 위해 서 있는—세계전역으로부터 모든 시대로부터 온—사람들의 거대한 교제의 일부분으로 서 있다는 것을 일깨운다. 이것은 또한 우리 문화가 우리의 신학적 통찰에 가져올 수 있는 과잉-강조와 맹점에 대한 생생한 교정이기도 하다. 비록 전통이 성장을 억제할지라도, 전통의 결핍은 한 교회가 문화와 신학에서의 변화의 바람이 부는 한 가운데에서 믿음에 안전하게 붙드는 닻을 가지지 않는 것을 자주 의미하기 때문이다.

마지막으로 나는 우리가 유다가 가졌던 정통성을 향한 모종의 열정을 되찾기를 간청하려한다. 데이비드 웰즈(David Wells) 같은 사람들이 지적해왔듯이, 우리는 신자들이 더이상 진리에 흥분하지 않는 시대를 살고 있다.[21] 우리는 편협하게도 우리가 관심을 두는 한도에서만 실천적이며, 근시안적으로 "최소한"으로만 행위하는 것에 집중함으로 인해 그 이외의 모든 것을 배제시키는 정도에 이르렀다. 하지만 유다가 납득시키려고 노력하고 있는 요지들 중 하나는 진리와 실천이 하나로 연결되어 있다는 점이다. 그리스도 안에서 하나님의 진리는 사람들을 자유케 한다. 확실히 우리가 복음의 능력과 그것이 우리에게 주는 축복을 진정으로 누린다면, 우리는 그것을 유지하고 방어하는데 더욱 열정적일 것이다.

---

21. David Wells, *No Place for Truth or Whatever Happened to Evangelical Theology?* (Grand Rapids: Eerdmans, 1993).

유다서 5-10절

5 너희가 본래 모든 사실을 알고 있으나 내가
너희로 다시 생각나게 하고자 하노라 주께서
백성을 애굽에서 구원하여 내시고 후에 믿지
아니하는 자들을 멸하셨으며
6 또 자기 지위를 지키지 아니하고 자기 처소
를 떠난 천사들을 큰 날의 심판까지 영원한
결박으로 흑암에 가두셨으며
7 소돔과 고모라와 그 이웃 도시들도 그들과
같은 행동으로 음란하며 다른 육체를 따라
가다가 영원한 불의 형벌을 받음으로 거울이
되었느니라
8 그러한데 꿈꾸는 이 사람들도 그와 같이 육
체를 더럽히며 권위를 업신여기며 영광을 비
방하는도다
9 천사장 미가엘이 모세의 시체에 관하여 마귀
와 다투어 변론할 때에 감히 비방하는 판결
을 내리지 못하고 다만 말하되 주께서 너를
꾸짖으시기를 원하노라 하였거늘
10 이 사람들은 무엇이든지 그 알지 못하는 것
을 비방하는도다 또 그들은 이성 없는 짐승
같이 본능으로 아는 그것으로 멸망하느니라

원 의미

3절에서 유다는 우리에게 그가 '무엇을' 쓰고 있는지를 말한다. 그는 신자들에게 사도들로부터 전해졌던 그리스도에 대한 진리에 끈질기게 매달리도록 요청한다. 4절에서 그는 우리에게 자신이 '왜' 쓰고 있는지를 말한다. 그가 쓰는 이유는 거짓 선생들이 교회에 침투해서 그리스도의 진리를 위험에 빠뜨리고 있기 때문이다. 유다는 서신의 마지막에서(17-23절) 3절에서 선포했던 긍정적인 공세로 돌아선다. 하지만 5-16절에서 그는 4절을 상세히 다루며 거짓 선생들에 대해 묘사하고 책망한다. 이 절들은 세 가지 주요 단원으로 나뉘는데, 각 부분에서 유다는 구약성경이나 유대의 전통적 자료를 인용하고서, 이를 거짓 선생들에게 적용한다. 그리고 이 단원들 각각에서 유다는 또한 "이들"('후토이')이라는 용어를 사용하여 예증으로부터 적용으로 이동한다.

유다서의 단원	구약성경/전통적 자료	적용
5-10절	5-7절(9절)	8절("이들")과 10절
11-13절	11절	12-13절("이들")
14-16절	14-15절	16절("이들")

유다의 전략은 분명하다. 악명 높은 죄인들에 대한 전통적인 예증들로 거짓 선생들의 정체성을 확인함으로써, 독자들을 움직여 이 침투자들을 거부하고 실제로 그들을 혐오스럽게 여기게 한다.

많은 영역본(NIV 같은)과 주석가는 5-10절을 두 개의 구별된 단락으로 나눈다. 하지만 방금 개괄한 수사학적 양식이 제시하는 바는 5-7절의 구약성경의 예증을 8-10절의 적용과 하나로 합쳐야 한다는 것이다. 확실히 이 적용은 한 가지 장애물로 인해 복잡해진다. 그것은 유다가 모세의 시체를 두고 미가엘이 사탄과 다투는 것에 대한 외경적 전승을 언급한 것(9절) 때문이다. 하지만 이 암시는 그 자체가 별도의 단락을 형성할 만한 새로운 예증이라기보다는 부차적인 실례가 되는 것으로 보인다. 유다가 삼조 형식(triad)을 선호하는 것이 여기서도 재차 입증되고 있다. 그는 심판에 대한 구약성경의 세 가지 예증(5-7절)과 거짓 선생들이 저지른 세 가지 특별한 범죄(8-10절)를 언급한다.

죄와 심판에 대한 구약성경의 세 가지 예증들(5-7절)

고대 작가들은 자주 서신의 도입부로부터 이른바 "알림 양식"(disclosure formula)으로 불리는 것을 통해서 본문으로의 전환을 이룬다. 이는 자주 "그러나 너희가 알기를 원하는바"나 "그러나 내가 너희로 일깨우려고 하는바"의 형식을 취한다. 유다가 "너희가 본래 모든 사실을 알고 있으나 내가 너희로 다시 생각나게 하고자 하노라"(5절)고 한 것은 이 양식의 이형(異形)이다. 이는 5-16절을 전체적으로 소개한다. "모든 사실"은 돌이켜 유다가 3절에서 말한 것을 가리킬 수 있다. "너희가 본래 '성도에게 단번에 주신 믿음의 도'를 알고 있으나"[1] 하지만 "이"로 번역된 용어는 사실 복수('판타', "이 모든 것들")인데, 이것이 타당하고 이어지는

1. Bauckham, *Jude, 2 Peter*, 48.

것에도 더 자연스럽게 관련된다. "너희가 이미 구약성경과 전통적인 자료를 잘 알고 있을지라도, 내가 너희로 나누려고 하는…"[2]

유다의 첫 번째 예증은 이스라엘의 광야 세대이다. 유다는 독자들에게 "주께서 백성을 애굽에서 구원하여 내셨다"는 것을 일깨운다. 우리는 이 진술에서 흥미로운 본문상의 이형(異形)을 접하게 된다. NIV의 난외주에서 지적된 것과 같이, 다수의 헬라어 사본은 "주님"으로 번역되는 용어의 자리에 "예수"를 말하는 헬라어를 가지고 있다. 일부 주석가들은 이 독법이 원문이며, 유다가 여기서 선재하신 예수를 애굽으로부터 백성을 구원하신 분으로 생각하고 있다고 생각한다. 그들은 고린도전서 10:4을 지적하는데, 여기서 바울은 광야에서 이스라엘을 따라왔던 "반석"을 그리스도로 보고 있다.[3] 다른 이들은 "주님"이 최선의 독법이라고 생각하면서도, 이 주님을 그리스도로 본다.[4] 하지만 구절의 흐름이 보여주는 바는 그 백성을 구원하고 멸망하시는 분이 누구이든지(5절) 또한 불순종한 천사들을 흑암에 가두신 분이기도 하다는 것이다(6절의 "그"를 보라; 개역개정판에는 없다-옮긴이). 유다가 예수를 이 모든 일들을 행하신 분으로 여긴 것 같지는 않다. 그래서 아마도 우리는 "주님"으로 읽어야 하며, 그를 "여호와" 하나님으로 여겨야 한다.[5]

그렇다면 유다가 독자들에게 일깨우는 것은 하나님께서 "그의 백성을 애굽에서 구원하셨다"는 것이다. 그는 물론 출애굽을 지시하는바(출 6-14장), 이 사건은 이스라엘 백성을 결정하고 존재하게 만들었던 사건이다. 하나님께서는 모세를 통해서 애굽에 내리셨던 재앙을 통해서 바로를 압박하여 "그의 백성을 가도록"하셨다. 그리고 하나님은 "갈대 바다"에서 도망하는 이스라엘민족을 추격하려했던 애굽의 군대를 멸하셨다.

하지만 유다의 독자들과 대부분의 그리스도인들이 알고 있듯이, 하나님께서 애굽에서 구원하신 백성은 약속된 땅에 대한 기쁨을 누리지 않았다. 기존에 가나안의 땅에 있던 사람들의 힘에 크게 놀라서, 그들은 하나님께서 그들에게 승리를 주실 것을 신뢰하지 못했다. 그래서 하나님께서는 이스라엘의 전 세대가(여호수아와

2. Mayor, *The Epistle of St. Jude and the Second Epistle of St. Peter*, 28.
3. A. R. C. Leaney, *The Letters of Peter and Jude*, CBC (Cambridge: Cambridge Univ. Press, 1967), 88; 참고, Neyrey, *2 Peter, Jude*, 61-62.
4. Bauckham, *Jude, 2 Peter*, 49.
5. 예를 들어 Mayor, *The Epistle of St. Jude and the Second Epistle of St. Peter*, 28-29; Kelly, *The Epistles of Peter and of Jude*, 255를 보라.

갈렙은 예외로 하고) 그들이 모두 죽을 때까지 광야에서 방랑할 것이라고 선포하셨다(민 14장을 보라). 유다는 "구원"을 "단번에"('하팍스', NIV는 번역하지 않았다; 개역개정판도 번역하지 않았다–옮긴이)로 한정하고, "멸하다"를 "후에"('듀테란')로 한정함으로써 이 거부의 비극을 강조한다.[6] 하나님이 그의 백성들을 구원하신 것은 결정적이고 종국적인 것으로 보이지만, 또한 하나님께서는 아직도 그들의 믿음의 결핍 때문에 그들을 "멸하신다." 유다는 이를 독자들에 대한 경고로 의도한다. 하나님께서 결정적으로 너희를 너희 죄악에서 구원하셨기 때문에, 너희가 그의 은혜와 긍휼을 얻을 수 있다고 생각하지 마라.

하나님의 심판에 대한 유다의 첫 번째(출애굽 세대)와 세 번째 예증(소돔과 고모라)은 구약성경에서 잘 알려진 것이다. 하지만 그의 두 번째(6절)는 그렇지 않다. "자기 지위를 지키지 아니하고 자기 처소를 떠난 천사들"이 그것이다. 많은 오래된 주석서들은 유다가 사탄이 하나님께 거역했을 때 분명히 발생했던 천사들의 타락을 언급하고 있다고 생각한다. 몇 안 되는 구약성경 구절들이 이 사건과 관련을 가질 수 있으며, 이는 이 사건을 다룬 존 밀턴의 『실락원』이라는 눈부신 작품을 통해서 서구 기독교 전통에서 소중한 지위를 얻게 되었다.[7]

하지만 유다의 시대에 범죄한 천사들에 대한 훨씬 더 잘 알려진 전통은 창세기 6:1-4에서 땅으로 내려와서 "사람의 딸"과 동거했던 "하나님의 아들"에 대한 불가사의한 언급과 관련이 있었다. 유대 해석가들은 이 본문에 기초해서 정교한 스토리를 만들어, "하나님의 아들"과 천사를 동일시하고 세상의 많은(혹은 모든 일수도) 죄악을 그들의 파멸적인 영향의 탓으로 돌렸다. 이 스토리들은 『에녹 1서』라는 중간시대 책에서 가장 정교한 서술을 발견하는데, 유다가 14-15절에서 이 책을 인용하기에, 우리는 이 스토리를 그가 6절에서 마음에 두고 있던 것과 동일시하는 것이 거의 확실히 옳을 것이다.[8]

---

6. 듀테란이라는 단어가 문자적으로 "두 번째"를 의미하기 때문에, 이 번역에 대해 일부 논쟁이 있다. 그래서 일부 주석가들은 유다가 광야 세대의 소멸을 애굽에서 성취된 첫 번째 이후의 "두 번째" 멸망으로 언급하고 있다는 것이다(Kelly, *The Epistles of Peter and of Jude*, 252). 그린(Green)은 이 언급이 그리스도의 재림일 것이라고 생각한다(*The Second Epistle General of Peter and the General Epistle of Jude*, 164). 하지만 가장 단순하게 생각하는 것은 듀테란이 하팍스에 이어 무언가 "첫 번째에 이은 두 번째 경험" 같은 것을 의미한다고 보는 것이다. 예컨대 Bigg, *The Epistles of St. Peter and St. Jude*, 328; Bauckham, *Jude, 2 Peter*, 50을 보라.
7. 이 전통에 대한 보다 상세한 내용에 대해서는 벧후 2:4-10상반절에 대한 "상황잇기" 단원을 보라.
8. 거의 모든 최근의 주석가들도 같은 견해이다. 『에녹 1서』의 스토리들에 대한 상세한 설명과 창세기 6장에 대한 해석에 대해서는 벧후 2:4-10상반절에 대한 "상황잇기" 단원을 다시 보라.

이 천사들은 유다가 지적하는바 하나님에 의해 위임된 "권위 있는 지위"('아르켄'), 즉 천상의 영향력과 사역의 영역이 있었던 것이다. 하지만 그들은 하나님께 거역함으로써 그들의 "처소" 즉 그들의 "고유의 거할 장소"(REB)를 저버렸다. 그래서 하나님께서는 그들을 심판하셨다. 그들은 "큰 날의 심판까지 영원한 결박으로 흑암에 가두어졌다." "큰 날"은 성경에 일반적으로 나오는 "주의 날"의 이형(異形)으로서, 그때 주께서 역사의 종말에 이르러 개입하셔서 그의 백성에게는 최후의 구원을, 그의 대적에게는 영원한 심판을 가져오신다. 이 반역의 천사들은 심판의 운명을 가지고 있다.

하지만 하나님께서는 그들을 다루심에 있어 그날까지 기다리지 않으신다. 유다가 주목하는바 지금도 그들의 심판은 이미 시작했다. "흑암"은 고대 세계에서 신적인 심판을 묘사하는 흔한 방식이다. 그리스인들은 유다가 여기서 사용하는 동일한 용어를 사용하여 죽은 영혼의 장소인 "지하세계"를 묘사했다. 이 언어는 또 『에녹 1서』에서도 "사슬"에 대해 언급하는 것처럼 선택되었다. 유다가 여기서 천사들의 심판에 대해 말하는 것과 천사들 중 우두머리의 하나를 심판하는 것을 서술하는 『에녹 1서』 10:4-6 사이의 유사성에 주목하라.

> 그리고 두 번째로 주님은 라파엘에게 말씀하셨다. "아사셀의 손과 발을 결박하라 (그리고) 그를 암흑 속에 던져 버려라!" 그리고 그는 다두엘에 있었던 광야에 구멍을 만들어 거기에 그를 던졌다. 그의 머리 위에 거칠고 예리한 돌들을 던졌다. 그리고 그는 그가 빛을 볼 수 없도록, 그리고 심판의 큰 날에 그가 불 속으로 보내어질 수 있도록 그의 얼굴을 덮었다.[9]

유다는 아마도 유다서 6절을 쓰면서 이 구절을 생각했을 수 있다. 그가 독자들이 이 전통들과 친숙했다는 것과 그래서 이것들을 언급하는 것은 그들에게 설득력이 있을 것임을 알았다고 우리는 추정할 수 있다. 우리가 이 절을 떠나기 전에, 우리가 주목해야 할 것은 유다가 천사들의 죄와 그들의 심판의 등가성을 암시하는 방식이다. 하나님께서 그들을 흑암 가운데 "두시는" 것은 그들이 부여받은 지위를 "지키지" 않았기 때문이었다. 여기서 우리는 의인들의 상황과는 부정적으로 대응

9. 인용문은 *The Old Testament Pseudepigrapha*, vol. 1: *Apocalyptic Literature and Testaments*, ed. James H. Charlesworth (Garden City, N.Y.: Doubleday, 1983), 17에서 취한 것이다.

되는 것을 발견하는데, 의인들은 하나님께서 "지키시는" 자들(1절)이고 하나님의 사랑 안에서 자신을 "지키는" 자들(21절)이다.

7절은 유다의 경고의 예증 중에 세 번째를 소개한다. "그 이웃 도시들"(예. 아드마, 스보임, 소알; 참조. 창 19:20-22)과 더불어 소돔과 고모라가 그것이다. 이 도시들에 대한 하나님의 심판에 대한 충격적인 스토리는 거의 속담이 될 정도가 되었다. 그들은 유대전통과 신약성경에서 자주 언급된다(예컨대 눅 17:26-29을 보라). 하지만 유다는 하나님의 심판만 언급한 것이 아니다. 그는 또한 우리에게 하나님께서 그 도시들을 심판하신 이유도 말한다. 이는 NIV가 번역하듯이 그들이 "스스로를 음행과 일탈에 넘겨주었기"(개역개정판은 "음란하며 다른 육체를 따라 가다"-옮긴이) 때문이다.

"음행"의 혐의는 분명하고 이해할 수 있는데, 창세기 19장에 의하면 소돔의 남자들이 롯을 방문하러 왔던 천사들과의 성관계를 요구했기 때문이다. 하지만 유다가 언급하는 두 번째 혐의인 "일탈"은 그렇게 명백하지 않다. "일탈"은 문자적으로 "다른 육체를 따라 가는"(참조. NASB)으로 번역되는 헬라어 구절을 NIV가 번역한 것이다. 대부분의 주석가들이 생각했던 것은 유다가 여인의 육체가 "아닌 다른 육체"와의 성관계를 구하는 것에 대해 소돔의 남자들을 책망하고 있다는 것이다. 즉 그들의 죄책인 "일탈"은 동성애였다. 그들은 "순리대로 여자 쓰기를 버리고"(롬 1:27), 하나님께서 그들에게 쓰라고 명하셨던 것이 아닌 "다른" 육체를 갈망했다.[10] 하지만 다른 주석가들의 생각은 여기서의 "일탈"은 천사들과 성관계를 하는 범죄라는 것이다.[11]

유대 전통이 이 방식으로 천사들의 범죄(6절)와 소돔 남자들의 범죄(7절)를 결합시켰다는 증거가 몇 가지 존재한다. 그리고 이는 여기서 단정한 전환을 만들었을 것이다. 천사들이 인간과의 성관계로 책망을 당할 때, 그렇게 소돔의 사람들은 천사들과의 성관계를 구했다는 책망을 받고 있다. 하지만 창세기 19장은 소돔의 남자들이 자신들이 원하는 자들이 천사들이었다는 것을 알았다는 것을 함축하지 않는다. "육체"도 천사들에게 적용하기에는 자연스러운 용어가 아니다. 그래서 아마도 일반적인 해석이 옳을 것이다. 유다는 소돔과 고모라에 대한 하나님의 심판을 그 거주민들의 동성애 행위에 연결시켰던 것이다.

---

10. 예를 들어 Mayor, *The Epistle of St. Jude and the Second Epistle of St. Peter*, 32를 보라.
11. Kelly, *The Epistles of Peter and of Jude*, 258-59; Bauckham, *Jude, 2 Peter*, 54.

따라서 유다는 결론내리기를 평원 위의 이 죄악의 도시들은 "영원한 불의 형벌을 받음으로 거울이 되었다"고 한다. 실제로 하나님의 심판은 장대하고 종국적이었다. 창세기 19:24에 따르면, "여호와께서 하늘 곧 여호와께로부터 유황과 불을 소돔과 고모라에 비같이 내리셨다." 유다서를 다루는 현대 작가들은 그 유황의 냄새와 연기와 끔찍하게 황폐화된 외양과 더불어 그 지역의 지형학에서 죄에 대한 하나님의 이 무시무시한 심판의 증거를 지속적으로 발견했다.[12] 이것이 유다가 이 부분의 마지막에서 현재시제를 사용한 이유들 중 하나가 되는데, 그 도시들이 "영원한 불의 형벌을 받음으로 거울이 되었기" 때문이다. 이는 또한 유다가 자신이 열거한 세 가지 예증에서 정경의 순서를 따르지 않는 이유가 될 수도 있다. 그가 그렇게 했다면, 우리는 천사의 죄가 처음에 나오고(창 6장), 소돔과 고모라가 두 번째로(창 19장), 그리고 광야세대가 세 번째로(민 14장) 나오는 것을 예상했을 것이다. 하지만 그가 만든 순서를 따름으로써, 유다는 심판에 있어서의 점강법(크레센도)을 형성하여 육체적인 죽음(5절)으로부터, 흑암에 가두어지고(6절), "영원한 불의 형벌"에 까지 이른다.[13]

거짓 선생들에 대한 예증들의 적용(8-10절)

유다는 의심할 바 없이 그의 성경적 예증을 적용한다. 그가 분명하게 "꿈꾸는 이 사람들"이 누구인지 확인시켜주지 않음에도, 문맥상 분명한 것은 "너희 가운데 가만히 들어온 사람들"(4절)을 암시하고 있다는 것이다. 중요한 것은 유다가 그의 적용에서 거짓 선생들에 대한 심판이 아니라 그들의 범죄에 초점을 두고 있다는 것이다. "그와 같이"가 제시하는 바는 거짓 선생들이 이스라엘 사람(5절)과 천사(6절)와 소돔과 고모라의 백성(7절)이 행했던 동일한 종류의 죄를 범하고 있다는 점이다. 유다가 필연적으로 그 범죄들이 동일하다고 의미하는 것은 아니다. 8절의 시작부분에서 전환구에 대한 NIV의 해석은 약간 설득력있다. 유다는 범죄들 사이에 일반적 유사성이 존재한다는 점만 암시한다.

유다는 거짓 선생들이 범하고 있는 세 가지 상이한 범죄들을 열거한다. 우리는

---

12. 예를 들어 Philo, *Moses* 2.56을 보라; 벧후 2:7에 대한 주석을 보라.

13. Watson, *Invention, Arrangement, and Style*, 53-54. 반대로 보컴(Bauckham)이 생각하는 것은 소돔인들이 늦게 나오는 것은 그들의 범죄가 거짓 선생들의 것과 가장 밀접하게 연관되기 때문이라는 것이다(*Jude, 2 Peter*, 55).

여기에 우리의 주석을 위한 기초로서 문자적인 번역을 해본다. 그들은 "꿈꾸면서, 육체를 더럽히고", "권위를 업신여기며", "영광을 비방한다." 이 세 가지 범죄들과 유다가 열거했던 구약성경의 범죄자들의 것과의 유사성은 일반적으로 분명하다. 천사들과 소돔인들은 그들의 성적인 일탈로써 "육체를 더럽혔다." 광야세대와 천사들과 소돔인들은 모두 주님의 지시를 따르기를 거부함으로써 "권위를 업신여겼다." 그리고 소돔인들은 롯을 방문하러 왔던 천사들에게 결례를 범함으로써 "영광을 비방했다."[14] 하지만 일반적인 사정이 분명해 보일지라도, 여러 세부적인 내용은 그렇지 않다. 각 구절은 좀 더 탐구가 필요하다.

(1) "꿈꾸면서, 그들은 육체를 더럽히며." "꿈꾸는"은 여기서 의외의 것으로 보인다. 소수의 주석가들은 이것이 의미하는 바는 거짓 선생들이 비현실적인 세계 속에 살고 있다는 것이라고 생각한다. 그들은 하나님께서 자신들의 행실 때문에 불쾌해하지 않으신다고 상상했다는 의미에서 "꿈꾸는 자들"(NIV)이었다.[15] 하지만 대부분의 주석가들이 합의하는 바는 유다가 환상 체험을 언급하고 있다는 것이다. 유다가 여기서 사용하는 동사('에뉘프니아조마이')는 자주 선지자들이 받았던 환상을 가리키는데, 유일하게 신약성경의 다른 곳에서 나타나는 것과 같다. "너희의 늙은이들은 꿈을 꾸리라"(행 2:17, 욜 2:28을 인용한 것). 동일한 동사가 거짓 선지자들이 받았다고 주장하는 환상을 지시하는 구약성경의 헬라어 역본에서 사용되고 있다(예. 신 13:2, 4, 6). 그렇다면 분명히 거짓 선생들은 자신들의 방탕한 행실을 그들이 받았다고 주장하는 계시적 환상에 근거를 두었던 것이다.

거짓 선생들의 방탕함에 대해 "육체를 더럽히다"(NIV는 "스스로의 몸을 더럽히다")라는 구절을 사용함으로써, 유다는 그들을 소돔인들과 밀접하게 관련시키는데, 그들은 "다른 육체"를 좇은 자들이다. 이로써 거짓 선생들이 소돔인들처럼 동성애의 죄책을 가지고 있었음을 의미하는 것인지 아닌지는 그럼에도 분명하지 않다. 유다는 단순히 거짓 선생들이 소돔인들처럼 음행의 죄책을 가졌음을 의미할 수 있다.

(2) "권위를 업신여기며." 칼빈과 루터는 이것이 의미하는 바가 거짓 선생들이 권위자를 부정하면서, 정부와 기독교 교회의 지도자들에 대한 오만한 경멸을 드러낸 것이라고 생각했다. 하지만 우리는 이 관념을 이런 식으로 제한할 아무런 좋은

14. Bauckham, *Jude, 2 Peter*, 55를 보라.

15. Mayor, *The Epistle of St. Jude and the Second Epistle of St. Peter*, 33.

이유도 알 수 없다. 여기서 "권위"라는 용어('퀴리오테스')는 "주님"('퀴리오스') 이라는 용어와 동일한 어근에서 파생된 것이고, 유다는 이미 우리에게 거짓 선생들이 "홀로 하나이신 주재 곧 우리 주['퀴리오스'] 예수 그리스도를 부인"(4절)한다고 말한 바 있다. 그래서 거의 확실히 유다가 의미하는 바는 거짓 선생들이 그리스도의 그리고/혹은 하나님의 주되심에서 벗어났다는 것이다.[16]

(3) "영광을 비방하는도다." NIV 해석이 올바르게 제시하듯이, 여기서 "영광들"은 "천상의 존재들"로서, 한 마디로 천사들이다(REB도 참조하라; NASB의 "천사 같은 주재들"에 주목하라).[17] 그리고 유다가 그들을 "영광들"이라고 부르고 그들에 대한 거짓 선생들의 비방을 죄라고 여기기에, 우리는 자연스럽게 그가 선한 천사들을 염두에 두었다고 생각할 수 있다. 만일 그렇다면 거짓 선생들은 어떻게 그들을 "비방하고" 있었던 것인가? "비방하다"라는 용어는 "욕하다", "멸시하다"로 번역될 수 있다. 이것이 제시하는 바는 경시하는 태도이며, 하나님이나 그 대표자에게 마땅한 것을 드리는 일을 하지 않는 말이나 행실에 자주 적용된다. 그래서 우리는 그리스도의 기적적인 이적들을 마귀에게 돌림으로써 성령을 "비방"할 수 있고(눅 12:10), 복음이 죄를 지지한다고 주장하여 복음을 "비방"할 수 있으며(롬 3:8), 아니면 그의 율법을 따라 살지 않음으로써 하나님을 "비방"할 수 있다(롬 2:24).

그래서 거짓 선생들은 천사들에 반하여 말함으로써 천사들을 "비방"하고 있을 수 있는데, 마치 어떤 영지주의 이교도가 천사들이 열등한 신을 섬겼다고 주장함으로써 그렇게 했던 것과 같다. 하지만 일부 학자들이 유다서에서 거짓 선생들을 영지주의자들과 연결시킴에도 불구하고, 그 정체성을 확인할 근거가 박약하다. 구약성경과 유대 전통이 천사들에게 심판에서 중요한 역할을 부여했기에, 거짓 선생들은 도래할 심판을 경시함으로써 사실상 천사들을 헐뜯고 있는 것일 수 있다.[18] 아니면 거짓 선생들은 하나님과 그의 율법의 권위를 거부함으로써 마찬가지로 천

---

16. 일부 주석가들의 생각은 하나님의 주되심을 의미한다고 생각한다(Mayor, *The Epistle of St. Jude and the Second Epistle of St. Peter*, 34). 다른 이들은 그리스도로 본다(Green, *The Second Epistle General of Peter and the General Epistle of Jude*, 168; Bauckham, *Jude, 2 Peter*, 56-57). 또 다른 이들은 하나님과 그리스도 모두로 본다(Kelly, *The Epistles of Peter and of Jude*, 262-63). 이 구절이 그토록 일반적이기에, 구별은 그리 크게 문제되지 않는다.

17. "영광들"(독사이)이라는 단어가 이 의미로 사용되는 것에 대해서는 벧후 2:10하반절에 대한 "원 의미" 단원을 보라.

18. Neyrey, *2 Peter, Jude*, 66.

사들도 간접적으로 공격하고 있는 것일 수 있는바, 그들은 율법의 중재자와 보호자로 여겨졌다(행 7:38; 갈 3:19-20을 보라).[19]

이 마지막 두 가지 해석들 중 어느 하나가 8절의 의미에 맞을 것이다. 하지만 나는 그들이 동등하게 문맥에서도 뜻이 통하는지 질문해야 한다. 9절은 해석하기에 쉬운 절은 아니지만, 그것이 이 문맥에 위치하는 것을 미루어 가장 자연스러운 해석은 거짓 선생들의 행실에 대한 대조로서 기능한다고 보는 것이다. 천사장 미가엘은 유다가 주목하는바 사탄에 대하여 "중상적인 ['혹은' 비방하는] 판결을 내리지" 못했다. 이것이 제시하는 바는 거짓 선생들이 사탄을 중상한 죄책을 '지고 있었다'는 점이다. 만일에 그렇다면, 8절의 "영광들"을 선한 천사들 대신에 '악한' 천사들로 규명하는 것이 가장 뜻이 잘 통한다.[20] 우리가 베드로후서 2:10b에 대해 논증했듯이, 이는 베드로도 유사한 구절에서 동일하게 의미했던 것으로 보인다. 그리고 내가 거기서 지적했던 것처럼, 악한 천사들을 "영광들"로 부르거나 그들을 비방한 것 때문에 사람들을 책망하는 관념은 완전히 낯선 것은 아니다. 비록 타락했지만 악한 천사들도 여전히 그들의 영광스러운 창조와 원래의 지위가 주는 흔적을 담고 있고, 그들을 가벼이 여겨서는 안 될 것이기 때문이다.

그렇다면 아마도 거짓 선생들은 주님의 능력과는 별개로 악한 천사들을 헐뜯으면서 대담하게도 자신들의 행실에 대해 그들이 갖는 중요성을 비하했던 것이다. 아마도 사도행전 19:13-16에서 유대의 귀신 쫓는 자들이 겪은 체험이 무언가 유사할 것이다.

> 이에 돌아다니며 마술하는 어떤 유대인들이 시험 삼아 악귀 들린 자들에게 주 예수의 이름을 불러 말하되 내가 바울이 전파하는 예수를 의지하여 너희에게 명하노라 하더라…악귀가 대답하여 이르되 내가 예수도 알고 바울도 알거니와 너희는 누구냐 하며 악귀 들린 사람이 그들에게 뛰어올라 눌러 이기니 그들이 상하여 벗은 몸으로 그 집에서 도망하는지라.

나는 유다의 거짓 선생들이 스스로의 힘으로 귀신들을 축출하려고 애썼다고 제시하는 것이 아니다. 하지만 그들은 일반적인 방식으로 이 유대의 축신하는 자들

19. Bauckham, *Jude, 2 Peter*, 57-58.
20. 예를 들어 Green, *The Second Epistle General of Peter and the General Epistle of Jude*, 168-69를 보라.

에 의해 저질러진 실수의 죄책을 가졌을 수 있다. 그것을 도우시는 예수의 권위에 의하지 않고, 악한 천사들의 힘과 영향을 물리치려고 했을 수 있다.

앞서 주목한 바와 같이, 9절은 어렵기로 유명한 절이다. 우리는 두 가지 문제에 직면한다. 그것은 유다가 언급하는 스토리의 근원과 그 스토리의 거짓 선생들에 대한 적용이다.

(1) "천사장"이라는 말은 신약성경의 다른 곳에서 한번만 사용되는 것으로(살전 4:16), 천사의 가장 높은 계급을 가리키는데, 유대인들은 중간기 시대에 이 지위를 발전시켰다.[21] 미가엘은 구약성경에서 세 번(단 10:13, 21; 12:1), 그 밖에 신약성경에서 한번(계 12:7) 언급되는데, 언제나 이 계급에 속해 있었으며, 자주 이 최고 계급에서도 가장 중요하게 묘사되었다. 문제는 우리가 구약성경이나 현존하는 유대 문헌의 어디에서도 유다가 여기서 언급하는 스토리를 발견하지 못한다는 점이다. 하지만 몇 가지 초기 기독교 교부들은 우리에게 그들이 매우 친숙해 있던 한권의 책에 대해 말하는데, 이 스토리를 담고 있었다. 이는 다양하게 불리는데, 『모세의 승천』 혹은 『모세의 유언』으로 불린다.[22] 유다가 인용하는 스토리의 기초들 중 하나는 분명히 스가랴 3장에 스가랴의 환상인데, 여기에서 "주님의 천사"와 사탄이 대제사장 여호수아를 두고 논쟁한다.

> 대제사장 여호수아는 여호와의 천사 앞에 섰고 사탄은 그의 오른쪽에 서서 그를 대적하는 것을 여호와께서 내게 보이시니라 여호와께서 사탄에게 이르시되 사탄아 여호와께서 너를 책망하노라 예루살렘을 택한 여호와께서 너를 책망하노라 이는 불에서 꺼낸 그슬린 나무가 아니냐 하실 때에(1-2절).

우리는 유다가 인용한 전통이 어떻게 이 환상에서 미가엘의 입술에 책망의 말들을 두는지를 깨달을 수 있다. 우리는 물론 유다가 이 스토리에 대해 어떻게 생각했는지에 대해 정확히 알 길이 없다. 그는 확실히 그가 인용하는 책이 정경적 지위를 가졌다는 어떤 암시도 주지 않는다. 하지만 그가 미가엘과 사탄에 대한 스토리가 진실이었다고, 즉 그것이 실제로 일어난 일이었다고 생각했을까? 아니면 그는 단순히 그의 독자들에게 잘 알려진 스토리를 인용하여 요지를 서술하려고

21. 때때로 천사장이 넷 있었고, 때때로 일곱일 경우도 있었다(Bauckham, *Jude, 2 Peter*, 60을 보라).
22. 이들 두 책들의 실존과 관계에 대한 주목할 만한 논쟁이 있으며, 그 중 하나는 유다가 언급했을 수 있는 것이다. 그 상황에 대한 최신의 개괄은 Bauckham, *Jude, 2 Peter*, 65-76에서 볼 수 있다.

했던 것인가? 우리는 말할 길이 없다(보다 상세한 것을 위해서는 "상황잇기" 단원을 보라).

(2) 우리의 당면한 목적을 위해 더 중요한 것은 유다서에 있어서의 스토리의 중요성이다. 대부분의 영역본에 따르면(NIV를 포함하여), 주요점은 미가엘이 비록 천사장이었지만 "감히 그[사탄]를 비방하는 판결을 내리지 못했다." "비방"의 관념을 통한 8절과의 연관성은 분명하다. 추정컨대 유다의 요지는 거짓 선생들이 그토록 건방져서 천사장 미가엘조차도 그러기를 거부하는 일까지 할 정도였다는 것이다. 주님의 권위나 후원 없이, 사탄이나 그의 동료들을 책망한 것이다. 미가엘이 직접 사탄을 책망하지 않았기에, 그는 주님께 그렇게 하시기를 요청했다. 그러나 거짓 선생들은 스스로의 권위로 악한 천사들을 헐뜯었다.

10절의 시작부분의 "이들"로써, 유다는 거짓 선생들에 대한 묘사로 돌아온다. 그렇다면 우리는 9절을 그의 이 이교도들에 대한 비판에서 예증을 위한 중단으로 보아야 한다. NIV는 불행히도 8절과 9절에서 동사의 연속성을 중단시킨다(개역개정판은 일관되게 "비방하다"로 번역했지만, NIV는 동일한 헬라어 동사를 10절[speak abusively]에서 8[slander], 9[slanderous accusation]절과 달리 번역했다-옮긴이). "-에 대해 욕설을 말하다"로 번역되는 동사는 "모독"(blaspheme), "비방"(slander)과 같은 것이다. 따라서 10절의 전반부는 악한 천사들을 비방한 것을 두고 유다가 거짓 선생들에게 행하는 비판을 다루고 있는 것이다. 그들은 자신들이 이해하지도 못하는 것을 비방한 것이다.

그렇다! 유다가 계속해서 말하는 바, 그들도 무언가 "이해하고" 있는 것이 있지만,[23] 그들은 그것들을 "이성 없는 짐승 같이 본능으로" 이해한다. 베드로후서 2:12의 평행구가 암시하는 것처럼, 유다는 여기서 거짓 선생들의 성적인 무절제를 묘사하고 있다. 하나님의 말씀의 "이성"을 따르기보다는, 그들은 순수 본능의 차원에서 행동한다. 그들에게는 짐승들처럼 옳고 그름에 대한 어떤 도덕적 중용이나 감각도 없었다. 놀랄 일이 아닌 것은 그들이 이 일들로 인해 "멸망"한다는 것이다. 그래서 유다는 전체적으로 이주 중요했던 지적에 관한 그의 단락을 끝맺는다. 종말론적 심판은 광야 세대와 범죄한 천사와 소돔과 고모라를 타격했던 것처럼, 유

---

23. 여기서 NIV는 영어로 언어유희를 하는바, 헬라어 원문에는 분명하지 않은 것이다. 이 절에서 첫 번째 "이해하다"(개역개정판은 "알지"-옮긴이)는 헬라어 단어 오이다를 번역한 것이고, 두 번째(개역개정판은 "아는"-옮긴이)는 다른 헬라어 단어 에피스테미를 번역한 것이다.

다의 교회에 있던 거짓 선생들을 타격할 것이다.

상황잇기

기독교 교회를 위해 이 절들이 갖는 중요성에 대해 우리가 더 생각하기 시작하면서, 이 절들에서 두 가지 주제가 더 많은 탐구를 필요로 한다. 유다의 전통적 자료 사용과 소돔과 고모라에서의 동성애에 대한 그의 언급이 바로 그것이다.

전통적 자료의 사용. 이 주석의 몇 가지 요지에서 나는 저자의 전통적 자료 사용에 대해 상세하게 들여다보았다. 이는 베드로후서와 유다서가 구약성경과 유대 전통에 크게 의존하고 있기 때문이다. 그리고 내가 논증해왔던 바와 같이 그들이 사용하는 전통을 음미하는 것은 그들이 독자들에게 전하려고 애썼던 것이 무엇인지에 대한 우리의 이해를 강화시켜준다. 유다서 5-10절도 전통적 자료에 대해 깊이 빚지고 있는 또 하나의 구절이다. 이 전통들의 일부가 갖는 배경과 중요성에 대해 면밀히 관찰하는 것은 우리들이 이 절들을 더욱 효과적으로 적용하는 일을 도울 것이다.

(1) 5-7절의 특징이 되는 것으로 죄와 심판에 대한 예증들을 하나로 모은 것이 유다서가 최초는 아니라는 점을 관찰해야 한다. 그보다 앞선 유대 작가들도 동일하게 예증들의 결합을 사용해왔다. 다음 본문들을 주목하라.

『시락서』 16:7-10
『다메섹 문서』 2:17-3:12
『마카비3서』 2:4-7

"고대 거인들[= 창 6장의 천사들]은 그들의 힘으로 반란했다. 그[하나님]는 롯의 이웃들을 구하지 않으셨다…

"하늘의 순찰자들[= 창 6장의 천사들]은 타락했다…

"당신은 멸망시켰다…그 거인들을…당신은 불과 유황으로 소돔의 남자들을 태워버렸다…"

그는 멸망에 바쳐진 민족을 위해 어떤 동정심도 보이지 않으셨다…"

[하나님의 백성들 중] 그들의 남자들은 광야에서 멸절되었다."

『납달리의 유언』 3:4-5

『미쉬나 산헤드린』 10:3
"…그래서 너희가 자연의 순리로부터 떠난 소돔처럼 되지 않도록.
마찬가지로 순찰자들도 자연의 질서로부터 떠났다."
"소돔의 남자들이 도래할 세상을 함께하지 못한다.…
광야의 세대는 도래할 세상을 함께 하지 못한다."

확실히 하자면 시락서만이 세 가지 언급을 모두 가지고 있으며, 다른 본문들은 이 세 가지들 외에 다른 예증들도 암시하고 있다. 하지만 이 본문들은 여전히 우리가 유다서 5-7절에서도 발견하는 일반적인 지시 양식을 드러낸다.

이 양식을 관찰함으로써 우리가 얻는 것은 무엇인가? ⓐ 이는 유다가 "자기 지위를 지키지 않은 천사들"(6절)을 언급할 때, 창세기 6장의 스토리를 지시하고 있다는 우리의 결론을 확증한다. 위에 인용된 다섯 본문들 중 네 가지는 이 스토리를 언급하면서, 중간시대 유대주의에 전형적이었던 것처럼 이 타락한 천사들을 "순찰자들"이라고 부르거나, 그들의 자손을 "거인들"로 언급한다. 유대인들이 소돔과 고모라나 광야 세대에 대한 암시와 더불어 창세기 6장의 "하나님의 아들들"의 스토리를 포함시키는 일에 익숙해 있기에, 우리는 유다도 역시 그렇다고 생각하는 것이 안전하다.

ⓑ 우리가 추측할 수 있는 것은 양식이 이미 유다의 독자들에게 알려진 것이라는 점이다. 그들은 죄의 위험에 대한 경고의 예증으로서 이 (그리고 유사한) 사건들을 골라내는 전통에 친숙해 있었을 것이다. 그들은 이 죄들을 저지른 사람들이 책망을 당하고, 그들이 "도래할 세상을 함께하지 못할"(참조. 『미쉬나』) 것을 알고 있었을 것이다. 그래서 유다가 거짓 선생들을 이 동일한 패러다임에 넣은 것은 주목할 만한 수사학적 효과를 가질 것이다. 그들을 확립된 악명 높은 죄인들의 집단과 연관시킴으로써, 유다는 그의 책망에 감정의 강도를 더한다. 이는 우리가 정적(政敵)을 "베네딕트 아놀드"(배신의 대명사-옮긴이)로 부르거나, 특별히 독재적인 우두머리를 일컬어 "히틀러 같은 놈"이라고 비난하는 것과 비슷하다.

ⓒ 유다서 5-7절의 이면에 있는 전통에 대해 우리가 인식하면서 갖는 또 하나의 부산물은 이 예증들의 세부적인 내용을 거짓 선생들에게 적용함에 있어서 어떤 주의할 점이 있다는 것이다. 유다가 이 죄인 집단들 중에 한두 가지를 언급할 수 있는 것은 그들이 거짓 선생들과 정확히 유사한 성격을 보여주었기 때문이라기보다는 그들이 전통의 일부였기 때문이다. 사실 그는 일반적 유사성을 발견하지만, 그

유사성이 세부적인 것에까지 이를 필요는 없었다. 예컨대 우리는 반드시 거짓 선생들이 소돔과 고모라의 남자들이 그랬던 바로 그 이유 때문에 동성애의 죄책을 가졌다고 결론내릴 수 있는 것은 아니다. 두 집단의 유사성은 기껏해야 성에 대한 성경적 명령에 대한 무시를 함축할 수 있을 뿐이다.

(2) 유다가 이 절들에서 전통적 자료를 사용한 것은 두 번째 논제를 불러일으킨다. 그가 인용한 전통 가운데 얼마나 많은 것을 이어받으려고 의도한 것인가? 이 질문은 우선 창세기 6:1-4에 기초한 "하나님의 아들들"에 대한 유대 전통을 그가 사용한 것에서 나타난다. 우리가 주목한 바와 같이 이 전통이 추정하는 바는 "하나님의 아들들"이 땅으로 내려와 인간 여성들과 성적인 관계를 가졌던 천사들이라는 것이다. 유다가 이 전통을 사용한 것에서 문제는 많은 아마도 대부분의 복음주의 학자들이 이것이 창세기 6:1-4의 의미가 아니라고 논증하려 한다는 점이다. 베드로후서 2:4-10a에 대한 "상황잇기" 단원에서 나는 이 문제를 전체적으로 탐구했다. 여기서는 "하나님의 아들들"을 천사들과 동일시할 좋은 사례가 만들어 질 수 있다는 것과 우리는 적어도 성경 저자가 스토리의 진실을 승인하고 있는지 아니면 단순히 그의 독자들에게 잘 알려진 것으로 알고 있는 전통을 그가 인용한 것에 불과한지 질문해야 한다는 것을 말하는 것으로 충분하다.

베드로후서에서 그랬던 것처럼 여기 유다서에서도 이 마지막 질문은 답하기에 쉽지 않다. 하지만 우리는 유다가 6절에서 천사들에 대한 스토리를 5절의 광야 세대 스토리나 7절의 소돔과 고모라에 대한 역사에서 그랬던 것과 어떻게든 다르게 보았다고 생각하기가 어렵다는 것을 용인해야 한다. 그럼에도 데릴 찰스(J. Daryl Charles)가 논증해온바, 천사들의 타락을 노아 홍수의 시기와 연관시키는 한도에서 전통에 동의하더라도, 유다는 분명히 그들이 범했던 범죄의 성적인 본성까지 이어받은 것은 아니라고 본다.[24] 찰스는 중요한 지적을 한다. 성경저자들이 언제나 자신들이 사용한 유대 전승의 모든 상세한 것까지 이어받는 것은 아니고, 우리가 주목해야 하는 것은 유다가 천사들의 성적인 범죄에 대해 어떤 분명한 언급도 하지 않고 있다는 점이라는 것이다. 확실히 하자면 많은 주석가들의 생각은 이것이 함축된 것은 소돔과 고모라의 남자들과의 유사성 때문이라는 것이다. 하지만 연관성은 함축적이고, 우리는 유다가 말한 것 이상을 말한 것으로 만드는 일에 대해서는 신중해야 한다.

---

24. J. Daryl Charles, *Literary Strategy in the Epistle of Jude*, 108-16.

하지만 유다가 전통적인 자료를 사용한 것이 갖는 논제는 9절에서는 훨씬 더 큰 문제로 떠오른다. 여기서 유다가 정경 책을 단 한권도 언급하지 않고, 어떤 책에 나오는 스토리 하나를 언급하기 때문인데—『모세의 승천』 혹은 『모세의 유언』—이 책은 어떤 종교집단도 정경으로 고려해본 적이 없는 것이다. 생각건대 우리에겐 두 가지 가능성이 있다.

ⓐ 유다는 이 스토리를 그와 그의 독자들 모두에게 친숙하고 그가 그의 요지를 서술하는데 사용할 수 있는 대중적인 "전설"로 여겼을 수 있다는 것이다. 유추를 사용함에 있어서 유다는 오늘날 어떤 설교자가 그리스도인들이 사는 새로운 세계를 서술하기 위해, "도로시가 토토에게 '나는 더 이상 우리가 캔자스에 있다고 생각하지 않아!'라고 말했던 것처럼" 말하는 경우와 유사한 경우일 수 있다. 이 설교자는 『오즈의 마법사』가 권위 있는 근거이거나 그 전하는 스토리가 진실이라고 생각하지는 않는다. 이 시점에서 진실을 묘사하는데 허구적인 작품이 기여하고 있는 것이다.

유다는 미가엘과 마귀에 대한 스토리를 유사한 방식으로 여겼을까? 전적으로 가능하다. 그의 독자들은 분명히 『모세의 승천/유언』과 같은 종말론 문학을 깊이 존중했고, 유다로서는 그들이 잘 알았던 스토리에 호소하는 것이 전적으로 자연스러웠을 것이다.[25] 그럼에도 우리는 이에 대해 확신할 수 없다. 그리고 어떤 이들은 유다의 독자들이 이 스토리와 이 단원에 있는 다른 (구약성경) 예증들 사이의 차이를 발견하기 어려웠을 것이라고 논증하려 할 것이다.

ⓑ 다음 두 번째 가능성은 유다가 이 사건이 실제로 일어났던 것으로 믿었다고 여기는 것이다. 그럼에도 이는 유다가 이 스토리가 취해진 책이 정경적이라거나 전적으로 정확하다고까지 생각했음을 의미하는 것은 아니다. 이는 기껏해야 유다가 이 스토리가 사실일 것이라고 믿었음을 의미할 뿐이다. 그는 그것을 어떻게 알 수 있었을까? 내 생각에 우리는 이 점에서 성경의 영감에 대한 우리의 믿음에 의존해야 한다. 유다는 하나님의 영의 지시아래 글을 썼고, 성령께서는 그를 이 특별한 구절로 이끄셨다. 그리고 그를 진정한 스토리를 담지 않은 다른 본문들은 인용하지 않도록 지키셨다.

---

25. Roger Beckwith, *The Old Testament Canon of the Christian Church and Its Background in Judaism* (Grand Rapids: Eerdmans, 1985), 401-5; A. Plummer, *The General Epistles of St. James and St. Jude* (London: Hodder & Stoughton, 1891), 424를 보라.

동성애의 주제. 결국 동성애라는 논쟁적인 주제에 대한 모종의 언급이 필요하다. 다음 단원에서 우리는 유다서 7절에서 발견하는 것과 같은 암시의 현대적 의미에 대해 이야기할 것이다. 여기서는 이 논의를 위해 성경적 배경을 간략하게 개괄하기를 원한다.

창세기 19장의 소돔과 고모라의 스토리는 분명하게 결코 동성애의 범죄를 하나님께서 그 도시들을 멸망시키셨던 이유로 두는 것이 아니다. 주님께서는 멸망 이전에 아브라함에게 말씀하신다. "소돔과 고모라에 대한 부르짖음이 크고 그 죄악이 심히 무거우니 내가 이제 내려가서 그 모든 행한 것이 과연 내게 들린 부르짖음과 같은지 그렇지 않은지 내가 보고 알려 하노라"(18:20-21). 상황을 조사하기 위해 보내진 천사들은 멸망이 도래하기 직전에 동일한 것에 대해 많은 것을 말한다(19:13). 하지만 천사들의 방문 스토리가 소돔 남자들이 천사들과 성관계를 가지려는 시도에 초점이 맞추어진 관계로, 분명해 보이는 것은 바로 이 죄악 때문에 특별히 하나님께서 그 도시들을 멸망하신다는 것이다. 확실히 하자면 선지자 에스겔은 "소돔"이 죄책을 졌던 다른 죄악의 목록을 열거한다. 오만, 사치스러운 삶의 양식, 그리고 가난한자들에 대한 무관심이 그것이다. 하지만 창세기 19장 자체에서는, 롯이 "악한 일"(19:7)이라고 부르는 것으로 동성애에 대해 관심을 집중하고 있다. 동성애가 소돔과 고모라의 멸망으로 이끌었던 죄악이라는 것이 물론 전통적인 이해이다. 이 때문에 동성애 행위를 지시하는데 "sodomy"(남색)와 "sodomite"(남색하는 자)라는 용어를 사용하게 되었다.

하지만 창세기 19장이 구약성경 중에서 유일하게 동성애를 책망하는 본문은 결코 아니다. 이는 이스라엘에 대한 하나님의 율법에서 분명하게 금지되고 있다.

레위기 18:22	"너는 여자와 동침함 같이 남자와 동침하지 말라 이는 가증한 일이니라."
레위기 20:13	"누구든지 여인과 동침하듯 남자와 동침하면 둘 다 가증한 일을 행함인즉 반드시 죽일지니 자기의 피가 자기에게로 돌아가리라."

중간기 시대의 후기 국면 동안 유대인들은 헬라 세계와 점점 더 접촉하게 되었고, 그 세계에서 동성애 관계는 일상적이었다. 실제로 많은 헬라인들이 남성 사이의 성적인 연애관계를 이성애의 성관계보다 더 고귀한 것으로 평가했다. 이 세계와의 접촉은 유대 작가들로 동성애에 대해 훨씬 더 강하게 성경적인 금기를 주장

하게 만들었다. 던(J. D. G. Dunn)이 정확하게 그 상황에 대해 개괄한 것처럼, "동성애에 대한 혐오는 사람의 창조가 함축하고 요구하는 것에 대한 유대적인 이해의 견실하고 분명한 특성을 담아내고 있다."[26]

우리 시대의 동성애 행위에 대해 유다서 7절에서 드러난 것과 같은 언급이 갖는 중요성을 평가할 때, 우리는 이 맥락을 염두에 두어야 한다. 우리는 이제 이 문제로 들어선다.

현대적 의미

동성애의 문제. 현대의 "성적인 혁명"의 마지막 단계에 있는 동성애에 대한 관용은 놀랍게도 아주 단기간에 수용되어왔다. 사고방식이 아주 신속하게 변화했기에, 겨우 15년 전에는 이를테면 스스로 동성애자임을 시인한 사람이 학교 교사가 될 수 없었던 것처럼 논증할 필요도 없이 당연하다고 여겨져 왔던 것이었더라도, 이제는 활발한 논증이 있어야 하고 모든 것을 말하고 행동하더라도 대부분의 사람들이 수긍하지 않을 수도 있다.

그리스도인들은 물론 이런 변화에 면역되어 있지는 않다. 그것을 수용하든 안하든, 우리의 태도는 우리가 회피할 수 없이 한 부분을 이루는 문화의 움직임에 의해 깊이 영향을 받는다. 그래서 그리스도인들은 동성애에 대한 자신들의 이해를 재평가하고 있으며, 일부는 우리가 우리의 시각을 수정할 필요가 있다고 주장한다. 그들 주장에 의하면 교회는 동성애를 죄로 낙인찍는 잘못을 범해왔다는 것이다. 동성애가 죄라는 관념은 이 문제에 대해 신약성경이 가르치는 것을 오해한 것이라는 말이다. 그래서 우리는 유다서 7절을 적용함에 있어서 신약성경에서의 동성애라는 보다 큰 주제에 대해 간략하게 논평할 필요가 있다.

유다서 7절에서의 동성애에 대한 암시에 더하여, 우리는 신약성경에서 동성애를 책망하는 다른 세 구절들을 발견한다.

> 이 때문에 하나님께서 그들을 부끄러운 욕심에 내버려 두셨으니 곧 그들의 여자들도 순리대로 쓸 것을 바꾸어 역리로 쓰며 그와 같이 남자들도 순리대로 여자 쓰기를 버리고 서로 향하여 음욕이 불일 듯 하매 남자가 남자와 더불어 부끄러운 일을 행하여 그들의 그릇됨에 상당한 보응을 그들 자신이 받았느니라(롬 1:26-27).

26. J. D. G. Dunn, *Romans 1-8*, WBC (Waco, Tex.: Word, 1988), 65-66.

불의한 자가 하나님의 나라를 유업으로 받지 못할 줄을 알지 못하느냐 미혹을 받지 말라 음행하는 자나 우상 숭배하는 자나 간음하는 자나 탐색하는 자나 남색하는 자나 도적이나 탐욕을 부리는 자나 술 취하는 자나 모욕하는 자나 속여 빼앗는 자들은 하나님의 나라를 유업으로 받지 못하리라(고전 6:9-10).

알 것은 이것이니 율법은 옳은 사람을 위하여 세운 것이 아니요 오직 불법한 자와 복종하지 아니하는 자와 경건하지 아니한 자와 죄인과 거룩하지 아니한 자와 망령된 자와 아버지를 죽이는 자와 어머니를 죽이는 자와 살인하는 자며 음행하는 자와 남색하는 자와 인신매매를 하는 자와 거짓말하는 자와 거짓 맹세하는 자와 기타 바른 교훈을 거스르는 자를 위함이니(딤전 1:9-10).

과거에 그리스도인들은 거의 일반적으로 이 구절들이 온갖 형태의 동성애를 죄로서 하나님의 심판을 받아 마땅한 것으로 책망했다고 생각했다. 하지만 일부 학자들은 지금 이 본문들이 그러한 것을 전혀 가르치지 않는다고 설득하고 있다. 그들은 일반적으로 두 가지, 때로, 겹쳐지는 논증의 노선을 추구한다.

(1) 일부는 이 절들 속에서 바울이 사용하는 핵심 용어들이 제한된 의미를 갖는다고 말한다. 예컨대 보즈웰(J. Boswell)은 고린도전서 6:9의 NIV에서 "동성애적인 공격자들"('아르세노코이타이'; homosexual offenders; 개역개정판은 "남색하는 자"–옮긴이)로 번역된 용어가 남성이든 여성이든 누구와도 섹스를 하는 매춘남성(賣春男性)을 가리킨다고 논증한다(같은 용어가 딤전 1:10[NIV는 "변태성욕자"(perverts); 개역개정판은 "남색하는 자"–옮긴이]에도 나온다). 다른 말로 하자면 이 용어가 매춘남성만을 가리킨다면 본문은 일반적으로 동성애 행위를 책망하는 것은 아니라는 점이다.[27] 하지만 보즈웰이 논증하고 있는 이 용어의 의미는 그렇게 보이지 않는다. 이 용어는 레위기 18:22과 20:13에서 동성애에 대해 사용된 인이를 헬라이로 취한 것이고, 우리가 잎서 주목했던 것처림 두 본문 모두 단순히 동성애에 대해 말하고 있다.[28]

(2) 수정론자들이 제시하는 바는 바울의 일부 본문들이 동성애를 책망하는 것

---

27. J. Boswell, *Christianity, Social Tolerance and Homosexuality* (Chicago: Univ. of Chicago, 1980), 341-52.

28. 특별히 David F. Wright, "Homosexuals or Prostitutes? The Meaning of *Arsenokoitai* (1 Cor. 6:9; 1 Tim. 1:10)," *Vigiliae Christianae* 38 (1984): 125-53을 보라.

으로 보일 수 있는 반면에, 이는 바울의 진정한 태도를 드러내는 것은 아니라는 점이다. 바울은 그것을 승인함 없이 단순히 자신이 속한 유대 전통을 끄집어내고 있다.[29] 하지만 그렇지는 않을 것이다. 바울이 자신이 인용하는 전통에 동의하거나 그러지 않을 때, 우리는 그것을 어떻게 알아야 하는가? 사실상 바울이 말한 것은 무엇이든 이 같은 과정을 통해 부정될 수 있다.

신약성경에서 최소한은 이렇게 보인다. 많은 주제들에서 사실인 것처럼, 우리는 신약성경 기자들이 분명하게 동의하지 않음을 지적할 때를 제외하고는 구약성경의 가르침에 동의하는 것이라고 기대할 수 있다는 것이다. 구약성경은 동성애의 본질에 대해서는 분명하다. 그것은 죄이다. 신약성경은 어디에서도 이에 이의하지 않는다. 우리의 논증에 의하면 적어도 네 개의 본문에서 구약성경의 시각을 승인한다. 이에 더하여 유대의 가르침이 동성애를 책망함에 만장일치였다는 점을 추가할 때, 신약성경에서 다른 어떤 관점을 논증하려고 시도하는 것은 분명하게 부질없는 기대일 뿐이다.

우리가 그렇게 별로 참고할 것이 없다는 사실로써, 신약성경 기자들에게 동성애가 전혀 중대사안이 아니었다는 것을 의미하지는 않는다. 이것이 의미하는 바는 그들이 단순히 유대 문화의 고유한 시각을 당연한 것으로 여겼다는 것이다. 라이트(D. F. Wright)가 바울에 대해 지적하듯이, "그는 동성간의 행위를 자명하게도 하나님의 창조 목적에 반하는 것으로 보았기에 그 같은 간략한—그러나 설득력 있는—언급을 허용한 것이다."[30] 우리는 이 문제에 대해 또 하나의 예를 발견하는데, 여기서 사람들은 성경이 사회의 습속을 결정하게 두기 보다는 현재의 사회 습속을 성경 안에서 읽어내려 한다는 것이다.

우리는 이와 관련하여 사람들이 자신이 선택했던 종류의 행실을 승인할 가치체계를 발견하려 하는 놀라울 정도로 강한 유혹을 깨달아야 한다. 그의 마지막 소설인 『부활』에서 레오 톨스토이는 바로 이 같은 상황을 묘사한다. 이 소설은 네흘류도프라는 이름을 가진 한 귀족남성이 자신에 의해 유혹을 당해 매춘의 삶으로 이끌렸던 한 여인 마슬로바를 구원하려는 노력에 초점을 두고 있다. 네흘류도프는 마슬로바가 그녀를 감화시키려는 그의 노력을 거절하고 자신이 영위했던 종류의

29. 예를 들어 Robin Scroggs, *The New Testament and Homosexuality* (Philadelphia: Fortress, 1983)을 보라.

30. D. F. Wright, "Homosexuality," in *Dictionary of Paul and his Letters*, ed. Gerald F. Hawthorne and Ralph P. Martin (Downers Grove, Ill.: InterVarsity, 1993), 414.

삶에 어떤 수치심도 표하지 않을 때 놀란다. 톨스토이는 언급한다.

> 그리고 그 외의 가능성은 없었다. 누구나 행동할 수 있으려면, 자기의 일을 중요하고 선한 것으로 여겨야 한다. 그래서 어떤 지위에 있든지 사람은 사람들의 삶에 대한 시각을 기필코 대체로 자기 일을 중요하고 선하게 보이게 만드는 것으로 형성하고 만다.
>
> 도둑이나, 살인자나, 첩자나, 매춘부가 자기 직업이 사악하다고 인정하면서 그에 대해 수치스러워 한다는 것은 익히 알려진 바이다. 하지만 그 반대도 사실이다. 운명과 그들의 범죄-과오가 확실하게 자리 잡은 사람들은 그 자리가 얼마나 잘못된 것이든지, 대게 자신들의 자리가 선하고 납득할 수 있도록 보이게 만드는 삶의 시각을 형성한다. 자신들의 삶에 대한 시각을 유지하기 위해, 이 사람들은 본능적으로 삶과 그 안에 있는 자신의 자리에 대한 스스로의 시각을 공유하는 집단 안에 머문다. 이는 관련된 사람들이 손재주를 뽐내는 도둑들이거나, 타락을 자랑스러워하는 매춘부들이거나, 잔인함을 과시하는 살인자들인 곳에서 우리를 놀라게 한다. 하지만 우리가 놀라는 것은 이 사람들이 살고 있는 오직 그 집단이나 그 집단의 분위기가 제한되어 있기 때문일 뿐이며, 무엇보다 우리가 그 외부에 있기 때문이다.[31]

다른 말로 하자면 우리는 동성애의 범죄에 사로잡힌 사람들은 자신들의 범죄를 정당화하기를 구할 것이라는 점을 이해해야 한다. 성경으로 이 같은 행실을 용서하게 만들려고 시도하는 것은 놀라운 일이 되어서는 안 된다. (덧붙이고 싶은 것은 톨스토이가 계속해서 이 같은 자신감 넘치는 가치 체계 때문에 자주 사람들을 질책하고 있다는 점이다. 아마도 우리는 우리 각자가 비슷하게 제한된 "집단" 안에 살아감으로써 특정의 범죄들에 관용을 베풀기를 학습해왔던 것은 아닌지에 대해서도 질문할 필요가 있을 것이다.)

따라서 성경의 권위에 대해 명확한 의식을 가진 그리스도인들은 이 문제에 대한 성경의 가르침에 전념해야 한다. 우리는 단호하게 문화가 우리의 가치를 변화시키거나 그것들에 대한 우리의 적용에 대해 타협하도록 허용하는 일을 거부해야 한다. 동성애 행위는 범죄이며, 사람들을 하나님 나라로부터 축출시킬 수 있는 그런 종류의 행실이다(고전 6:9-10). 복음의 청지기로서, 우리는 이 메시지를 부여받은 것이다.

---

31. Leo Tolstoy, *Resurrection* (New York: Oxford Univ. Press, 1994), 164-65.

하지만 우리는 이 메시지를 올바른 정신으로 선포해야 한다. "동성애 혐오증"이라는 비난은 동성애가 대안적인 삶의 양식인지에 대해 반박하는 사람이면 누구든지 비판하기 위해 사용되고 있다. 그리고 이는 물론 어리석고 위험하다. 이것이 함축하는 바는 동성애에 반해서 말하는 사람이면 누구든 비합리적인 두려움의 동기를 가지고 있다는 점이다. 하지만 우리가 깨달아야 하는 것은 순수한 동성애 혐오증이 교회 안에 실재한다는 것이다. 일부 그리스도인들은 잘못된 근거를 가지고 동성애에 반하여 강렬하게 심지어 가혹하게 말한다. 우리는 말할 필요가 있다. 하지만 우리가 말할 필요가 있는 것은 우리가 성경적 가치를 변호하는데 관심을 갖기 때문이며, 동성애자들을 사랑하기 때문이다. 이 같은 상황에서 "사랑하는" 행위는 조용히 있으면서 자기 일에만 신경 쓰는 것이 아니며, 동성애자들로 자신들의 택한 삶의 양식을 추구해서 지옥 문 앞에까지 가도록 방치하는 것은 아니다. 사랑하는 행위는 동성애자들에게 복음을 가지고 손을 뻗는 것이다.

물론 복음 안에서 자유로워진 하나님의 능력만이 톨스토이가 묘사하는 집단을 타파하고 동성애자들을 변화시킬 수 있다. 동성애에 대한 현대의 세속적 이론은 동성애 행위의 원인으로 "양육"보다는 본성에 점점 더 강조를 두고 있다. 우리가 듣고 있는 바로는 동성애자들은 유전학적으로 이 범죄를 저지르는 경향이 있다는 것이다. 하지만 이것이 사실이라 할지라도, 그리고 아직 과학적 데이터를 두고 논의 중이라 해도 동성애 행위가 변화 불가능한 것은 아니다. 많은 사람들은 온갖 종류의 이유로 특정 범죄의 성향을 가지고 있다. 이는 하나님의 시각에서도 핑계거리가 될 수 없다. 중요한 점은 복음이 사람들에게 그들의 범죄로부터 돌아설 힘을 제공한다는 점이다. (동성애자들을 포함하여) 모든 종류의 범죄한 사람들에 대해 묘사한 후에, 바울이 고린도인들에 대해 논평한 것에 주목하라. "너희 중에 이와 같은 자들이 있더니 주 예수 그리스도의 이름과 우리 하나님의 성령 안에서 씻음과 거룩함과 의롭다 하심을 받았느니라"(고전 6:11).

환상의 악용. 마무리하기에 앞서 유다서의 이 단원에서 또 한 가지 요지에 대해 간략하게 약술할 필요가 있다. "환상"의 악용이 그것이다. 유다가 거짓 선생들을 경멸하면서 "꿈꾸는 이 사람들"(8절)이라고 언급한 것이 시사하는 바는 그들이 자신들의 행실을 자기들이 받았던 환상에 기초해서 정당화하고 있었다는 점이다. 성경은 물론 환상의 가치를 강조한다. 하나님께서는 자주 그의 말씀을 구약성경 선지자들에게 환상으로 전하셨고, 사실상 요한계시록 전체가 요한의 환상에 대한 기록이다. 하지만 성경은 또한 하나님으로부터 환상을 받았다는 기만적인 주장을 함으로써 이 계시 방법을 악용하는 사람들에 대해서도 알고 있다. 진정한 선지자뿐만 아니라 "거짓 선지자들"도 존재한다(벧후 2:1을 보라).

우리 시대에 환상과 예언에 대해 새로워진 관심이 나타났다. 포도원운동은 특별히 교회를 자극하고 교회에 방향을 제시하는 예언적 "말씀"에 상당한 강조를 두어왔다. 그 운동의 대변인들 중 일부는 예언적 은사의 수행을 위한 신중하고 보편적인 성경적 지침을 정해서 악용을 억제하려고 노력해왔다. 하지만 사람들이 환상에 기초하여 모호하거나 심지어 죄된 행실조차 정당화하기를 구하거나 아니면 하나님으로부터 지시를 받았다고 주장함으로써 논쟁이 되는 문제에 대해 제멋대로 해석하려 할 때, 여전히 은사에 대한 분명한 악용을 발견하게 된다.

우리는 쉽사리 환상들을 한꺼번에 버릴 수 없다. 하나님께서는 여전히 이 수단을 통해 그의 백성에게 의사를 전하기를 택하실 수 있다. 하지만 우리는 어떤 환상적이거나 예언적인 메시지로 주장되는 것도 성경에 계시된 하나님의 진리를 형성해야 하고 다른 그리스도인들에 의해 정밀한 조사를 받아야 한다고 주장해야 한다. 바울은 기독교 선지자들에 의해 받은 메시지가 다른 선지자들에 의해 (혹은 다른 그리스도인들에 의해) 평가되어야 한다고 친히 주장한다(참조. 고전 14:29).

유다서 11-13절

11 화 있을진저 이 사람들이여, 가인의 길에 행
하였으며 삯을 위하여 발람의 어그러진 길로
몰려 갔으며 고라의 패역을 따라 멸망을 받
았도다
12 그들은 기탄 없이 너희와 함께 먹으니 너희
의 애찬에 암초요 자기 몸만 기르는 목자요
바람에 불려가는 물 없는 구름이요 죽고 또
죽어 뿌리까지 뽑힌 열매 없는 가을 나무요
13 자기 수치의 거품을 뿜는 바다의 거친 물결
이요 영원히 예비된 캄캄한 흑암으로 돌아갈
유리하는 별들이라

원 의미

유다는 거짓 선생들에 대해 아직 마무리하지 않고 있다. 유다가 그토록 관심을 두는 것은 그의 독자들이 주님과 동행하는 일에 그들이 해를 가할 잠재성에 대한 것이어서, 그는 5-10절에서 수행했던 그들에 대한 설득력 있는 논박에도 만족하지 못하는 것이다. 그래서 그는 그들에게 또 하나의 공격을 감행한다. 첫 번째의 것처럼 이것도 역시 악명 높은 구약성경의 죄인들에 대한 세 가지 예증으로 시작한다(11절). 단락의 후반부(12-13절)도 유다가 세웠던 양식을 따르는데, 그는 "이들"이라는 용어를 가지고 거짓 선생들에 직접적으로 관심을 집중시켜서 그들을 여섯 가지 간략하고 매우 부정적인 묘사로 규명한다.

세 가지 구약성경의 예증들(11절)

이 절들과 5-7절 사이에 두 가지 주요 차이점들이 존재한다. (1) 유다의 세 가지 구약성경 예증들은 거짓 선생들에 대한 자신의 "재앙" 선포를 지지하는데 기여한다. 영어 용어 "woe"(재앙)은 헬라어 용어 '우아이'를 음역한 것인데, 이것도 역시 히브리어 용어를 음역한 것이다. 이 용어는 특히 구약성경에서 선지자에 의해 그들에 대한 하나님의 심판의 결과로서 백성들이 체험하게 될 고통과 위난을 선포하는데 사용되었다. 예컨대 이사야 3:11을 보라. "악인에게는 화(woe)가 있으리니 이는 그의 손으로 행한 대로 그가 보응을 받을 것임이니라."

"재앙 신탁"(woe oracle)은 자주 심판과 그 심판의 이유에 대한 언급도 포함한다. 이 맥락에서 유다는 거짓 선생들이 당할 심판("그들이 멸망을 받았도다")과 그 심판의 이유를 언급한다. 그들은 "가인의 길에 행하였으며 삯을 위하여 발람의 어그러진 길로 몰려갔으며 고라의 패역[의 길을]을 따랐다."

(2) 5-7절과 11절 사이의 두 번째 차이는 유다가 구약성경의 예증을 단순히 이어지는 적용과 더불어 인용하기만 한 것이 아니라는 점이다. 그는 구약성경 예증들로써 서술하는 죄된 행실과 심판에 거짓 선생들을 직접적으로 관련시킨다. 따라서 가인과 발람과 고라는 "원형(原型)들"이 된다. 말하자면 그 행실이 그들의 신약성경의 "대형(對型)들"의 행실을 예시(豫示)하는 사람들이다. 이는 아마도 이 절에 있는 모든 세 개의 동사들이 대개 과거를 지시하는 시제로 이루어져 있다는 이유 때문일 것이다. 참조. NIV, "they have taken"(취하였으며), "they have rushed"(몰려갔으며), "they have been destroyed"(멸망을 받았도다). 유다는 구약성경의 원형의 행위들이 물론 과거에 있었던 것이기 때문에 아마도 이런 방식으로 말하는 것으로 보인다. 하지만 이 사람들이 "원형들"이기 때문에, 그들의 행위는 어떤 의미에서는 시간초월적이다. 그래서 영어에서 현재시제를 사용하는 것이 이 관념을 포착하는데 더 바람직할 수도 있다—참조. NRSV, "Woe to them! For they go the way of Cain, and abandon themselves to Balaam's error for the sake of gain, and perish in Korah's rebellion."(그들에게 화로다! 그들이 가인의 길을 '가고', 스스로 이득을 위해 발람의 잘못을 향해 스스로를 '버리며', 고라의 반역 안에서 '멸망하는도다').

유다의 첫 번째 예증은 가인인데 그는 질투심으로 그의 형제를 살해했다(창 4:1-16; 참조. 요일 3:11). 유다는 어떤 방식으로 거짓 선생들이 "가인의 길을 간다고" 생각하는 것인가? 그는 가인이 아벨을 살해했던 것처럼 거짓 선생들도 사람들의 영혼을 "살해한다"고 제시하는 것일 수 있다.

그러나 유대 전통에서 가인은 경건하지 않은 회의론자의 고전적인 예가 되었다. 예루살렘 탈굼은 오경을 아람어로 의역한 것으로 가인의 다음과 같은 주장을 보여준다. "심판도, 판관도, 미래의 삶도 없다. 의인에게는 아무런 보상도 없을 것이고, 악인에게 아무런 심판도 부과되지 않을 것이다." 그래서 유다의 의도는 권위를 거부하고 신성을 모독한 것으로 거짓 선생들을 고발한 것을 보강하는 것일 수 있다(8-10절을 보라).[1] 또 다른 유대 전통은 가인을 인류를 타락시킨 자로서 본다. 요세푸스는 주장한다. "그는 그가 만나는 모든 이들에게 사치와 약탈을 자극해서 그들에게 사악한 행동을 가르치는 자가 되었다."[2] 다른 말로 하자면, 유다는 이 경건하지 않은 자들의 거짓 '가르침'의 차원을 가리키고 있는 것일 수 있다. 이 후자의 시각들 모두가 갖는 문제는 유다가 마음에 두었을지 모르는 유대 전통이 무엇일지 우리가 확신할 수 없다는 점이다.

유다의 목록에서 두 번째 인물인 발람은 성경에서 특별히 그의 탐욕으로 알려진 인물로서, 유다는 역시 거짓 선생들이 "보상"이나 "이득"('미스도스'; 벧후 2:15-16에서 비슷하게 강조하는 것을 참조하라)에 대한 열망으로 발람의 길을 따른다고 주장함으로써 강조한다. 민수기 22-24장의 스토리에 따르면, 모압 왕 발락은 위협적인 이스라엘인들의 침공을 필사적으로 멈추게 하려고 발람을 고용해서 이스라엘을 저주하도록 시도한다. 결국 발람이 발락이 원하는 대로 하기를 거부함에도 불구하고, 주님을 향한 그의 충성심이 충분히 동요되어 후대 사라들이 그를 재정적인 보상을 위해 이스라엘을 죄악으로 이끌었던 사람으로 보는 시각을 정당화하기에 이른다.[3] 유다는 거짓 선생들도 역시 돈을 얻을 수 있기 때문에 자신들이 어떤 사람인지에 대해 가르치고 있음을 함축하는 것일 수 있다. 우리는 가르치는 일에 어떤 대가가 있는지 불문하고 사람들을 가르쳤던 고대의 수많은 유랑하는 선생들에 대해 알고 있다. 이 거짓 선생들도 동일한 일을 하고 있었을 수 있다.

고라의 스토리는 민수기 16:1-35에서 전해지고 있다. 그는 "당을 짓고…모세를 거슬러 일어나"(1-2절), 모세의 지도력에 반역하여 250명의 다른 이스라엘 사람들을 이끌었다. 이에 대한 응답으로 하나님께서는 땅을 열어 고라와 그를 따르는 자들과 그들의 가족들을 삼키게 하셨다. 본문은 또한 불의 심판도 언급하는바, 그 사

1. Green, *The Second Epistle General of Peter and the General Epistle of Jude*, 172.
2. *Antiquities* 1.61 (*Josephus: Jewish Antiquities, Books I-IV*, trans. by H. St. J. Thackeray, LCL [Cambridge, Mass.: Harvard Univ. Press, 1957], 29에서 인용). 또한 Philo, *The Posterity and Exile of Cain* 38-39도 보라. 특별히, 이렇게 해석하는 노선에 대해서는 Bauckham, *Jude, 2 Peter*, 79를 보라.
3. 신약에서는 계 2:14을 보라. 유대 전통에 대해서는 특별히 민 22-24장에 대한 탈굼역본; Philo, *Moses* 1.266-68; *Migration* 114를 보라. 보다 상세한 것은 벧후 2:15-16에 대한 주석을 보라.

건에 대한 후대의 주석에서 이를 보여준다(시 106:16-18). 모세의 때에, 고라는 주님과 그의 정하신 지도자들에 반역하는 유혹을 받을 만한 사람들에 대한 "경고의 표징"이 되었다(민 26:9-10).

이것에 이어 유대 전통이 뒤따른다. 고라는 "반율법주의 이교의 고전적인 예증"이 되었다.[4] 그래서 유다가 거짓 선생들을 고라에 연관시킨 것은 그들도 역시 정식으로 임명된 하나님의 백성들의 지도자들을 거부하고 있었기 때문이다.[5] 하지만 이는 지나치게 구체적일 수 있다. 아마도 유다는 단순히 거짓 선생들의 반역적이고 반율법적인 태도에 관심을 집중시키기를 원했을 것이다. 어느 경우이든 고라와 고라를 따르는 자들이 경험했던 갑작스럽고 장대한 심판 때문에 그는 거의 확실히 고라를 마지막에(정경의 순서에 따라) 인용한다. 거짓 선생들의 운명도 역시 이와 같은데, 그들은 주의 날에 "멸망"할 것이다.[6]

거짓 선생들에 대한 예증들의 적용 (12-13절)

8절에서 유다는 구약성경 예증들을 "그와 같이"라는 구절을 가지고 분명하게 적용한다. 여기서 그는 더욱 갑작스러운데, 아마도 그가 이미 그의 예증들의 범죄(그리고 심판)에 거짓 선생들을 관련시켰기 때문일 것이다. 따라서 그는 곧장 11절에서 그가 인용했던 예증들과의 분명한 연관성도 없이 더 깊은 묘사로 진행한다. 12-13절은 이 거짓 선생들에 대한 여섯 가지 간략한 묘사를 담고 있다.

(1) "그들은 기탄없이 너희와 함께 먹으니 너희의 애찬에 암초요." NIV의 "흠"(개역개정판은 "암초"-옮긴이)은 논쟁이 되는 번역이다(NRSV; TEV도 참조하라). 이 용어는 "(숨은) 암초"를 의미할 수도 있다(NASB를 참조하라). 첫 번째 번역("흠"-옮긴이)은 베드로후서 2:13과 평행구를 이루는 것에서 일부 지지를 얻고 있는데, 여기에서 베드로는 거짓 선생들을 묘사함에 있어서 유다서의 이곳과 유사하게 이교도들을 "흠"('스필로이')이라고 부른다.[7] 하지만 유다는 여기서 상이한

4. Bauckham, *Jude, 2 Peter*, 83. 예를 들어 탈굼역본과 Josephus, *Antiquities* 16.1을 보라.
5. Green, *The Second Epistle General of Peter and the General Epistle of Jude*, 173.
6. 과거에 관련된 시제를 유다가 여기서 사용한 것(아폴론토, 부정과거)은 "시간초월적"이거나, 히브리어의 "예언적 완료형"을 연상시키는 것일 수 있는데, 이는 예언이 과거에 관련된 시제로 발화되어 그 성취의 확실성을 강조하는 것이다(Bauckham, *Jude, 2 Peter*, 84).
7. Bigg, *The Epistles of St. Peter and St. Jude*, 333; Neyrey, *2 Peter, Jude*, 74-75.

용어를 사용하기에, 우리는 아마도 두 번째 번역인 "암초"를 택해야 할 것이다. 만일에 그렇다면 유다가 암시하고 있는 것은 거짓 선생들이 우리 배의 바닥을 찢는 숨겨진 암초처럼 멸망으로 인도하기 위해 신실한 자들을 누워서 기다리고 있다는 점이다.[8] NJB는 은유적인 의미를 매우 잘 포착한다. "그들은 너희들의 공동체 식사에 위험한 요소이다."

"공동체 식사"는 여기서 '아가파이스'에 대한 잘못된 해석이 아니다. '아가페'는 물론 "사랑"을 의미한다. 하지만 초기 그리스도인들도 그들의 즐거운 교제 식사에 이 용어를 적용하기 시작했다. 이 음식들은 대개 주의 만찬을 기념하는 것(우리가 "수직적"인 차원이라고 부를 수 있는 것)과 정규적으로 함께 음식을 먹는 것("수평적" 차원)도 함축했다. 유다가 함의하는바 거짓 선생들은 계속해서 이 정규적인 공동체 식사에 어떤 망설임도 없이 참석했다(NIV, "조금의 망설임도 없이", 문자적으로는 "두려움 없이"). 이렇게 함으로써 그들은 다른 신자들에게 실질적인 위험을 주었는데, 신자들은 그들의 예를 통해 대담해져서 이 같은 방탕한 삶의 양식을 따르더라도 그리스도인으로 남을 수 있다고 생각하게 될 수 있었다.

(2) "자기 몸만 기르는 목자요." 목자는 욕심 없이 타인을 돌보는 사람의 전형(典型)이다. 그래서 이것은 주님(예. 시 23편; 참조. 요 10:1-18)과 구약성경(예. 삼하 5:2)과 신약성경(행 20:28; 벧전 5:2)에 있는 하나님의 백성들의 지도자들에게도 자연스럽게 적용되는 용어였다. 하지만 거짓 선생들은 타인을 돌보는 그들의 본래의 책임을 포기하고, 스스로에 대해서만 생각했다. 유다는 에스겔 34:2을 암시하는 것으로 보인다. "인자야 너는 이스라엘 목자들에게 예언하라 그들 곧 목자들에게 예언하여 이르기를 주 여호와께서 이같이 말씀하시되 자기만 먹는 이스라엘 목자들은 화 있을진저 목자들이 양 떼를 먹이는 것이 마땅하지 아니하냐." 이렇게 목자를 언급한 것은 물론 거짓 선생들이 교회에서 지도자였다는 것을 함축한다.

(3) "바람에 불려가는 물 없는 구름이요." 거짓 선생들에 대한 유다의 마지막 네 가지 묘사들은 모두 자연계로부터 끌어온 것들이다. 그리고 의도했든 아니든 고대인들에 의하면 각각 땅의 네 가지 영역으로부터 나온 것들이다. 즉 공기(구름), 흙(나무), 바다(파도), 그리고 하늘(행성). "물 없는 구름"은 약속한 것을 전하지 못하

8. 예를 들어 Mayor, *The Epistle of St. Jude and the Second Epistle of St. Peter*, 40-41; Kelly, *The Epistles of Peter and of Jude*, 270-71; Bauckham, *Jude, 2 Peter*, 85를 보라.

는 자들에 대한 자연적인 은유이다(참조. 잠 25:14: "선물한다고 거짓 자랑하는 비 없는 구름과 바람 같으니라"). 유사한 방식으로 유다가 제시하는 바는 거짓 선생들이 그들 자신과 스스로 실현하지도 않는 자신들의 가르침을 위해 주장을 하고 있다는 것이다. 게다가 그들은 불안정해서 "바람에 불려간다."

(4) "죽고 또 죽어 뿌리까지 뽑힌 열매 없는 가을 나무요." 가을에도 (헬라어 용어가 제시하는 것처럼 "늦가을") 아직 열매를 맺지 못하는 나무는 그 존재 목적을 이루지 못한 것이다. 그래서 "가을 나무"는 "물 없는 구름"과 유사한 요지를 담아낸다.[9]

하지만 유다는 왜 이 같은 나무들이 "죽고 또 죽어 뿌리까지 뽑힌"다고 말하는 것인가? 헬라어에서 등가의 용어들이 역전된 순서로 나타나(NIV는 "열매 없이 뿌리가 뽑혀 두 번 죽은"; 헬라어 원문은 "열매 없이 두 번 죽어 뿌리가 뽑힌"-옮긴이), "두 번 죽어"라는 구절이 먼저 오는데, 우리가 유다의 요지를 이해해야 한다면 이 순서를 보존하는 것이 최선일 것이다. 우리는 아마도 이 언어가 어떤 문자적인 방식으로 나무에 적용된다고 추정해서는 안 될 것이다. 유다는 여기서 그의 은유를 넘어서 그것이 지시하는 실체에 대해 집중하는 것으로 보일 수 있다.

그래서 유다가 거짓 선생들이 두 번 죽었거나 죽을 것이라고 주장하는 것이 의미하는 것은 무엇인가? 아마도 그는 거짓 선생들의 배교에 대해 생각하는 것으로 보인다. 그들은 일찍이 그들의 허물과 죄로 "죽었지만"(엡 2:1) 그리스도 안에서 살아 있었다. 그러나 지금은 주님을 향한 반역으로 그들은 돌이켜 영적인 죽음의 상태로 미끄러져 들어갔다(예컨대 히 6:4-8; 벧후 2:18-22을 보라).[10] 두 번째 가능성은 유다가 거짓 선생들의 최후의 심판을 언급하고 있다는 것이다. 신약성경은 종말론적 심판을 "두 번째 죽음"(계 2:11; 20:6, 14; 21:8)으로 부른다. 그렇게 이 거짓 선생들은 유다가 단언할 수 있는바 육체적으로만 죽을 것이 아니다. 그들은

---

9. 유다는 여기서 『에녹 1서』의 또 하나의 구절을 염두에 둔 것일 수 있다(80:2-3; *The Old Testament Pseudepigrapha*, vol. 1: *Apocalyptic Literature and Testaments*, ed. James H. Charlesworth [Garden City, N.Y.: Doubleday, 1983], 58에서 인용된 것).

그들의 때에 관하여 죄인들과 겨울은 짧아진다. 그들의 씨앗은 그들의 땅에서, 그들의 비옥한 들에서, 모든 그들의 땅 위에서의 행위에서 뒤쳐질 것이다. 그는 그들의 때에 돌이켜 나타날 것이고, 비를 그치게 할 것이다. 그리고 하늘은 그때에 침묵할 것이다. 그리고 채소는 늦어져서 제철에 자라지 않을 것이고, 열매는 때가 되어도 맺히지 않을 것이다.

10. Mayor, *The Epistle of St. Jude and the Second Epistle of St. Peter*, 42-43; Green, *The Second Epistle General of Peter and the General Epistle of Jude*, 175-76.

11. Kelly, *The Epistles of Peter and of Jude*, 273; Bauckham, *Jude, 2 Peter*, 88.

또한 영적으로 그리고 영원히 죽을 것이다.[11] 이 두 가지 해석들 모두 이 맥락에 의미가 잘 통한다. 하지만 아마도 두 번째가 채택되어야 할 것인데, 유다의 독자들이 책망을 "두 번째 죽음"으로 부르는 그런 종류의 종말론적 저작들에 상당히 친숙해 있는 것으로 보이기 때문이다. 그래서 "뿌리까지 뽑혔다"는 것은 이 심판의 그림을 완성시킨다. 전체 묘사는 열매를 맺지 않았던 무화과나무에 대한 예수의 비유를 연상시킨다(눅 13:6-8).

(5) "자기 수치의 거품을 뿜는 바다의 거친 물결이요"(13a). 유다는 여기서 아마도 이사야 57:20에 의존하는 것으로 보인다. "그러나 악인은 평온함을 얻지 못하고 그 물이 진흙과 더러운 것을 늘 솟구쳐 내는 요동하는 바다와 같으니라."[12] 헬라어 "수치"는 복수형이다. 유다는 거짓 선생들에 의해 범해진 "수치스러운 행실들"을 생각하고 있다.

(6) "영원히 예비된 캄캄한 흑암으로 돌아갈 유리하는 별들이라"(13b). 고대인들은 하늘이 질서와 규칙을 보여주리라고 믿었다. 그래서 그들은 어떤 식별 가능한 형식도 없이 밤하늘을 가로질러 "유리하는" 것으로 보이는 행성들을 설명함에 어려움을 느꼈다. 아마도 유다가 여기서 언급하고 있는 것이 이 행성들일 것이다(사실 "유리하다"의 이면에 있는 헬라어 동사['플라나오']는 영어 "planet"[행성]이 유래한 용어이다).[13]

하지만 유다는 좀 더 깊이 있는 언급을 제시하는 것일 수 있다. 고대인들이 행성의 규칙성의 결여에 상심했기에, 그들은 자주 행성의 움직임을 악한 천사들의 속성으로 여겼다. 유다가 이 서신에서 그토록 자주 언급하는 책인 『에녹 1서』는 이 신화 중 하나를 소개하고 있다.

> 나는 거기에서 일곱 개의 별을 보았는데, (그들은) 거대한 불타오르는 산맥 같았다. (그리고) 그 천사는 (내게) 말했다. "이곳은 하늘과 땅의 (궁극적인) 끝이다. 이곳은 별들과 하늘의 권세들의 감옥이다. 그리고 불 위를 노는 별들은, 그들은 정시에 도착하지 않았기 때문에 떠오르기 시작하면서부터 하나님의 계명을 어겼던 자들이다"(18:13-15).[14]

---

12. 야고보도 평온함이 없는 바다를 영적인 변덕스러움의 이미지로 사용한다(약 1:6).
13. 예를 들어, Kelly, *The Eistles of Peter and of Jude*, 274; Bauckham, *Jude, 2 Peter*, 89를 보라. 다른 주석가들의 생각은 유다가 땅의 흑암 속으로 떨어지는 유성을 지시하는 것일 수 있다는 것이다(Green, *The Second Epistle General of Peter and the General Epistle of Jude*, 176).
14. 이는 *The Old Testament Pseudepigrapha*, ed. Charlesworth, 23에서 인용한 것이다.

우리가 거짓 선생들과 악한 천사들 사이의 이 비교를 계속해서 더 보아야 하는지는 분명하지 않다. 분명한 것은 유다가 다시 이 사람들의 불안정한 상태를 강조했다는 점이다.

유다는 이 단락을 그가 이 단원의 모든 단락과 세부 단락마다 그 끝에서 언급했던 동일한 어조로 결론을 내린다. 그것은 심판,[15] 즉 "영원히 예비된 캄캄한 흑암"이다. "흑암"은 "불"과 더불어 하나님의 심판에 대해 널리 알려진 성경적 이미지이다(상세한 논의를 위해 "상황잇기" 단원을 보라). 유다는 여기서는 "심판 때까지 선고 아래 있다"는 부정적인 의미로 다시금 그가 좋아하는 용어인 "지키다"(NIV는 "보존하다"; 개역개정판은 "예비된"–옮긴이)를 사용한다(6절도 보라).

상황잇기

이 단락의 마지막 구절인 "영원히 예비된 캄캄한 흑암"은 적용상의 문제가 있다. 거짓 선생들이 "영원히" 있을 이 흑암은 어디에 있는가? 그리고 이 확언은 이 동일한 사람들이 "멸망"할 것이라는 점(11절; 참조. 5절)과 소돔과 고모라의 사람들이 "영원한 불의 형벌을 받음으로 거울이 된다"(7절)는 것과 조화를 이루는가?

유다는 "지옥"이라는 용어를 사용한 적도 없고, 그것에 대해 직접적으로 가르친 적도 없다. 하지만 우리가 방금 주목했던 언어는 우리가 지옥이라고 부르는 것의 실체를 그가 가정하고 있음을 드러낸다. 그는 지옥의 심판을 억제책으로 사용하여, 그의 독자들로 거짓 선생들이 취했던 재앙의 길을 따르는 것을 막아낸다. 하지만 이 언어를 우리는 어떻게 해석하고 적용해야 하는가? 우리는 이 질문들에 답할 수 있기 전에 지옥에 대한 보다 폭넓은 성경적 가르침을 개괄해야 한다.

"지옥"이라는 용어 자체는 헬라어 용어 '게헨나'를 번역한 것이고, 이는 다시 "힌놈의 골짜기"를 의미하는 히브리어 구절을 음역한 것이다. 예루살렘 바로 바깥에 위치한 이 협곡은 악한 평판을 받고 있다. 구약성경 시대에는 아이들이 제물로 태워졌으며(왕하 23:10; 렘 7:31; 32:35), 선지자들은 이를 심판의 상징으로 사용했다(렘 19:6; 참조. 사 31:9; 66:24). 그래서 중간시대에 유대인들은 이 용어를 최후의 심판을 묘사하는 용어로 사용하기 시작했다.[16] 이 맥락으로부터 예수께

15. 7b의 "영원한 불의 형벌," 10b의 "멸망하느니라," 11b의 "멸망을 받았도다"를 보라.
16. 예를 들어 Joachim Jeremias, "γεέννα," *TDNT*, 1.657-58을 보라.

서는 이 용어를 종말론적 심판을 언급하시는 방편으로 택하셨다(마 5:22, 29-30; 10:28; 18:9; 23:15, 33; 막 9:43, 45, 47; 눅 12:5; 참조. 약 3:6). 신약성경 기자들은 사악한 자들을 위한 이 심판의 장소를 지시하기 위해 마찬가지로 "하데스"(마 11:23; 16:18; 눅 10:15; 16:23; 행 2:27, 31; 계 1:18; 6:8; 20:13, 14)나 "타르타루스"(벧후 2:4; 개역개정판은 "지옥"-옮긴이) 같은 다른 용어들을 사용한다. 하지만 그들은 이보다는 더 자주 그 본성을 포착하기 위해 이미지를 사용하거나 단순히 심판을 묘사한다.

신약성경은 죽음 이후에 하나님께서 현생에서 그리스도를 신뢰하기를 거부한 자들을 "지옥"에서 징벌하실 것임을 분명히 가르치고 또 도처에서 전제로 두고 있다. 하지만 복음주의 그리스도인들은 두 가지 문제에 대해 동의하지 않는다. 지옥에서의 심판의 본질과 심판의 기간에 대해서 말이다. 우리는 각 주제에 대해 간략히 검토할 것인데, 이로써 유다가 여기서 가르치고 있는 것을 보다 잘 이해할 수 있을 것이다.

(1) 신약성경에서 지옥이 서술되는 가장 일반적인 방식은 불이나 불타는 장소로서이다. 유다는 이 언어를 7절에서 사용한다. "영원한 불의 형벌." 그리고 이 언어가 그토록 자주 나타나기에, 많은 신자들은 교회사 전체를 통해서 지옥이 문자 그대로 사람들이 불에 태워지는 장소라고 생각해왔다.[17] 널리 알려진 말로도 우리는 "지옥불"(hellfire)에 대해 듣게 되며, 지옥은 보통 고대와 현대의 예술가들에 의해서 불타는 장소로 묘사되고 있다.

하지만 예수와 신약성경 기자들이 이 언어를 이 같은 문자적인 방식으로 이해하도록 의도한 것인지에 대해 의문스럽다. 한 가지를 들자면 우리가 본 바와 같이 "지옥"이라는 용어 자체는 예수의 시대에는 불타는 물리적인 장소로 연상되었다(힌놈의 골짜기). 그래서 불의 개념은 이미지로부터 나온 것이지 실재로부터 나온 것이 아니다. 불과의 이 동일한 연관성은 하나님께서 실제로 소돔과 고모라를 멸망하셨던 방식에 의해 촉진되었다. 문자적으로 불과 타는 유황으로. 게다가 "불"은 분명히 성경 전체를 통해 상징으로 사용된다. 예컨대 시편 18:7-8에서 하나님의 강림에 대한 묘사에 주목하라.

17. 이 시각에 대한 최근의 변론은 John F. Walvoord, "The Literal View," in *Four Views of Hell*, ed. William Crockett (Grand Rapids: Zondervan, 1992), 11-28, 특별히 28.

이에 땅이 진동하고
　산들의 터도 요동하였으니
　그의 진노로 말미암음이로다
그의 코에서 연기가 오르고
　입에서 불이 나와 사름이여
　그 불에 숯이 피었도다.

이는 물론 성경에서 "불"이 언제나 이미지여야 한다는 것을 의미하는 것은 아니지만, 그것이 하나님의 진노에 대한 자연스러운 상징이라는 것을 보여준다. 그럼에도 "불"을 심판의 이미지로 취하기 위한 가장 강력한 논증은 아마도 성경이 지옥에 대해 논쟁적인 언어를 사용한다는 사실일 것이다. 예컨대 유다서에서 지옥은 불의 장소일 뿐만 아니라 "흑암"의 장소로도 표현되고 있다(8절과 13절). 우리는 동일한 이미지의 조합을 다른 성경구절과 중간시대 유대 문헌에서도 발견하는데, 이로부터 신약성경의 이미지를 자주 끌어낸 것이다. 예컨대 사해두루마리에서 우리는 지옥을 "영원히 꺼지지 않는 불의 흑암"으로, 그리고 "흑암 지역의 불에 의한 멸망"의 장소로 묘사하는 구절을 발견한다.[18]

지옥은 불과 흑암 '모두'의 장소가 될 수 없다. 그래서 "불"과 "흑암"은 모두 대부분의 현대 복음주의 학자들이 깨닫는 바와 같이 은유이다. 그것들은 현생에서의 일반적인 경험을 통해 지옥의 고통과 공포를 포착하려고 시도하는 방편들이다. 이것들은 분명하게 지옥이 사람들이 고통을 겪는 장소라는 것을 가르쳐준다. 하지만 이 고통이 정확히 무엇인지를 우리는 확실하게 알 수 없다.[19] 그럼에도 확실히 지옥에 있는 사람들은 그들을 창조하셨고 그들을 사랑하시는 하나님으로부터 영원히 분리된다는 단순한 사실은 최고의 고통의 원인들 중 하나이다(살후 1:9을 보라: "이런 자들은 주의 얼굴과 그의 힘의 영광을 떠나 영원한 멸망의 형벌을 받으리로다"). 그럼에도 불구하고 우리는 지옥의 고통을 단순히 부정적인 박탈의 체험으로만 한정할 수 없다. "불"과 "흑암"의 언어는 은유적이지만 마찬가지로 심판의

---

18. *The Rule of the Community* (1QS) 2:8과 4:13에서 인용한 것(*The Dead Sea Scrolls Translated: The Qumran Texts in English*, ed. Florentino García Martínez, 2d ed. [Grand Rapids: Eerdmans, 1996], 4, 7에서 재인용).
19. 이 시각에 대한 최근의 훌륭한 변론은 William V. Crockett, "The Metaphorical View," in *Four Views of Hell*, 43-76이다.

형벌을 지시한다.

(2) 어떻게 여겨지든지 이 심판은 얼마나 오랫동안 지속될 것인가? 여기서 다시 말하지만, 그리스도인들은 전통적으로 심판은 영원할 것이라고 주장해왔다. 그들은 유다서 7절처럼 신약성경이 지속적으로 지옥의 심판이 "영원하다"고 주장한다는 것에 주목한다(6절에서의 "영원한 결박"도 참조하라; 또한 마 25:41; 막 9:43, 48; 눅 16:22-24; 계 14:9-11도 참조하라). 하지만 일부 그리스도인들은 언제나 지옥의 심판이 영원한지에 대해 의문을 가져왔으며, 이 대안적인 시각들은 최근 수년간 복음주의자들 사이에 근거를 얻고 있는 것으로 보인다.

이런 대안들 중 가장 잘 알려진 것은 "영혼소멸설"이다. 이 해석에 따르면 악한 자들은 단순히 죽음이나 죽음 이후 짧은 기간 동안의 심판을 받은 직후에 소멸할 것이라는 말이다. 이 시각을 위한 가장 강력한 논증은 유다서에서도 나온다. 악한 자들의 운명을 가리키기 위해 "멸망하다"라는 용어를 사용한다(10절; 참조. 5절; 또한 고전 3:17; 빌 3:19; 살전 5:3; 살후 1:9; 벧후 2:1, 3; 3:7; 히 10:39도 참조하라). 이 관점의 변호자들은 또한 이것이 하나님의 사랑과 정의에 더 부합된다고도 논증한다.[20]

영혼소멸설은 확실히 유리한 점들을 가지고 있다. 우리는 이것을 반사적으로 비정통적 시각으로 배척해서는 안 된다. 하지만 이것은 결정적으로 성경의 증거를 공정하게 설명하지 못한다. 부정적으로는, 우리가 언급한 본문의 "멸망"이라는 언어는 필연적으로 "존재하기를 그만두다"를 의미하지 않는다. 관련된 헬라어 용어는 "과거에 그것이 무엇이었는지를 그만두다"를 의미할 수 있다. 다른 말로 하자면 악한 자들이 심판에 "멸망한다"고 성경이 말할 때, 이것은 그들이 전에 그랬던 종류의 사람이기를 그만둔다는 것을 의미할 수 있다는 말이다. 심판은 이 세상의 시야에서 볼 때 "멸망"이라고 불릴 만한 이러한 사정의 변화를 포함한다.

전통적인 시각을 위한 가장 강력한 논증은 지옥에 적용되는 "영원"이라는 언어이다. 확실히 하지만 우리는 언제나 성경에서 이 같은 언어를 신중하게 해석해야 한다. 이것은 언제나 "영원히"를 의미하는 것은 아니지만, 때때로 "오랫동안"을 의미할 수도 있다. 하지만 "영원한" 심판이 "영원히 계속되는" 심판을 의미할 수 있

20. 이들 논증들에 대한 개괄에 대해서는, Clark H. Pinnock, "The Conditional View," in *Four Views of Hell*, 135-66을 보라(피녹[Pinnock]은 "조건적 불멸설"이라고 불리는 사실상 영혼소멸설의 파생이론을 변호하고 있다).

다는 확신을 주는 증거는 마태복음 25:41 같은 본문에서 기인하는데, 여기서 "영원한 불"은 "영원한 생명"과 평행을 이룬다(마 25:46). 성경은 악한 자들이 지옥에서의 의식이 있고 영원한 심판을 경험할 것이라고 가르치는 것으로 보인다.

현대적 의미

지옥은 마음속에 화염과 꼬리와 뿔과 삼지창을 가진 붉은색 형상의 이미지를 연상시킨다. 지옥과 마귀는 코미디언의 표준 익살이 저장된 창고의 주재료가 되었다. 지옥에 대한 전체 관념은 "중세의" 것으로 보인다. 이 용어는 대부분의 현대인들에게 불관용과 미신과 무지의 개념을 함의한다. 일상적인 조사결과를 보면 대부분의 사람들은 천국을 믿지만 지옥은 거의 믿지 않는다고 한다.

그래서 그리스도인들은 보다 큰 문화로부터 지옥의 개념을 버리거나 적어도 그것을 억누르도록 현저하게 압박을 경험한다. 하지만 의심스러운 것은 많은 이들이 기독교 전통 자체에서도 그 주제를 회피할 이유를 발견한다는 점이다. 그들은 기독교 복음전도자들에 의해 자신들이 지옥에 대해 극단적이고 무감각한 언급이라고 여기는 것에 혼란스러워한다. 가장 유명한 역사적인 예증은 "진노하시는 하나님의 손에 붙여진 죄인들"이라는 1700년대 초기 뉴잉글랜드의 목사이자 신학자인 조나단 에드워즈(Jonathan Edwards)의 설교이다. 에드워즈는 지옥의 고통에 대해 상당히 상세하게 그려냄으로써 그의 청중들 가운데 회개를 자극하기를 구했다.

> 육신은 가능한 최고의 고통가운데 있을 것이며, 그 모든 부분마다 고통으로 가득할 것입니다. 극도의 고통가운데 있어서 그 마디마다, 신경마다 형언할 길 없는 고통으로 가득할 것입니다. 그들은 그 손가락 끝까지 고통을 겪을 것입니다. 온 육신은 하나님의 진노로 가득할 것입니다. 그들의 심장과 내장과 머리와 눈과 혀와 손과 발은 하나님의 격렬한 진노로 가득할 것입니다.[21]

우리의 범퍼스티커 신학의 시대에 우리는 그리스도인들이 단순히 "예수천당 불신지옥!"이라고 경고하는 것을 발견한다.

물론 이제 그리스도인들은 무감각하거나 사랑이 없는 방식으로 지옥을 표현하는 죄책을 질 수 있다. 하지만 의심스러운 것은 많은 그리스도인들이 단순히 이 주

21. Crockett, "The Metaphorical View," 48에서 인용.

제를 일절 회피하기를 원한다는 것이 문제라는 점이다. 이것은 많은 현대 기독교의 윤리에도 잘 부합되지 않는데, 현대 기독교는 하나님의 사랑에 그 초점을 두고 "자기만족"을 얻기 위해 사람들을 돕는 일에 몰두한다. 여전히 성경 메시지에 대한 충실하고, 사랑하시고 '또한' 거룩하신 하나님에 대한 균형 잡힌 시각을 갖게 되면 우리가 지옥에 대해 분명한 교리를 유지하고 선포할 것이 요구된다. 그리고 사실 주님께서는 에드워즈의 설교를 사용하셔서 큰 영적인 각성을 자극하려고 하셨던 것이다.

유다는 우리가 본 바와 같이 거짓 선생들의 운명에 대해 말할 때 단 한마디의 말도 에둘러서 말하지 않았다. 그들은 "멸망"을 받을 것이다(11절, 참조. 10절). 그들은 "영원한 불의 형벌"을 받을 것이다(7절). 그들에게는 "영원히 예비된 캄캄한 흑암"이 있다(13절). 우리는 자주 예수께서 성경의 다른 어떤 사람보다 지옥에 대해 더 많은 것을 언급하셨다고 듣는다. 이것은 전문적인 의미에서는 사실이다. 예수께서는 "지옥"(헬. '게헨나')이라는 용어를 다른 어떤 성경저자보다 많이 사용하셨다. 하지만 우리가 앞서 주목한 바와 같이 성경 저자들은 일반적으로 "지옥"에 대해 말하면서 그 용어를 사용하지 않는다. 그리고 내 질문은 우리가 실제로 지옥에 대해 다른 신약성경 기자들보다 예수에게서 더 많은 가르침을 받는지이다.

그도 그럴 것이 예수께서는 확실히 그의 청중들을 순종하도록 자극하시기 위해 지옥의 실체를 사용하는 것에 주저하지 않으셨다. 그리고 예수는 지옥을 언급만 하신 것이 아니다. 그는 그것을 묘사하기 위해 이미지를 사용하시는데, 이는 확실히 에드워즈의 유명한 설교에서 발견하는 것만큼이나 회화적이다. 예컨대 마가복음 9:43에서 예수께서는 그를 따르는 자들을 자극하셔서 죄로부터 돌아서도록 하시고, 그들에게 "지옥 곧 꺼지지 않는 불"에 대해 경고하신다. 몇 절 지나지 않아 (9:48) 그는 지옥을 "구더기도 죽지 않고 불도 꺼지지 아니하는" 곳이라고 표현하신다.

바울도 역시 그리스도를 거부하고 그의 백성을 박해하는 자들을 기다리는 운명에 대해 꽤나 솔직할 수 있었다(살후 1:6-10).

> [하나님께서는] 너희로 환난을 받게 하는 자들에게는 환난으로 갚으시고 환난을 받는 너희에게는 우리와 함께 안식으로 갚으시는 것이 하나님의 공의시니 주 예수께서 자기의 능력의 천사들과 함께 하늘로부터 불꽃 가운데에 나타나실 때에 하나님을 모르는 자들과 우리 주 예수의 복음에 복종하지 않는 자들에게 형벌을 내리시리니 이런 자

들은 주의 얼굴과 그의 힘의 영광을 떠나 영원한 멸망의 형벌을 받으리로다 그날에 그가 강림하사 그의 성도들에게서 영광을 받으시고 모든 믿는 자들에게서 놀랍게 여김을 얻으시리니.

악한 자들의 심판에 대한 이 예언을 위한 바울의 신학적인 기초는 중요하다. "하나님의 공의로운 심판"(5절), "하나님은 의로우시다"(6절; 개역개정판에는 없다-옮긴이). 다른 말로 하자면 지옥에 대한 신학적 기초는 하나님의 거룩하심과 공의로우심이다. 우리는 현재의 하나님을 사랑하시고, 친절하시며, 은혜로우신 분으로 보는 우리의 관심 속에서 자주 하나님의 존귀와 놀라운 거룩하심에 대한 통찰을 상실한다. 하나님에 대한 우리의 시각에 있어 우리의 균형을 유지하는 것은 쉽지 않은 일이다. 그분의 성품의 한 측면이나 다른 측면을 무시하기가 아주 쉽다. 내 생각에 우리 시대의 교회는 하나님의 사랑의 측면에 대해 자주 과한 무게를 두고 있다.

신학자들과 심리학자들이 지적해왔듯이 많은 사람들은 자신들의 지상의 아버지에 대한 시각을 그들의 하늘에 계신 아버지에 대한 시각 속으로 투사한다. 자, 지상의 아버지들은 온갖 종류의 성품들을 가지고 있다. 하지만 우리는 확실히 부성(父性)에 대한 강조가 교육과정에서는 점차로 줄어들고 그 민감함과 우려에 대해서는 점차로 강해지는 시대 속에 살고 있다. 이를 극단적인 유행 속에 둠으로써 우리 시대에 묘사되는 아버지의 이미지는 자주 연약하고 무기력한 사람의 이미지가 된다. 우리는 이 이미지를 하나님에 대한 우리의 시각 속으로 투사시킬 수밖에 없다. 우리는 그를 일종의 우리를 사랑하시는 "할아버지 같은" 유형으로 생각하여, 그저 우리를 기꺼이 용서하시는 분으로 본다. 그리고 물론 우리를 결코 벌하지 않을 것이다. 하나님의 실제는 상당히 다르다. 그토록 거룩하신 분이어서 성경에서 그를 만났던 사람들은 두려움과 수치심으로 무릎을 꿇고 만다. 그리고 그의 거룩하심은 그로 죄인들을 징벌하시는 것을 요구한다.

이 모든 것이 암시하는 바는 우리가 복음 설교에서 상황의 "부정적인" 측면을 회피해서는 안 된다는 점이다. 그리스도 안에서 하나님의 선한 소식을 수용하는 것은 긍정적으로 하나님과의 평강과 영원한 생명의 약속만을 의미하는 것이 아니다. 그 메시지에 대한 거부는 우리가 경고해야 할 영원한 징벌을 의미한다. 진실로 성경은 이 징벌이 정확히 무엇이 될 지에 대해서는 분명하게 말하지 않는다. "불"과 "흑암"은 우리 생각에는 은유이다. 고통스럽고 두려운 지상의 체험으로 무언가 고통을 전하는 것인데 이는 지옥에서 악한 자들을 기다리는 고통이다. 우리는 우리 시대에 지옥의 현실과 잔혹함에 대해 보다 잘 전할 수 있는 다른 이미지들을 선택할 수도 있다. 그렇게 한다면, 우리는 하나님께 우리를 복수나 악한 자들의 고통으로부터 지켜달라고 간구해야 한다. 우리는 지옥에 대해 설교할 필요가 있지만 언제나 우리 눈에 눈물을 흘리면서 그것에 대해 설교해야 한다.

유다서 14-16절

14 아담의 칠대 손에녹이 이 사람들에 대하여도
예언하여 이르되 보라 주께서 그 수만의 거
룩한 자와 함께 임하셨나니
15 이는 뭇 사람을 심판하사 모든 경건하지 않
은 자가 경건하지 않게 행한 모든 경건하지
않은 일과 또 경건하지 않은 죄인들이 주를
거슬러 한 모든 완악한 말로 말미암아 그들
을 정죄하려 하심이라 하였느니라
16 이 사람들은 원망하는 자며 불만을 토하는
자며 그 정욕대로 행하는 자라 그 입으로 자
랑하는 말을 하며 이익을 위하여 아첨하느
니라

원 의미

유다는 거짓 선생들에 대한 비난을 예언으로 마무리한다. 이것 자체는 예외적이랄 것이 없다. 신약성경 기자들은 자주 고대 예언들을 자신의 상황에 적용한다. 하지만 이 예언에서 예외적인 것은 그 자료이다. 에녹은 성경 인물이지만, 구약성경의 어느 책도 여기서 인용된 예언을 담고 있지 않다. 또는 사실상 에녹의 어떤 예언도 담지 않고 있다. 하지만 우리는 거의 정확히 이 말들을 중간시대 유대 문헌인 『에녹 1서』에서 발견한다. 그래서 분명히 유다는 이 예언을 『에녹 1서』에서 가져온 것이다. 그가 정경에 포함되지 않은 어떤 책을 분명히 권위 있게 사용한 것은 몇 가지 분명한 문제를 불러일으킨다("상황잇기" 단원에서의 논의를 보라).

유다가 이 특별한 예언을 인용할 것을 택한 이유를 우리는 이해할 수 있는데, 이는 이 예언이 그가 거짓 선생들에 대해 만들었던 두 가지 핵심 요지를 강화하기 때문이다. (1) 그들은 "경건하지 않은"(godless) 자들이다(4절도 "경건하지 않은"[ungodly]; 18절도 참조하라). 이 용어는 예언에서 세 번 나오며(참조. 15절), 맨 먼저 유다의 주목을 끌었던 것일 수 있다. (2) 거짓 선생들은 주님의 책망을 겪을 것이다. 에녹의 예언은 물론 심판자로서의 주님의 오심을 예언한다.

거짓 선생들을 다룬 이 단원 내의 다른 두 단락(5-10절, 11-13절)에서 그랬던 것처럼, 유다는 전통에 대한 그의 언급에 이어 적용을 한다. 따라서 16절에서 우리는 거짓 선생들에 예언의 요지를 적용하느라 "이들"이라는 용어가 다시 사용되는 것을 발견한다.

에녹은 아담의 아들 셋의 계보를 통해 나온 아담의 초기 후손이었다. 그는 구약성경에서는 계보 목록에서만 나타나지만(창 5:18-24; 대상 1:3), 그에 대한 언급으로 인해 두드러진 인물이 된다. "에녹이 하나님과 동행하더니 하나님이 그를 데려가시므로 세상에 있지 아니하였더라"(창 5:24).[1] 이 절이 분명히 의미하는 바는 에녹이 죽지 않고 엘리야처럼(왕하 2:1-13) 곧바로 하늘로 옮겨졌다는 것이다. 이 추정은 히브리서 11:5로 인해 확증되는데, 여기에서는 "믿음으로 에녹은 죽음을 보지 않고 옮겨졌으니 하나님이 그를 옮기심으로 다시 보이지 아니하였느니라."

이 하나님으로부터의 특별한 칭찬과 그에 대한 성경의 거의 완전한 침묵의 조합은 에녹을 유대인들에게 매력적인 인물로 만들었다. 따라서 우리는 중간시대 문헌에서 그에 대한 수많은 전설을 발견하게 된다. 이 시기에 쓰인 최소한 두 권의 종말론적 환상을 담은 책들이 그가 쓴 것으로 나타난다.[2] 이 책들 중 하나가 『에녹 1서』로서(실제로는 몇 가지 구별된 문학적 단위를 조합한 것), 유다가 인용하는 것이다.

이 책은 유다의 시대에는 대중적인 것이었는데, 그(참조. 6절)와 베드로(벧전 3:19-20; 벧후 2:4)가 그것을 암시한다. 유대인들이 자주 포괄적으로 계산하기 때문에(즉, 수를 세는 하나의 연속에서 첫 번째와 마지막을 포함하여 계산한다), 에녹은 "아담으로부터 칠대 손"으로 여겨졌던 것이다. 계보의 목록은 아담, 셋, 에노스, 게난, 마할랄렐, 야렛, 에녹이다(창 5:1-24). 『에녹 1서』(60:8; 93:3; 또 하나의 중간시대 책인 『희년서』[7:39]도 참조하라)의 저자와 유다가 에녹에게 "칠대 손"이라는 수를 붙인 것은 이 수가 완전을 상징하기 때문이다.

유다가 "에녹이 이 사람들에 대하여도[즉, 그의 시대의 악한 사람들에 더하여] 예언했다는 것"을 말할 의도인 것인지, 아니면 "에녹도 [즉, 이들 다른 본문들에 더하여] 이 사람들에 대하여 예언했다는 것"을 말할 의도인 것인지는 분명하지 않

1. 창 4:17-18에서 가인의 아들로 언급된 "에녹"은 다른 사람이다.
2. 이 책들은 그래서 우리가 위서로 부르는 것들인데, 위서라는 것은 익명의 저자가 저술한 것을 잘 알려진 역사적 인물이 쓴 것으로 돌리는 것을 의미한다.

다.[3] 하지만 NIV가 아마 옳을 것인데, 이는 단순히 "또한"(also; 헬. '카이')을 제거해버림으로써 후자를 암시한다. 다른 신약성경 기자들처럼 유다도 예언이 그리스도와 그가 세우셨던 교회 안에서 그 성취를 발견한다고 추정한다. 그래서 그들은 선지자의 말씀을 자신의 환경에 적용할 수 있는 것이다.

에녹의 예언의 주제는 유대 종말론 작가들에게는 공통적인 주제이다. 악한 자들을 심판하시기 위한 하나님의 강림. 유다가 인용한 본문은 『에녹 1서』 1:9이다. 이 책을 영어로 번역한 가장 최근의 번역본들 중에 하나는 이렇게 읽는다.

> 보라, 그분은 모두에 대한 심판을 실행하시기 위해 천만 명의 거룩한 자들과 더불어 도착하실 것이다. 그는 악한 자들을 멸하시고 모든 육체를 그들이 행한 바, 죄인들과 악한 자들이 그분을 거슬려 범했던 모든 것 때문에 책망하실 것이다.[4]

유다가 인용한 원래의 예언은 아마도 주어로 "하나님"이나 "주님"이라는 용어를 가졌을 것이지만, 유다는 그리스도에 비추어 이해해서 "주" 예수를 강림하실 분으로 그리는 것이다. 구약성경(예. 단 7:10)과 신약성경 모두 예수께서 그의 파루시아에 엄청난 수의 천사들과 함께 하실 것임을 주장한다(참조. 마 25:31).

예수의 강림의 목적은 "심판"을 위한 것이다. 이 맥락에서 분명한 것은 이 심판은 부정적인 것으로서 책망이다. 이것이 "모든 이들"을 향한 것일지라도, 귀결을 통해 분명해지는 것은 예언이 "모든 악한 자들"을 의미한다는 것이다. 유다의 예언 인용에서, 그는 의도적으로 이 사람들의 "불경건한" 성격을 강조한다. 실제로 15절의 한 구절에서 이 용어를 세 번 사용한 것은 독서를 불편하게 만든다. "모든 '경건하지 않는 자가 경건하지 않게' 행한 모든 '경건하지 않은' 일과…정죄하려." 우리는 확실히 유다의 요지를 추측할 필요도 없다!

하지만 이 사람들이 경건하지 않게 행동한 것 때문에 심판당하기만 하는 것만은 아니다. 그들은 또한 말에 있어서도 하나님에 반하여 범죄했다. 유다는 이 점에

3. 전자에 대해서는 Bigg, *The Epistles of St. Peter and St. Jude*, 336을 보라. 후자에 대해서는 예를 들어 Kelly, *The Epistles of Peter and of Jude*, 276을 포함하여 대부분의 주석서들을 보라.

4. 이 번역은 『에녹 1서』의 에티오피아 언어 판에 기초한 것이다. 이 책은 헬라어로도 현존하고 있으며, 그 단편들은 아람어와 라틴어로도 발견되어 왔다. 학자들은 유다가 어느 판에서 인용한 것인지에 대해 논쟁한다. 대부분의 생각은 그가 알았던 것이 어느 판본이든지, 그가 나름대로 헬라어로 고쳐 읽기를 했다는 것이다. 특별히, Bauckham, *Jude, 2 Peter*, 94-96을 보라.

서 『에녹 1서』의 또 하나의 부분을 암시하고 있을 수 있다. 아마도, 27:2. "이 저주받은 골짜기는 영원히 저주받은 자들을 위한 것이다; 여기에 모든 (저들) 저주받은 자들, 그들의 입으로 주님께 반하여 무례한 말들을 말하고 그분의 영광에 관하여 욕설을 토해낸 자들이 함께 모일 것이다." 말로 범죄한 것에 대한 언급이 유다가 인용했던 원 본문에는 아마도 없었을 것이라는 사실이 제시하는 바는 이 개념이 유다에게는 중요한 것이었다는 점이다. 아마도 그는 이것을 추가한 것일 텐데, 이는 거짓 선생들이 특별히 이 방식으로 잘못을 범하고 있었기 때문일 것이다(8절과 10절을 보라).

유다는 계속해서 16절에서 거짓 선생들에 예언을 적용하면서 언어의 범죄에 초점을 둔다. 14-15절로부터 16절로의 전환은 분명히 이것이다. 에녹은 주님에 의해 심판받을 경건하지 않은 사람들에 대해 예언했다. "이 사람들"은 경건하지 못한 사람들이다. 그들은 유다의 말에 의하면 "원망하는 자며 불만을 토하는 자"이다. 그들이 원망하고 불만을 토하는 대상은 누구인가? 교회지도자들이라고 어떤 이들은 말한다. 하지만 "원망하는 자"라는 용어의 성경적 배경이 제시하는 바는 이 거짓 선생들이 그들의 원망을 향하고 있는 것은 하나님 자신이라는 점이다. 여기서 사용된 용어는 이스라엘 백성들이 하나님께 대하여 그들을 애굽에서 황량한 광야로 이끌어내신 것에 대해 "원망"하는 것을 묘사하는 구약성경 구절에서 자주 나타난다(예컨대 출 16:7-12; 18:3; 민 14:27-29; 17:5, 10을 보라).[5] 거짓 선생들은 아마도 그들이 원하는 대로 행동할 "자유"에 대해 하나님의 율법이 제한을 두었던 것을 불평하고 있었을 것이다.

16절에서 유다가 두 번째로 거짓 선생들을 묘사하면서 에녹의 예언에서 그들의 "경건하지 못한 행위들"에 대한 언급을 취한다. "그 정욕대로 행하는 자라." 이 정욕은 아마도 거짓 선생들의 성적인 욕망과 탐욕 모두를 포괄할 것이다(8, 10-11절을 보라).[6]

NIV에 따르면 여기서 유다의 거짓 선생들에 대한 세 번째 고발은 "그들이 스스로를 자랑하는 것"(TEV도 비슷하다)이다. 하지만 이 해석은 질문에 개방된 상태이다. 헬라어 원문을 보다 문자적으로 번역한 것은 "그 입으로 자랑하는[허황된] 말을 하며"이다. 이 오만한 말은 물론 자랑의 형식을 취한 것이다. 하지만 맥락이 제

5. 예를 들어 Kelly, *The Epistles of Peter and of Jude*, 278; Bauckham, *Jude, 2 Peter*, 98을 보라.
6. 예를 들어 Kelly, *The Epistles of Peter and of Jude*, 278을 보라.

시하는 바는 오만한 말의 관념은 하나님에 대한 것이거나 혹은 하나님을 향한 것일 수도 있다는 것이다.[7]

유다의 마지막 비평은 거짓 선생들의 탐욕의 주제로 돌아오는데, 이는 그가 11절에서 간략하게 암시했던 것이다. 그는 여기서 편파성이나 편애를 지시하는 성경적 관용구를 기용한다.[8] 우리는 이 탐욕을 자극하는 편애가 취했던 정확한 형식에 대해 확신할 수 없다. 아마도 그들은 수많은 고대의 동료들처럼 많은 돈을 지불할 수 있다는 이유로 부유한 사람들만을 가르치고 있었을 것이다.[9]

상황잇기

여기서 유다의 가르침은 솔직해 보인다. 주님께서는 그의 교회에 고통을 주고 있는 거짓 선생들 같은 경건하지 못한 사람들을 심판하기 위해 돌아오실 것이다. 하지만 메시지는 그가 묘사하려고 선택했던 형식에 의해 복잡해진다. 그가 택한 것은 성경적 정경의 일부가 아닌 책으로부터 나온 "예언"이다. 전문 해설가들은 우리가 여기서 맞닥뜨리는 이런 종류의 문제에 대해 이야기하기 위해 듣는 것의 비유를 사용한다. 예컨대 만일 내가 자동차 라디오로 축구경기를 청취하고 있다면, 방송을 듣는 내 능력은 "소음"에 의해 심각하게 방해를 받을 수 있다. 이 소음은 라디오 자체로부터 나올 수 있는데, 방송국이 멀거나 수신이 약하고 또 다른 방송국들이 전파를 방해한다면 말이다. 아니면 그것은 자동차 때문일 수도 있는데, 내가 그 경기를 들으려고 애쓰는 동안 내 가족이 계속해서 이야기를 하고 있다면 말이다. 소음은 우리로 메시지를 진정으로 듣고 음미하는 것을 방해한다.

동일한 방식으로 한 사람이 기록된 메시지를 "들으려고" 애쓰는 것이 "소음" 때문에 그것을 이해하는데 어려움을 가질 수 있다. 저자가 말하려고 하는 것을 들을 우리의 능력을 "간섭"하는 저 선입견들과 오해들이 그것이다. 유다서 14-15절

---

7. Kelly, *The Epistles of Peter and of Jude*, 279; Bauckham, *Jude, 2 Peter*, 99. 이들 주석가들은 유다가 여기서 『모세의 승천』을 암시하고 있을 수 있다고 제시함으로써 그들의 시각을 지지하는데, 이 책에는 유사한 관념들이 나타난다. 하지만 유다가 9절에서는 이 책을 암시하지만, 여기에서의 언급은 그다지 분명하지 않다.

8. 헬라어 원문은 문자적으로 "면전에서 놀라는"이다. 이는 히브리어 관용구 "얼굴을 들어 올리다 혹은 얼굴에 경의를 표하다"를 헬라어로 번역했음을 반영하는데, 이 표현은 구약에서 편파성을 지시하는 경우에 나타난다(창 19:21; 레 19:15; 신 10:17; 잠 24:23; 암 5:12을 보라). 야고보도 유사한 표현을 사용한다(약 2:1을 보라).

9. Bauckham, *Jude, 2 Peter*, 99-100을 보라. 그는 말 2:9을 지시한다.

에서 우리 중 대다수는 그가 비정경적인 자료를 사용한 것이 토해내는 소음 때문에 주님의 재림에 대한 유다의 솔직한 메시지를 음미하기가 어렵다는 것을 발견한다. 우리는 진실로 그의 요지를 음미할 수 없어서 그것을 마음깊이 새기고 진실로 그것을 믿을 수 없는데, 이는 그가 그것을 이 분명히 비정통적인 방식으로 수행하고 있기 때문이다. 그래서 요지는 우리가 그의 인용이 창출해 내는 어떤 소음을 제거하려고 시도하기 전에는 유다의 메시지를 적용할 수 없을 것이라는 점이다. 그래서 나는 우리가 유다의 『에녹 1서』 인용을 고려하면서 일부 우리가 만나는 주제들과 가능성들을 관찰하기를 원한다.

유다가 『에녹 1서』를 인용한 것이 우리에게 창출해 내는 소음은 특별히 무엇인가? 그것은 유다가 성경의 정경에 속하지 않은 책을 영감 받고 권위 있는 교리의 근거로 인용하고 있는 것일 수 있다는 개념이다. 그리고 여기서 주목해야할 중요한 것은 『에녹 1서』가 '어떠한' 종교 집단에 의해서도 공식적으로 정경적 지위를 부여받은 적이 없다는 사실이다. 유대 정경에도 포함된 적이 없으며, "외경"(로마 가톨릭 교회는 받아들였으나 개신교에서는 거부한 책들)에도 포함되지 않았다. 하지만 그때에 유다가 『에녹 1서』를 사용한 것이 하나님께서 우리의 성경 안에 포함된 책들에만 영감을 불어 넣으셨다는, 그리고 이 책들만 권위 있는 교리의 근거로 사용되어야 한다는 우리의 믿음에 문제를 만들어내지는 않는가? 만일 유다가 『에녹 1서』에 호소할 수 있다면 우리는 왜 이 문제를 위해 비슷하게 마카비2서나 시락서나 C. S 루이스(C. S. Lewis)의 『순전한 기독교』(*Mere Christianity*)에 호소할 수 없는 것인가?

이 질문들은 현대에 새로운 것이 아니다. 초대교회 신학자들도 동일한 것을 질문했다. 그들은 이 문제에 대해 세 가지 견해에 이르렀다. (1) 일부 교부들은 『에녹 1서』를 유다서에서의 이 인용에 기초해서 영감 받은 책으로 여겼다.[10] (2) 다른 이들은 반대의 방침을 택했다. 유다가 비정경적인 책을 인용했기에 유다서가 정경에 속하지 않는다는 것이다.[11] (3) 어거스틴은 유다의 언급이 『에녹 1서』가 어떤 점에서는 영감 받은 책이었다는 것을 보여주었다고 생각했지만, 그는 논증하기를 이것은 책 전체가 영감 받았다는 것을 의미하는 것은 아니라고 한다.[12] 우리가 알고 있

10. Clement of Alexandria, *Eccl. Proph.* 3; Tertullian, *De cultu fem.* 1.3; *De Idol.* 15.6; 참고, *The Epistle of Barnabas* 16.5.

11. 제롬(Jerome)은 이 의심을 보고한다. 참고, *De vir. ill.* 4.

12. 그의 *City of God* 15.23을 보라.

듯이 고대 교회 전체가 결국 채택했던 것은 바로 이 세 번째 시각이거나 무언가 이와 유사한 것이었다. 유다서는 신약성경 정경으로 채택되었으나, 『에녹 1서』는 공적으로 구약성경 정경에서 거부되었다.[13] 우리는 오늘날 이 결정을 정당화할 수 있는가? 우리는 유다가 『에녹 1서』를 사용한 것을 어떻게 설명할 수 있는가?

많은 주석가들은 유다의 『에녹 1서』에 대한 언급이 보여주는 바는 그가 이를 영감 받은 책이라고, 예컨대 창세기와 이사야처럼 권위있는 것이라고 생각했다는 것이라고 여기거나 논증한다. 그들이 지적하는 것은 유다가 『에녹 1서』를 인용했을 뿐만 아니라 그 인용을 소개하기 위해 "예언하다"라는 동사를 사용하고 그의 서신의 다른 곳에서(가장 분명한 것은 6절) 그 책을 암시하고 있다는 것이다. 하지만 나는 이 결론이 정당하다고 생각하지 않는다. 두 가지 중요한 요지를 만들어 보겠다.

(1) 내가 베드로후서 3:14-18의 "상황잇기" 단원에서 주목했던 것처럼, 우리는 1세기의 유대인들과 그리스도인들이 이미 "완결된" 구약성경 정경을 가지고 작업했다는 확고한 증거를 가지고 있다. 예수께서 성경에 호소하신 것은 신약성경 전체를 통해 현저한 인용 패턴으로서(이에 따르면 지금 정경 안에서 발견되는 책들만이 성경으로 불린다), 이 문제에 대해 유대인들과 최초의 그리스도인 사이에 논쟁이 있었다는 어떤 증거도 결여 되어 있다. 이들과 상당한 규모의 다른 증거들은 폭넓게 수용되는 정해진 권위 있는 저작들의 모음을 암시한다. 유다는 물론 다를 수 있지만, 우리는 정당한 증거 없이 추정해서는 안 될 것이다.

(2) 유다가 『에녹 1서』를 성경으로 언급하지 '않는다는' 것을 주목하는 것이 결정적이다. 즉 결정적인 용어인 '그라페'("성경")가 여기에 사용되지 않는다. 이 용어의 동족어 동사인 '그라포'("기록된 바"[as it is written])는 구약성경의 인용을 소개하기 위해 신약성경 전체에서 사용되고 있지만, 이 관용구는 여기서는 발견되지 않는다. 게다가 신약성경에서 어느 누구도 정경으로 여기지 않는 자료로부터 인용한 것도 발견한다. 예컨대 바울은 아덴사람들에 대한 그의 연설에서 이교 철학자인 아라투스(Aratus)를 인용한다(행 17:28). 확실히 그는 이 작가의 『파에노메나』(*Phaenomena*; 그는 이 책에서 인용했다)가 정경적인 책이었다고 생각하지는 않았다. 확실히 하자면 유다의 주장은 에녹이 "예언했다"는 것이다. 하지만 이 용어가 "영감 받은 예언서를 썼다"는 것을 의미할 필요는 없다. 단순히 "이 경우에

13. *Apostolic Constitutions* 6.16.3 (A.D. 380년경)을 보라.

예언을 말했다"를 의미하는 것이 맞을 것이다. 다른 말로 하자면 이 언급은 바로 그 구절을 지시하는 것이지, 책 전체를 말하는 것은 아니다.

내 결론은 유다가 아마도 『에녹 1서』가 영감 받은 정경적 책이었다고 생각하지 않았을 것이라는 점이다. 우리에게는 그가 이 문제에 있어서 주류 유대인들이나 초기 그리스도인들의 견해가 명백히 합의에 이른 것에 이견을 가지고 있었다고 믿게끔 이끄는 어떤 충분한 증거도 없다. 그래서 그는 『에녹 1서』에서 나온 이 본문을 어떻게 보았던 것인가? 그가 "예언"이라는 용어를 사용한 것과 인용문의—그의 거짓 선생들에 대한 비난의 결론으로서의—배치가 제시하는 바는 그가 본문을 그의 독자들에게 권위를 가진 것으로 보았다는 점이다.

여기서 "그의 독자들에게"라는 구절이 중요하다. 데릴 찰스가 보여주었듯이 유다서는 종말론적 관념과 전통 "속에" 있던 그리스도인들에게 쓰였던 것으로 보인다. 유다가 이 특별한 예언을 인용했던 것은 잘한 일일 수 있는데, 이것이 그의 청중들에게 영향력이 있을 것임을 그가 알았기 때문이다.[14] 그들은 이 책을 높이 평가했으며, 이 책으로부터의 인용은 그들로 그에 동의에 이르도록 고무하는데 효과적이었을 것이다.[15]

분명히 유다는 예언의 내용이 진리였다고 생각했을 것이다. 그렇지 않다면 그는 결코 그것을 인용하지 않았을 것이다. 하지만 역사적인 에녹이 진정으로 이 예언을 말했던 것이라고 그가 믿었을까? 확실히 가능성은 있다. 하나님께서는 『에녹 1서』의 알려지지 않은 저자가 이 지점에서 그의 책에 순수한 에녹의 예언을 포함시킨 것으로 보셨을 수도 있다. 하지만 또 가능성이 있는 것은 유다가 기껏해야 책의 "에녹"을 자신과 독자들이 이 예언을 말한 자로 알았음을 의미했다는 것이다.

현대적 의미

유다가 『에녹 1서』를 사용하면서 창출해낸 배경 "소음"의 일부를 제거했다고 믿고, 그가 이 절들에서 말하고 있는 것을 신중하게 검토하고 듣도록 하자. 두 가지 요지가 두드러진다.

주님의 강림과 복음전파. 주님은 심판하러 돌아오신다. 에녹은 우리가 그를 누구

14. 이를 대인논증(對人論證: argumentum ad hominem: 상대방에 맞춰서 호소하는 논증—옮긴이)이라고 부른다.

15. Charles, *Literary Strategy in the Epistle of Jude*, 160-61.

로 이해하든지 간에 의심할 바 없이 주 하나님 여호와를 의미했다. 그의 예언은 역사의 종말에 이르러 의인들에게는 승리와 구원을 주고 불의한 자들에게는 책망을 주기 위한 하나님의 강림을 예언하는 수많은 구약성경 본문들을 반향시킨다(예컨대 사 40:10; 66:15; 미 1:3-5; 슥 14:5을 보라).

역사의 종말에서의 이 하나님의 강림은 자주 이스라엘에 그의 율법을 주셨던 시내산 위에서의 하나님의 강림에 필적하는 것으로 묘사되었다. 예컨대 유다가 인용한 에녹의 예언과 신명기 33:2의 유사성에 주목하라.

> 여호와께서 시내 산에서 오시고
> 　세일 산에서 일어나시고
> 　바란 산에서 비추시고
> 일만 성도 가운데에 강림하셨고
> 　그의 오른손에는 그들을 위해 번쩍이는 불이 있도다.

그러나 신약성경의 구약성경 이용에 전형적인 움직임 가운데에서 유다는 "주님"을 예수와 동일시한다. 그리고 하나님께서 먼저 그의 백성을 구원하고 세우기 위해 오시고 나서(출애굽과 시내산), 구원하고 심판하기 위해 다시 오실 것을 약속하셨던 것처럼, 예수께서도 그의 백성을 구원하고 세우기 위해 오시고서(십자가와 부활), 구원과 심판을 위해 다시 오신다.

우리는 신자들로서 그리스도의 강림의 날을 열망과 기대로 기다린다. 이것이 우리의 현재의 고통 가운데에서 우리를 위로하시고, 우리를 거룩함의 삶으로 이끌도록 격려하시는 "복스러운 소망"이다(딛 2:13-15을 보라). 하지만 유다서의 이 본문이 우리를 일깨우는 것처럼, 그리스도께서는 심판을 위해서도 오신다. 이것이 어떻게 우리로 하여금 우리 주변의 모든 무수한 대부분의 사람들—그리스도를 모르는 사람들—을 고려하게끔 이끌 것인가?

그 답은 분명하다. 아직은 따뜻하게 대하고 그렇게 더불어 사는 것은 실제로 너무도 어렵다는 것이다. 우리는 심판을 먼 미래로 밀어낸다. 혹은 더 악한 것은 "선한" 삶을 살고 있는 사람들을 하나님께서는 실제로 심판하지 않으실 것이라는 관념을 우리가 일반적으로 우리 머릿속에 간직하고 있다는 것이다. 그럼에도 성경은 분명하다. 그리스도께서는 "모든 경건하지 않은 자들을" 심판하러 오실 것이다(유 15절). 그리고 "의인은 없나니 하나도 없으며 깨닫는 자도 없고 하나님을 찾는 자도 없고 다 치우쳐 함께 무익하게 되고 선을 행하는 자는 없나니 하나도 없도다" (롬 3:9b-12). 예수 그리스도와의 관계로부터 떨어진 우리 주변의 모든 저 "선한" 사람들은 하나님이 보시기에 "경건하지 않아서", 그래서 그리스도가 돌아오실 때 책망을 당하도록 운명이 주어져있다.

"사람들은 주님이 필요해"라고 스티브 그린(Steve Green)이 노래한다. 우리는 진정으로 그것을 믿는가? 우리는 충분히 믿어서 그에 대해 무언가를 할 수 있는가? 복음전도와 선교를 우리 교회의 계획표에서 개인적인 건강이나 신자들의 계발(啓發) 만큼이나 중요한 부분으로 만드는 것은? 복음 사역의 최전선에 있는 자들에게 헌신적으로 베푸는 것은? 예수 그리스도의 선한 소식을 "선한" 동료 근로자나 "도덕적인" 이웃과 나누는 것은? 우리의 양심이 혼란스러워지고 이 질문들에 의해 감동되지 않고서는 역사의 종말에 있을 심판에 대한 성경 본문을 읽어서는 안 될 것이다.

주님의 강림과 자기-평가. 심판에 대한 성경 구절들이 또 우리 앞에 제기하는 다른 일련의 질문들이 있다. 신자들로서 우리는 그리스도의 강림의 날을 기쁨으로 고대해야 할 것인데, 이것이 죄와 유혹과 육체적인 연약함으로부터의 우리의 마지막 구원을 가져오기 때문이다. 하지만 그날을 응시하는 것은 진지한 자기평가로도 이끌어야 할 것이다. 우리가 거절과 책망을 두려워할 필요가 없을지라도, 그럼에도 우리는 그가 우리에게 맡기셨던 값진 축복으로 우리가 무엇을 했는지를 그리스도께서 물어보실 때, 우리의 삶이 속속들이 조사당하게 될 것임을 우리는 알고 있기 때문이다(마 25:31-46; 고후 5:10을 보라).

그리고 여기에 우리가 유다서 14-16절에서 들어야 하는 두 번째 요지가 있다. 그리스도께서는 유다의 말에 의하면 "경건하지 못한 자들"을 심판하기 위해 오실 것이다. 어떤 신자도 결국 "경건하지 못한 자들"의 범주에 속하지 않기에, 우리는 얼마나 많은 경건하지 못함이 우리에게 심지어 우리 구원 받은 상태에 아직도 들러붙어 있는지를 깨닫지 않을 수 없다. 그래서 그리스도께서 경건하지 못함을 심판하러 오신다는 유다의 일깨움은 우리 안에 우리가 저들 심판받을 자들 가운데 있지 않다는 독선을 만들어내서는 안될 것이다. 그것은 우리 각자를 자극하여 우리에게 아직 너무도 많은 부분을 차지하는 불경건함에 대해 질문하게 해야 할 것이다.

"경건하지 않음"이란 무엇인가? 이 용어는 광범위한 것이어서, 하나님의 승인에 부합하지 않는 것이면 어떤 사고나 행동도 포함한다. 유다는 의심할 바 없이 이 용어를 정확하게 사용하는데, 이것이 그렇게 광범위하기 때문이다. 하지만 그는 또한 15b-16절에서 거만과 교만과 오만의 죄에 초점을 두고 있다. 경건하지 않은 사람들을 유다는 하나님을 "거역하여 말하는" 것으로 (거짓 선생들) 생각하고 있다. 그들은 "자기 자랑하는" 혹은 "입으로 자랑하는 말을 하는" 자들이다. 여기에 경건하지 않음의 한 형태가 있는데 이는 우리 시대에는 전염병같다.

많은 신학자들은 실제로 교만이 모든 죄의 뿌리라고 생각한다. 아담 이래로 사람들은 "하나님처럼 되기"를 원해왔고, 그들은 그들이 경배하고 순종해야 하는 하나님에 대한 어떤 개념에도 초조해한다. 우리 사회는 정확히 과학과 의료와 문학 등에서의 엄청난 성취로 인해 긍지를 가지고 있으면서 하나님을 위한 여유는 점점 더 줄여가고 있다. 혹시 신을 위한 공간을 만들지라도 그 신은 우리 자신의 창작물이며, 우리에게 맞게 재단된 것이고, 우리가 우리에게 필요한 것으로 여기는 것이다. 그래서 우리는 영성을 위한 필요를, 예배에 대한 어떤 막연한 감정을 느낀다. 그리고 우리는 우리가 자연 "속에" 있기에 "뉴 에이지" 신(神)을 창조한다.

나는 사례를 더 늘릴 수도 있다. 하지만 여기서 내 요지는 우리 그리스도인들은 하나님을 우리 자신의 기대와 필요에 부합하게 만드는 오만한 무례함에 대한 면역력이 전혀 없다는 것이다. 교회의 역사는 얼마나 자주 모든 시대마다 그리스도인들이 그들 자신의 문화에 부합하는 하나님에 대한 시각을 발전시키는 경향을 가져왔는지를 보여준다. 결과적으로 우리는 스스로에게 질문해야 한다. 우리는 어떤 방식으로 하나님에 대한 우리의 시각을 우리의 상황에 부합하도록 재단해왔는가? 아니면 내가 앞선 단원에서 사용했던 유추로 돌아가서, 우리 문화의 어떤 "소음"이 하나님과 우리 세대에 우리를 위한 그의 메시지를 들을 능력을 간섭하고 있는가? 두 가지 예증들을 제시할 것인데, 하나는 신학의 영역에서 나온 것이고, 다른 하나는 실천의 영역에서 나온 것이다.

(1) 내가 아는 바로는 내 신학적 예증은 논쟁적인 것이다. 그래서 출발하면서 말하려는 것은 바라건대 내가 반론을 펼치고 있는 바로 그 범죄를 범하고 있는 것—오만하게도 내 자신의 신학이 옳다고 여기면서—은 아니라는 점이다. 내가 분명히 하기를 원하는 것은 헌신적인 그리스도인들은 옳게도 이 문제에 대해 다른 견해에 이를 수 있다는 점이다. 나는 일반적으로 아르미니우스-칼빈 논쟁을 인용한다. 나는 이 논쟁에서 칼빈의 입장에 일반적으로 반대한다. 내가 여기서 제시하는 것은 칼빈주의에 동의하지 않는—그리고 심지어 격렬히 반대하는—어떤 사람들이 내가 여기서 말하고 있는 그런 종류의 오만의 죄책을 질 수 있다는 것이다.

(제발 아르미니우스주의 형제자매들이여, 내가 죄책을 질 "수 있다"고 말하는 것이지 죄책이 "있다"고 말하는 것은 아니라는 것에 주목하라. 내가 아는 많은 아르미니우스주의자들은 이런 실수를 하지 않는다. 반대로 칼빈주의자들도 바로 이 종류의 오만의 죄책을 질 수도 있다.)

나는 전에 내 학생들 중 한명이 이 주제에 대해 쓴 논문 한편을 읽은 적이 있는데, 그의 유일한 논증은 하나님께서 사랑의 하나님이시기에, 어떤 사람들은 택하시고 다른 사람들은 거부하시지 않으실 거라는 것이었다. 그는 단순히 그런 분이실 수 없다. 자, 만일에 그 학생이 성경에 근거하여 신중하게 하나님의 사랑에 의해 요구되는 것은 하나님께서 사람들의 영원한 운명에 대한 궁극적인 선택을 하시지 않는 것이라는 결론을 입증했다면, 나는 그 논증을 두고 언쟁을 벌이지 않았을 것이다. 그녀가 내린 결론만을 두고 논쟁했을 것이다. 하지만 그녀는 그러지 않았다. 그녀로 하여금 하나님의 주권에 대한 모든 종류의 칼빈주의적 시각을 받아들이기를 거부하도록 이끌었던 것은 단순히 그녀의 "하나님에 대한 개념"이었다. 그녀는 그것이 진정으로 '모든' 성경 자료에 부합하는지 보기 위해 성경에 기초한 하나님에 대한 그녀의 시각을 심각하게 검토하지도 않았던 것이다.

학생들과 마찬가지로 평신도들과 이 주제에 대해 논의하는 가운데 나는 이 문제가 널리 퍼져있다는 것을 발견한다. 하지만 우리는 하나님에 대한 판단을 두고서 가지는 입장에서 위험스럽게도 이 방식에 가까워져있다는 것을 깨닫지 못하는가? (그 방식은 사실상 하나님에 대한 칼빈주의적 시각은 내가 가진 하나님에 대한 시각과 부합되지 않다고 말하는 것, 그래서 그것이 잘못된 것일 수 밖에 없다는 것) 칼빈주의적 시각이 옳을 수 있고 혹은 잘못된 것일 수도 있다. 하지만 이 신학적 문제에 대해, 다른 모든 것들에 대해서와 마찬가지로 우리는 성경이 가르치는 것에 겸손하게 귀 기울이고, 그것이 우리 자신의 선입견에 부합하지 않는 때에라도 그 가르침에 기꺼이 순종해야 한다.

(2) 그리스도인들이 하나님의 음성을 듣지 못하는 것에 대한 최근의 실천적인 예증은 서구세계의 우리에게 일반적인 경향인데, 이는 우리의 일시적인 복지와 자본주의적 경제체계가 그 원인으로서 그의 백성들에게 물질적인 것들을 나누고 "고아와 과부를 돌보라고"(약 1:27) 하시는 하나님의 부르심을 침묵하게 만든다. 예컨대 내가 쓴 것처럼 미국의 정치인들은 복지 개혁에 대해 논쟁하고 있다. 지금 헌신적인 그리스도인들은 확실히 정부가 무산자를 원조하는 일에 개입하는 방식에 대해 다양한 스펙트럼의 시각을 가지고 있다. 하지만 내가 일부 그리스도인들

의 목소리를 들을 때에 나를 혼란스럽게 만드는 것은 그들의 이 문제에 대한 순수하게 경제적인–혹은 에둘러 말하지 않는다면 유물론적–접근이다. 그리스도인들에게 확실히 경제적인 것이 핵심이 되어서는 안 된다. 이것은 우리시대의 교회가 어떻게 하면 사회에서 도움이 필요한 사람들에 대한 우리 아버지의 염려를 실천하라는 그 명령을 최선으로 수행할 수 있는지의 문제가 되어야 할 것이다.

정경적 질문. 이 단원을 끝내기 전에, 나는 내가 "상황잇기" 단원에서 말했던 정경적 질문의 중요성에 대해 마지막으로 언급하기를 원한다. 아마도 핵심이 분명해서 논의가 불필요할지 모르겠지만, 필시 한번 언급하는 것이 필요할 것이다. 유다가 『에녹 1서』를 정경으로 여겼다면, 그렇다면 완결된 정경에 대한 전체적인 관념에 대해 질문할 수 있다. 교회가 언제나 주장해온 것은 정경적인 책들 속에 분명히 포함된 내용들만이 교회에 대해 권위를 가지며 우리로 생각하고 행동할 것에 대해 가르침을 줄 수 있다는 것이다. 이는 역사적으로 로마 가톨릭(그들의 정경에 구약성경의 외경이 포함된다)과 개신교(그렇지 않다) 사이의 논쟁점이 되어 왔다.

하지만 우리 시대의 일부 학자들이 논증하는 것은 우리가 정경이라는 개념을 한꺼번에 거부했다는 것이다. 그리고 이는 훨씬 더 급진적인 단계로 들어섰다. 정경을 갖는다는 점은 꽤나 실천적인 것이기 때문이다. 이것은 우리에게 그리스도인들이 가서 하나님에 대해 무엇을 믿어야 하는지 그리고 하나님께서 그의 백성들에게 무엇을 행하기를 원하시는지를 이해할 수 있는 근거가 무엇인지에 대해 말해준다. 그럼에도 만일에 우리가 고정된 정경을 가지지 않게 된다면, 상이한 그리스도인들이 상이한 책 묶음에 호소하고, 상이한 형태의 "기독교"를 상정하게 될 수 있다.

나는 교회가 권위 있는 책들의 정경을 결정한 역사적 과정에 관련된 순수한 문제들을 경시하기를 원하지 않는다.[16] 하지만 그리스도인들은 하나님께서 이 과정을 지도 관리하셨다는 것과, 그래서 친히 우리가 지금 소유하는 성경의 정경 배후에 계신다는 것도 믿는다. 우리가 이 주제를 포기한다면 신앙 자체를 위태롭게 하는 것이다.

정경이라는 관념으로부터 두 가지 더 특별한 함의가 흘러나온다. (1) 우리는 이

---

16. 이 주제에 대해, 특별히 David G. Dunbar, "The Biblical Canon," in *Hermeneutics, Authority, and Canon*, ed. D. A. Carson and John D. Woodbridge (Grand Rapids: Zondervan, 1986), 299-360, 424-46을 보라.

책들을 우리가 다른 책들을 평가하는 방식으로 평가해서는 안 될 것이다. 그리스도인들은 물론 일반적으로 이 원리에 동의한다. 하지만 실제로 그리고 기독교적 픽션의 만연으로, 나는 많은 신자들이 자신들의 "영적인" 독서 중 상대적으로 적은 분량을 성경에 투여한다는 것을 발견한다. 그래서 지금 일어나는 일은 많은 그리스도인들의 마음이 성경이 아니라 성경에 관한 책들이나 막연하게 성경적 메시지와 관련될 뿐인 책들에 의해 형성되고 있다는 것이다. 확실히 우리는 이 점에서 은연중에 정경을 부인하고 있는 것이다.

(2) 우리는 '모든' 성경적 책들을 평가함에 신중해야 한다. 그리스도인들은 언제나 "정경 안의 정경"을 구성하려는 유혹을 받는다. 그것은 성경 안의 일련의 책들로서 다른 것들보다 더 중요한 것을 의미한다. 예컨대 마틴 루터가 이 죄책을 가지고 있다. 그는 믿음에 의한 칭의에 대한 바울의 가르침에 상당히 매료되어, 바울의 특정 서신들을 중심적 위치로 격상시키고 바울의 메시지에 맞지 않아 보였던 (야고보서 같은) 일부 다른 책들과는 힘든 시간을 보냈다. 여기서의 위험은 물론 우리가 균형을 잃은 기독교–협소하게 선별된 책과 구절들에 기초한 신앙의 시각–로 끝나버리는 것이다. 이 문제에 대한 해독제는 우리 스스로를 압박하여 성경적 계시의 전영역을 다루게 하는 것이다. 우리의 개인적인 성경읽기에서, 우리는 모든 성경 전체를 체계적으로 읽거나, 아니면 적어도 우리가 대표적인 단원을 읽고 있다는 것을 확실히 해두는 것이다. 그리고 설교자들도 마찬가지로 그들의 회중들이 흥미를 갖게 되었던 바로 그런 책들이나 그들이 열의를 갖게 된 주제들만이 아니라, 회중들이 하나님의 진리 전체에 개방되게 하는 설교 계획을 수립해야 할 것이다.

유다서 17-23절

17 사랑하는 자들아 너희는 우리 주 예수 그리스도의 사도들이 미리 한 말을 기억하라
18 그들이 너희에게 말하기를 마지막 때에 자기의 경건하지 않은 정욕대로 행하며 조롱하는 자들이 있으리라 하였나니
19 이 사람들은 분열을 일으키는 자며 육에 속한 자며 성령이 없는 자니라
20 사랑하는 자들아 너희는 너희의 지극히 거룩한 믿음 위에 자신을 세우며 성령으로 기도하며
21 하나님의 사랑 안에서 자신을 지키며 영생에 이르도록 우리 주 예수 그리스도의 긍휼을 기다리라
22 어떤 의심하는 자들을 긍휼히 여기라
23 또 어떤 자를 불에서 끌어내어 구원하라 또 어떤 자를 그 육체로 더럽힌 옷까지도 미워하되 두려움으로 긍휼히 여기라

원 의미

유다는 거짓 선생들에 대한 책망으로 유명하다. 이 때문에 성경을 공부하는 많은 학생들은 즉각적으로 이 서신을 본질적으로 부정적인 메시지를 담고 있는 것으로 생각한다. 그리고 거짓 가르침에 관여되지 않은 그리스도인이라면 매우 적용하기 불가능한 것이다. 우리는 확실히 사람들이 왜 이 같은 인상을 가지는지를 이해할 수 있는데, 5-16절에서 유다가 교리를 잘못 가르치고 경건하지 못한 삶을 이끄는 사람들을 비판하고 책망할 뿐이기 때문이다.

하지만 유다는 이보다 훨씬 더 많은 것을 한다. 우리는 그의 서신이 거짓 선생들에게 쓰여졌던 것이 아니라는 것을 잊어서는 안 될 것이다. 이것은 신실한 그리스도인들에게 쓰여졌던 것이다. 이 신자들은 그들의 교회에서 거짓 가르침의 습격에 직면하여 확신과 교훈이 필요했다. 유다가 이를 그의 서신에서 제공한다. 그래서 긴 분량으로 중심을 이루는 서신의 부정적인 단원(5-16절)을 그가 3-4절과 17-23절에서 말하는 보다 큰 목적에 봉사하는 것으로 보아야 한다.

이 두 구절들은 많은 공통점을 가지고 있다. 둘 다 "친애하는 벗들이여"(문자적으로는, "사랑하는 자들아", '아가페토이')로 시작한다. 둘 다 "경건하지 않은 자들"(참조. 4절, 18-19절)에 대해 말한다. 둘 다 주장을 역설하기 위해 과거의 교훈에 호소한다. 거짓 선생들에 대한 책망은 "옛적부터 미리 기록된 것"(4절)이고, 거짓 선생들이 올 것은 사도들이 "미리 말했던 것"(17절)이다. 그리고 유다가 3절에서 신자들에게 "성도에게 단번에 주신 믿음의 도"를 위해 싸울 것을 간청했던 것처럼, 그렇게 그는 이제 신자들에게 "너희의 지극히 거룩한 믿음 위에 자신을 세우라고"(20절) 권면한다. 이 수단들을 통해서, 유다가 보여주는 것은 그가 서신의 도입부의 주제를 재개하고 있다는 것이다. 그것은 그리스도인들이 거짓 가르침에 대응해야 하는 방식이다.

특별히 유다는 신자들에게 세 가지를 행할 것을 말한다. (1) 그들은 자신들이 지금 체험하고 있는 그런 종류의 거짓 가르침을 사도들이 친히 예언했다는 것을 기억해야 한다(17-19절). 인간의 관점에서 이런 거짓 선생들은 "가만히 들어왔다"(4절). 하지만 하나님께서는 그들이 들어오고 있었음을 처음부터 알고 계셨다. 그래서 이 일깨움은 유다의 독자들로 하여금 하나님께서 그들 가운데 무슨 일이 일어나는지 알고 계심을 확신케 한다. 하나님께서는 여전히 사태를 장악하고 계시다. (2) 유다의 독자들은 스스로를 그들 자신의 영적인 성장에 헌신해야 한다(20-21절). 그들은 거짓 선생들로 하여금 자신들을 믿음 안에서의 발전으로부터 벗어나게 만들도록 허용해서는 안 된다. (3) 유다의 독자들은 거짓 가르침에 의해 영향받은 자들에게 손을 뻗어야 한다(22-23절). 그들 자신만의 개인적인 영성에만 침잠하는 것으로 충분하지 않다. 유다의 독자들은 너무 늦기 전에 이 사람들을 되찾기 위해서 할 수 있는 것을 해야 한다.

사도적인 가르침의 일깨움(17-19절)

유다가 그의 독자들을 "친애하는 벗들"이라고 부른 것은 3절에서도 그랬던 것처럼 서신의 주요 전환점을 시사한다. 앞선 본문에서 이 애정이 넘치는 호칭은 간략한 서론(1-2절) 이후에 서신의 본문을 시작했다. 여기서 이것은 거짓 선생들에 대한 비난(5-16절)으로부터 신실한 자들을 향한 권면으로의 전이를 표시한다.

유다가 여기서 사용하는 구문은 설득력이 있는 것으로, 그가 방금까지 말했던 것과의 대조를 강조한다. 거짓 선생들은 경건하지 않고 거만한 자들로서 심판을 받을 것이다. "그러나 '너희' 사랑하는…"[1] 유다가 이제 신실한 그리스도인들에게로 돌아서면서 그는 그들에게 무언가를 일깨움으로써 시작한다. 여기서 우리는 서신의 앞부분과의 또 하나의 평행을 발견하지만, 그럼에도 이번에는 1-4절이 아닌 5절과의 평행으로서, 거기서 유다는 그의 독자들에게 과거에 거짓 선생들에게 하나님이 주셨던 심판에 대해 "일깨우고 있다." 다른 말로 하자면 5-16절과 17-19절은 그 호칭과 내용에서 대조되지만 "형식"에서는 유사하다. 양자 모두 유다의 독자들에게 거짓 선생들에 대한 일깨움을 전한다.[2]

유다가 그의 독자들에게 사도들이 말한 것을 "기억하라"고 요청할 때, 그는 그들에게 단순히 정신적인 작용을 수행하기를 구한 것은 아니다. 베드로후서 1:12-15에 대한 우리의 주석에서 주목한 바와 같이, 성경에서 "기억"은 단순히 마음이 아니라 의지를 포함한다. 과거에 하나님께서 행하신 것이나 말씀하신 것을 회상하면서, 우리는 우리의 사고와 행실에 영향을 미치는 방식으로 이를 심중에 두어야 한다. 결과적으로 유다는 그의 독자들에게 "우리 주 예수의 사도들이 미리 한 말"을 회상시킴으로써, 거짓 선생들에게 어떻게 더 잘 대응할 것인지를 배우기를 원하는 것이다.

많은 주석가들의 생각은 유다가 여기서 사용하는 표현이 1세기 후반이나 2세기 초반에 서신이 쓰여졌음을 표시한다고 본다. 그들의 논증은 "우리 주 예수의 사도들"이 사도들의 익히 알려지고 고정된 집단(혹은 "단체")인 것처럼 묘사하는 것으로 들린다는 것과 그들의 예언에 대해 유다가 말하는 방식이 그것이 상당히 과거의 것이었음을 시사한다는 것이다.[3] 하지만 어느 것도 명확하지 않다. "사도들"은 열두 사도 모두를 포함할 필요가 없다. 유다는 단순히 그가 편지를 쓰는 교회들을 세우는데 도움을 주었던 특정의 사도들을 언급하는 것일 수도 있다. 유다가 18절에서 그들의 증거를 어떻게 개인적인 것으로 특정하는지에 주목하라. "그들이 '너희에게' 말하기를."

게다가 그들의 예언은 분명히 과거의 것이지만, 훨씬 먼 과거에서 나와야 할 필

1. 유다는 대개 강조의 표시가 되는 주격 인칭대명사 휘메이스를 사용한다.
2. 보컴(Bauckham, *Jude, 2 Peter*, 102-3)은 이 평행을 강조하여, 17-19절이 그래서 5-16절의 탄핵을 계속한다고 논증한다. 우리가 본 것처럼 이 제안에는 일리가 있다. 하지만 앞선 부분과의 대조가 훨씬 더 중요한 것으로 두드러진다(예를 들어 Kelly, *The Epistles of Peter and of Jude*, 281; Neyrey, *2 Peter, Jude*, 84-85를 보라).
3. 예를 들어 Kelly, *The Epistles of Peter and of Jude*, 281을 보라.

요는 없다. 보컴이 주목하듯이 바울은 그의 교회들에 거의 정확히 이 동일한 말들을 그것들이 세워진 지 수년 내에, 아니면 수개월 내에라도, 썼을 수 있다. 예컨대 데살로니가후서 2:5을 보라. "내가 너희와 함께 있을 때에 이 일을 너희에게 말한 것을 기억하지 못하느냐?"[4] 우리는 여기서 유다가 주님의 형제로서 사도시대 중반이나 후반(A.D. 50-90년 무렵)의 어느 때에라도 쓸 수 없었다는 이유를 아무것도 발견하지 못한다.

18절에서 유다는 독자들이 기억하기를 원하는 사도적 예언의 "본문"을 제공한다. "마지막 때에 자기의 경건하지 않은 정욕대로 행하며 조롱하는 자들이 있으리라." 우리에게는 정확히 이 말을 사용한 어떤 사도의 예언도 없다. 가장 가까운 것이 베드로후서 3:3이다. "말세에 조롱하는 자들이 와서 자기의 정욕을 따라 행하며 조롱하여." 실제로 연관성이 긴밀하다. 예컨대 "조롱하는 자"를 의미하는 두 본문의 헬라어 용어('엠파이크타이')는 신약성경에서는 이들 두 절에서만 나온다.

대부분의 학자들은 두 서신 사이의 관련성에 대해 그들의 일반적 이론을 유지하면서 생각하기를 베드로가 이 점에서는 유다서를 의역한 것이라고 본다. 하지만 적어도 같은 정도로 가능성이 있는 것은 의존성이 역방향으로 향하고 있다는 점이다. 결국 베드로는 사도이고 유다는 아니다. 이로 인해 그가 베드로후서 3:3을 사도적인 예언으로 인용했다는 것이 완전히 뜻이 통할 수 있는 것이다. 확실히 하자면 유다는 복수형으로 "사도들"이라고 말한다. 이로써 그는 분명하게 한명 이상의 사도가 이런 종류의 예언을 만들었음을 가리키는 것이다(다른 몇 가지 예증들에 대해서는 행 20:29-30; 딤전 4:1-3; 딤후 3:1-5을 보라). 하지만 우리가 본 바와 같이 여전히 유다가 베드로후서로부터 이 예언의 어법을 끌어냈다는 다른 증거도 있다.

많은 학자들의 생각에 유다가 "마지막 때"에 대한 예언을 사용한 것이 보여주는 것은 그가 조만간에 역사가 종말에 이를 것을 기대했다는 것이다. 하지만 신약성경 기자들은 이 표현이나 이와 유사한 것을 예수의 죽으심과 부활의 때로부터 앞으로 진행될 시기 전체를 묘사하는데 본격적으로 사용한다(예. 행 2:17-19; 히 1:2; 요일 2:18). 그들은 일단 메시아가 오신다면 구원 역사의 최후의 절정을 이루는 시기가 시작된 것이라고 믿었다. 그래서 사도들이 예언한 것은 이 시기가 "조롱하는 자들"의 주기적인 출현으로 특징지어질 것이라는 점이다.

베드로가 "조롱하는 자들"을 언급했을 때 문맥이 보여주는 바는 그가 영광중에

---

4. Bauckham, *Jude, 2 Peter*, 103.

그리스도의 재림의 개념을 비웃는 자들에 대해 생각하고 있었다는 점이다(벧후 3:4을 보라). 이 종말론적 회의론은 유다서에서는 결코 표면에 드러나지 않는다. 유다서 18절과 베드로후서 3:3 사이의 유사성이 시사하는 바는 유다가 베드로가 그러는 것처럼 동일한 종류의 조롱을 언급하고 있다는 점이다. 하지만 이는 필연적인 결론은 아니다. 거짓 선생들에 대한 유다의 서술은 그들의 방탕한 삶의 양식과 하나님을 향한 거만한 태도에 초점을 두고 있다. 그리고 유다가 인용한 예언의 마지막 표현인, "자기의 경건하지 않은 정욕대로 행할 자"는 이 동일한 개념을 암시한다. 그래서 아마도 유다는 거짓 선생들을 일반적으로 하나님과 그의 도덕적인 요구를 비웃는 것으로 묘사하는 것이다. 그들은 자신들의 이기적이고 육적인 욕망에 대한 만족에 그토록 몰두하고 있어서 하나님을 위한 여지를 가지지 못했던 것이다. 그들의 욕망을 "경건하지 않은" 것으로 명시함으로써, 유다는 우리에게 그들에 대한 핵심적 고발을 일깨운다(4, 15절을 보라).[5]

유다는 몇 가지 다른 곳에서 그랬던 것처럼(5-10, 11-13, 14-16절을 보라) 이 간략한 단원을 마무리하면서 자신이 "이 사람들"과 이야기하고 있었던 사람들이나 예증들의 정체성을 확인하는데, 이 사람들은 그의 독자들의 교회에 침투해 들어갔던 거짓 선생들이었다. 우리는 다시 그 호칭에서 고발과 비웃음에 대한 주목을 감지하게 된다. "'이 사람들'은 그들의 거창한 주장을 가지고 너희에게로 온 자들"이다.

여기 19절에서 유다가 그들의 경건하지 않음에 대해서 첫 번째로 묘사하는 것은 이해하기에 쉽지 않은데, 그가 매우 희소한 헬라어 용어('아포디오리조')를 사용하기 때문이다. 아리스토텔레스가 이 용어를 사용한 것에 기초해서, 일부 주석가들의 생각은 이 용어가 "(논리적인) 구별을 만들다"를 의미해야 한다고 본다. 그래서 그들은 생각하기를 거짓 선생들이 두 종류의 그리스도인들 사이에서 이론적인 구별을 세우고 있었다고 본다. 특별한 예로서 영지주의자들에 대한 호소가 이루어지는데, 그들은 신자들을 두 범주로 나누었다. 즉, 현생에 묶여있어 그것을 넘어 갈 수 없는 사람들, 그리고 진정한 "지식"의 소유로 들어설 수 있고 그래서 영

5. 헬라어 단어 "경건하지 않은"(아세베이온)은 이 절의 마지막, 강조 위치에 나온다. 이 단어는 소유격인데, NIV는 대부분의 현대 역본들을 따라, 이를 설명적 소유격으로 해석한다(참고, 같은 견해로 Green, *The Second Epistle General of Peter and the General Epistle of Jude*, 182). 하지만 이는 주격 소유격이 될 수도 있다—"경건하지 않은 동기로부터 샘솟는 욕망"(desires that spring from ungodly motives; Kelly, *The Epistles of Peter and of Jude*, 283; Bauckham, *Jude, 2 Peter*, 337).

적인 문제들을 음미할 수 있는 사람들이 그것이다.[6] 물론 거짓 선생들이 일부 이 같은 구별을 만들고 있었을 가능성도 충분하다. 비록 성숙한 영지주의가 아직 존재하기 전이이었을지라도(그리고 2세기에 이르러서야 나타날지라도), 영지주의 유사의 관념들이 확실히 1세기에 주변을 떠돌고 있었을 것이기 때문이다.

하지만 이는 과도하게 용어에 집착하여 읽는 것일 수 있다. 이 용어는 또한 "분리를 내다"의 의미에서 "분열을 만들다"의 의미를 가질 수도 있다.[7] 우리가 알고 있는바 거짓 가르침의 거의 필연적인 부산물들 중 하나는 교회 내의 분리이다. 새롭고 다른 것은 무엇이든 들을 준비가 되어 있는 사람들, 무엇이든 새로운 가르침의 바람이 불게 되면 휩쓸려갈 준비가 되어 있는 사람들은 언제나 존재한다. 그럼에도 다른 사람들은 믿음에 닻을 내리고 잘 견뎌낸다. 결과적으로 분리가 따른다(참조. NIV).

NIV의 "단순한 자연적 본능을 따르는 자들"(개역개정판은 "육에 속한 자"–옮긴이)은 단 하나의 헬라어 용어인 '프쉬키코이'(문자적으로는, "혼적[魂的]인 사람들"[soulish people])를 번역한 것이다. 우리는 대개 "혼"이라는 용어를 긍정적인 영적 의미로 생각한다. 하지만 바울은 이 용어를 부정적인 의미로 사용해서, "영적인"이라는 말과 대조시킨다(고전 2:14; 15:44; 또한 약 3:15도 참조하라). "혼"이 모든 사람들이 육적인 출생 덕분에 가지게 되는 것이기에, 이 용어는 무언가 이 세상에 자연적인 것이라는 의미에서 "자연적인" 것의 관념을 함축할 수 있다. 그래서 이는 오로지 이 세상과 그 가치에만 초점을 두는 협소한 관점이나 행실을 시사할 수 있다. 분명히 유다는 이 용어를 이런 의미로 사용했으며, NIV의 해석은 그래서 나쁘지 않다.

우리가 핵심을 놓칠 수 있는 바로 그런 경우에, 유다는 이 거짓 선생들이 "성령이 없는 자니라"고 첨언함으로써 모든 의구심을 제거해버린다. "혼"을 소유하는 것이 살아있는 사람이라는 것의 불변의 표징이듯이, 하나님의 영을 소유함은 구원된 사람이 된 것의 불변의 표징이다(롬 8:8-10을 보라). 유다가 여기서 사용하는 언어는 거짓 선생들의 주장을 반어적으로 비꼬기 위해 선택한 것일 수 있다. 스스로 "영적"이라고 자부하고 있던 자들이 그들이었을 수 있다(8절에서 유다가 그들의 환상 체험에 대해 언급하고 있음을 주목하라). 반대로 유다의 대응은 성령의 일

---

6. 예를 들어 Kelly, *The Epistles of Peter and of Jude*, 284-85를 보라.
7. Bauckham, *Jude, 2 Peter*, 105를 보라.

에 대해 특별히 진전했다는 것은 전혀 아니고 그들은 성령을 전혀 가지지 못했다는 것이다.

굳게 서라는 부르심(20-21절)

"사랑하는 자들아"(17절을 보라)가 다시 유다가 이제 그의 관심을 신자들에게로 돌리고 그들에게 특별히 그들이 거짓 선생들에 대한 대응으로 해야 할 일에 대해 말하기 시작하면서 이루어지는 전환을 표시한다. 유다는 그들이 스스로 믿음을 유지할 필요가 있다는 것에 초점을 둔 명령으로 시작한다. 여기에 거짓 선생들이 일어날 때를 대비한 첫 번째 요구가 있다. 그것은 스스로의 영적인 위치를 지키라는 것이다. 그래야만 그것에 의해 방해받는 자들에게 손을 뻗어 그들을 대면할 준비를 갖추게 되는 것이다(22-23절).

비록 NIV가 이를 완전히 분명하게 하지는 않지만, 우리는 20-21절에서 네 가지 구별된 명령들을 갖는다.

(1) "너희의 지극히 거룩한 믿음 위에 자신을 세우며";
(2) "성령으로 기도하며";
(3) "하나님의 사랑 안에서 자신을 지키며";
(4) "영생에 이르도록 우리 주 예수 그리스도의 긍휼을 기다리라."

초기 기독교의 특징을 이루는 두 개의 삼조 형식을 여기서 관찰할 수 있다. 믿음과 사랑과 소망(1, 3, 4절). 그리고 성부와 성자와 성령(3, 4, 2절).

(1) 신약성경이 공동체의 영적인 발전을 묘사하면서 "세우다"의 이미지를 빈번하게 사용하는 것은 아마도 기독교 교회가 하나님의 새로운 성전을 형성한다는 개념에서 나온 것 같다(고전 3:9-15; 고후 6:16; 엡 2:19-22; 벧전 2:4-10). 새 언약의 백성은 더 이상 문자 그대로의 성전을 필요로 하지 않는바, 그들 스스로가 이제 하나님께서 그리스도 안에서 정주하시는 장소이기 때문이다. 그래서 "자신을 세우며"는 그리스도인들이 함께 그리스도의 진리를 굳게 잡고 그 진리를 반영하는 삶의 양식을 유지하는 가운데 서로를 격려하라는 명령이다(유사한 개념에 대해서는 골 2:7을 보라).

3절의 유사한 구절에서처럼 "믿음"은 여기서 그리스도인들이 믿는 대상, 곧 기독교 정체성의 교리적이고 윤리적인 핵심을 의미한다. 이는 거짓 선생들이 위협하고 있었던 것이다. 그래서 진정한 신자들은 스스로를 새로워진 헌신을 가지고 믿음에 전념해야 한다. "너희 가장 거룩한 믿음 '으로써' 스스로를 세우라"고 번역하는 것이 가능하다.[8] 하지만 세움의 이미지가 시사하는 바는 NIV가 올바른 노선에 있다는 것인바 "가장 거룩한 믿음"을 우리가 세워야 하는 것의 기초가 되게 해야 한다는 것이다(REB를 보라: "너희들은…너희 가장 거룩한 믿음을 너희 삶의 기초로 삼아야 한다").[9]

신약성경은 다른 곳에서 그리스도를 교회의 기초의 역할에 두거나(고전 3:7-17), 심지어는 "사도들과 선지자들"(엡 2:20-22)을 두기도 한다. 이들은 물론 경쟁하는 것이 아니라 보충적인 이미지들이다. 사도들과 선지자들을 인정하신 분이 그리스도이시기 때문인데, 이번에는 그들은 "성도에게 단번에 주신 믿음의 도"를 설명하고 보호한다. 그리스도는 "궁극적인 기초"이신데, 우리가 구원을 위해 그에게만 의지하기 때문이다. 하지만 사도들과 그들이 주었던 가르침은 보충적인 것이지만, 필연적인 기초다. 그들은 우리에게 그리스도의 의미를 계시하고, 그가 누구신지 혹은 그가 무엇을 행하셨는지를 축소시키려는 어떠한 시도로부터도 보호한다.

(2) 헬라어 원문이 갖는 용어의 형식은 두 번째 명령이 첫 번째가 수행되게 하는 수단이 된다는 것을 암시하는 것일 수 있다. 즉, "성령으로 기도함"으로써 우리는 믿음 안에서 서로를 세울 수 있다.[10] 많은 주석가들은 유다가 신자들에게 비록 그것으로 제한하는 것은 아니지만 여기서 분명히 방언으로 말하는 것을 포함하여 "은사" 기도에 참여하도록 하고 있다고 생각한다. 그들이 시사하는 바는 이 기도가 성령께서 그 안에서 친히 말씀을 보충하는 그런 기도라는 것이다.[11] 이런 종류의 기도가 가지는 중요성과 가치를 축소하려는 것은 아니지만, 나는 유다가 특별히 그렇게 의도한 것인지 의심스럽다. 기도라는 이름에 어울리는 모든 기도는 "성령 안에서" 수행되는 기도일 것이다. 즉, 성령에 의해 격려되고, 인도되고, 불어넣어진 그런 기도일 것이다.[12] 에베소서 6:18a을 주목하라. "모든 기도와 간구를 하되 항상 성령 안에서 기도하고."

---

8. 헬라어 구문은 여격으로, 이는 이 도구적 의미를 가질 수 있다(Bigg, *The Epistles of St. Peter and St. Jude*, 340을 보라).
9. 예를 들어 Kelly, *The Epistles of Peter and of Jude*, 285-86을 보라.
10. "기도하다"의 헬라어 동사는 분사형이다.
11. Bauckham, *Jude, 2 Peter*, 113을 보라.
12. Green, *The Second Epistle General of Peter and the General Epistle of Jude*, 184.

(3) 유다의 세 번째 권면은 1절에서 신자들에 대해 그가 묘사한 것과 결합하여 관념들의 흥미롭고 교육적인 쌍을 형성한다. 유다가 말한바 그리스도인들은 "예수 그리스도에 의해 지키심을 받았고"(1절; 개역개정판은 "예수 그리스도를 위하여 지키심을 받은"-옮긴이), 이제 그는 그들에게 간청하기를 "하나님의 사랑 안에서 자신을 지키라고" 한다. 여기서 우리는 그리스도인의 삶에 대한 신약성경의 접근이 갖는 두 가지 전형적인 측면을 발견한다. 하나님께서는 우리가 구원받기에 필요한 모든 것을 그리스도 안에서 행하셨다. 우리의 구원을 지키려면 우리는 여전히 하나님께 응답해야 한다. 하나님께서는 우리를 "지키신다." 우리는 "우리 자신을 지켜야" 한다. 둘 다 사실이고, 경건에 대한 그리스도인의 추구에 무언가 본질적인 것을 빠뜨림이 없이 둘 중에 어떤 것도 희생될 수 없다.

유다는 이 말씀들을 적으면서 요한복음 15:9의 예수의 명령에 대해 생각하고 있었을 수 있다. "나의 사랑 안에 거하라." 그리스도께서는 우리를 사랑하신다. 조건 없이. 여전히 우리는 우리를 향하신 그의 사랑 안에 머물 의무가 있다. 그리고 이 회상은 예수께서 다음 절에서도 계속해서 우리가 그의 사랑 안에 머무는 것이 가능해지는 것은 그의 명령을 순종함으로써라는 것을 지적하시기 때문에 특별히 적절하다. 거짓 선생들이 그토록 심각하게 스스로를 하나님의 사랑 안에 지키지 못했다는 것은 정확히 이 순종의 문제에서이다.

(4) 유다의 마지막 권면은 적절하게도 미래에 대한 관심으로 향하고 있다. 하나님의 긍휼은 언제나 현재하지만, 성경은 자주 그의 긍휼을 마지막 날의 구원과 연관시킨다(예컨대 마 5:7; 딤후 1:18을 보라). 그래서 여기서 "우리 주 예수 그리스도의 긍휼"은 우리가 "기다리도록" 강제되는 것이다. "기다리다"로 번역된 동사는 자주 이 같은 종말론적 문맥에서 나타난다. 이것이 함의하는 바는 열망적이지만 인내하는 기대와 이 같은 구원을 향한 소망에 수반해야 하는 그런 종류의 삶의 양식이다(벧후 3:12-14에서 이 용어를 사용한 것을 보라).

"영생"과 절의 나머지 사이의 연결은 즉각적으로 명료하지는 않다. NIV는 여기서 헬라어 원문을 의역하여, 이 구절을 "긍휼"이라는 용어와 연결시킨다(NRSV도 참조하라: "영생으로 '이끄시는' 우리 주 예수 그리스도의 긍휼").[13] 하지만 이 구절은 절의 시작부분에 있는 "지키라"는 명령에도 어울릴 수 있다. "스스로를 하나님의 사랑 안에 지켜서…너희가 영생을 경험할 수 있도록." 그럼에도 "영생"과

13. 예를 들어 Kelly, *The Epistles of Peter and of Jude*, 287을 보라.

"지키라"는 명령 사이의 거리가 먼 것이 이 가능성을 떨어뜨리고 있다. 그래서 유다는 독자들에게 거짓 선생들에 의해 만들어진 분열을 넘어서, 그리스도께서 허락하시는 삶을 그 백성이 영원히 향유하도록 영광 가운데 돌아오시는 날에 있을 그리스도의 긍휼에 대한 저 궁극적인 표현을 바라보도록 간청하고 있다.

손을 뻗으라는 부르심(22-23절)

유다는 독자들에게 자신들의 믿음이 안전하게 세워졌음을 확신하라고 간청한다(20-21절). 자신들의 영적인 상태를 확고하게 해두고 나서야, 그들은 이제 그 지위가 그다지 확실하지 않은 타인에게 손을 뻗을 수 있다. 그래서 그는 독자들에게 권면하여 거짓 선생들에게 다양한 정도로 유혹당한 공동체 내의 사람들을 향한 사역에 참여할 것을 권면한다.

하지만 유다가 그들에게 하라고 간청하는 것이 정확히 무엇인지가 분명하지 않은데, 이는 근본적으로 그가 22-23절에서 기록한 것이 전혀 분명하지 않기 때문이다. 유다서가 담긴 사본들은 당황스러울 정도로 다양하게 상이한 독법을 보여준다. 이 본문에 적어도 여섯 가지 상이한 형태들이 존재한다. 이들 중 어느 것이 유다가 직접 쓴 것인지 결정하는 일이 어렵다는 것은 이들 중 네 가지를 주요 영역본의 본문에서 발견할 수 있고, 다섯 번째는 일부 영향력 있는 주석서들이 지지하고 있다는 사실로 알 수 있다. 아래에 이들 본문상의 가능한 독법들을 열거하고 있는데, 그들을 두 개의 구별된 명령을 가진 것들과 세 개를 가지고 있는 것으로 나누었다.

2절 구조

어떤 이를 불로부터 잡아채라; 하지만 논쟁하는 자들에 대해서는 두려움으로 긍휼을 가지라.[14]	그리고 어떤 이에게는 동정심을 가지고, 차별을 두라: 그리고 다른 이들은 두려움으로 구원하여, 그들을 불로부터 끌어내라(KJV).[15]	의심을 품은 자들을 향해 긍휼을 보이라; 그들을 구원하라, 불로부터 그들을 잡아챔으로써. 또한 긍휼을 보이고, 두려움에 섞이고, 다른 이들에게도 마찬가지로 하라(TEV; NEB도 참조하라).[16]

14. 이 번역은 이 독법을 채택한 Bauckham, *Jude, 2 Peter*, 108에서 나온 것이다. 또한, Neyrey, *2 Peter, Jude*, 85-86을 참고하라. 이 번역이 기초하고 있는 헬라어 원문은 파피루스 사본 72에서 발견된 것이다.

3절 구조

의심하는 자들을 긍휼히 여기라;	어떤 이들, 의심하는 자들을 확신시키라;
다른 이들을 불로부터 잡아채어 그들을 구원하라;	어떤 이들을, 그들을 불로부터 잡아챔으로써 구원하라;
다른 이들에게 긍휼을 보이라(NIV; 또한 NRSV; NASB; REB; NJB도 참조하라).[17]	어떤 이들에게는 두려움으로 긍휼을 가지라(RSV; 또한 JB도 참조하라).[18]

이 가능한 형태들을 잠시 훑어보면 3절 구조의 첫 번째가 최근 번역본들 중에 가장 선호하는 형태임이 드러난다. 예컨대 주요 번역본들 중 세 가지가 그들의 최신판에서 2절 본문에서 3절 본문으로 변화했다는 점에 주목하라(NRSV/RSV; NJB/JB; REB/NEB). 나는 3절 구조의 첫 번째를 채택하는 것이 정당하리라고 생각한다. 사정이 그토록 복잡하기에 우리는 원문을 확정할 수 없지만, 이 본문은 다른 것들에 비해 조금 더 우월해 보인다. 우리는 여기서 상세한 내용의 찬반 논증으로 들어설 수 없다. 하지만 두 가지 요인이 저울추를 이 본문으로 약간 기울게 만든다. 이것은 유다에게 꽤 확립된 삼조 형식 사용의 패턴을 따르고 있고, 다른 모든 독법들을 가장 잘 설명해주는 독법으로 보인다.[19]

따라서 NIV에 인쇄된 본문이 유다가 원래 썼던 것을 표현한다는 전제하에, 우리는 그가 청중 가운데 신실한 신자들에게 세 가지 상이한 집단의 사람들에게 손을 뻗으라고 간청하는 것을 발견한다.

---

15. 이 번역의 원문은 후대의 대문자 언셜체 사본들, K, L, P, S의 일부에서 발견되고 있다.
16. 근거가 되는 원문은 중요한 대문자 언셜체 사본인 바티칸 사본(B)에서 발견된 것이다. 이는 예를 들어 Kelly, *The Epistles of Peter and of Jude*, 287-88의 지지를 받고 있다.
17. 중요한 대문자 언셜체 사본인 시내산 사본(א)이 이 본문을 입증한다. 이는 두 개의 가장 폭넓게 사용되는 헬라어 신약성경에서 채택된 것이다(*the Nestle-Aland Novum Testamentum Graece* [27th ed.; Stuttgart: Deutsche Bibelgesellshaft, 1993]과 the United Bible Societies' *The Greek New Testament* [4th ed.; New York: United Bible Societies, 1993]). 이는 두 개의 논문에서 견실한 변호를 받고 있다. Sakae Kubo, "Jude 22-23: Two Division Form or Three?" in *New Testament Criticism: Its Significance for Exegesis. Essays in Honour of Bruce M. Metzger*, ed. E. J. Epp and Gordon D. Fee (Oxford: Clarendon, 1981), 239-53; Carroll D. Osburn, "Discourse Analysis and Jewish Apocalyptic in the Epistle of Jude," in *Linguistics and New Testament Interpretation: Essays on Discourse Analysis*, ed. David Alan Black (Nashville: Broadman 1992), 292 (그는 여기서 그가 초기에 2절 본문을 선호했던 태도를 뒤집었다).
18. 이 해석을 위한 본문상의 기초는 대문자 언셜체 사본인 알렉산드리아 사본(A)이다. 참고, Green, *The Second Epistle General of Peter and the General Epistle of Jude*, 186-87.
19. 신약에서의 본문비평의 보다 큰 주제에 대한 논의에 대해서는 "상황잇기"를 보라.

(1) 신자들은 "의심하는 자들을 긍휼히 여겨야 한다"(22절). "의심하다"로 번역한 동사(그 어근 형태는 '디아크리노')는 또한 "논쟁하다"로도 번역될 수도 있는데, 유다서에서 이 동사가 이 의미로 한 번 더 사용되었다(9절: "천사장 미가엘이 모세의 시체에 관하여 마귀와 '다투어'").[20] 하지만 신약성경에서는 이 용어의 보다 일반적인 의미는 "의심하다"이고, 신자들이 논쟁하는 자들보다는 의심하는 자들을 "긍휼히 여겨야 한다"고 생각하는 편이 의미가 더 잘 통한다. 짐작컨대 이 "의심하는 자들"은 거짓 가르침에 의해 어느 정도 동요되고 있는 교회 내의 그리스도인들이다. 그들은 "성도에게 단번에 주신 믿음의 도"에 대한 헌신에서 흔들리고 있는 것이다.

신실한 자들로서는 이 같은 사람들을 피하거나 그들을 의심한다는 이유로 꾸짖는 것이 더 쉬운 일일 것이다. 하지만 유다는 신실한 자들이 그들에게 긍휼을 보이기를 원한다. 그리스도인들은 하나님의 분에 넘친 긍휼을 받았다(2절을 보라). 그들은 동요하는 사람들에게도 비슷한 긍휼을 드러내야 할 것이다. 정통 신앙의 집단 안에서 사람들을 지키기 위해서는 모질게 질책하기보다는 긍휼이 훨씬 더 적절하기 때문이다.

(2) 신실한 자들이 손을 뻗을 필요가 있는 두 번째 집단은 거짓 선생들에 의해 열정이 불타올라 앞으로 나아간 자들이다. 사실 그들은 영원한 파멸을 겪을 위험에 이를 정도로 그렇게 멀리 나아갔던 자들이다. 이는 거의 확실히 여기서 "불"이라는 용어가 가리키는 것이다. 우리가 보았던 것처럼, 불은 지옥에 대한 표준적인 성경적 은유이다(8절을 보라; 그리고 11-13절에 대한 "상황잇기" 단원을 보라). 유다의 청중들 중에 일부 그리스도인들은 거짓 선생들에 의해 이 같은 정도로 유혹을 받았기에 지옥 앞에서 비틀거리고 있었던 것이다. 공동체의 신실한 그리스도인들은 그들을 그곳으로부터 "잡아채서" 너무 늦기 전에 구원할 필요가 있다.

유다의 이미지는 아마도 스가랴 3:1-4을 반영한 것 같다.

> 대제사장 여호수아는 여호와의 천사 앞에 섰고 사탄은 그의 오른쪽에 서서 그를 대적하는 것을 여호와께서 내게 보이시니라 여호와께서 사탄에게 이르시되 사탄아 여호와께서 너를 책망하노라 예루살렘을 택한 여호와께서 너를 책망하노라 이는 불에서 꺼

20. 예를 들어 Mayor, *The Epistle of St. Jude and the Second Epistle of St. Peter*, 50; Bauckham, *Jude, 2 Peter*, 115를 보라. 그럼에도 그들이 "논쟁하다"로 번역하기로 결정한 것은 어느 정도는 그들이 다른 본문을 선택했음을 반영한다.

낸 그슬린 나무가 아니냐 하실 때에

여호수아가 더러운 옷을 입고 천사 앞에 서 있는지라 여호와께서 자기 앞에 선 자들에게 명령하사 그 더러운 옷을 벗기라 하시고

또 여호수아에게 이르시되 내가 네 죄악을 제거하여 버렸으니 네게 아름다운 옷을 입히리라 하시기로.

이 구절은 유다서에서 중요한 역할을 수행한다. 9절에서 "주께서 너를 꾸짖으시기를 원하노라"라는 말씀은 원래는 『모세의 유언/승천』에서 취한 것이지만, 분명하게 이 스가랴 본문을 반영한다. 그리고 유다는 곧 이 구절로부터 더러운 옷의 이미지를 끄집어낼 것이다.

(3) 유다는 또 세 번째 집단의 사람들에게 관심을 돌린다. "또 어떤 자를 그 육체로 더럽힌 옷까지도 미워하되 두려움으로 긍휼히 여기라." 이 절 마지막에서 언어의 강도가 시사하는 바는 그가 지금 거짓 선생들이나, 혹은 적어도 그들에게 충성했던 교회 구성원들을 떠올리고 있다는 것이다. 그렇다면 유다가 여기서 명하는 "긍휼"은 (루터가 생각하는 것처럼) 그들의 무시무시한 상황에 대한 동정과 비통함일 수 있다. 하지만 보다 가능성이 큰 것은 긍휼이 그들을 위한 기도 속에서 드러나야 한다는 것이다. 스스로를 거짓 가르침에 넘겨준 자들조차 구원을 벗어난 것이 아니며, 유다는 신자들이 계속해서 그들을 위해 중재하기를 원한다.

하지만 그들의 긍휼은 "두려움"으로 단련되어야 한다. 성경에서 "두려움"은 자주 신자들이 거룩하시고 존귀하신 하나님을 바라볼 때에 갖는 경건한 경외심을 가리킨다. 그리고 유다가 여기서 이를 의미하는 것일 수 있다. 죄인들에게 긍휼을 보이면서도, 신자들은 절대적인 거룩함을 요구하시고 마지막 날에 모든 사람들을 심판하실 하나님을 두려워해야 할 것이라는 말이다.[21] 하지만 "두려움으로"에 이어지는 용어들은 상이한 해석을 제시하는바, 신자들은 거짓 선생들의 교묘한 영향을 두려워해야 한다는 것이다. "긍휼을 보이면서", 그들은 동시에 그들과의 접촉을 경계하며 자신도 역시 거짓 가르침에 감염될 수 있음을 두려워해야 한다.[22]

그래서 이 절의 마지막 구절은 이 점에 대해 부연한다. 유다의 언어는 회화적이다. "더럽힌"이라는 용어도 유다가 스가랴 3:3(위의 본문을 보라)의 "더러운"이라

21. Kelly, *The Epistles of Peter and of Jude, 289*; *Bauckham, Jude, 2 Peter*, 116.

22. Green, *The Second Epistle General of Peter and the General Epistle of Jude*, 188을 보라.

는 히브리어 용어를 번역한 것을 반영하는 것으로 보인다. 이 용어는 인간의 배설물을 가리킨다. 그리고 유다가 여기서 사용하는 "옷"이라는 용어('키톤')는 몸에 직접 닿는 옷인 속옷을 가리킨다. 다른 말로 하자면 유다는 이 사람들의 죄된 가르침과 행실을 배설물로 더럽혀진 속옷을 입은 것으로 그려내고 있는 것이다.

이 더러운 상태를 유발하는 것은 무엇인가? "더럽혀진 살"(개역개정판은 "그 육체"-옮긴이)이다. 여기서 헬라어는 단순히 "살"('사르크스')이다. 하지만 NIV가 "더럽혀진"을 추가한 것은 충분히 정확한 의미를 담아내는데, 유다가 여기서 "살"을 신약성경에 공통적인(특히 바울서신) 부정적인 의미로 사용하여 죄된 충동을 지시하기 때문이다. 거짓 선생들과 그 제자들은 자신들의 "자연적 본능"을 따르고 있고, 성령에 대해서는 아무런 관심도 두지 않는다(19절). 그들은 하나님께 거슬리는 가르침과 행실을 생산해내고 있다. 그리고 유다가 여기서 말하는 바 이는 신자들에게도 동등하게 거슬리는 일일 것이다. 신자들은 자연스럽게 이 같은 행실을 "증오"해야 한다. 그래서 신자들이 이 타락한 자들에게 긍휼 가운데 행동할 때조차도, 주께서 그들을 다시 데려오시기를 기도하면서, 이 사람들이 관여하고 있는 무시무시하고 파멸적인 행실을 어떻게든 간과해서는 안 될 것이다.

상황잇기

우리가 유다서 17-23절의 메시지를 우리 시대에 적용하려 한다면, 우선 가장 기초적인 단계로 이 절들의 내용이 무엇인지를 결정할 필요가 있다. 어떤 독자들에게 이는 의아하게 들릴 수 있다. 유다서 17-23절이 내 영어 성경이 보여주는 내용 그대로가 아닌가? 하지만 여기서 정확히 문제가 발생한다. 대부분의 사람들은 NIV 같은 영역본이 헬라어 원문에 기초하고 있다고 알고 있다. 하지만 소수의 사람들은 이 헬라어 원문이 무언가 학자들이 창조해낸 것이라는 점을 알고 있는데, 신약성경의 어떤 책도 "원래의" 사본을 갖고 있지 않기 때문이다.

다른 말로 하자면 우리에게는 유다가 실제로 썼던 서신의 원본이 없다. 우리가 가지고 있는 것은 그가 썼던 것을 베낀 수많은 필사본(筆寫本)들이다. 이들 중 소수만이 유다가 실제로 서신을 썼던 파피루스 종이에서 직접 베꼈을 것이라고 상상할 수 있는 것들이다. 하지만 거의 모든 필사본들은 계속된 복사의 사슬로 연결되었을 것이다. 예컨대 원 서신을 복사한 것을 다시 복사하고 또 복사한 것 같이. 우리가 본 것처럼 유다서 22-23절의 경우에 우리가 가진 헬라어 신약성경 필사본들이 적어도 여섯 가지의 서로 다른 형태를 보여준다. 유다가 쓴 것은 어느 것인가?

이 질문은 매우 중요하다. 우리가 그것이 무엇인지 알기 전에는 우리가 본문을 어떻게 적용할 수 있겠는가? 우리가 그것이 무엇인지 알지조차 못한다면, 오류 없고 권위 있는 본문에 대해 말한다는 것이 무슨 도움이 될 수 있겠는가? 나는 이어지는 부분에서 이 질문들을 간략하게 언급하기를 원한다.

현대의 상황을 놓고 설명하겠다. 내가 어느 춥고 눈 오는 날에 강연을 한다고 있다고 해보자. 또 내 학생들 중 대부분이 내 훌륭한 강연을 듣기 위해 출석하려고 최선을 다했음에도 불구하고 수업에 올 수 없었다고 가정해보자. 35명의 학생들 중에서 단 세 명의 학생들만 실제로 나타난다. 그들을 불러보자. 낸시, 탐 그리고 리차드. 그들은 자연스럽게 강연을 필기하고, 수업을 놓친 32명의 학생들은 이 필기노트를 베껴 쓸 필요가 있다. 몇몇 학생들이 낸시의 노트를 직접 베꼈는데 그들 중에는 수잔도 있다. 그럼에도 나머지 학생들은 기말 시험 직전까지 기다린다. 한 학생 에런이 수잔의 노트를 베껴 쓴다. 또 한 명 멀린다가 샘에게서 노트를 가져오는데, 샘은 크리스티의 노트를 옮겨 적었고 크리스티는 또 리차드의 것을 베껴 쓴 것이다.

자, 어떤 사람이 기록 연구를 하고 있다고 상상해 보라. 그는 어떤 별난 이유로 내가 그 강연에서 말했던 내용을 정확히 알고 싶어 한다. 학생들과의 인터뷰는 불가능하다. 이 연구자가 신뢰할 수 있는 전부는 35개의 내 강연원고 뿐이고, 이것들 중 어느 것도 두 개 이상 서로 동일한 것이 없다. 최초의 원고인 낸시와 탐과 리차드의 경우조차도 동일하지 않다. 학생들이 완벽하게 들었던 것은 아니기에, 그들이 적었던 필기노트도 완벽하지 않다. 온갖 종류의 실수들이 들어갔다. 이 연구자는 어떤 노트(들)이 내 "원래의" 언어를 보존하고 있다는 것을 어떻게 알 수 있겠는가?

이 같은 일은 본질적으로 신약성경 본문비평이 만나는 작업이다. 우리는 헬라어 신약성경이 담긴 5천 가지가 넘는 필사본들을 가지고 있다. 확실히 하자면 이 필사본들 중 다수는 겨우 몇 절만 남고 있다. 그들 중 소수만이 전체 신약성경을 담고 있다. 하지만 그들 중 다수는 신약성경의 중요한 조각을 담고 있다. 예컨대 바울 서신이나 복음서들. 모든 신약성경 책들에 같은 수의 필사본들이 있는 것도 아니다. 가장 초기의 것이기에 우리가 가진 필사본들의 가장 가치 있는 것이라고 여겨지는 두 가지 종류가 "파피루스 사본"(그들이 파피루스 소재 위에 기록되었기에 이렇게 불린다)과 "대문자 언셜체 사본"(그들이 헬라어 대문자[언셜체]로 기록되었기에 그 이름을 얻었다)이다. 마태복음서나 그 단편들은 18개의 파피루스 사본과 76개의 대문자 언셜체 사본에서 발견되었다. 그에 비해 유다서가 얻은 수는 3과 12 뿐이다.

본문비평가들의 작업을 어렵게 만드는 것은 두 개의 필사본들이 서로 동일한 적이 없다는 사실이다. 그들은 서로 다르다. 어떤 때에는 사소한 것들에서, 다른 때에는 보다 본질적인 것에서. 헬라어 신약성경을 필사했던 필사자들이 완전하지 않기 때문이다. 그들도 실수를 했는데, 내 강의를 복사한 학생들이 실수했던 것과 같다. 이 실수들 중에 어떤 것들은 쉽게 탐지된다. 예컨대 한 페이지를 "the"로 끝내고서도 다음 페이지를 "the"로 시작하는 학생의 논문을 내가 얼마나 자주 보는지 모른다. 분명히 그 학생은 무의식중에 이 용어를 두 번 쓴 것이다. 우리는 이런 종류의 오류들을 헬라어 신약성경 필사본에서도 발견한다.

하지만 실수들 중 어떤 것들은 보다 본질적인 것들이면서도 탐지하기도 어렵다. 예컨대 낸시와 탐이 로마서 3:25의 의미에 대한 내 강연을 들으면서, 로마서 3:25이 예수 그리스도를 우리의 "속죄소"로 언급한 것이라고 내가 주장했다고 기록했다고 가정해 보라. 이들과 달리 리차드는 그의 노트에 내가 그에 대해 예수 그리스도를 우리의 "속죄"를 언급한 것이라고 말했다고 적었다. 학생들은 모두 세 가지의 노트로부터 옮겨 쓴다. 하지만 리차드의 노트가 가장 인기가 많았고, 캠퍼스의 기숙사 내에 퍼졌기에, 낸시나 탐을 합친 것보다 더 많은 학생들이 그의 노트를 베껴 쓴다. 결과적으로 우리의 가상의 연구자는 "속죄"로 읽은 내 강연의 20개의 복사본과 "속죄소"로 읽은 15개의 복사본을 만나게 된다. 그는 내가 실제로 가르쳤던 것을 어떻게 확정해야 하는가?

강연노트기록을 연구하는 사람뿐만 아니라 그와 비슷한 처지에 놓인 신약성경 본문 비평가들도 증거에서 두 가지 기초적인 계통을 추적할 것이다. 첫 번째는 우리가 "외적" 증거라고 부를 수 있는 것이다. 그것은 35개의 복사본에서 나오는 증거이다. 첫눈에 그는 단순히 다수의 증거를 따를 유혹을 받을 수 있다. 결국 모든 조건이 동일하다면 원래의 용어가 가장 많은 필사본들 속에서 보존될 가능성이 더 커 보이기 때문이다. 그리고 이는 실제로 정확히 "다수 본문"(Majority Text)이라고 불리는 것의 변호자들이 오늘날 헬라어 신약성경 원문을 재구성 하면서 따르는 바로 그 과정이다. 언제나 그런 것은 아니지만 대게 이 과정은 흠정역에서 사용한 본문과 유사한 본문으로 귀결된다. 예컨대 유다서 22-23절에서 우리는 KJV이 본문의 2행형식을 채택했다는 것에 주목했다. 이 본문은 다른 어떤 본문들보다 더 많은 필사본의 지지를 받고 있다.

하지만 현대의 본문 비평가들이 일반적으로 합의하는 바는 신약성경 본문의 경우 “모든 조건들이 동등하지는 않다”는 점이다. 사본들은 독법상의 유사성에 기초하여 인식 가능한 집단으로 묶이기 때문이다. 우리는 이들 집단들을 “계열”이라고 부른다. 예컨대 앞서 제시한 예에서 우리는 내 강연을 적은 20개의 복사본들이 특정의 독특한 “독법들”을 공유하고 있음을 발견한다. 예컨대 리차드의 노트와 그에게서 복사된 19개의 사본들 사이에서 그렇다. 유사한 방식으로 우리는 10개의 다른 것들이 탐의 계통에, 그리고 5개가 낸시의 계통에 속한 것을 감지할 수 있다. 그렇다면 요지는 내 강연을 기록한 총 35개의 기록물들이 각자 독립적인, 즉 동등한 가치를 가진 것들은 아니라는 점이다. 그들은 원래 세 개였다. 그래서 만일에 그들 사이에 투표가 있다면 “속죄”를 기록한 노트가 20대15의 비율로 우세한 것이 아니라, “속죄소”를 기록한 노트가 2대1의 비율로 많은 것이 되어야 할 것이다.

대부분의 본문 비평가들은 무언가 이와 비슷한 일이 신약성경에서도 실제로 일어난다고 생각한다. 필사본들 중 다수의 집단은 다른 것들에 비해 일반적으로 후대이고 열등한 유형의 본문을 반영한다. 마치 리차드가 조악한 필기자인 것과 같을 것이다. 이것이 바로 최근의 헬라어 원문에 기초한 현대의 성경들이 KJV으로부터 인쇄된 것들과 본문에서 차이를 보이는 이유이다. 그리고 이것이 KJV의 기초가 되고 있는 유다서 22-23절의 본문이 원래의 것일 가능성이 없는 이유가 된다.

하지만 이 본문상의 문제들을 조사함에 있어 추구해야 할 두 번째 계통의 증거가 있다. 그것은 “내적인” 증거이다. 여기서 연구자는 질문한다. 원 저자는 무엇을 가장 쓰고 싶었을까? 내 강연을 다시 들여다보자. 그 강연을 재구성하려하는 한 연구자는 신중하게 논쟁이 되는 용어의 맥락을 들여다보고서, 아마도 그 맥락상 내가 “속죄”보다는 “속죄소”라고 말했을 가능성이 더 높다고 결론 내리려 할 것이다. 그는 또한 내가 그 주제에 대해 그밖에 어떤 것을 썼는지에 대해서도 조사할 수 있다. 아마도 그는 내 로마서 주석을 우연히 발견할 수도 있는데, 여기에서 그는 또한 내가 “속죄” 보다는 “속죄소”라고 말했을 가능성이 높은 증거를 발견할 것이다.

유다서를 연구하는 본문 비평가에게는 물론 비교할 만한 유다의 다른 저작이 없다. 하지만 그는 유다서의 맥락을 신중하게 검토할 수 있다. 여기서 우리가 주목했던 것처럼 유다는 자신이 말하는 것을 세 가지로 묶는 경향이 있다. 본문 비평가는 그래서 유다가 여기서 두 가지가 아닌 세 가지 명령을 기록했을 가능성이 높다는 결론을 내릴 수 있다.

신약성경 본문비평의 작업은 물론 내가 설명을 위해 제시한 예보다 훨씬 더 복잡한 것이다. (예를 들어, 리차드와 탐이 노트들을 비교해서 합성본을 만들었다고 가정해 보라.) 본문비평은 많은 훈련과 고된 작업과 궁극적으로 건전한 직관력을 요구하는 예술이다. 하지만 중요한 것은 우리가 사태에 대해 약간이라도 이해를 가져서, 적어도 유다서 22-23절의 영역본들이 그토록 근본적으로 서로 차이가 나는 이유 같은 것에 대해 어떤 생각을 품는 것이다.

나는 어떤 확신의 말로 끝내고 싶다. 내가 방금 서술한 그런 종류의 본문상의 난점에 대해 배운 그리스도인들이라면 신약성경 본문이 엉망이라고 결론 내리고 싶어할 수 있다. 신약성경에는 온갖 종류의 서로 모순되는 독법들이 있다는 것과 성경저자들이 실제로 썼던 것이 무엇인지를 파악할 묘안이 전혀 없다는 것 말이다. 이것이 결단코 사실이 아닌 것은 몇 가지 이유 때문이다. (1) 다른 어떤 고대의 책들보다 신약성경의 본문에 대한 증거가 훨씬 더 많다. 예컨대 위대한 그리스 극작가들의 수많은 희곡들은 완전히 상실되었다. 다른 많은 것들도 소수의 필사본들만 발견되고 있다. 신약성경의 책들은 거의 모두가 비교적 풍부한 증거를 가지고 있다.

(2) 필사본들 사이에서 드러나는 차이점들 중 대다수가 의미에 영향을 미치지 않는 철자나 문법적인 차이이거나 본문의 의미에 실질적으로 영향을 미치지 않는 사소한 것들만을 수반하고 있다.

(3) 사실상 우리가 모을 수 있는 모든 입증된 헬라어 신약성경 본문은 기독교 교리와 윤리학의 모든 중요한 핵심들에 대해 한결같은 내용들을 가르치려 한다. 예컨대 우리는 때때로 KJV과 NRSV의 본문 사이의 큰 차이점들에 대해 불평한다. 우리는 마가복음의 마무리부분(16:9-20)이나, 간음으로 붙잡힌 여인의 스토리(요 7:53-8:11) 같은 본문을 떠올린다. 그럼에도 눈에 띄는 것은 두 번역본들 사이의 놀라운 정도의 유사성이다. KJV은 50여개의 필사본들, 즉 빨라야 5세기 무렵의 필사본들을 반영하고 있다. NRSV는 5,000개가 넘는 필사본들, 그 일부는 2세기 초반으로 거슬러 올라가는 필사본들에 기초하고 있다. 두 성경이 신약성경 본문에서 99퍼센트가 일치하고 있다는 사실은 하나님께서 영감을 불어 넣으신 본문을 보존하심에 있어서 하나님의 섭리의 손길의 증거가 된다.[23]

23. 신약 본문비평을 좀 더 접하기를 원하는 독자들은 표준적인 안내서들 중 하나를 참고해야 할 것이다. Bruce M. Metzger, *The Text of the New Testament: Its Transmission, Corruption, and Restoration*, 3d

현대적 의미

17-23절은 유다서에서 가장 중요하다. 여기서 유다는 자신이 서신을 기록한 목적을 그 독자들이 추구할 것을 얼마나 원하는지에 대해 설명한다. 그들이 "성도에게 단번에 주신 믿음의 도를 위하여 힘써 싸워야 한다"(3절)는 것. 유다는 그의 독자들이 수행할 필요가 있는 세 가지를 구체화한다. 이교에 대한 사도적 경계를 기억할 것(17-19절); 스스로의 믿음을 지킬 것(20-21절); 그리고 영적인 위험에 처한 사람들을 구하기 위해 손을 뻗을 것(22-23절). 각 권면은 2천 년 전에 그랬던 것처럼, 오늘날에도 적절하다.

"유비무환." 이 격언은 전쟁에서 만큼이나 영적인 영역에서도 진리이다. 유다는 모든 종류의 거짓 선생들과 이교도들의 위험을 만날 준비가 될 것을 우리에게 경고한다. 예수께서는 그러한 사람들을 양의 옷을 입은 "노략하는 이리"로 부르시면서 경고하셨다(마 7:15). 바울은 에베소 교회에 동일한 위험을 경고했다. "또한 여러분 중에서도 제자들을 끌어 자기를 따르게 하려고 어그러진 말을 하는 사람들이 일어날 줄을 내가 아노라"(행 20:30). 요한도 "많은 적그리스도"가 일어날 것을 지적했다(요일 2:18). 그렇다면 유다는 이교도에 대한 이 경고에서 일반적으로 사도들과 견해를 같이 한 것으로 철저히 정당화된다.

그리고 그들의 예언은 틀림없이 진실로 입증되었다. 신약성경 서신들 자체가 드러내는 바는 사람들이 복음의 진리를 자신들만의 관념과 편견으로 왜곡하기 시작했을 때 복음 진리의 선포가 거의 불가능했다는 것이다. 우리의 신약성경의 많은 부분이 사실상 이 같은 도전들에 대한 대응이다. 그리고 교회의 역사는 비슷한 예증들로 점철되어 있다. 2세기와 3세기의 영지주의와 몬타누스파로부터 16세기의 소시니안주의와 우리 시대의 뉴에이지 운동에 이르기까지.

그래서 우리는 오늘날 우리 교회 한 가운데서—그들의 가르침이나 그들의 행실이나, 훨씬 더 자주, 양자 모두를 통해서—"홀로 하나이신 주재 곧 우리 주 예수 그리스도를 부인하는"(4절) 사람들을 발견하더라도 놀라서는 안 될 것이다. 하지만 유다는 우리가 본 것처럼 특정한 종류의 거짓 선생들에 관심을 집중시키고 있다. "조롱하는 자", 하나님과 거룩한 삶에 대한 그의 요구를 비웃는 자들. 우리 시대에

---

ed. (New York: Oxford Univ. Press, 1992); Kurt and Barbara Aland, *The Text of the New Testament: An Introduction to the Critical Editions and to the Theory and Practice of Modern Textual Criticism*, 2d ed. (Grand Rapids: Eerdmans, 1989).

이 같은 비웃는 자들을 교회 바깥에서 넘치도록 발견한다. 예컨대 나는 바로 지금 급진적인 환경보호론자가 쓴 책을 읽고 있는 중이다. 이 책은 어리석은 "그리스도인들의 맹신"의 소멸과 그 소멸이 인류에게 가져올 새로운 자유에 대한 환희로 장식되어 있다.

하지만 유다는 기독교 교회 안에 있다고 주장하는 사람들에 대해 생각하고 있다. 그리고 슬프게도 우리는 이 같은 "조롱하는 자들"을 우리 주변에서도 발견한다. 때때로 조롱은 말로 이루어진다. 예컨대 나는 어떤 "기독교" 신학자가 그의 저술에서 예수께서 물위를 걸으신 것이나 5천명을 먹이기 위해 빵과 생선의 수를 늘리신 것이라는 관념을 비웃었던 것이 생각난다. 하지만 내 생각에 우리가 더 자주 접하게 되는 사람들은 하나님과 스스로의 신앙에 대해 상당히 경건하게 말을 할 수는 있지만 행실로는 하나님을 비웃는 사람들이다. 죄로 표징되는 삶의 양식을 지속적으로 추구하는 사람들은 사실상 하나님을 비웃는 것이기 때문이다. 그들은 의도적으로 하나님이 거룩하시니 거룩하라는 하나님의 요구를 무시하고 있으며, 그들은 이 같은 행실에 대한 하나님의 심판의 위협을 가벼이 다루고 있다.

유다는 우리에게 경계하기를 원한다. 우리 교회 안에서 거짓을 가르치거나 그렇게 사는 사람들을 발견할 때 놀라서는 안 될 것이다. 우리가 경계한다는 것은 물론 우리가 비평적이고 의심으로 가득차서 모든 사람들의 삶을 조사하고 누군가 우리 생각에 신학적으로 약간 중심에서 벗어난 말을 하는 것이면 무엇이든 즉각적으로 맹비난하는 것을 의미하는 것은 아니다. 하지만 사람들이 신앙을 고백하거나, 교회에 정식으로 출석하거나, 지도자의 지위에 있다는 이유로 책망을 받지 않아도 된다고 여길 정도로 우리는 순진해서도 안 된다.

예컨대 우리 세기의 일부 기독교 분파가 취했던 방향성을 고려해 보라. 일부는 단 60년 전에는 전적으로 정통파였고, "단번에 주신 믿음의 도"에 충실했고, 복음전도와 선교에 유능했다. 하지만 수십 년을 넘어오면서, 그들은 표류하기 시작하여 그들의 지도자들은 믿음에 대한 수 많은 기본적인 진리들을—복음전도할 필요를 포함하여!—부정하는 지경에 이르렀다. 아직 그들의 교회는 여전히 수많은 헌신적이고, 정통적인 그리스도인들로 가득하다. 나는 때때로 이 사람들에게 그들의 분파 지도자들이 무엇을 가리치고 있는지 물어볼 것이다. 그들은 대부분 알지 못한다. 그들의 신학교에서 퍼뜨리고 있는 어떤 이교적인 관념을 언급한다면, 그들은 쉽사리 내 말을 믿지 않을 것이다. 내 생각에 여기에 예수 그리스도의 교회에 침투한 거짓 선생들에 대한 신약성경의 경고를 마음 속 깊이 새기지 않고 있는 기독교의 사람들이 있다.

다른 말로 하자면 비판적이지 않을지라도 순진해서도 안 된다는 것이다. 이 주석의 다른 부분에서 내가 제시했던 것처럼 우리가 겪는 문제 중에는 우리의 세대가 진리를 그렇게 중요하게 여기지 않는 세대라는 점이다. 우리는 진리가 과연 작동하는지에 대해 관심을 가지고 있다. 우리가 진리를 발견할 수 있을지 몰라도, 그것이 우리에게 충분히 "결정적인" 가치를 가지지 않는다. 마이클 그린이 말하듯이, "우리는 대부분 거짓 가르침의 악마적인 본성에 대한 감각을 전적으로 상실했고, 행실에서 옳고 그름을 분간해야 하듯이, 사고에서 진실과 거짓 사이를 구별하는 일에 둔감해졌다."[24]

"믿음의 도를 위해 힘써 싸우는 것"은 기독교 진리를 보존하기 위해 이교도들과 싸우는 것만을 의미하지 않는다. 이것은 우리 자신의 연약함이나 유혹과 싸워서 우리가 우리 자신의 믿음을 유지할 수 있게 되는 것을 의미하기도 한다. 유다는 한 사람의 영적인 상태를 당연히 보이는 그대로 일 것으로 여길 수만은 없다는 것을 알았다. 그래서 그가 독자들에게 거짓 가르침에 의해 영향 받은 자들을 어떻게 대면해야 하는지를 말하기에 앞서, 그들 자신의 사정에 대해 충분히 살필 것을 일깨우는 것이다(20-21절).

이 절들에 있는 유다의 신자들에 대한 권면들은 그리스도인의 성장에 대한 초기 기독교의 공통적인 가르침을 반영한다. 예컨대 골로새서 2:6-7과의 유사성에 주목하라. "그러므로 너희가 그리스도 예수를 주로 받았으니 그 안에서 행하되 그 안에 뿌리를 박으며 세움을 받아 교훈을 받은 대로 믿음에 굳게 서서 감사함을 넘치게 하라." 유다와 바울 모두 신자들에게 그들의 기독교 체험의 근원을 돌아볼 것("교훈을 받은 대로 믿음에"/ "너희의 지극히 거룩한 믿음 위에")과, 그 믿음 안에서 "세워질 것"과 기도할 것을 간청한다.

현대 기독교 체험을 위해 특별히 중요한 세 가지 요지가 유다서의 이 절들 안에서 나온다.

(1) 그리스도인의 삶에서 전진하는 것은 자주 과거를 돌아봄을 포함한다. 유다가 요구하는 성장은 "너희의 지극히 거룩한 믿음" 안에서의 성장이다. "성도에게 단번에 주신 믿음"(3절). 건물이 세워질 수 있기 전에 기초가 단단해야 한다. 우리는 결코 우리의 뿌리로부터 '떨어져서' 성장할 수 없다. 우리는 뿌리를 통해서만

24. Green, *The Second Epistle General of Peter and the General Epistle of Jude*, 97.

성장할 수 있다. 오늘날 교회 안에는, 새로운 것에 대한 일시적 관심이 점차로 증가하고 있다. 우리는 기독교가 최신유행이나 주제에 대해 무언가 말하는 것을 듣고 싶어 한다. 하지만 추진해 나가고, 이해를 늘리고, 교회로 새로운 세대에 관련 있게 만들려는 (정당한) 열의를 가지면서도, 우리는 군대의 지휘관이 그러듯이 언제나 "배후의 안전을 확보하는" 일에 철저해야 한다. 기독교 교리에 대한 확고한 이해, 즉 마음과 정신을 변화시키는 그런 종류의 이해는 우리가 그것을 떠나서는 성장할 수 없는 것이다.

(2) 유다가 건축 언어를 사용한 것은 우리가 보았던 것처럼 새로운 성전으로서의 교회의 은유에서 나온 것이다. 이것이 의미하는 바는 유다가 우리에게 공동체의 체험에 참여할 것을 간청하는 것이다. 서구에 살고 있는 우리는 공동체라는 관념과 쉽지 않은 시기를 겪고 있다. 우리의 전통은 "엄격한 개인주의자"를 치켜세우고, 불가피하게 영적인 체험을 근본적으로 사적인 문제로 생각하려는 경향을 가지고 있다. 개신교 그리스도인들은 이 같은 개인주의적 사고에 더 깊은 자극을 받고 있다. 로마 가톨릭이 교회를 구원의 장소로 만드는 경향을 가지고 있는 것에 반하여, 개신교는 전통적으로 개인을 중심으로 보아왔다.

물론 이는 다양한 방식으로 정당화된다. 모든 사람은 스스로를 위해 예수 그리스도에 대해 결단을 내려야하고, 우리 모두 스스로의 삶에 대해 주님께 해명해야 할 것이다. 하지만 영적인 체험은 성경이 분명히 하고 있는바 순수하게 개인적인 문제가 아니다. 하나님께서는 언제나 한 집단과 더불어 그리고 한 집단을 통해 역사하신다(예컨대 엡 4:1-16을 보라). 그래서 "자신을 세우라"는 우리에게 단지 우리 자신의 그리스도에 대한 체험이 성장하고 강화되는 것만을 보는 것이 아니라, 교회가 전체로서 그리스도의 몸으로 성장하고 더 강해진다는 것을 확신하도록 요구한다. 그리고 우리의 의무인 성장은 궁극적으로 오로지 교회의 삶에 완전히 참여함으로써만 이루어진다. 우리 중 어느 누구도 동료 신자들의 격려와 조언과 충고 없이 우리의 믿음에서 성숙해질 수 없기 때문이다.

나는 이런 종류의 성경적 공동체 체험에 대한 관심을 고무하는 표징들을 오늘날의 교회 안에서 볼 수 있다. 신자들이 집에서 TV 수상기 앞에 앉아서는 영적으로 필요한 것을 얻을 수 없다는 것을 깨달을 때, TV 설교가들의 시대가 끝나야 하는 것으로 보인다. 확실히 이 같은 공동체를 양육하는 가장 고무적인 운동들 중 하나는 "프라미스 키퍼스"(Promise Keepers)인데, 이는 남성들을 즉 자주 여성들보다 더 사적이고 개인적인 남성들을 예배와 기도와 상호간의 봉사로 인도

하고 있다.

하지만 우리가 이 순수한 공동체가 작동하는 것을 보아야 하는 장소는 궁극적으로는 지역교회이다. 여기서 다시 우리는 긍정적인 신호를 본다. 많은 신자들은 지난 10여년을 넘는 동안에 일어났던 주일 밤 예배와 수요일 밤 기도모임의 소멸을 비난한다. 그리고 여기에 순수한 상실이 있다. 하지만 그것들이 많은 교회에서 그런 것처럼 친교와 기도와 연구를 위한 소그룹 모임으로 대체된다면 나는 이 운동이 그렇게 나쁜 것이라고 확신하지 않는다. 신약성경의 지역교회는 아마도 우리의 많은 소그룹의 규모 정도였을 것이다. 교회가 한번 200명 정도를 넘도록 성장하면 순수한 성장—예컨대 상호간의 책임—을 촉진하는 그런 종류의 체험은 찾기가 점점 더 어려워질 것이다. 다른 말로 하자면 말씀과 기도에 초점을 두고 훌륭하게 운영된다면, 소그룹은 유다가 여기서 말하고 있는 이 "믿음 안에 세우는" 것에서 주요 역할을 수행할 수 있고, 수행해야 한다는 것이다.

(3) 마지막으로 우리는 신자들에게 "하나님의 사랑 안에서 자신을 지키라"고 하는 유다의 명령에 주목해야 한다. 이 같은 명령은 우리 마음에 질문을 불러일으킨다. 하나님의 사랑이 무조건적이라면, 왜 나는 그 안에서 스스로를 "지키기" 위해서 무엇이든 해야 하는가? 아니면 말을 바꾸어, 내가 "예수 그리스도에 의해 지키심"(혹은, "예수 그리스도를 위해 하나님에 의해 지키심")을 입었다면, 나는 왜 스스로 하나님의 사랑 안에서 "지키려는" 노력을 수행해야 하는가?

우리는 "원 의미" 단원에서 유다가 여기서 하나님의 주권과 인간의 책임이라는 전형적인 신약성경의 조합을 단 한마디로 반영하고 있다는 것을 언급했다. 이 양극단 사이의 긴장은 신학적인 차원에서 몇 가지 상이한 방식으로 해소되고 있다. 예컨대 아르미니우스주의자들은 하나님의 보존하시는 능력은 충분히 효과적이지만 궁극적으로 저항할 수 없는 것은 아니라고 주장한다. 의도적으로 하나님의 사랑 안에서 스스로를 "지키는" 일을 하지 못한 신자들은 그 사랑으로부터 영원히 떨어져나갈 수 있다. 반면에 갈빈주의사들은 어떤 것도—심지어 신자 자신도—하나님의 보존하시는 능력을 방해할 수 없다고 논증할 것이다.

신학적인 주제를 다루는 것보다는 나는 여기서 실천적인 주제에 그리고 칼빈주의자와 아르미니우스주의자 모두가 동의할 수 있는 근거에 더 초점을 두기를 원한다. 하나님께서는 그의 은혜 안에서 날마다 우리들, 곧 그의 자녀를 그의 사랑 안에서 "지키시는" 그의 능력과 영향을 행사하고 계신다. 세상은 수 없이 많은 시험과 유혹을 우리에게 던진다. 우리의 육은 지속적으로 삶의 옛 방식으로 돌이키게 만드는 장애물이다. 하지만 하나님께서는 이 힘들에 저항하고 주님을 향한 우리의 헌신을 유지하는데 필요한 모든 것을 제공하신다. 하지만 신자들은 쉽게 이 능력에만 편승해서는 안 된다. 우리는 그분께서 우리에게 제공하시는 기회를 취할 책임이 있다. 이것이 바로 유다가 여기 21절에서 만들려는 요지이다.

유다의 개략적인 권면들의 후반부는 스스로의 믿음에서 동요하는 자들을 위한 신자들의 책임에 대해 거론한다. 우리가 논증했던 것처럼 유다는 세 가지 상이한 종류의 사람들에 초점을 두고 있다. 첫째는 그들의 헌신에서 약간 동요되고 있는 자들이다. 이들은 유다의 말에 의하면 우리가 긍휼을 보여야 하는 자들이다(22절). 다음은 거짓 가르침에 깊이 영향을 받은 자들과 그들이 신봉했던 믿음에서 아주 떠나려는 자들이다. 이들에게는 손을 뻗어 붙들어서, 그들이 초래하는 파멸로부터 그들을 구원하기를 구해야 한다(23a). 세 번째는 거짓 선생들의 책략에 완전히 헌신하는 자들이다. 이 사람들에게도 역시 우리는 "긍휼을 보여야" 한다.

우리는 이 세 가지 명령들에서 우리 자신이 거짓 선생들과 만났을 때를 위한 유용한 지침을 발견할 수 있다. 유다가 우리에게 첫 번째와 세 번째 집단 모두에게 "긍휼을 보이라"고 명령함에도 불구하고, 맥락은 그가 그들을 가지고 무언가 상이한 것을 의미한다는 것을 암시한다. 첫 번째 집단에 속한 사람들은 동요되고 있지만 아직은 거짓 선생들의 계략에 헌신하지는 않고, 그렇다고 정통의 믿음에 확고하게 뿌리내리고 있는 것도 아니다. 이런 종류의 사람들에 대해 "긍휼을 보임"은 아마도 능동적인 형태를 취해서, 우리가 그들과 더불어 시간을 보내면서 그들이 겪고 있는 쟁투를 이해하려고 노력함과 동시에 그들에게 스스로를 주님과 그의 사도들에 의해 배운 대로 믿음에 완전히 다시 헌신하도록 간청하는 것이다. 우리는 이 같은 사람들을 믿음에서 어린 자들로, 몰몬교도나 여호와의 증인의 주장에 대해 무엇을 해야 할지 확신을 가지지 못한 자들로 확인할 수 있다. 혹은 그들은 믿음 안에서 더 전진했으나 혼외 성관계에 대해 강한 유혹을 받고 있는 사람들일 수도 있다. 아직 이 사람들이 의문을 품고 있는 한, 유다는 우리가 그들에게 두려움을 가지고 대응하거나 그들을 피해서는 안 되고 동정심을 가지고 다루어야 한다고 말한다.

그러나 거짓 가르침을 진지하게 생각하기 시작했던 자들에 대해 유다는 보다 직접적인 접근을 요청한다. 그가 만든 이미지가 분명하게 보여주듯이, 유다는 이교적인 관념들 안으로 탈선했던 사람들이나 순수하게 지옥의 위험 가운데 있는 것처럼 비성경적인 삶의 양식을 추구하는 자들을 생각한다. 그들은 심연 입구에 아슬아슬하게 서있으며, 신자들은 너무 늦기 전에 그들을 그 위기에서 "잡아채야" 한다. 유다가 여기서 마음에 두고 있는 그런 종류의 사람들은 "뉴 에이지" 신학을 받아들이거나, 이슬람으로 개종하거나 혹은 죄 된 삶의 양식을 위해 성경적 도덕을 단념하기로 결정했다고 우리에게 방금 말했던 자일 수 있다. 이 거짓 "믿음들"에 대한 헌신은 아직 확고하지 않다. 그녀는 벼랑 끝 같은 입구에서 흔들리고 있다. 우리의 직무는 이런 사람들에게 발걸음을 더 내딛지 않도록 절박하게 간청하고, 복음의 진리를 자세히 말하고, 성령께서 너무 늦기 전에 개입하시도록 진심으로 기도하는 것이다.

그리고 마지막으로 우리에겐 거짓 가르침에 극도로 열성적인 사람이 있다. 유다의 말에 의하면 다소 놀랍게도 우리는 그들에게도 역시 "긍휼을 가져야" 한다. 우리가 주목한 것처럼 루터는 단순히 그들이 이미 영원히 잃어버린 자들이기에 그들을 연민하는 것을 의미하는 것으로 여겼다. 하지만 이것은 "긍휼을 보인다"는 관념을 가장 특이하게 적용하는 것이 될 것이다. 아마도 유다가 의미하는 바는 우리가 이 사람들을 위해 기도해야 한다는 것으로 보이지만, 그럼에도 여기서 긍휼이 그보다 더 능동적인 어떤 형식을 취하는 것인지는 의심스럽다. 절의 나머지가 그들이 관여된 가르침을 "두려워하고" 죄를 "증오하라"는 경고와 더불어 우리가 스스로를 그들과 구별해야 한다는 것을 제시하기 때문이다.

신약성경은 신자들에게, 그리스도인들이라고 주장하지만 완고하게 비성경적인 믿음이나 삶의 양식에 헌신하고 있는 사람들을 직면할 때, 이 같은 극단적인 행동방침을 따를 것을 본격적으로 요구한다. 바울은 고린도에 있는 교회에 이 같은 죄인을 "사탄에게 내어줄 것"을 명했다(고전 5:5). 요한은 신자들에게 거짓 선생들을 "너희 집에" 들이지 말 것을 경고하는데, 여기에서는 아마도 개인의 사적인 집이 아니라 "가정-교회"를 의미하는 것으로 보인다(요이 10-11절). 이 같은 극단적인 행위가 요구되는 것은 신약성경이 분명히 하는 바, 죄인들에 대해서는 그들이 자신이 처한 상황의 심각성을 깨닫고 회개할 수 있도록 함이고, 교회로서는 이로써 거짓 가르침과 죄악으로 더럽혀지지 않도록 함이다(참조. 특별히 고전 5:5-8).

이 후자의 요지는 분명히 유다의 중심 관심사이다. 그는 신자들에게 거짓 가르침에 헌신하는 사람들을 구출하도록 애쓰는 일에 그토록 개입함으로써 스스로가 그것에 굴복당하는 것을 원치 않는다. 우리는 언제나 우리가 처해있는 위험을 깨달아야 하며, 우리가 책망하려고 애쓰는 거짓 가르침이나 죄악에 대해 면역력이 있다고 추정해서는 안 된다.

이 점에서 분명히 실천적인 질문이 떠오른다. 한 사람을 두고 이 범주들 중 어디에 속한 것인지 어떻게 결정해야 하는가? 우리는 언제 그들에 대해 "포기"하고, 관계를 단절하며, 그들을 우리의 교제로부터 축출하는가? 이 질문에는 쉬운 답이 없다. 하지만 두 가지 점은 도움이 된다. (1) 한 사람을 "제명"하는 결정은 언제나 교회나 교회의 지도자들에 의해 함께 만들어져야 한다. 바울은 고린도 교회에 대한 그의 조언 속에서 이를 분명히 하였으며(고전 5:1-5), 물론 이는 이 동일한 점에 대한 예수의 충고를 따른 것이다(마 18:15-17). (2) 사람들은 성경적 명령에 대한 심각한 침해로써만, 그리고 그들이 반복되는 경고에도 불구하고 자신의 잘못에 대해 회개하기를 거부했을 때에만 제명되어야 한다.

유다서 24-25절

24 능히 너희를 보호하사 거침이 없게 하시고 너희로 그 영광 앞에 흠이 없이 기쁨으로 서게 하실 이

25 곧 우리 구주 홀로 하나이신 하나님께 우리 주 예수 그리스도로 말미암아 영광과 위엄과 권력과 권세가 영원 전부터 이제와 영원토록 있을지어다 아멘

원 의미

많은 성경 독자들은 유다서의 종결부에 친숙하지만, 그럼에도 대부분은 아마도 이것이 유다서에서 나온 것임을 알지 못할 것이다. 이 송영(영광송)은 자주 목사들에 의해 산회(散會)의 예전형식으로 사용되었는데, 이것이 신약성경에서 가장 길고 가장 아름다운 송영들 중 하나라는 것이 주된 이유이다. 유다는 일반적인 송영 "형식"을 확장시킨다("상황잇기" 단원을 보라). 그가 추가한 것들 중 일부는 단순히 전통적인 문체에서 끌어온 것일 수 있지만, 다른 것들은 돌이켜 서신의 일부 중요한 주제들과 관련된다.

우리는 또한 유다서의 마지막에 없는 것에도 주목해야 한다. 전형적인 문제들, 즉 신약성경의 서신들을 끝내는 문안과 기도에 대한 요청들. 이 전형적인 서신형식을 생략한 것은 유다서에 설교의 묘미를 느끼게 한다. 실제로 송영은 유대교에서 자주 설교를 마무리하기 위해 사용되었고, 그래서 유다가 여기서 이를 사용한 것도 그에 부합된다.

24절 전체가 영광이 돌려지고 있는 어떤 대상을 묘사한다. 유다는 여기서 그의 서신을 적절한 주목을 통해 끝내기 위해 어떤 세부적인 내용으로 들어선다. "지킴"(keeping)의 주제는 서신에 지배적이었다. 이는 긍정적으로 그의 사랑 안에서의 그리스도인들에 대한 하나님의 보존(preservation)을 뜻한다(1절과 21절). 부정적으로는 심판을 위해 하나님께서 죄인들을 "확보하심"(secure)을 뜻한다(6절과

13절). 유다는 이제 그 긍정적인 관심을 한 번 더 소리 내는데, 그럼에도 그는 그렇게 하기 위해 새로운 동사를 선택한다. "보호"(guard; '퓔라쏘'; NIV는 "지키다"로 번역한다).

하나님의 보호는 우리를 "타락"으로부터 지키심의 목적을 갖는다. 유다는 하나님께서 우리를 죄악으로부터 지키기 원하신다고 의미할 수 있다(이 용어는 다른 형태로 약 3:2에서 죄를 지시하는데 사용되고 있다). 하지만 보다 가능성이 높아 보이는 것은 그가 하나님께서 우리를 마지막 심판의 파멸로부터 보존하시기 위해 역사하심을 의미한다는 것이다.[1] 유다서에서 하나님에 대해 묘사하는 두 번째 부분은 이 관념을 자세히 설명한다. 하나님께서는 "너희로 그 영광 앞에 흠이 없이 기쁨으로 서게 하실" 수 있으시다.

유다는 여기서 다시 심판의 날을 언급하는데 그때 모든 사람이 하나님 앞에 서서 해명해야 할 것이다. 유다가 독자들에게 확증하는바 하나님께서는 그날에 우리로 "흠이 없이" 그분 앞에 나타나도록 충분히 만드실 수 있다. 이 구절을 번역한 용어('아모모스')는 원래 제물에 적용되었던 것이지만(참조. 히 9:14; 벧전 1:19), 일반적으로 도덕적인 순결에 적용되었다. 이는 이런 종류의 종말론적 문맥에서 자주 발견된다(엡 5:27; 골 1:22; 계 14:5). 물론 우리 자신의 능력으로는 주님 앞에 결코 "점 없이" 나타날 수 없다. 하지만 그는 "구주"(25절)이시다. 그리고 하나님께서는 그리스도를 통해서 우리 자신에게는 부족한 도덕적 순결을 공급하신다. 그래서 우리는 그 앞에 "큰 기쁨으로" 혹은 "환희로"(자주 종말론적 묘미를 내는 또 하나의 용어; 참조. 예컨대 벧전 1:6) 나타날 수 있는 것이다.

예전을 통해 유다의 송영에 친숙한 사람들은 이 시점에서 "오직 '지혜로우신' 하나님께"(KJV의 독법)라는 표현이 들릴 것으로 예측한다. 하지만 "지혜로우신"이라는 용어는 여기서 읽혀져서는 안 된다. 이는 아마도 필사자가 로마서 16:25-27의 유사한 송영으로부터 어떤 이유로 추가시켰던 것으로 보인다. "오직 하나님"으로 보는 것은 물론 유대교에 일반적인 것이다. 그래서 유다가 특별히 영지주의적 경향을 가진 거짓 선생들에 대한 반대를 위해 이를 특별히 강조했을 것으로 보이지 않는다.[2]

신약성경은 빈번하게 예수를 "구주"로 부른다(15회). 하나님을 "구주"로 부르

1. Kelly, *The Epistles of Peter and of Jude*, 291.
2. 반대견해로 Kelly, ibid., 291-92.

는 경우는 상대적으로 적다(이 절 외에는 7회). 물론 예수께서 그의 희생의 죽으심을 통해서 우리를 위한 구원을 확증하셨지만, 하나님이 그 과정을 시작하신 분이다.

모든 현대 영역본은 문장의 이 지점 부근에 동사 하나를 추가한다. 헬라어 원문에는 동사가 없으나 분명히 무언가 보충되어야 한다. 게다가 영역본들이 가정법 동사 "be"를 보충한 것이 옳은 것인지는 분명하지 않은데, 그렇다면 의미는 송영이 이 속성들을 하나님께 돌려져야 할 것으로 기원하고 있다는 것이다. 동사 "are"를 보충하는 것도 동등하게 의미를 잘 통하게 만드는데, 이 경우에 송영은 하나님께 이러한 명명된 덕들을 돌리는 호칭으로서보다는 하나님께서 누구이신지에 대한 진술이 된다.[3] 헬라어 원문에 동사가 없는 한 이 문제를 확증하는 것은 불가능하다.

열거된 네 가지 덕성들은 일반적으로 하나님과 관련되는 것들이다. "영광"(그의 힘있고 위엄있는 임재), "위엄"(그의 왕으로서의 지위; 또한, 히 1:3; 8:1도 참조하라), "권력"(그의 세상에 대한 지배), 그리고 "권세"(만물을 통치하시는 그의 고유한 권한). NIV는 "우리 주 예수 그리스도로 말미암아"를 앞서 주지한 바 있는 동사와 더불어 취한다. 그를 통해서 우리가 하나님께 이 덕성들을 돌리는 것이다. 이것이 옳아 보이지만, 그럼에도 이 구절은 "우리 구주 하나님"에 연결될 수 있다. 하나님은 예수 그리스도를 통해 우리 구주이시다.[4]

유다의 송영은 그의 서신/설교에 적절한 결론이다. 그는 교회에 거짓 가르침의 심각하고 위협적인 돌발에 대해 경고했다. 그는 신자들을 단순히 "갑판 출입구를 틀어막고서" 황급히 폭풍우를 벗어나도록 부른 것이 아니라, 추락하는 자들을 구하도록 손을 뻗으라고 부른다. 신자들은 이를 할 능력이 있는데, 주님과 함께 하는 그들의 지위가 안전하기 때문이다. 그는 그들을 심판의 날까지 온전하게 보존하실 능력을 가지고 계신다.

상황잇기

신약성경 송영의 배경과 일반적인 형식에 대한 어느 정도의 이해는 유다가 그의 서신을 자신의 방식대로 종결짓는 것에 있어 유다의 목적을 더 잘 이해하는데 도움을 줄 수 있다.

---

3. Bauckham, *Jude, 2 Peter*, 119; Kelly, *The Epistles of Peter and of Jude*, 293을 보라.
4. 예를 들어 Green, *The Second Epistle General of Peter and the General Epistle of Jude*, 192를 보라.

"송영"(영광송)이라는 용어는 헬라어 '독사'("영광")에서 유래한 것으로, 이는 대개 이 간략한 양식을 통해 하나님께 돌려지는 중심적인 덕성이다. 초기 그리스도인들은 의심할 바 없이 그들의 유대적 환경으로부터 영광송을 끄집어냈다. 유대인들은 자주 송영을 사용하였지만 그럼에도 축복기도("찬송하리로다…")가 훨씬 더 일반적이었다. 그들은 때때로 기도와 설교를 마무리하면서 송영을 사용했다. 아마도 이런 이유로 신약성경의 송영들이 자주 서신이나 서신의 주요 단원들을 종결지었을 것이다(예. 롬 16:25-27; 엡 3:20; 빌 4:20; 딤전 6:15-16; 벧전 4:11; 5:11; 벧후 3:18). 저자들은 자연스럽게 서신에서 그들의 설교가 하나님이 누구이신지에 대한 일깨움으로 끝나는 것이 적절하리라는 것을 느꼈던 것이다.

신약성경의 송영들은 일반적인 양식을 따르는 경향이 있는데, 이는 네 가지의 기초 요소로 되어 있다.

(1) 찬양받는 자(보통은 하나님);
(2) 찬양의 말(보통은 "영광"['독사']; 따라서 이름이 "영광송"[doxology]);
(3) 시간의 지시(보통은 "영원히" 혹은 "영원 무궁히")
(4) "아멘."

이 송영들은 "예수 그리스도를 통해서"라는 구절을 추가시킴으로써 그 내용을 "기독교화" 한다(유다서가 그렇듯이). 유다의 송영은 이 일반적 양식을 따르고 있지만, 저자는 이를 확장하여 그의 송영을 신약성경에서 가장 긴 것들 중 하나가 되게 했다. 추가되는 부분은 송영을 결론짓는 서신의 요지에 맞도록 만들었다. 그래서 유다의 아름다운 송영을 분리하여 예배의식 중에서 하나의 요소로 사용하는 것이 적절한 반면에, 우리는 또한 그 특별한 내용이 이 서신 안에서 어떻게 기능하는지를 음미해야 할 것이다.

현대적 의미

우리가 이 송영에서 발견하는 영광스러운 진리에 대해 몇 안 되는 문장으로 무엇을 말할 수 있을까? 그리고 하나님께 영광을 돌리는 이 단순한 아름다움을 손상시키지 않는 그런 방식으로 우리가 어떻게 그것에 대해 말할 수 있을까? 처음은 아니지만 나는 무언가 무례한 것을 말하는 것처럼 느껴진다. 내가 누구길래 유다가 이미 말했던 것에 덧붙일 게 있단 말인가? 하지만 나는 적어도 이 본문에서 우리가 배울 필요가 있는 어떤 것들을 제시하려고 할 것이다.

가장 중요한 것은 이 말들이 우리 입술에서 지각없는 그리고 심지어는 위선적인 암송이 되지 않도록 우리가 신중을 기해야 한다는 점이다. 여기에는 물론 예배 가운데 유다의 송영을 사용함에 위험이 놓여있다. 우리는 이 말들을 아주 자주 들어서, 그들이 우리에게 어떤 의미를 가지기를 그만둘 정도이다. 그들은 모두 우리 머릿속에서 뒤범벅이 되어 있다("능- 히- 너- 희- 를- 보- 호- 하- 사"; "곧- 우- 리- 구- 주- 홀- 로- 하- 나- 이- 신- 하- 나- 님- 께"). 그래서 우리는 멈춰서 이 말들이 진정으로 의미하는 바에 대해 숙고할 필요가 있다. 그리고 우리가 그러기로 작정했던 것처럼 살 준비가 되어 있을 필요가 있다!

24절에서 우리에게 약속된 경이로운 안전에 대해 생각하라. 하나님께서는 우리를 보존하실 수 있으셔서 우리로 마지막 날에 그분 앞에 점 없이 용서받아 영원한 "하늘의 집"에 대한 보증을 받은 채로 설 수 있게 하실 수 있다. 의심과 불안은 우리의 지상의 순례에 영원한 동반자들이다. 우리는 우리 건강에 대해, 돈에 대해, 아이들에 대해, 직업에 대해 걱정한다. 정신이 온전한 순간이라면 우리는 아마도 죽음에 대해 염려하게 될 것이다. 하나님께서는 이런 근심들을 없애주신다고 약속하지 않으시지만, 그는 분명히 우리에게서 우리의 가장 큰 걱정을 없애버리신다. 우리가 어디에서 영원을 보낼 것인지. 우리는 우리가 사는 방식 속에서 이 확신을 반영하는가? 우리는 진정으로 충분히 천국의 진가를 인정해서, 때때로 우리를 압박하는 지상의 걱정들을 우리의 영원한 운명의 빛에 비추어 사라지게 하는가?

"유일하신 하나님"이라는 간단한 표현에 대해 생각해보자. 우리는 이를 믿는데 거의 어려움이 없다. 하지만 우리 중 다수는 아마도 이 진리의 빛 안에서 성부와 성자와 성령에 대해 우리가 말하는 방식에 대해 더욱 신중할 필요가 있다. 우리는 자주 위험하게도 "삼신론"(tritheism; 三神論), 곧 세 가지 다른 신들을 믿는 것에 매우 가깝다. 우리는 유일하신 하나님이란 진술이 사실인 것처럼 살고 있는가? 우리는 이 말씀들을 암송할 때조차도 어떤 우상을 숭배하고 있지는 않는가? 하나님은 유일하신 하나님이시다. 그는 우리의 모든 예배와 순종을 요구하신다. 하나님을 향한 우리의 애정에 비견될 것은 아무것도 없어야 한다.

야고보는 친숙한 성경적 이미지를 사용하면서 하나님을 우리가 약혼한 신랑에 비교한다. 이는 그가 그의 독자들에게 부정(不貞)하다고 고발할 이유가 되는데, 세상과 "벗"이 되는 것을 유지하려고 노력함으로써 그들이 주님께 절실하게 충성하지 않았기 때문이다(약 4:4-5). 만일에 우리가 하나님을 "유일하신" 하나님이라고 주장한다면, 우리는 그가 '우리에게' 유일하신 하나님이라는 것에 확신을 가져야 한다. 그는 어떤 경쟁자도 허용하지 않으실 것이다. 다른 말로 하자면 우리는 어떤 악하거나(간음, 돈에 대한 사랑, 승진이나 유명해지는 것에 대한 욕망) 선한 것도(우리의 가족, 우리의 사역) 하나님보다 더 중요한 것이 될 수 없다고 확신해야 한다.

마지막으로 하나님께 "영광과 위엄과 권력과 권세를 영원 전부터 이제와 영원토록!" 돌리는 것의 함축하는 바를 고려하라. 이 말들을 암송하는 것은 우리 마음속에 우리 하나님의 절실한 능력과 경이에 대한 신선한 그림을 만들어낼 것이다. 아마도 이 말들 속에 거하는 것만으로도—구식 표현, 명상—우리는 진정으로 그들이 표상하는 것을 음미할 수 있을 것이다. 따라서 우리는 필연적으로 예배로 이끌릴 것이다.